孔子学院总部/国家汉办基地重大项目

本报告的整理出版得到“汉语海外传播河南省协同创新中心”资助

朱瑞平　冯丽萍等 ◎ 著

全国对外汉语教学与汉语国际教育基本信息调研报告

AN INVESTIGATION REPORT ON THE BASIC INFORMATION OF CHINESE TEACHING AND CHINESE IN TERNATIONAL EDUCATION

中国社会科学出版社

图书在版编目(CIP)数据

全国对外汉语教学与汉语国际教育基本信息调研报告／朱瑞平，冯丽萍等著．—北京：中国社会科学出版社，2017．1

ISBN 978－7－5161－7466－1

Ⅰ．①全…　Ⅱ．①朱…②冯…　Ⅲ．①汉语－对外汉语教学－教学研究－调查报告　Ⅳ．①H195

中国版本图书馆CIP数据核字(2015)第312003号

出版人　赵剑英
责任编辑　任　明
责任校对　季　静
责任印制　李寡寡

出　　版　中国社会科学出版社
社　　址　北京鼓楼西大街甲158号
邮　　编　100720
网　　址　http：//www.csspw.cn
发 行 部　010－84083685
门 市 部　010－84029450
经　　销　新华书店及其他书店

印刷装订　北京市兴怀印刷厂
版　　次　2017年1月第1版
印　　次　2017年1月第1次印刷

开　　本　710×1000　1/16
印　　张　31.5
插　　页　2
字　　数　523千字
定　　价　98.00元

目　录

第三部分　外国留学生非学历教育调研报告

第四部分 外国留学生汉语言本科调研报告

第五部分 对外汉语本科调研报告

第六部分　学术型硕士培养调研报告

第七部分 专业硕士培养调研报告

第八部分　语言学及应用语言学博士培养调研报告

第九部分　对外汉语专职教师调研报告

第十部分 对外汉语兼职教师调研报告

附录　被调查院校名录

前　言

2009年年初到2011年年底的三年间，在孔子学院总部/国家汉办的大力支持下，北京师范大学汉语国际推广新师资培养基地成立了一个项目组，对全国高校的对外汉语教学与汉语国际教育基本信息进行了调研。2012年春，项目组向孔子学院总部/国家汉办提交了长达五百余页的调研报告，希望以比较翔实的数据及具体分析为其决策提供参考。其后，报告的部分内容陆续在国内一些学术刊物上发表。忙碌之中几年倏忽而过，总感觉这样的一份报告作为某个时间节点上对全国相关学科的基本情况的大致摸底与总结，还是有其特定的价值，还是有正式出版的必要，所以现在又把它拿出来整理出版，算是对项目组十多位同仁三年多辛勤工作的纪念吧。

项目工作分工如下：

项目总体策划：朱瑞平　冯丽萍

调研问卷设计：冯丽萍　盛双霞　朱瑞平

报告起草：

第一部分　项目概况　朱瑞平

第二部分　对外汉语教学机构调研报告　冯丽萍

第三部分　外国留学生非学历教育调研报告　汝淑媛

第四部分　外国留学生汉语言本科调研报告　陈　颖

第五部分　对外汉语本科调研报告　杨　泉

第六部分　学术型硕士培养调研报告　胡秀梅

第七部分　专业硕士培养调研报告　吴方敏

第八部分　语言学及应用语言学博士培养调研报告　吕俞辉

第九部分　对外汉语专职教师调研报告　李炜东　赵宏勃

第十部分　对外汉语兼职教师调研报告　盛双霞　柯　航

报告审读与修改：朱瑞平　冯丽萍　连　铗　尹　洁

2016年12月25日星期日

第一部分

项目概况

一　项目总体背景和目标

1. 项目背景

改革开放三十年，随着中国经济环境的不断变化，越来越多的经济实体和个人感受到中国蕴藏着巨大的商业拓展空间。海外孔子学院遍布全球，北京奥运会、上海世博会更成为中国走向世界、世界看向中国的绝佳机会。作为中国文化载体的汉语逐渐成为一种受众数量剧增的语言，因而汉语国际推广工作面临师资不足的困境，这不仅表现在教师绝对数量不足，更重要的是“合格师资”的奇缺。在汉语国际教育高速发展的大背景下，全面信实的汉语国际教育人才信息系统亟待建设。

为适应汉语国际推广不断发展的新形势，全面了解国内对外汉语教学师资及储备情况、师资培训机构的设置与发展情况十分必要，这能为制定汉语国际教育发展规划提供依据。受国家汉办委托，北京师范大学汉语国际推广新师资培养基地展开了“全国对外汉语教学与汉语国际教育基本信息调研”工作。

2. 项目目标

该项目的总体目标是在汉办的指导和协调下，对全国对外汉语教学机构与专兼职师资队伍状况进行全面调研，以获得相关数据，建立数据库，在此基础上分析国内对外汉语教学以及汉语国际教育师资培养领域的现状、发展趋势和存在的问题，为国家汉办制定相关政策提供科学依据。

二　研究问题与主要任务

1. 研究问题

通过研究，深入了解我国对外汉语教学和汉语国际教育发展的现状和存在的问题，广泛建立对外汉语教学机构与国际汉语教育从业教师之间的联系，从办学体制、招生、教学、管理、就业、职业发展等方面系统描述目前国内对外汉语教学和汉语国际教育大环境的面貌，反映教学机构和从业者的各方面指标与对外汉语教学及汉语国际推广之间的关系；同时重点关注对外汉语本科专业的培养方案与课程设置，对其进行深入剖析，为相关人才培养及该学科的建设提供建议。

2. 主要任务

建立“全国对外汉语教学与汉语国际教育基本信息库(机构及师资)”

“全国对外汉语教学与汉语国际教育基本信息库（机构及师资）”包括两个子库：“全国对外汉语教学与汉语国际教育机构信息库”“对外汉语教学与汉语国际教育师资信息库”。

对全国对外汉语本科学科情况进行摸底

收集对外汉语本科课程的设置方案、教学实施具体信息，对全国对外汉语本科学科情况进行全面摸底。在调研和分析的基础上，试图对该专业教学大纲、培养方案、培养模式等提出建议。

掌握汉语国际教育教师信息，为师资及储备师资队伍建设提供资讯

收集、整理对外汉语专职教师数据库和对外汉语兼职教师信息，把握师资总体情况，为汉语国际推广事业储备师资队伍建设提供资讯。

提供对策建议

在数据分析的基础上，对国家对外汉语教学以及汉语国际推广工作的战略规划提供对策建议。

三　项目调研内容

（一）对外汉语教学与汉语国际教育机构调研

调研对象

全国高等院校涉及对外汉语教学或汉语国际教育的机构。

调研内容

1. 机构的基本信息

包括机构的类型、办学历史、机构设置、机构职能、国际合作等信息。

2. 机构人才培养信息

包括与人才培养相关的招生、培养、就业情况，重点关注近三年的信息。

3. 机构师资信息

机构专兼职教师队伍状况，包括教师的数量与比例、职称构成、学历构成、年龄与性别比例、来源与专业背景、所接受过的专业资格培训、教学经历与教学效果等，此外还涉及教师的选拔制度、选拔标准等内容。

（二）人才培养调研

调研对象

全国高等院校涉及对外汉语教学或汉语国际教育的机构。

调研内容

1. 外国留学生非学历教育状况
2. 外国留学生学历教育状况
3. 对外汉语专业硕士研究生培养状况
4. 汉语国际教育硕士专业学位研究生培养状况
5. 语言学及应用语言专业博士研究生培养状况

（三）对外汉语本科专业培养情况调研

调研对象

全国开设对外汉语本科的院校。

调研内容

1. 教学大纲设计

对现有教学大纲进行分析和评估。针对大纲中出现的课程设计、学时安排、学分设计、理论课和实践课所占的比例等诸多参数进行单项和整体的调研与分析。根据调研数据对该专业教学大纲知识结构的合理性、课程内容的科学性、课程设计的系统性进行评估。

2. 基础、专业课程设置

对外汉语本科专业的基础课程设置和专业课程设置内容直接决定了该专业学生的培养侧重点，不同的学校会根据本校优势专业和学科确定相关的基础课程和专业课程设置。研究针对学校基础课程、学科设置、学时和学分设计以及在本科学习阶段所占的学习时间比例等数据进行收集和整理，包括对第二语言学习的课程设计以及理论课与实践课的设计等参数进行分析和整理。

3. 师资情况

对学校对外汉语本科专业的师资情况进行调研，主要考量数据包括直接从事对外汉语本科专业教学的教师数量、年龄、教学经验、对外汉语教学实践经验等，还包括对外汉语本科专业教师的学历层次和研究方向、学术成果等数据的整合分析，结合教学大纲的设计和基础课程、专业课程的设置，对教学内容和师资的匹配程度做出初步的判断和评估。

4. 教学计划

对调研院校的对外汉语本科专业教学计划进行整体评估。在培训目标、培训要求、学生能力要求、实践环节设计、修业年限规定、学位授予、专业限制、主干课程设置等方面，进行数据收集和整理，对相关数据进行有针对性的比较和研究。

5. 教学实践模式

教学实践模式的基础调研主要针对该专业教学实践的状况、实践方式及具体要求、教学效果展开。调研将最终对各学校教学实践模式的实用性、科学性、有效性做出判断。

6. 就业状况

就业状况调研主要针对最近连续三年对外汉语本科专业毕业生的就业状况展开。收集和分析的主要数据包括该专业学生就业绝对数量和比例，该专业学生在本专业领域内的就业绝对数量和比例，该专业学生就业区域和国别，通过对该专业学生解决就业的主要途径、寻找就业机会的时间、主要就业领域等数据的收集和整理，对各校对外汉语专业本科学生的就业状况作出判断。

（四）国内对外汉语专兼职教师现状调研

调研对象

目前在大学从事对外汉语教学的专兼职对外汉语教师。

调研内容

1. 对于专职教师，调研主要集中在其基本情况、职业素养、教学状况、科研活动、个人职业发展等方面。

2. 对于兼职教师，调研主要集中在基本信息、教学生存现状、职业发展与培训需求及途径方面。

四　项目的组织与实施

1. 项目的组织

项目组织情况与团队

本项目由国家汉办指导并协调各省市教育厅、教委和各高校，由北京师范大学汉语国际推广新师资培养基地主持。为确保调研设计及实施中各个环节的科学性、规范性、严谨性，项目组还利用北京师范大学心理学、教育学领域教师教育、问卷设计方面的专家资源，完善调研方案，并多次组织校内外专家对调研方案进行反复论证。同时，由北京大正语言知识处理研究院提供网络技术支持，采用网络在线填写—回收问卷方式。网络答卷一方面方便被调查者填写与项目组回收，另一方面防止了纸质数据转换为电子版数据过程中因数据录入错误等各种可能造成的非抽样误差，保证数据的准确性。

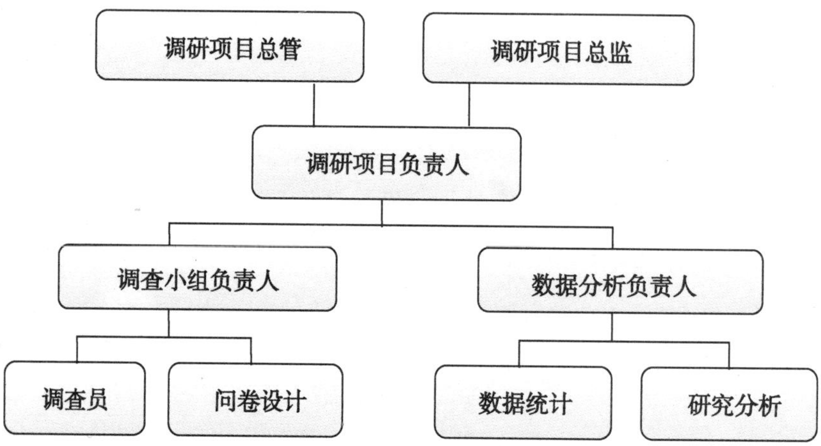

团队组织图

2. 项目实施过程

2009 年 1—12 月，调研方案设计与预调查阶段

2009 年 1 月开始，课题组多次召开有关专家咨询会，研讨调研方案和问卷设计，历时一年，易稿数十次，形成问卷定稿（包括机构问卷、专职教师问卷和兼职教师问卷，三套问卷所获数据将对应录入机构信息库、专职教师信息库和兼职教师信息库），并完成了京内外在线测试、纸质本问卷测试。

同时，2009 年 6—9 月，课题组在网络上对国内对外汉语教学和汉语国际教育机构进行地毯式的搜索和摸底调查，初步掌握国内涉及这一方面内容的院校和机构的基本情况。2009 年 9—12 月，课题组通过电话等方式对全国 1910 所大专院校进行了调查，锁定全国范围内有对外汉语教学的学校 616 所（本科院校 555 所，专科学校 61 所）为调研目标。

2010 年 2—8 月，数据采集阶段

2010 年 2 月 22 日，国家汉办对项目圈定的 616 所院校下文，请各院校协助采集所需数据。

问卷的发放和回收采取三种方式：

1. 基于网络平台的电子问卷。为保障项目的顺利进行，保证数据的准确性，项目组委托专业部门开发了一个调研项目专用网络平台。被调查者直接在网络上填写，并及时提交。

2. 被调查者打印纸质问卷后填写，并将填好的问卷邮寄至项目组。

3. 被调查者直接填写电子问卷，填好后用电邮发至项目组。

数据采集期间，项目组不断通过邮件和电话的方式保持与被调查院校的沟通。最后，共获取 329 所高校的机构问卷，2399 个专职教师和 1405 个兼职教师的问卷数据。

2010 年 8 月至 2011 年 4 月，数据整理分析阶段

纸质和电子版的问卷经由项目组整理后，交给专门的录入公司，录入数据，建立数据库。

委托专业数据分析人员对所得到的数据进行分析，出数据分析报告。

2011 年 4—12 月，项目报告形成阶段

数据整理和初步分析结果出来后，项目组组织一批富有经验的专家和教师编写项目报告。

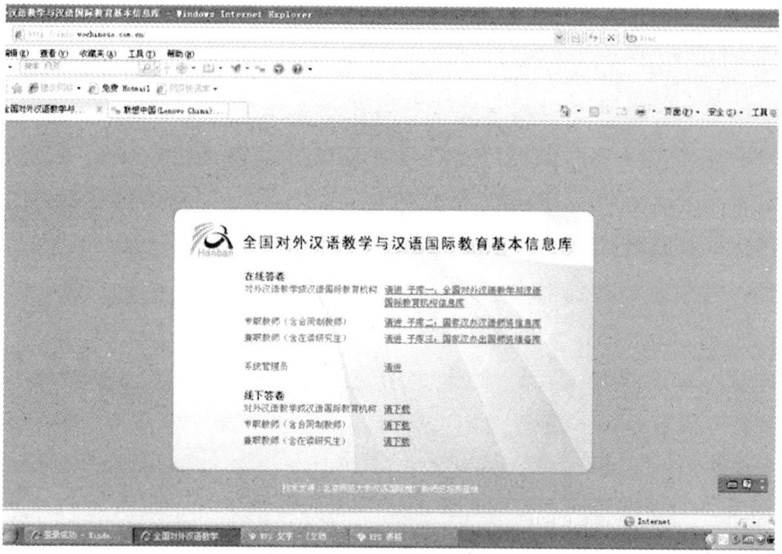
全国对外汉语教学与汉语国际教育基本信息库
在线答卷
专职教师（含合同制教师）
兼职教师（含在读研究生）
系统管理员
请进
线下答卷
请下载

网络平台首页截图

第二部分

对外汉语教学机构调研报告

第一章

机构调查总体情况介绍

本部分是对全国高校中具有对外汉语教学职能的机构（下文或简称“机构”）总体情况的调查。调查内容分为三个部分：第一部分是关于机构的基本信息，包括所处省份、办学历史、培养类型、行政所属类别、机构职能；第二部分是关于机构的师资信息，包括不同岗位师资的数量以及教学科研人员的职称、学位、年龄、入职前就读院校、专业、海外学习与教学经历；第三部分是关于机构的国际交流与合作情况，包括国际合作项目数量、孔子学院数量、外派教师数量等信息。

此次调查共收到341所院校的对外汉语教学部门填写的问卷。从院校类别角度，我们参照教育部的有关材料，将其划分为“985”高校、“211”高校、非“211”高校。[①] 在341所院校中，共有“985”高校26所，占7.6%；“211”高校40所，占11.7%；非“211”高校275所，占80.6%。按照院校所属部门，分为教育部属、省属、其他部委属三类，三类归属院校的数量与比例分别为46（13.5%）、285（83.6%）、10（2.9%）。由于其他部委属院校数量较少，因此在后文的以所属部门为指标的分析中，我们对这一类院校的特点不做深入分析。关于院校的地域分布，根据其所在地，将这些院校分别划属华北、东北、华东、华南、华中、西北、西南。[②]

统计结果显示：上述七个区域的院校数量及其所占比例分别为华北50所，占14.6%；东北51所，占14.9%；华东94所，占27.6%；华南34所，占9.9%；华中38所，占11.1%；西北36所，占10.6%；西南38所，

---

① 根据教育部网站公布的数据，目前全国“985”一、二、三期高校共有43所，“211”高校110所。

② 各区所属省、直辖市、自治区：华北包括北京、天津、河北、山西、内蒙古，东北包括辽宁、吉林、黑龙江，华东包括山东、江苏、安徽、浙江、福建、上海，华南包括广东、广西、海南，华中包括湖北、湖南、河南、江西，西北包括宁夏、新疆、青海、陕西、甘肃，西南包括四川、云南、贵州、西藏、重庆。

占11.1%。所回收的问卷中，类别（“985”、“211”、非“211”）与所属部门不同（教育部属、省属、其他部委属）的院校在这七个地区均有一定数量的分布，可以认定，本次调查所得到的结果对描述全国高校对外汉语教学机构的总体情况是有代表性的。因此，通过从不同角度对上述各项调查内容以及相关内容间的关联性进行分析，应该能够基本反映目前全国高等院校中对外汉语教学机构的总体情况、师资信息，以及不同地域、不同类别院校间的差异。

第二章

机构基本情况分析

第一节　培养类型

一　以对外汉语教学和对外汉语本科教学为主

根据前期资料分析，目前全国高校中对外汉语教学机构所培养的学生来自国内与国外，所培养的层次包括非学历教育与本科、硕士、博士层次的学历教育。综合来看，我们在调研问卷中将培养类型分为：

1. 外国留学生长短期非学历教育；
2. 外国留学生汉语言本科；
3. 对外汉语本科；
4. 对外汉语教学学术型硕士；
5. 汉语国际教育专业硕士；
6. 语言学及应用语言学博士。

其中1类和2类仅涉及外国留学生，类型3只有中国学生，4—6类包含中国学生与外国学生。[①] 分析结果显示：上述六种培养类型的院校数量及各自所占全部受调查院校数的比例分别为285（83.8%）、111（32.6%）、123（36.2%）、34（10.0%）、44（12.9%）、9（2.6%）（见图JGA－1）。这表明针对留学生的汉语教学和针对中国学生的对外汉语本科是目前各院校培养类型的主体，而对外汉语教学机构中具有博士点的院校数量还相当少。在这些机构中，有157所院校只有一种培养类型，其中仅有留学生非学历教

① 为避免遗漏，我们又设置了选项7“其他”。根据回收问卷所填写的具体内容，多数选择了7的院校填写的是有本校特色的培养对象，如医学院校的医学汉语、入系前的预科等，总体上仍然属于前面六种类型。故第7类不作具体分析。

育的为110所，占全部仅有一种培养类型的院校的70.1%；仅有留学生汉语言本科学历教育的为1所；仅有中国学生对外汉语本科的为40所，占全部仅有一种培养类型的院校的25.5%。接近一半的受调查院校培养类型单一。

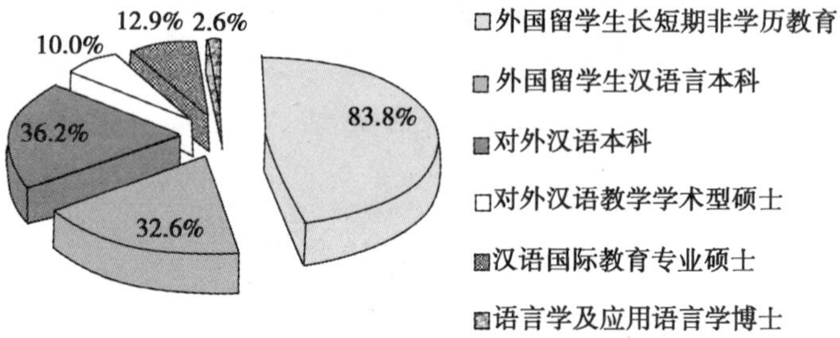

图 JGA－1　各院校培养类型比例图

从上面的数据我们还发现一个特点：汉语国际教育专业硕士的招生院校比例超过了招收对外汉语教学学术硕士的院校比例。汉语国际教育专业硕士自2008年在24所试点院校开始招生，其发展历史远远短于学术硕士，但从回收的数据看，其院校数量多于后者。这些回收的数据仅仅是偶然现象，还是反映了目前高校硕士培养的真实状况？我们暂时还无法确定，但这至少反映了汉语国际教育专业快速发展的趋势。此外，我们的调研数据回收截止到2010年初，2010—2011年，关于汉语国际教育专业硕士的招生与培养政策有了很大改变，这一改变势必导致院校培养类型的变化，这也是我们在今后的调研中应当关注的问题之一。

二　培养类型与院校类别及所属部门的关系

根据对院校类别的划分，从总体趋势来说，培养类型数量随“985”、“211”、非“211”的顺序而递减，教育部属院校总体培养类型多于省属院校（见表JGA－1）。

表 JGA－1　　不同类别院校的培养类型数量与比例（%）

		1类	2类	3类	4类	5类	6类
“985”高校	数量	6	7	4	4	3	2
	比例	23.1	26.9	15.4	15.4	11.5	7.7
“211”高校	数量	17	8	4	4	3	2
	比例	43.6	20.5	10.3	10.3	7.7	5.1

续表

		1类	2类	3类	4类	5类	6类
非“211”高校	数量	134	87	38	10	5	0
	比例	48.7	31.6	13.8	3.6	1.8	0
教育部属	数量	17	11	5	4	7	2
	比例	37.0	23.9	10.9	8.7	15.2	4.3
省属	数量	136	88	40	13	4	1
	比例	47.9	31.0	14.1	4.6	1.4	0.4
其他部委属	数量	4	3	1	1	0	1
	比例	40.0	30.0	10.0	10.0	0	10.0

注：1. 有少数院校填写了类型7，但实际上仍属留学生非学历教育，因此不再单独列出，也因此导致1—6项之和不完全是100%；2. 表中1—6类意思分别是有1类、2类、3类、4类、5类、6类培养对象。

从上述数据可以看出：只有一种培养类型的院校在“985”、“211”、非“211”高校中的比例分别为23.1%、43.6%、48.7%；具有两种培养类型的院校比例三种类别差异不大；具有4—6种培养类型的院校中，“985”高校比例高于“211”高校，后者又高于非“211”高校。这也从一个侧面说明培养对象的多样性、培养类型的综合性是“985”、“211”高校的特点之一。

在培养类型的多样性方面，教育部属院校好于省属院校，这体现在只有1种培养类型的两类院校比例分别为37.0%和47.9%，而具有5种以上培养类型的部属院校比例高于省属院校，说明教育部属院校在培养层次的多样性方面好于省属院校。

三　培养类型与学校学科特色的关系

在回收的问卷中，具有1—6种培养类型的院校数量与所占比例分别是157（46.4%）、102（30.2%）、46（13.6%）、18（5.3%）、11（3.3%）、4（1.2%）。接近一半的院校只有一种培养类型，其中包含6所“985”高校。这些院校总体上分为两类：一类是学科特色鲜明的院校，例如理工、农林、医药、科技类院校；另一类是地市级学院或师范学院。对于前一类，或许是因为这些院校凭借其学科特色吸引了对该学科感兴趣的外国学生，所以形成了较为固定的培养类型。这对于院校及相关政府部门在今后制定学校发展规划及招生计划都有重要参考价值。至于地市学院或师范学院，则应分别考虑。对于以外国留学生汉语教学为主的院校，其地理位置、区域文化特色、学校对于对外汉语教学的重视程度等都是可以加以利用的优势；而对于仅有对外汉语本科的院校，则应根据其师资队伍、课程设置、实习基地、培养效果等多种因素对培养质量进行综合评估。

四　小结

总体来说，在培养类型方面，针对留学生的汉语教学和针对中国学生的对外汉语本科是目前高校对外汉语教学部门中培养类型的主体，语言学及应用语言学博士点设置在对外汉语教学部门的院校比例还比较低；接近一半的院校只有一种培养类型，该类型主要为针对留学生的汉语教学或中国学生的对外汉语本科；123 所招收对外汉语本科的院校中有 45 所院校没有留学生的学历或非学历教育，其学生的教学实习与教学观摩无法在本校进行，故培养效果也许值得关注；培养类型与学校学科特色有一定关系，学科或地理文化优势是该类学校在今后的招生和培养工作中可以利用的因素；培养类型与院校类别关系明显，“985”和教育部属院校在培养类型的综合性方面好于非“211”和省属院校。

第二节　办学历史

一　近三十年机构增速与办学历史

截至 2010 年初，各院校与对外汉语教学有关的部门办学历史平均为 12 年。在回收的数据中，有 8 所院校的办学历史超过 50 年，其中最长的为 60 年；有 35 所院校从 2008 年以后开设对外汉语教学，其中或者为学科特色突出的院校，如农业、商学、理工、民航类，或者为地市级学院及师范学院，体现了对外汉语教学机构的布局从综合类院校向特色类院校、从全国或省属的重点院校向省属非重点院校拓展的趋势。办学历史在 1—10 年、11—20 年、21—30 年、31—40 年、41—50 年、50 年以上的院校数量分别为 167 所、80 所、44 所、5 所、6 所、8 所。也就是说，自 1979 年改革开放以来，对外汉语教学在高等院校中得以较快发展，而最近十年的发展速度尤为迅速（见图 JGA－2，图中数据表示各时间段内院校数量在所回收问卷的院校中所占百分比）。

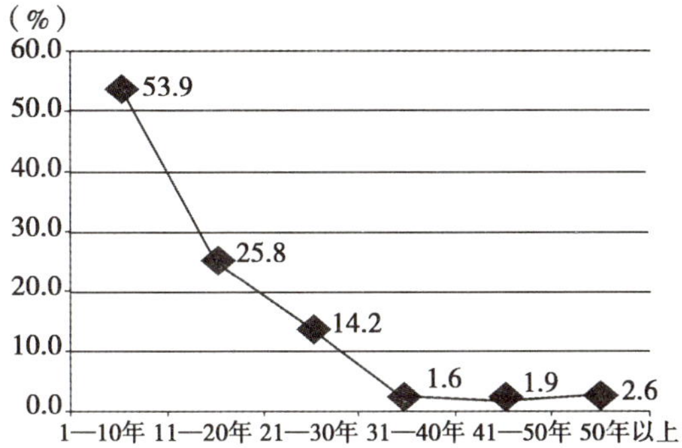

图 JGA-2　高校对外汉语教学机构的办学历史

在各类院校中，"985"、"211"、非"211"高校的平均办学历史分别为21.8年、23.2年、10.8年；三类院校中，办学历史在10年（含）以下的比例分别为28.6%、24.3%、60.3%；办学历史在50年以上的比例分别为14.3%、8.1%、0.8%。在教育部属与省属院校中，二者的平均办学历史分别为23.3年和11.4年；办学历史在10年以下的院校比例分别为22.5%和58.8%；办学历史在50年以上的院校比例分别为15%和0.4%（上述比例计算均以回收问卷中各类院校数量为基数）。从该组数据可以看出："985"、"211"高校中对外汉语教学部门的总体办学历史长于非"211"高校，教育部属院校中对外汉语教学部门的平均办学历史长于省属院校，但非"211"高校和省属院校的对外汉语教学在近年来的发展速度较快。

在地域分布上，华北、东北、华东、华南、华中、西北、西南地区院校对外汉语教学的平均办学历史分别为：15.3年、16年、13.8年、12.4年、9.5年、12年、9.9年。东北、华北的历史稍长，而西南、华中的历史稍短。在近十年新开设对外汉语的院校中，华东地区的院校比例最高，为29.3%，东北地区的院校比例最低，为7.1%。但是与各地区总数相比，华中地区院校办学历史在10年以下的比例最高，为68.4%；西南、西北地区的比例分别为57.9%和55.6%；东北地区的比例最低，为23.5%。从上述数据综合来说，华北、东北地区开设对外汉语教学的历史较长，而华中和西南地区的历史较短。

二　新设机构的主要培养类型

在2008年以后开设对外汉语教学的35所院校中，有18所开设的是外国留学生长短期非学历教育，有14所开设的是中国学生对外汉语本科，有

3 所同时开设外国留学生非学历教育、外国学生汉语言本科和中国学生对外汉语本科。这显示出一个明显的趋势：针对外国留学生的非学历教育和针对中国学生的对外汉语本科是新开设对外汉语教学院校的主要培养类型。

三 小结

就所回收的数据看，高校对外汉语教学部门在办学历史方面表现出的主要特点是："985"、"211"高校办学历史长于非"211"高校，教育部属高校的办学历史长于省属高校；近三十年来发展规模较大，近十年来发展尤为迅速；新发展的院校主要分布于学科特色明显的高校或地方院校；新开设对外汉语教学的院校以外国留学生的非学历教育和中国学生的对外汉语本科为主要培养类型。

第三节 机构行政设置

一 培养机构的行政隶属关系

根据前期调研，我们将具有对外汉语教学职能的机构在所在院校中的行政隶属关系设置分为：

1. 本校直属的院系级对外汉语教学单位；
2. 包含有外事等行管部门在内的院系级单位；
3. 隶属于院系级教学单位（如文学院、外文学院等）的单位；
4. 隶属于学校外事部门（如外事处、国际交流与合作处等）的单位；
5. 其他。[①]

统计结果显示：四类设置方式的院校数量与比例分别为：121（37.8%）、53（16.6%）、77（24.1%）、69（21.6%），应该说，这四种类型的院校均有一定数量。类型 2 和类型 4 的区别在于本机构的级别，类型 2 为院系级单位，外事部门为其下属机构；类型 4 则相反，对外汉语教学隶属于外事部门，但两种类型的工作方式都是对外汉语教学和外事、国际交流合作合署办公，这两类院校总数为 122 所（38.1%）。在隶属于其他教学单位的设置中，有的隶属于文学院（中

① 在回收问卷中，有少数院校选择了 5，但未按要求作具体说明，因此不作进一步分析。

文系），有的隶属于外文学院（外语系）。总体来说，作为独立的院系级教学单位、与外事部门合署办公这两种方式在目前各院校对外汉语教学部门的行政设置中所占比例最高；在所有类型中，作为院系级单位且包含外事部门的设置方式比例相对较低。

二　不同类别院校中行政设置方式的差别

各类不同院校中对外汉语教学机构的行政设置方式分布情况见表JGA－2。

表 JGA－2　不同类别院校的对外汉语教学机构行政设置数量与比例　（%）

		本校直属院系级单位	含外事等行管部门	隶属于院系级教学单位	隶属于学校外事部门	其他
“985”高校	数量	16	0	4	4	0
	比例	66.7	0	16.7	16.7	0
“211”高校	数量	18	6	3	8	2
	比例	48.6	16.2	8.1	21.6	5.4
非“211”高校	数量	86	44	68	57	3
	比例	33.1	17.7	26.2	21.9	1.2
教育部属	数量	24	3	6	9	0
	比例	57.1	7.1	14.3	21.4	0
省属	数量	93	47	66	59	5
	比例	34.4	17.4	24.4	21.9	1.9

从上面的数据可以看出：在各类院校中，作为学校直属的院系级单位的设置方式所占比例都是最高的；在“985”高校中，直属于院校的院系级设置是主体；而非“211”高校中，与外事部门合署的类型占多数。在教育部属院校中，直属于院校的院系级单位为主体；而省属院校中，与外事部门合署的类型占多数。

三　培养类型与机构行政隶属关系

高校的对外汉语部门或专职从事教学与科研，或兼具国际合作与交流、留学生招生与管理等多项职能。那么在目前的高校中，不同类型的行政设置与培养类型之间是否有关系？这是我们下面要分析的问题（数据分布见表

JGA－3)。

表 JGA－3　　　　行政设置方式与培养类型的关系

		外国留学生非学历	外国留学生汉语言本科	对外汉语本科	对外汉语教学硕士	汉语国际教育硕士	语言学及应用语言学博士
本校直属的院系级单位	数量	105	60	51	24	31	5
	比例（%）	88.2	50.4	42.9	20.2	26.1	4.2
含外事等行管部门在内的单位	数量	51	17	6	1	2	0
	比例（%）	100.0	33.3	11.8	2.0	3.9	0.0
隶属于院系级教学单位	数量	46	11	47	6	6	2
	比例（%）	62.2	14.9	63.5	8.1	8.1	2.7
隶属于学校外事部门	数量	67	15	9	0	2	0
	比例（%）	100.0	22.4	13.4	0.0	3.0	0.0

将不同行政设置方式下培养类型的比例分布用图表示如下（见图JGA－3）：

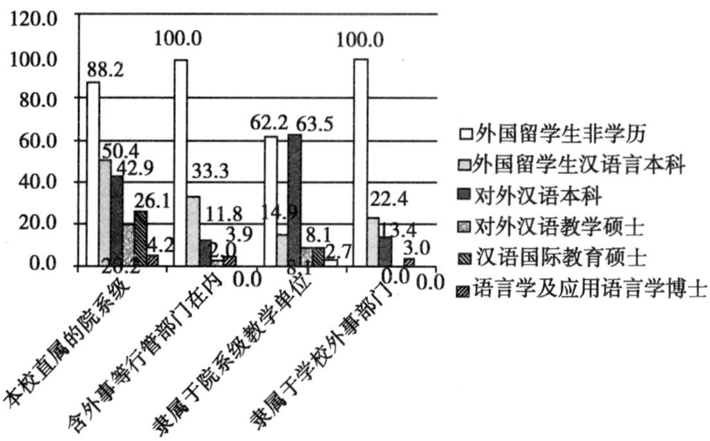

图 JGA－3　行政设置方式与培养类型的比例分布图

从上面的数据和图表可以看出：在各种行政设置类别中，都以面向外国留学生的汉语教学为主体。但是，无论是独立的院系级教学单位，还是隶属于文学院、外文学院的教学单位，其培养类型都包含了各种学生；而无论是隶属于外事部门，还是包含外事部门，针对中国学生的对外汉语本科、学术硕士与专业硕士、语言学及应用语言学博士的数量和比例都较低。这与培养对象的实际需求也是相符的，因为针对中国学生的学历教育，在师资、教学资源等方面都有更高的要求，设置在具有学科特色的教学单位显然是更为合理的。从这里我们或许可以反推高校对外汉语教学部门的行政设置方式：当培养对象以外国留学生的汉语教学为主体、针对中国学生的学历教育比例较低时，学校倾向于将对外汉语教学机构与外事部门归并；而中国学生的学历教育规模较大时，学校则更多地倾向于将对外汉语教学机构设置为独立的院系级单位或隶属于相关的教学单位。

上述数据反映出另一特点：对外汉语教学学术硕士和语言学及应用语言学博士的培养工作基本由教学单位承担；作为一种较新的培养类型，汉语国际教育专业硕士的机构设置方式则较为多样，在教学单位、与外事部门合署的单位中均有分布。

第四节　机构职能

一　机构职能的多样性

根据前期调研的结果，我们将各院校对外汉语教学部门的职能划分为：

1. 有独立招生权；
2. 自行进行教学与管理；
3. 教学与管理统一纳入学校教务处；
4. 负责学生生活管理（包括住宿、居留等）。

由于有的部门同时具有多种职能，因此这是一个可多选的题目。四种类型职能的分布情况见表 JGA－4。

表 JGA－4　　对外汉语教学部门的职能分布　　（%）

职能类型	院校数量	比例	职能数量	院系数量	比例
类型 1	209	61.3	1 种	76	23.7
类型 2	233	68.3	2 种	61	19.0
类型 3	119	34.9	3 种	162	50.5
类型 4	211	61.9	4 种	22	6.9

统计结果显示：具有上述四种类型职能的机构数量和比例分别为 209（61.3%）、233（68.3%）、119（34.9%）、211（61.9%），有招生职能、教学与管理职能和学生生活管理职能的机构比例大体一致，而采用教学与管

理纳入学校教务处的方式最少。从职能种类的数量来看，具有1、2、3、4种职能的院校数量和比例分别为76（23.7%）、61（19.0%）、162（50.5%）、22（6.9%），一半以上院校的对外汉语教学部门具有三种或三种以上职能。在仅有一种职能的院校中，多数（53所）具有职能3，少数具有职能2。但是在各种职能类型中，职能3的单项比例又低于其他三种，因此我们对具有三种职能的162所院校的职能进一步分析发现，这些院校中大多为职能1、2、4的组合。也就是说，目前各院校对外汉语教学机构的职能设置主要有两种方式：一种为独立进行招生、教学管理、生活管理等工作，另一种为纳入学校统一的教学与管理系统。这种职能类型在不同类别的院校（"985"、"211"、非"211"）中的分布方式基本相同。

二 与外事部门合署的机构的职能特色

各机构不同的职能也许与其行政设置方式有关，因此我们对机构行政设置方式与职能的关系进行了分析，所得数据见表JGA－5。

表JGA－5 机构职能与行政设置的关系

		本校直属	含外事等行管部门	隶属于院系级教学单位	隶属于学校外事部门
有独立招生权	数量	82	43	21	57
	比例（%）	40.4	21.2	10.3	28.1
自行进行教学与管理	数量	91	44	35	59
	比例（%）	39.7	19.2	15.3	25.8
教学与管理纳入学校	数量	48	11	49	10
	比例（%）	40.7	9.3	41.5	8.5
负责学生生活管理	数量	71	46	28	60
	比例（%）	34.6	22.4	13.7	29.3

从上面的数据可以看出：与外事部门合署的对外汉语教学部门，其具有招生、教学与管理、学生生活管理职能的比例较高，少数纳入学校统一管理；而隶属于院系级的部门则相反，其独立招生、教学、管理的职能较弱。从另一个维度看，有独立招生、教学、管理职能的大多为校级直属或与外事部门合署的校级机构，但是在教学与管理统一纳入学校教务部门的院校中，本校直属或隶属于其他教学单位的部门比例基本持平。也就是说，在职能分配上，与外事部门合署的行政设置大多具有多种职能；隶属于其他教学院系

的机构设置中，招生、管理等职能较多统一纳入学校；而直属于学校的教学单位在独立与纳入学校的方式上均有一定数量的分布。

第五节　机构基本情况总结

通过上述对高校对外汉语教学机构基本情况的分析，我们可以看到以下几个总体特点：

（1）无论从现状，还是从院校的发展来看，针对外国留学生的汉语教学和针对中国学生的对外汉语本科教学都是主要的培养类型。

（2）近三十年来高校对外汉语教学机构增加较多，近十年来发展尤为迅速，这突出体现在非“211”高校、省属院校中对外汉语教学机构的发展。

（3）多数院校的对外汉语教学机构为独立的院系级教学单位，或者与外事部门合署，少数隶属于文学院、外语学院等院系级教学单位。前者在招生与教学管理职能上较为独立，后者则大多纳入学校统一管理。

（4）目前对外汉语教学部门的行政设置与培养对象相关，中国学生学历教育的任务主要由独立的院系级教学单位完成，外事部门主要承担部分针对外国留学生的汉语教学工作。

（5）院校类别是影响其对外汉语教学机构状况的一个重要因素，这表现在“985”、“211”和教育部属高校在培养类型的多样性与综合性、办学历史、对外汉语教学部门独立性等方面都强于其他类院校。

（6）教学对象类型单一的院校原因不同，学科特色、地理位置、办学方式等均有影响，应分别看待。

（7）部分院校的对外汉语本科培养结构设置不够合理，学生缺乏校内教学实习与观摩机会。

第三章

机构师资情况

第一节 师资数量与比例

一 教学科研与行政人员比例

共有 272 所院校的对外汉语教学机构较为完整地填写了本机构的师资信息。分析结果显示：这些机构中专职教工总数与其中的教学科研人员、行政人员的平均数分别为 20.4、15.4、5.8 人。总体来说，教学科研人员与行政人员的比例为 2.7∶1。不同类别院校中对外汉语教学机构的师资情况见表 JGA－6。

表 JGA－6　不同类别院校的对外汉语师资数量　（人）

	教工总数平均数	教学科研人员平均数	行政人员平均数	教学科研与行政人员比（∶1）
“985”高校	35.2	26.0	9.2	2.8
“211”高校	26.7	18.6	9.3	2.0
非“211”高校	18.0	13.9	4.9	2.8
教育部属	28.7	21.0	8.3	2.5
省属	17.7	13.7	4.8	2.9
其他部属	52.3	32.9	17.2	1.9

从上述数据可以看出：除其他部属院校的师资构成较为特殊外，“985”高校的对外汉语师资平均数量多于“211”高校，后者又多于非“211”高校；教育部属院校的师资平均数量多于省属院校。总体来说，“211”高校的教学与行政人员的比例较低，为 2∶1，而其他各类院校（不含其他部属院校）的该项比例均接近 3∶1。

二　师资数量与培养类型的关系

随着各机构培养对象类型的增加，师资数量与构成有何变化？这是我们下面要分析的问题（表 JGA－7 中的“类”指培养类型的数量，表中的数据指各类师资的平均人数）。

表 JGA－7　　对外汉语师资数量与培养类型数量的关系　　（人）

	1类	2类	3类	4类	5类	6类
专职教工总数	16.0	17.0	18.4	42.9	46.6	79.8
教学科研人员	12.8	12.9	13.2	29.9	34.9	51.3
行政人员	4.2	4.8	5.6	12.1	12.4	25.0
教学与行政人员比（：1）	3.0	2.7	2.3	2.5	2.8	2.1

通过图 JGA－4 可以看出师资构成随培养类型数量的增多而变化的趋势。

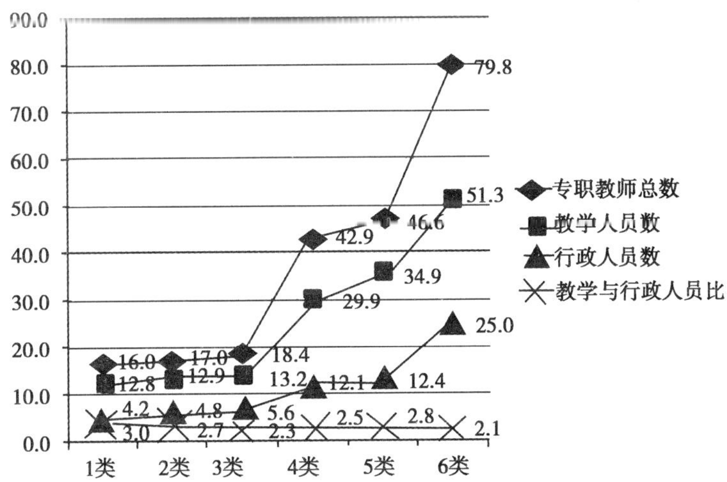

图 JGA－4　机构师资构成与培养类型数量的关系

从上面的图表可以看出：当培养类型为三种或三种以下时，无论是教学人员还是行政人员数量增加都不明显，但是当培养类型的数量超过三种时，所需教学与行政人员数量会随着培养类型的增加而有较大幅度的提高。从教学人员与行政人员的比例来看，当培养类型仅有一种时，教学与行政人员的比例最高，为3.0：1；当教学对象为三种类型时，该比例较低，为2.3：1；

当具有六种培养类型时，该比例最低，为2.1:1。上述教学与行政人员比例的分布模式意味着，当教学对象的类型增多时，对相应的行政和教辅人员的数量需求更为迫切，因此导致行政人员比例提高。这或许从另一个角度说明，当教学对象类型增多时，其主要的教学师资来源是原有的教师拓宽教学工作范围，从单一的或较少的教学对象类型拓宽至承担更多类型、更多层次的教学对象的课程。具有五种培养类型的院校一般包含专业硕士，此类院校的教学与行政人员比例也较高，或许是由于近年来汉语国际教育专业硕士招生规模的迅速扩大导致各校所需教学师资数量增加。

三 师资数量和比例与机构隶属的关系

在不同行政隶属关系的机构中，师资构成情况如表JGA－8所示（表中1—3列数据为各类师资的平均数）。

表JGA－8 不同行政隶属关系的机构师资构成情况 （人）

	专职教工总数	教学科研人员	行政人员	教学与行政人员比（:1）
本校直属的院系级单位	29.1	21.4	7.7	2.8
含外事等行管部门在内	17.6	9.9	6.7	1.5
隶属于院系级教学单位	18.7	15.6	3.1	5.0
隶属于学校外事部门	11.4	6.7	4.7	1.4

从上面的数据可以看到：作为校级直属院系单位的机构需要的教工总数最多，教学与行政人员的比例较高；而与外事部门合署的设置方式中教工数量和教学行政人员比例都最低。这是因为这两类设置的机构大多仅承担某一种或几种培养类型的教学任务，所需专职教学人员数量少，但同时承担的大量外事、国际合作事务需要较多的行政人员，因此其教学与行政人员比例低。而隶属于院系级教学单位的教学与行政人员比例最高，我们推测这应该与该设置方式中师资的构成状况及统计方式有关。此类对外汉语教学机构或者相对独立但隶属于文学院、外语学院，或者几类师资就是交叉承担教学任务，而行政教辅人员则是全院系共同的。在填写本问卷时，填写人员对教学科研人员数量的计算包含整个院系师资人数，因此造成其教学与行政人员比例很高。但这一推测有待今后更多资料的验证。

第二节　师资的职称构成

一　职称构成的比例

在所回收数据中，机构正高、副高、中级、初级职称的平均人数分别为2.6、5.5、7.6、2.5人。也就是说，副高、中级职称人数多大于正高、初级职称人数，其中，中级职称人数最多。但是，职称比例分布与院校类别有一定关系。请看表JGA－9（表中第2－5列数据为各类职称人数的平均数）和图JGA－5：

表JGA－9　　不同类别院校的对外汉语师资职称分布　　（人）

	正高	副高	中级	初级	职称百分比（正高：副高：中级：初级）	高级：初中级（：1）
"985"高校	3.5	7.8	13.7	3.1	12.5：27.8：48.8：10.9	0.67
"211"高校	2.4	5.8	9.8	2.6	11.7：28.3：47.6：12.4	0.67
非"211"高校	2.5	5.2	6.7	2.5	14.6：30.9：39.8：14.7	0.84
教育部属	2.9	7.3	11.3	2.4	12.3：30.4：47.2：10.1	0.74
省属	2.4	5.1	6.7	2.4	14.3：31.1：40.3：14.3	0.83
其他部属	5.3	7.0	15.9	6.6	15.1：20.1：45.7：19.1	0.79

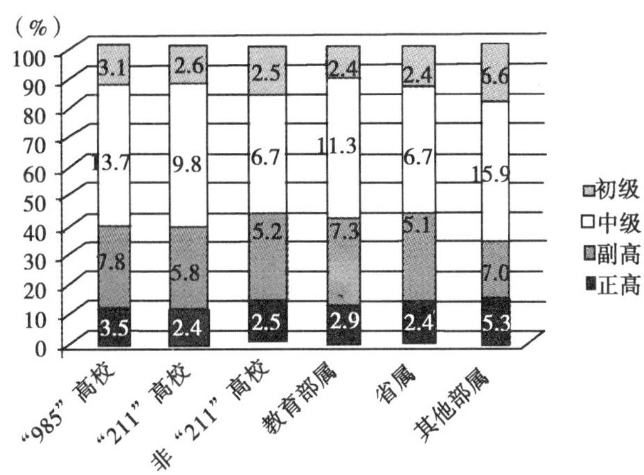

图JGA－5　不同类别院校中对外汉语师资的职称构成

从上面的数据可以看到：

（1）在高校的对外汉语教学部门中，中级职称在各类院校中的比例都最高。

（2）“985”高校、“211”高校、教育部属院校的职称构成大体一致，我们将其称为A类；非“211”高校、省属院校的职称比例构成基本一致，我们将其称为B类；其他部属院校自成一类，我们将其称为C类。总体来看，A类院校的正高职称比例（12%左右）略低于B类（14.5%左右）；两类院校中副高比例差别不大（30%左右）；中级职称比例A类院校（50%左右）高于B类（40%左右）；初级职称中，A类（10%—11%）略低于B类（约14.5%）。也就是说，A类院校中副高、中级职称比例较高，而正高、初级比例与其他院校相比偏低。

（3）C类院校的职称构成与A类和B类院校有较大不同，表现在正高和初级职称比例都较其他院校偏高，而副高比例偏低。

（4）从高级职称（正高、副高）与初中级职称比例看，非“211”、省属院校的比例（约0.84∶1）略高于“985”、“211”高校（0.67∶1）；而教育部属院校的比例居中（0.77∶1）。这可能是由于在“985”、“211”和教育部属院校中，由于其人才招聘与引进的起点较高，因此教师就职后能较快从初级职称晋升为中级；但是由于各种原因，由副高晋升到正高的难度较大。

二　教学科研人员职称比例与机构培养类型的关系

我们在前面分析师资数量与培养类型关系时提到，培养类型增加时，师资缺口主要不是靠增加教学科研人员的数量，而是靠增加原有师资的工作量，拓宽其教学工作范围来填补。那么这种拓宽与职称之间是否有关系？请看下面培养类型与职称构成关系的表JGA－10（表中的数据为各类教师的平均人数）和图JGA－6。

表JGA－10　　机构培养类型数量与师资职称构成的关系　　（人）

培养类型数量	正高	副高	中级	初级
1类	2.4	4.7	6.6	2.7
2类	1.8	4.5	6.4	2.3
3类	2.5	4.7	6.6	2.4

续表

培养类型数量	正高	副高	中级	初级
4类	4.5	11.0	12.8	2.9
5类	4.2	12.0	17.7	1.3
6类	6.3	14.3	24.8	0.4

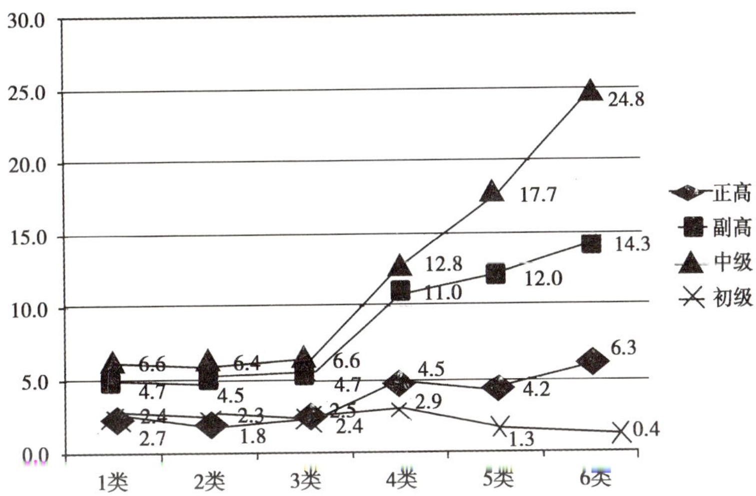

图 JGA－6　机构培养类型数量与师资职称构成的关系

从上面的图表我们可以看出对外汉语教学机构的师资职称比例与培养类型数量在总体上呈现出下列关系：

（1）在各种培养类型数量上，职称的分布与我们在第三章第二节第一部分讨论的职称的总体分布趋势基本一致。

（2）当培养类型数量在三种以下时，各类职称的数量增加幅度都不大；但是当培养类型数量在四种或四种以上时，除初级职称外，其他各类职称平均人数在总体上都有较大幅度增加。这与我们在第三章第二节第一部分讨论培养类型与师资数量关系时所得到的趋势相同。

（3）当培养类型数量达到四种以上，师资数量增加时，增加幅度最大的为中级职称。根据高校内对外汉语教学机构的培养类型发展与分布状况，当培养类型由三种增加到四种或五种时，所增加的类型大多为对外汉语教学硕士和汉语国际教育专业硕士。那么上述分析所得到的中级职称师资增加幅度最大这一特点提醒我们：目前许多院校的硕士课程，尤其是汉语国际教育专业硕士课程应该有不少是由具有中级职称的教师承担。这能否切实完成专业硕士“高层次、复合型人才”的培养目标？

第三节　师资的学位构成

一　硕士学位为主，不同类别院校师资学位构成有差异

在所回收数据中，各机构教学科研人员中获得博士、硕士、本科、专科学位的平均人数分别为4.8、8.8、4.0、0.1人。师资的学位构成在不同类别院校中的分布情况见表JGA－11（表中数据为各类学位师资的平均人数）和图JGA－7。

表JGA－11　　不同类别院校中对外汉语师资的学位分布　　（人）

	博士	硕士	本科	专科	博：硕：本：专（%）
“985”高校	10.1	13.2	3.5	0.1	37.5：49.1：13.1：0.3
“211”高校	6.4	9.7	3.1	0.0	33.2：50.4：16.3：0
非“211”高校	3.7	8.2	4.2	0.1	23.0：50.6：25.7：0.7
教育部属	8.8	10.4	3.4	0.1	38.8：46.0：15.0：0.3
省属	3.7	8.4	3.9	0.1	23.1：52.1：24.3：0.6
其他部属	10.4	13.4	9.0	0.5	31.2：40.2：27.0：1.5

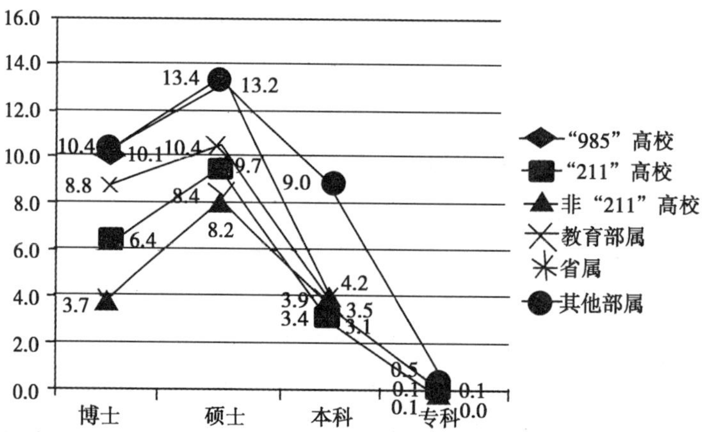

图JGA－7　不同类别院校中对外汉语师资的学位分布

从上述图表可以看到：

（1）各类院校中师资学位的分布趋势大体相同，具有硕士学位的教学人员比例都是最高的。

（2）“985”、“211”、教育部属院校师资学位比例构成基本一致，我们称为A类院校；非“211”、省属院校师资职称比例基本相同，我们称为B类院校；其他部属院校自称一种类型，我们称为C类院校。在博士人员比例上，A类院校最高，为38.0%左右，其中“211”高校稍低于“985”高校和教育部属院校，博士比例为33.2%；C类院校博士比例居中，为31.2%；而B类院校的博士比例最低，为23.0%。在硕士人员比例上，A类和B类院校都在50%左右，C类院校稍低，为40.2%。在本科人员比例上，B类和C类院校的比例（25%左右）高于A类院校（15%左右）。

（3）专科学位的师资在各类院校中所占比例都很低。

（4）总体来说，教学科研人员学位的整体层次在“985”、教育部属、“211”高校中高于非“211”高校和省属院校，其他部属院校的博士比例与“211”高校基本相同，而硕士和本科比例与非“211”高校基本相同。

二 培养类型与师资学位构成的关系

各机构中培养类型数量与各种学位师资平均人数的关系见表JGA－12（表中数据为各种学位师资的平均人数）和图JGA－8：

表JGA－12 对外汉语教学机构培养类型数量与师资学位的关系 （人）

培养类型数量	博士	硕士	本科	专科
1类	3.0	8.0	3.9	0.2
2类	3.3	7.5	4.3	0.1
3类	3.9	8.1	3.0	0.1
4类	11.3	14.0	4.7	0.1
5类	12.4	19.3	4.4	0.0
6类	23.5	22.0	5.8	0.0

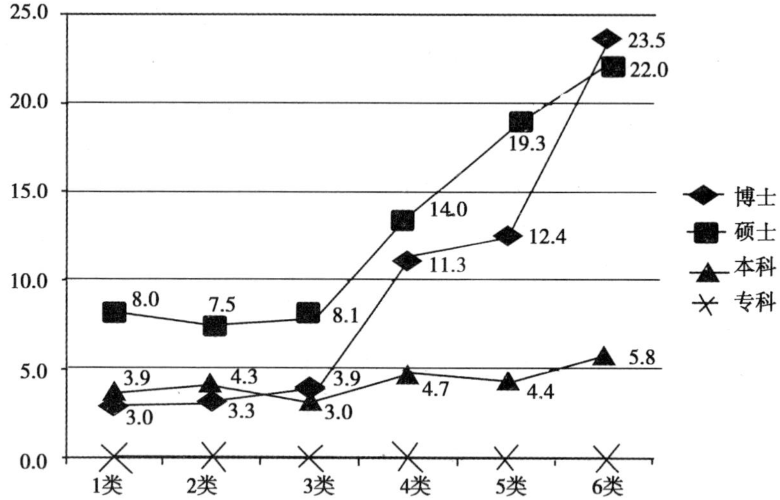

图 JGA－8　对外汉语教学机构的培养类型数量与师资学位构成的关系

从上面的图表可以看出：

（1）具有硕士学位的师资是承担各种培养对象教学任务的主体。

（2）在培养对象类型为三种或三种以下的机构中，博士与本科学位的师资比例基本相当，甚至稍低于本科学位师资比例；具有硕士学位的师资占较大比例。

（3）在培养对象类型超过三种的机构中，教学科研人员的学位构成比例出现较大改变，硕士与博士学位师资增加幅度较大。这或许是由于超过三种培养类型时，所增加的多为面向硕士、博士层次的培养对象，因此所增加的师资也要求具有较高的学位水平。

（4）在具有六种培养类型的院校中，博士学位的师资比例最高。按照高校内对外汉语教学机构培养类型的分布状况，第六种培养类型是指语言学及应用语言学博士的培养，这些院校对于师资学位和学历的要求自然更高。

（5）本科学历的师资人数随培养类型的增多无明显改变，这部分教师应该主要是年龄偏大、在各个培养院校中承担留学生汉语教学或中国学生对外汉语本科教学的师资。因此，当硕士或博士层次的教学对象增加时，该部分师资的比例变化不大。也就是说，在高校的对外汉语教学部门中，师资的受教育程度与所承担的教学对象类型之间有一定关联。

第四节　师资的年龄与性别比例

一　女性占多数，30—40 岁教师是主体

教师性别与年龄的分布状况见图 JGA－9 和表 JGA－13（表中第一行数据为年份与性别，如“60—69 男”是指出生于 1960—1969 年的男性教师）。

表 JGA－13　高校对外汉语教学机构中师资性别与年龄的分布

	50 前男	50 前女	50—59 男	50—59 女	60—69 男	60—69 女	70—79 男	70—79 女	80—89 男	80—89 女
平均人数	0.3	0.2	1.7	0.9	3.0	3.6	3.3	6.9	0.9	2.8
比例%	1.3	0.6	7.1	3.9	12.5	14.9	13.7	28.8	3.6	13.6
平均人数	0.5		2.6		6.5		10.1		4.1	
比例%	2.0		11.0		27.4		42.5		17.2	

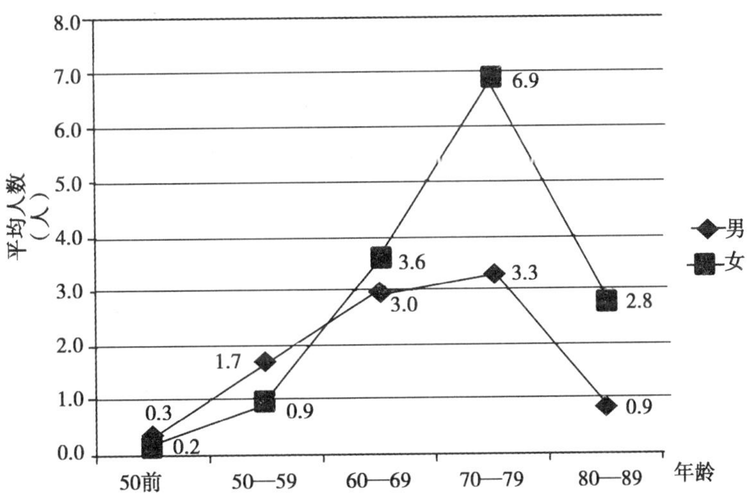

图 JGA－9　高校对外汉语教学部门师资的性别与年龄分布

上面的数据显示，目前在职教师构成的特点是：

（1）女教师占主体，男女比例大致为 0.6∶1，也就是说，女教师所占比例约为 60%。

（2）30—40 岁的教师占主体（42.5%），这是一个比较年轻的师资队伍。

（3）教师性别比例随年龄段而有所变化。在目前 50 岁以上的教师中，男教师数量多于女教师，其原因或是女教师退休年龄早于男教师；在 41—50 岁教师中，男女教师比例大致为 0.8∶1；在 31—40 岁教师中，男女比例差别加大，达到了 0.5∶1；在 30 岁以下教师中，性别比例差别最大，男女教师比例为 0.3∶1。由此可见，汉语教师队伍的性别比例变化趋势值得关注。

（4）目前从事对外汉语教学的师资队伍中，占最大比例的为 30—40 岁的女教师，这一群体占目前师资总数的将近三分之一（28.8%）。这一年龄段的教师是教学科研的主力，承担的教学科研任务重，个人再深造和升职的压力都大，同时还要担负照顾家庭、教育子女等责任，这也是相关部门在制定各种政策时应该加以考虑的一个情况。

二 不同类别院校师资性别与年龄分布情况

根据调查数据，不同类别院校中师资年龄与性别的分布状况如表 JGA-14 和图 JGA-10 所示①（表中数据为各类教师的平均人数，表中第一行数据为年份与性别，如“60—69 男”是指出生于 1960—1969 年的男性教师）。

表 JGA-14 不同类别院校中对外汉语师资的年龄与性别分布 （人）

	50—59 男	50—59 女	60—69 男	60—69 女	70—79 男	70—79 女	80—89 男	80—89 女
“985”高校	2.8	1.8	3.5	4.7	2.7	9.5	0.9	3.9
“211”高校	1.7	1.7	2.4	3.4	3.2	6.4	1.2	2.2
非“211”高校	1.6	0.9	2.4	2.7	2.8	4.6	1.0	2.8
教育部属	2.4	2.0	2.9	4.2	2.9	8.0	0.9	3.1
省属	1.5	0.9	2.3	2.7	2.7	4.6	1.0	2.7
其他部属	3.3	1.5	5.2	5.9	5.4	10.7	2.0	2.6

① 由于 50 年以前出生的教师目前仍在岗的数量较少，因此我们对这部分数据不再作深入分析。

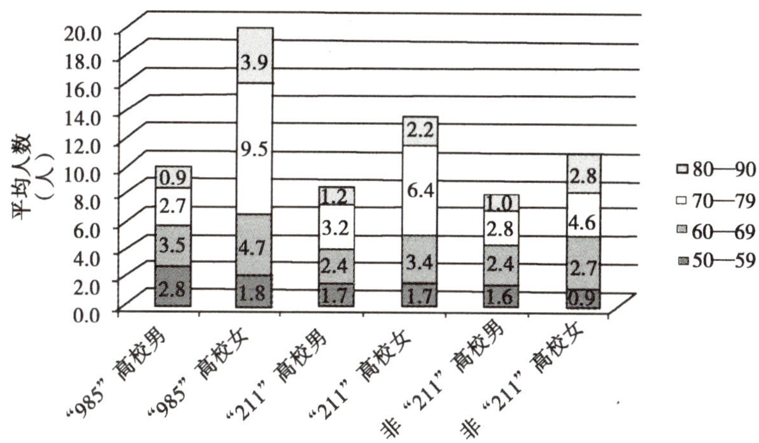

图 JGA－10　不同类型院校中对外汉语师资的年龄与性别分布

从上述图表可以看出：

（1）不同类别的院校中，教学科研师资的总体分布趋势基本相同，即30—40 岁教师占主体，50 岁以下教师中女教师占主体。

（2）师资性别比例在不同类别院校中表现出差别。"985" 高校的男女教师比例差距高于 "211" 和非 "211" 高校，教育部属院校的男女教师比例差距大于省属院校。这可能意味着 "985" 或教育部属院校在招聘人才时对性别因素的考虑少于其他类院校。至于对这一现象的深层解读，需要我们进一步查阅各类院校的人才招聘政策，综合分析性别因素在各院校人才引进与招聘中所占的权重。

第五节　师资的来源与专业背景

一　以毕业于国内其他院校的人员为主

在问卷设计中，对于教学科研人员的来源，我们提供了毕业于本校、毕业于国内其他院校、毕业于国外院校三个选项。统计结果显示：这三类来源师资的平均人数分别为 3.9、12.4、0.8 人。可以看出，毕业于国内其他院校的师资是目前各高校对外汉语师资的主要来源，而海外留学回国人员在国内高校从事这一工作的比例还相当低。可以预见，今后若干年海外留学回国人员比例会有所上升。

二 不同类型院校师资来源比例

不同类别院校中对外汉语师资入职前就读院校的分布见表 JGA－15（表中数据为各类师资的平均人数）和图 JGA－11。

表 JGA－15 不同类别机构中对外汉语师资入职前就读院校的分布 （人）

	毕业于本校	毕业于国内其他院校	毕业于国外院校
“985”高校	11.3	14.1	1.6
“211”高校	6.1	11.6	0.8
非“211”高校	2.3	12.3	0.7
教育部属	9.0	12.3	1.3
省属	2.7	11.8	0.6
其他部属	6.0	29.3	1.2

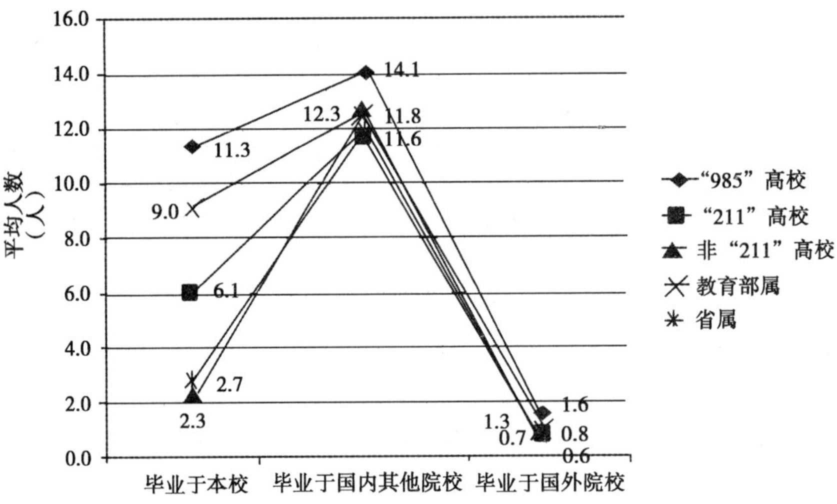

图 JGA－11 不同类别院校中对外汉语师资入职前就读院校分布①

分析结果显示：

（1）师资来源在各类院校中的分布趋势相同，即毕业于国内其他大学的师资比例最高，其次为毕业于本校的师资，而毕业于国外大学的师资比例在各类院校中都很低。

① 由于“其他部属院校”的师资来源构成与其他类院校差别较大，因此在折线图中未加入该类院校。

（2）在师资毕业院校分布上，本校来源与国内其他院校来源比例最高的为“985”高校（0.8∶1）；其次为教育部属院校，为0.7∶1；“211”高校比例居中，为0.5∶1；省属院校、其他部属院校的比例较低，均为0.2∶1；比例最低的为非“211”高校（0.18∶1）。这说明：第一，为避免完全“近亲繁殖”，一般学校都会认真考虑从其他学校招聘合适人才；第二，人才的毕业院校是各高校在人才招聘时比较注重的一个指标，这与目前各高校人才招聘现状也是一致的。此外，理论上来说，各类院校在招聘师资方面都倾向于引进院校类别高于本校的人员，非“211”高校、省属院校中毕业于国内其他大学的师资应该主要是来自“985”、“211”类院校；而对于后者来说，它们本身就是国内最好的院校，其本身完整的学科体系和较高的培养质量可能导致了本校培养的学生留在学校任教的比例相对较高，这说明对“近亲繁殖”的注意还不够。

三　教师专业背景

根据目前各高校从事对外汉语教学师资的学科背景，我们将其最后学历所属专业划分为：

1. 语言学及应用语言学（简称“应用语言学类”）；
2. 汉语言文字学、现代汉语、语言学理论等（简称“现代汉语类”）；
3. 中国文学；
4. 外国语言文学；
5. 教育学、心理学；
6. 其他。

分析结果显示，最后学历来自这六种学科背景的教师平均人数分别为2.3、4.4、4.1、2.7、1.1、3.3人，其分布情况见图JGA－12。

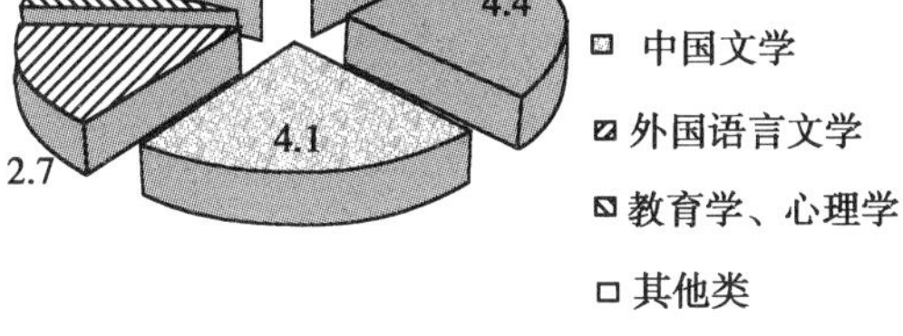

图JGA－12　高校对外汉语师资入职前的就读专业分布

从这一结果看，目前从事对外汉语教学的高校师资主要来自中国语言、文学的学科背景，占76.0%，而教育学、心理学专业的师资比例较低，仅占6.0%。从数据我们还可以看到，来自上述所列五种学科之外的“其他”学科的师资平均人数达到了3.3人（约占18%），这也是一个不低的比例。从这一角度说，目前高校的对外汉语教学师资专业来源是比较多样的，这也体现了这一学科综合性、交叉性的特点。

图JGA－13、图JGA－14和表JGA－16显示了师资专业背景在各类院校中的分布趋势。从图表来看，“985”高校、“211”高校、教育部属院校的师资学科背景分布趋势基本相同，而非“211”高校、省属院校的趋势基本相同，它们与前三类院校的区别在于其中国文学专业的师资比例较高。

表JGA－16　　不同类别院校中对外汉语师资的专业背景分布　　（人）

	应用语言学类	现代汉语类	中国文学	外国语言文学	教育学心理学	其他
“985”高校	7.9	7.2	4.9	4.2	1.5	3.1
“211”高校	6.4	5.6	3.9	1.8	1.3	3.0
非“211”高校	3.8	3.9	5.4	2.6	0.9	3.4
教育部属	6.8	6.1	4.4	3.4	1.3	2.9
省属	3.7	3.9	5.3	2.5	0.9	3.1
其他部属	12.5	11.0	5.5	3.5	2.8	9.5

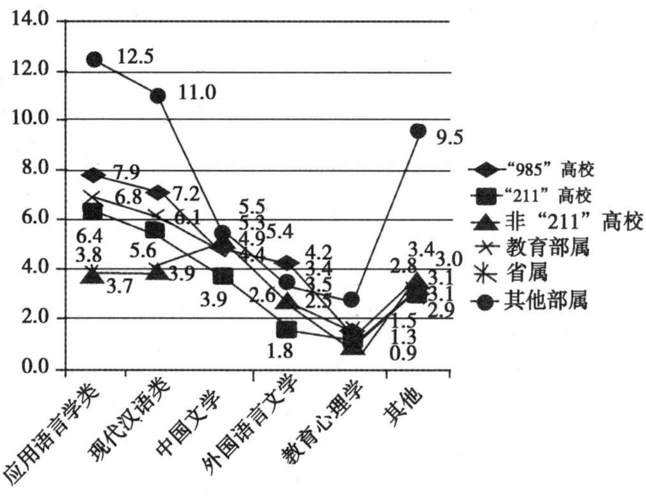

图JGA－13　师资的专业背景在不同类别院系中的分布

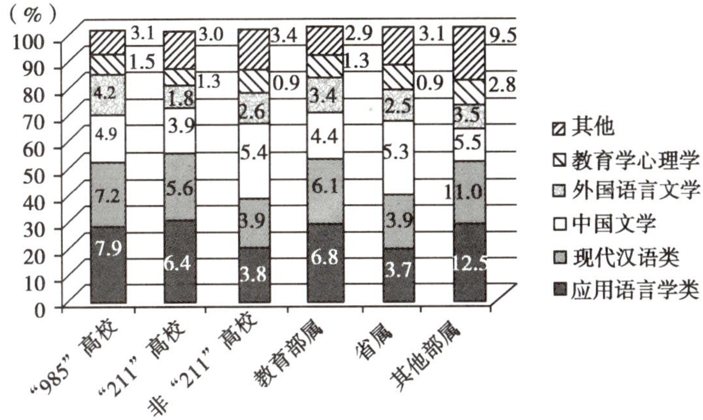

图 JGA－14　不同类别院校中对外汉语师资的专业背景分布

四　有海外学习经历的教师数量

数据分析表明：有海外学习经历（包括学历教育、培训、进修、访学等）的平均人数仅为2.9人。在各类院校中，除其他部属院校（如隶属于国务院侨办的一些院校）教师出国学习数量较多、情况较为特殊以外，在其他各类院校中，"985"和"211"高校的海外学习、进修经历的平均人数为5.1人，教育部属院校平均为3.9人，而省属和非"211"高校的平均人数分别为2.5人和2.4人。总体来说，目前各高校从事对外汉语教学的在职人员中，有海外学习、进修经历的师资数量还是很少的。这也是各高校及相关部门在今后考虑师资队伍建设时应注意的问题。

五　有海外任教经历的教师数量

从事对外汉语教学工作的教师往往需要承担出国教学任务。分析结果显示：目前各机构中具有海外任教经历的教师平均人数为4.5人，但这一数量在不同类别院校中差别较大。在"985"、教育部属、"211"高校中，该平均人数分别为13.3人、11.3人和9.1人，在非"211"、省属院校中仅为2.8人和2.9人。其分布情况见图JGA－15。

目前公派教师出国任教的途径主要有两种：一种是通过国家汉办的公派教师出国选拔，另一种通过所在学校与国外院校的校际交流。我们在问卷中也调查了各高校对外汉语教学部门的海外合作机构及孔子学院数量，分析结

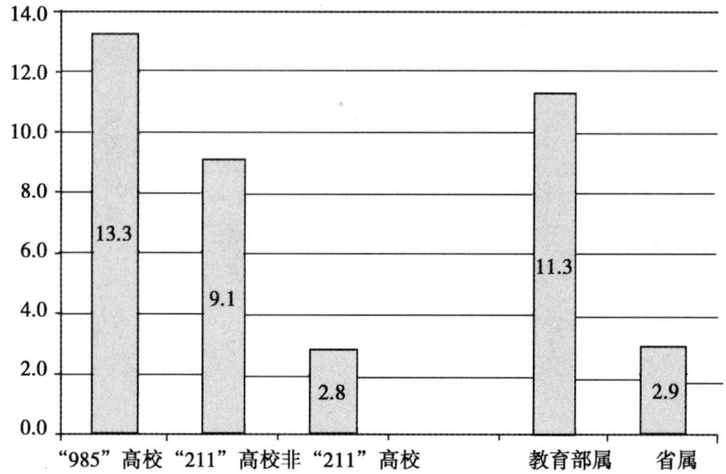

图 JGA-15 不同类别院校中对外汉语师资出国任教的平均人数

果显示：机构中有出国任教经历的教师数量与机构的孔子学院数量（$r=0.713$，$p<0.1$）、海外合作机构数量（$r=0.327$，$p<0.1$）相关均显著。这也就意味着，赴孔子学院工作、通过校际合作交流出国从事汉语教学是教师出国任教的主要途径。

第六节　机构师资状况总结

通过上述不同角度的分析，我们认为目前高校对外汉语教学机构中师资状况呈现出以下主要特征：

（1）教学科研人员与行政教辅人员的比例约为 3∶1；

（2）作为独立院系级教学单位设置的对外汉语教学机构师资规模最大，教学与管理的独立性最强；

（3）中级职称的教师占教学科研人员的比例最高；“985”高校、“211”高校、教育部属院校中的高级职称和初级职称比例都低于非“211”高校和省属院校，而中级职称、副高职称比例高于后者；培养对象超过三种类型时，中、高级职称教师的比例逐渐提高，其中，中级职称数量增加最多；

（4）具有硕士学位的教师在教学科研人员中的比例最高；“985”高校、教育部属院校中的博士学位师资比例高于非“211”高校和省属院校，本科师资比例低于后者；培养对象超过三种类型时，硕、博士学位师资数量增加较多；具有六种培养类型的院校中博士学位比例最高；当培养类型增多、培养层次提高时，本科学位的师资比例无明显变化；

（5）30—40岁教师是目前对外汉语师资的主体，女教师约占60%；师资队伍年龄段越低，女教师比例越高；“985”高校、教育部属院校中的男女教师比例差别大于其他类院校；

（6）毕业于国外大学的师资比例较低；毕业于国内其他大学的教师是高校对外汉语教学部门师资的主要来源；就毕业于本校的师资比例而言，“985”高校高于非“211”高校，教育部属院校高于省属院校；

（7）入职前就读中国语言文学专业的教师数量最多，对外汉语教学机构中教师专业背景来源比较多样；

（8）有海外学习经历的教师数量少；“985”高校、“211”高校、教育部属院校中有海外任教经历的师资数量远大于非“211”高校和省属院校。

根据上述特征，下面几个问题值得在今后的调研中继续关注：

（1）三种培养类型是影响高校对外汉语教学部门师资构成的一个关键点，这表现在：当培养对象类型超过三种时，教学与行政人员比例降低，中、高级职称比例逐渐提高，硕士、博士学位师资数量递增。那么，这第三种培养类型主要是哪一种？培养类型在三种或三种以下的院校和类型多于三种的院校在师资构成方面的这些不同究竟来自哪些原因？

（2）具有汉语国际教育专业硕士的院校师资构成具有哪些特点？根据对所回收问卷的分析，具有五种培养类型的院校主要可以分为两类：一类是对外汉语教学部门无博士点，另一类是无对外汉语本科。我们推测，第五种培养类型应该是近年来新增的汉语国际教育专业硕士。前面的分析结果显示：当具有五种培养类型时，师资数量的增加主要体现在中级职称、硕士学位的师资比例提高。那么这一师资构成特点仅仅是提交了问卷的这些院校的状况，还是反映了承担汉语国际教育专业硕士培养工作的院校普遍的师资特点？高校中培养该专业硕士类型的师资状况以及相关的课程设置等状况究竟如何？

（3）“985”高校、教育部属院校中师资性别、职称、学位构成与其他类院校呈现出较明显不同，这是否是因为这些院校在人才招聘与职称晋升政策上的不同？高校对外汉语教学部门在人才引进与师资队伍建设上最应该关注哪些因素？如何合理地建设和优化高校的对外汉语师资队伍？

第四章

机构国际合作与交流

第一节　校际交流在国际合作交流中的角色

关于国际合作交流的情况，在问卷设计中，我们希望了解各院校的孔子学院数量及其他与本机构相关的国际合作项目数量。在对所回收问卷进行数据分析时，我们意识到：其他途径的国际合作与交流项目主要由各院校自主决定，而孔子学院项目发展历史短、速度快，而且其开办数量和方式受多种因素的影响，其全面、客观的发展模式与现状分析应依据孔子学院承办院校的穷尽式统计及专题调研，否则分析结果难免会导致误差，因此下面各机构孔子学院的情况不作为数据分析的主要内容。分析结果显示：在填写问卷的机构中，国际合作与交流项目的数量平均为5.5个，其中，其他途径（即非孔子学院）的项目数量平均为5.0个。也就是说，各院校中对外汉语教学部门的国际合作与交流项目主要还是属于本校与国外院校自主建立合作的校际交流。

第二节　孔子学院与校际交流项目的分布

表 JGA－17 中的数据是不同类别院校中孔子学院和其他国际合作项目的平均数量，图 JGA－16 显示了其分布趋势。

表 JGA－17　不同类别院校中孔子学院和其他国际合作项目平均数量　（个）

	"985"高校	"211"高校	非"211"高校	教育部属	省属	其他部属
孔子学院	2.6	1.7	0.6	2.2	0.7	1.0
其他国际合作	6.0	5.3	4.8	6.6	4.6	8.2

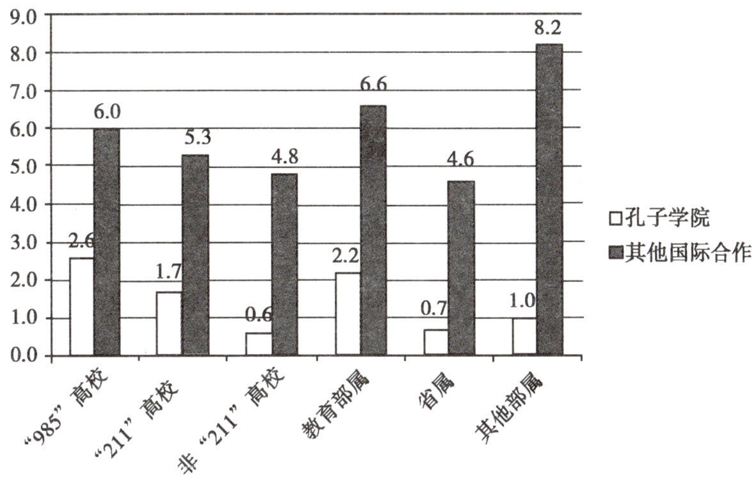

图 JGA－16　不同类别院校中孔子学院和其他国际合作项目数量

从上面的数据可以看出：

（1）就各院校自主建立的国际合作交流项目数量来说，除其他部属院校外，各类院校的平均数量在5个左右，“985”高校和教育部属院校的项目数量稍高，非“211”高校和省属院校稍低。这说明如果仅以数量为评价指标，不同类别院校在拓展国际合作的途径与效果上无较大差异。

（2）孔子学院数量在不同类别院校中存在差别，“985”高校数量最多，接近3个；非“211”高校和省属院校数量较少，不到1个。

（3）校际交流项目数量最多的以非“211”高校和省属院校为主。这些院校可以分为两类：一类为在地域上有特点的院校，如东北地区、西南地区的一些院校；另一类为学科特色明显的院校，尤其是信息技术与工程类院校。对校际交流的这一分布状况，我们推测有两个原因：一是不同院校在填写问卷时对“国际合作交流项目”的理解有所不同，有的机构理解为本校所有的国际合作项目，有的理解为本机构与对外汉语教学有关的国际合作项目；二是可能在于某些院校确实利用自身地域或学科特色，积极拓展国际合作与交流，因而其项目数量也较多。对这一现象的深入分析，有待我们在今后的调研中获得更加准确和丰富的数据。

第三节　公派出国教师数量

数据分析显示，在2007年、2008年、2009三年间，各校累计平均派出公派教师5.1人。三个年度内不同类别院校中的平均派出教师数量见表JGA-18，其分布趋势见图JGA-17。

表 JGA-18　　不同类别院校近三年中年均派出教师数量　　（人）

	2007年	2008年	2009年
"985"高校	3.8	4.7	5.5
"211"高校	2.9	3.1	2.6
非"211"高校	1.2	1.4	1.8
教育部属	3.1	3.8	4.1
省属	1.3	1.4	1.8
其他部属	2.7	3.8	4.0

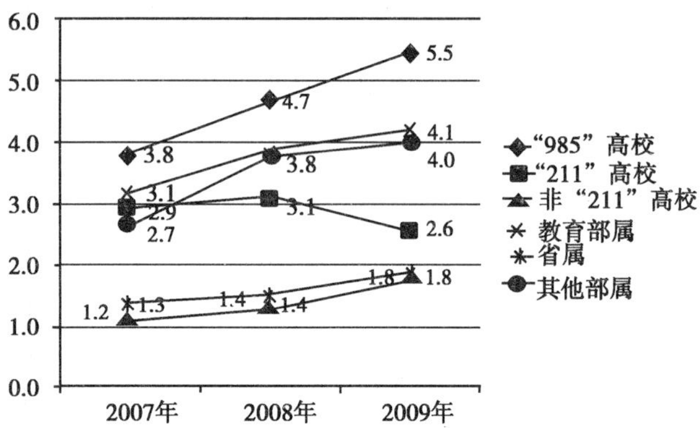

图 JGA-17　不同类别院校近三年年均派出教师数量分布

从上面的图表可以看出两个趋势：

（1）"985"高校中每年派出人数多于"211"高校，后者又多于非"211"；教育部属院校每年派出汉语教学师资人数多于省属院校。

（2）除"211"高校在2009年度派出人数稍减外，其余各类院校在近三年的派出汉语教师人数均逐年递增，其中"985"高校增加幅度最大。

从这三年的总数来说，派出教师人数最多的前五位院校中，其三年累计均派出30人以上，年均10人以上。我们结合这些院校对外汉语教学机构的教学科研人员数量进行了计算，这些院校中每年派出汉语教师约占机构内教工总人数的25%。由于本次调查并非穷尽式，该结果并非就意味着这五所院校的年均派出人数一定就是最多的，但它们应该在一定程度上反映了目前国内派出汉语教师数量较多的一些院校的基本状况。

第四节 机构国际交流与合作特点总结

通过上面的分析，我们认为目前高校中对外汉语教学机构在国际合作与交流方面存在下述特点：

（1）各校自主拓展的校际交流是国际合作交流项目的主要来源；

（2）校际交流与合作项目数量在各类不同院校中差别不大，但孔子学院在“985”高校和教育部属院校中的数量多于其他类院校；

（3）一些地域和文化特色明显、学科特色明显（以信息工程技术为主）的院校充分利用其特色开展了数量较多的国际合作交流项目；

（4）三年来，公派汉语教师数量逐年增加，派出人数最多的一些院校年均派出教师数量约占机构师资总数的四分之一。

第三部分

外国留学生非学历教育调研报告

第一章

外国留学生非学历教育情况调查总体介绍

本部分是对全国招收非学历教育的长短期外国留学生情况及其兼职教师情况的调查，我们共收到341所对外汉语教学机构填写的问卷。在这341所机构中，截止到2009年，有218所院校招收学习汉语的非学历长期留学生，147所院校招收学习汉语的非学历短期留学生。

本部分的调查内容包括对外汉语教学机构的招生历史、2007—2009年三年的长期和短期非学历教育外国留学生招生人数以及不同类别、不同归属、不同地区的院校的招生情况，各机构对兼职教师的资质要求、培训及管理情况等。本部分希望通过对上述调查内容及相关内容的关联性分析，了解全国非学历教育留学生的机构分布、招生情况的总体面貌，并发现不同类别、不同归属、不同地域的院校之间在招生和管理方面的异同。

第二章

长期语言进修生和短期语言进修生的招生情况

在调查中，我们把来华学习汉语半年以上（含半年）的外国留学生归为长期语言进修生；把学习时间为半年以下的外国留学生归为短期语言进修生，这部分学生学习结束后只获得教学机构的进修证书，而不能获得学位和学历证书。本章节分别对两种非学历教育的外国留学生的招生情况进行了统计分析。

第一节　长期语言进修生的招生情况

一　招生院校中非"211"院校、省属院校、东部地区院校数量最多

调查显示，我国招收长期语言进修生的院校和学生数量都在增加。根据本次调研回收的341所院校的数据显示，2007年共有209个院校招收长期语言进修生，2008年为213个，2009年为218个。2007年的招生总人数为38275人，2008年的招生总人数为40510人，2009年的招生总人数为39849人。不过，在所有招收长期汉语进修生的院校中，在类别上以非"211"院校为主，在归属上以省属院校为主，招收长期语言进修生的"985"院校和教育部属院院校数量不多，且三年来几乎没有增加。详见图JGB-1。

不同地区的招收长期语言进修生的院校在数量上也有所不同，华北、东北和华东地区的招生院校要多于华南、华中、西北和西南地区，但是后者在数量上也在逐渐增加。详见图JGB-2。

根据回收问卷结果统计，2007年—2009年参与调查的机构所招收的长期语言进修生的总数分别为：38275人、40510人和39849人。数据表明随着招

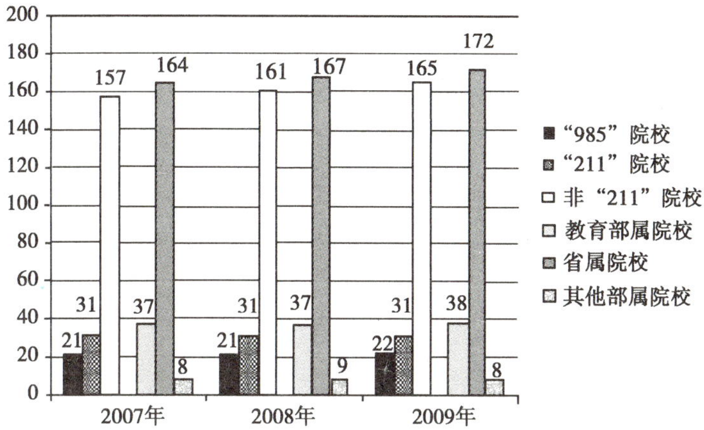

图 JGB－1　2007—2009 年招收长期语言进修生的各类院校数量（所）

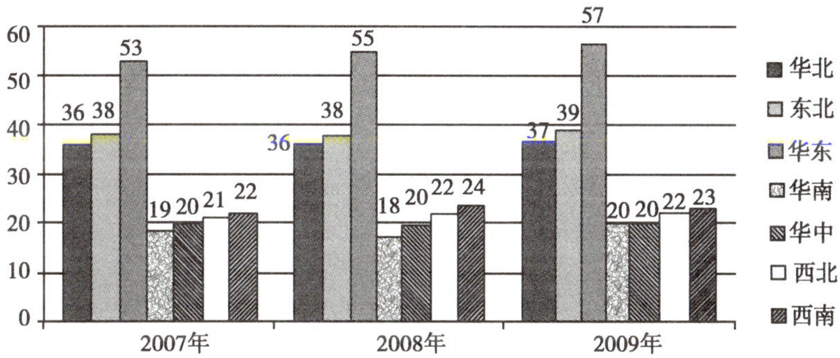

图 JGB－2　2007—2009 年分地区统计的招收长期语言进修生的院校数量（所）

收长期语言进修生的教育机构的增加，长期语言进修生的数量也有所增加。

二　不同类别的院校招生数量差异较大

虽然三年来招生的院校和招生的数量都在增加，但是不同类别、不同归属的院校在招生数量之间却存在着较大的差异。具体差异见图 JGB－3 和图 JGB－4。

从以下数据可以看出，按照类别区分的"985"院校、"211"院校和按照归属区分的教育部属院校招收的长期进修生的数量一直是远远高于其他院校的招生数量，在其他院校的招生中，省属院校的招生数量在 2007 年之后有明显的下降，而其他部属院校的招生数量一直在低位徘徊。

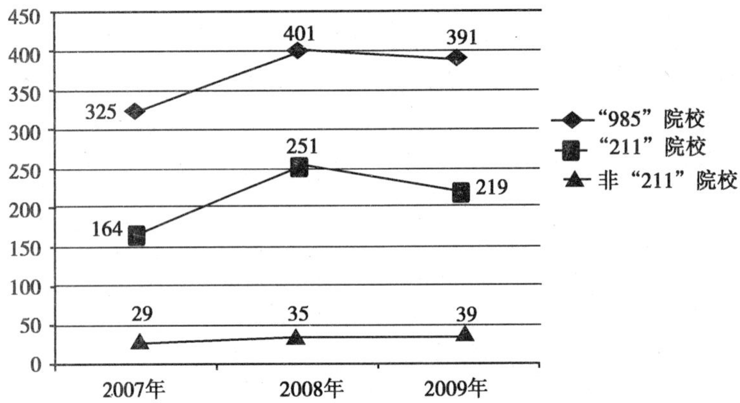

图 JGB－3　2007—2009 年不同类别的院校招收长期语言进修生的数量（人）

（结果取中位数）

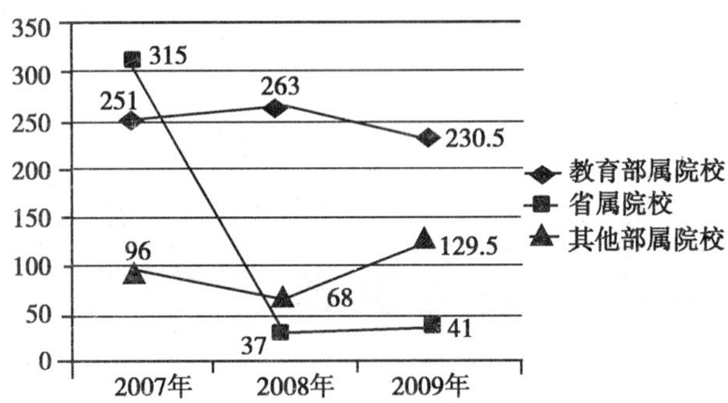

图 JGB－4　2007—2009 年不同归属的院校招收长期语言进修生的数量（人）

（结果取中位数）

三　不同地区的院校招生数量差异较大

招收长期语言进修生的院校遍布全国，但是，如果从地理位置上分析，不同地区的院校在招生数量上存在着较为明显的差异。详见图 JGB－5。

调查显示，我国东部地区院校所招收的长期语言进修生数量要普遍高于中西部地区，这一方面可能是因为东部地区的经济水平要高于中西部地区，另一方面可能是因为东部地区的交通便利性要高于中西部地区。在七个地区三年来招生数量的变化上，华南地区的学生数量呈快速持续上升的态势，其

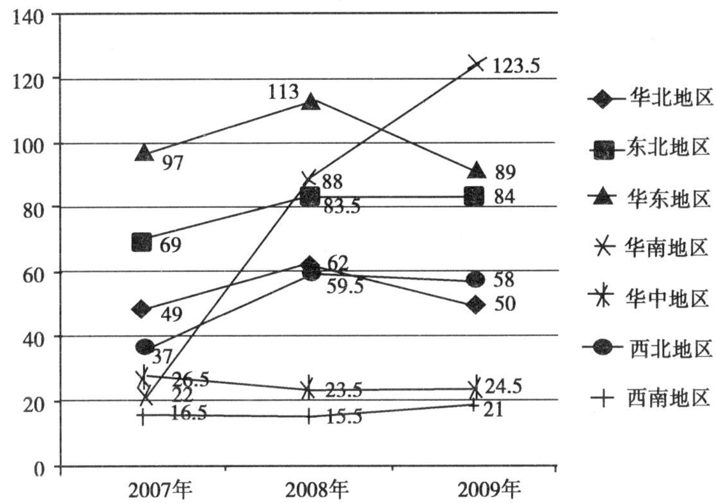

图 JGB－5　不同地区的院校平均招收长期语言进修生的数量（人）

他几个地区的学生数量变化不显著。

四　办学历史与招生人数相关

不同院校招收留学生的历史各不相同，根据调查，截至 2009 年，在 218 所院校中，具有 50 年以上招生历史的有 7 所院校，40—50 年的有 5 所院校，30—40 年的有 3 所院校，20—30 年的有 33 所院校，10—20 年的有 56 所院校，而招生历史 10 年以下的院校在 2007 年有 89 所，到 2009 年增加到了 98 所。在这些院校中，招生数量最多的院校的办学历史集中在 20—40 年。以 2009 年为例，办学历史为 20—30 年的院校的招生人数平均为 426. 4 人，有 30—40 年办学历史的院校的招生人数平均为 421. 3 人。与此相比，办学历史在 10 年以下的院校虽然有 98 所，但是平均招生人数只有 85. 4 人。而办学历史在 40 年以上的院校的平均招生人数也不及办学历史在 20—40 年的院校，其中办学历史 40—50 年的院校的平均招生人数是 296. 8 人，50 年以上历史的院校平均招生人数为 267. 7 人。

五　国际合作交流项目数量与招生人数成正比

调查显示，院校的国际合作交流项目数量越多，该院校招收的长期语言进修生的数量也越多。以 2009 年的统计为例，与 15 个以上的国际机构有合作交流关系的院校的平均招生人数是1252人，与5—10个国际机构有合作交流关系的院校的平均招生人数是620.5人，而仅有5个以下的国际合作交流机构的院校的招生平均数量仅为218.6人。

这个结果说明增加长期语言进修生招生数量的一个有效途径是与国外的院校或机构建立交流合作关系。

六 班级人数的多少与院校的类别和地区有一定关系

所有招收长期语言进修生的院校都是以班级为单位进行教学活动，不同院校的班级的人数和规模有所不同。2009年218所院校的每班平均人数为13.1人。但是院校的类别跟班级人数的多少有一定关系，详见图JGB－6。

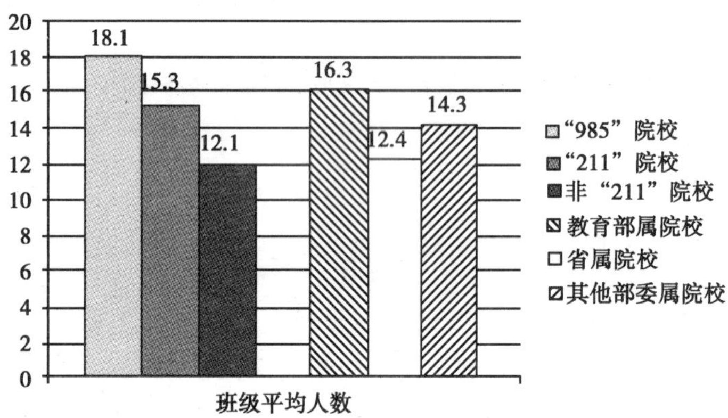

图 JGB－6 不同类别、不同归属的院校的班级平均人数（人）

从上图我们可以看出，从类别上区分的"985"院校和从归属上区分的教育部属院校的长期语言进修生的每班人数要多于其他院校，这可能是由于这些院校的学生数量多，教师和教室资源也相对紧张，因此班级的平均人数就相应地有所增加。

根据调查，班级的人数跟院校的所在地区也有一定的关系。详见图 JGB－7。

从图 JGB－7 我们可以看出，东北、华北、华东等招生人数较多的地区院校在班级人数上要高于华中和西南这些招生人数较少的地区院校。

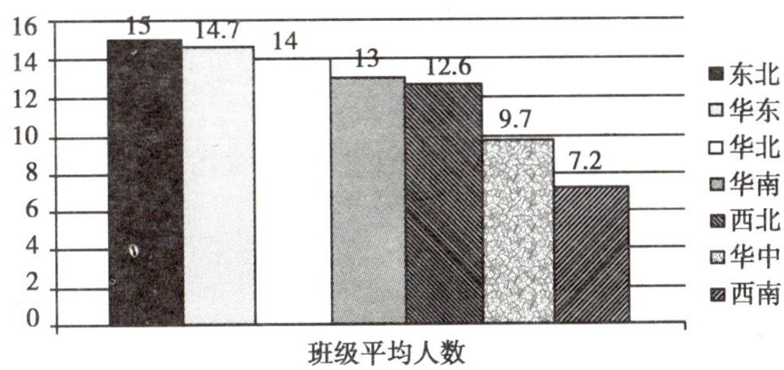

图 JGB－7　不同地区的院校的班级平均人数（人）

七　三年中来自各国各地区的生源数量分布和变化

根据调查数据，2007—2009 年不同国家和地区前来我国学习汉语的长期语言进修生在数量上差异很大。[①] 详见图 JGB－8。

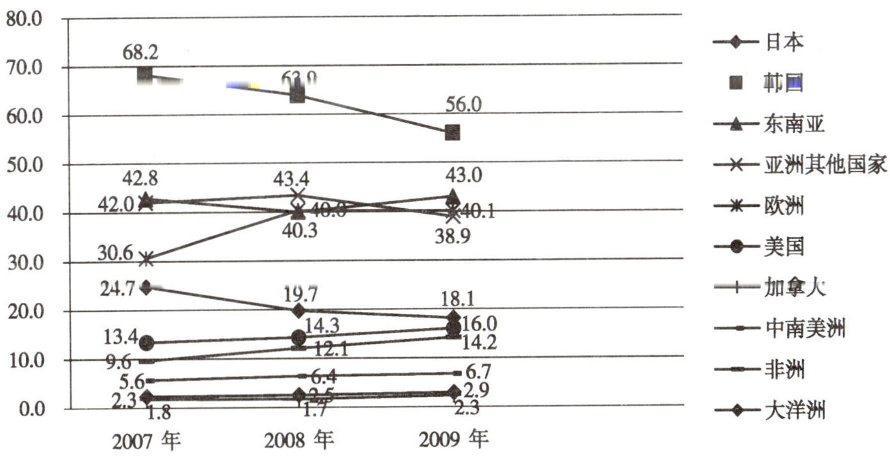

图 JGB－8　2007—2009 年来自各国各地区的长期语言进修生数量（人）

（数据取平均数）

上面的数据显示，三年来，来华长期语言进修生数量居前三位的是韩国、

① 因各院校之间的绝对数值差异太大，加之招生人数多的院校数量少，而招生人数较少、甚至是没有招生的院校在所有院校中所占数量更多，在此数值上如果取中位数会出现很多数值为 0 的情况和很多数值相近的情况，因此遇到此类问题时我们只统计所有数据的平均值，而不再取其中位数，本章节以下行文中凡取平均数值之处若非有特别说明，均属于此种情况。

东南亚以及其他亚洲国家的学生，而大洋洲、加拿大和中南美洲的长期语言进修生的人数一直在低位，人数较少。从变化来看，韩国学生虽然在所有来华长期语言进修生中所占比例最大，但也是呈逐年下降的趋势；欧洲国家的学生2008年和2009年有所增加；其他国家和地区的学生数量变化不大。

八 不同地区的院校的生源有一定的特点

不同国家和地区的长期语言进修生的就读院校在地域分布上存在一定的规律性，三年间的变化不大，表JGB－1是2008年各个国家和地区的长期语言进修生所在院校的地域分布情况。

表JGB－1 2008年来自不同国家和地区的长期语言进修生就读地域分布情况（人）

	日本	韩国	东南亚	亚洲其他国家	欧洲	美国	加拿大	中南美洲	非洲	大洋洲	合计
华北	21.7	87.3	56.8	27.8	58.1	25.0	2.1	4.0	9.6	2.2	294.6
东北	23.7	88.3	14.0	15.5	49.5	3.9	1.5	1.4	20.0	1.0	218.8
华东	33.4	86.8	42.7	48.4	50.8	20.6	2.4	13.3	12.0	4.3	314.7
华南	8.9	22.6	76.1	37.7	16.5	4.8	1.1	9.3	22.9	1.0	200.9
华中	6.6	25.1	6.5	53.8	15.8	4.4	0.9	3.9	11.4	2.3	130.7
西北	6.1	21.5	5.5	112.0	17.5	8.5	1.3	0.8	3.2	1.6	178.0
西南	4.6	18.7	51.4	6.5	25.5	18.0	0.9	2.0	3.7	2.8	134.1

（数据取平均数）

上表数据显示：日本学生就读于华东地区院校的人数最多；韩国学生大多就读于东北、华北、华东地区院校；东南亚的学生就读于华南地区院校人数最多；亚洲其他国家的学生多集中于西北和华中地区的院校，其中西北部院校所接受的亚洲其他国家的学生最多，因为没有这些学生的具体国籍的统计，所以不容易判断这些学生来自哪些亚洲国家；欧洲国家学生主要分布在华北、华东和东北的院校；美国学生主要分布在华北和华东地区；加拿大和大洋洲的学生就读的院校在地域上的分布比较平均，差异不显著；中南美洲的学生在华东地区学习的比较多；非洲学生在华南地区学习的人数较多。总体来说，华东和华北地区接收的长期语言进修生数量最多，分别平均为314.7人和294.6人。

九　不同类别院校生源存在差异

在前面我们统计分析了不同类别的院校的招生数量有很大的差异，那么这些院校招收的学生在来源上又有哪些特点呢？因为三年的总体招生情况基本没有改变，我们还是以2008年为例来看。

表JGB－2　2008年不同类别院校中来自各国各地区长期语言进修生人数　（人）

	日本	韩国	东南亚	亚洲其他国家	欧洲	美国	加拿大	中南美洲	非洲	大洋洲	合计
985院院校	34.2	144.0	53.4	45.5	68.5	26.2	3.1	8.4	13.5	5.7	402.5
211院院校	36.2	107.0	77.0	88.0	80.3	26.7	2.4	12.8	18.0	2.7	451.1
非“211”院校	13.2	44.5	28.2	32.0	26.8	9.2	1.1	4.2	2.0	1.6	162.8
教育部属院校	44.3	138.0	52.3	49.3	79.6	28.2	3.0	10.5	15.0	5.0	425.2
省属院校	13.7	47.6	33.9	43.3	31.1	10.7	1.2	4.4	2.0	1.6	189.0
其他部属院校	7.1	39.1	73.3	15.7	20.0	4.3	0.5	12.8	2.0	0.9	157.7

（数据取平均数）

从上表可以看出，从类别上区分的“985”院校、“211”院校和从归属上区分的教育部属院校招收长期语言进修生的数量都远远高于其他院校。从生源国家和地区来看，东南亚长期语言进修生选择其他部属院校就读的人较多，中南美洲的长期语言进修生选择“211”院校和其他部属院校就读的人较多；除以上两个地区以外，其他所有地区的学生大多选择“985”院校、“211”院校和教育部属院校作为自己的留学目标院校。可见，院校的类别对大多数地区的生源都有着重要的影响。

第二节 短期语言进修生的招生情况

一 招生院校的数量和分布

来中国学习汉语的外国留学生中还有一部分学习时间不足六个月，我们把这部分学生归入短期语言进修生。调查显示，三年来招收短期语言进修生的院校逐年有所增加，分别为 119 所、143 所和 147 所。不过，与招收长期语言进修生的院校的情况相同，这些院校在归属上以省属院校为主，在类别上以非"211"院校为主，且招生院校的数量不断增加；招收短期语言进修生的"985"院校、其他部属院校数量不多，并有所减少。详见图 JGB－9。

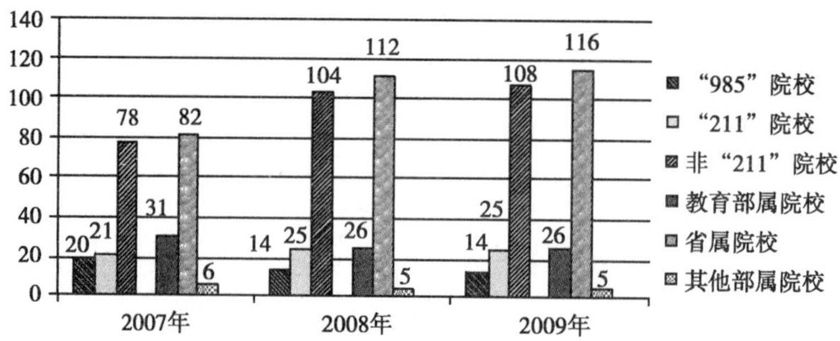

图 JGB－9 2007—2009 年招收短期语言进修生的各类院校数量（所）

不同地区招收短期语言进修生的院校在数量上也有所不同，华北、东北和华东地区的招生院校相对较多，其数量也在不断增加，特别是华东地区的招生院校最多；华南、华中、西北和西南地区的招生院校相比之下在数量上要少，西南和华中地区的招生院校的数量有所增加，华南、西北地区的招生院校没有增加。详见图 JGB－10。

从全国院校招收短期语言进修生的总量看，2007 年为 14767 人，2008 年为 17286 人，有显著增加；2009 年为 16473 人，与前一年相比有所下降。

二 不同类别、不同归属的院校招生人数差异较大

现在虽然有很多院校都招收了短期语言进修生，但是不同类别、不同归属的院校的招生数量并不均衡，具体差异见图 JGB－11。

据图 JGB－11 可知，各类型院校的短期语言进修生的数量在 2007 年都

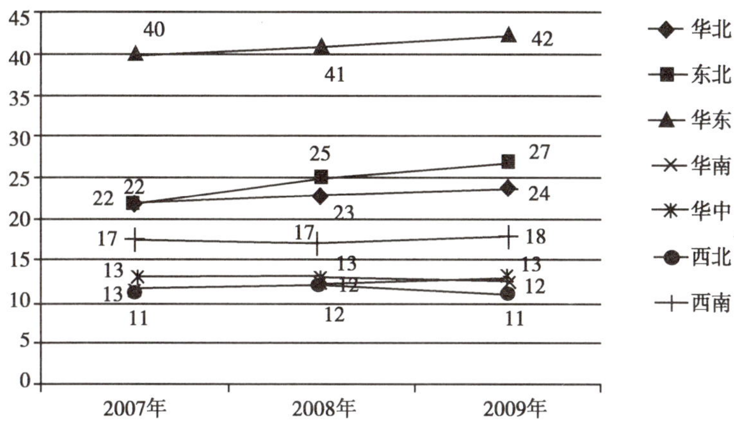

图 JGB－10　2007—2009 年全国各地区招收短期语言进修生的院校数量（所）

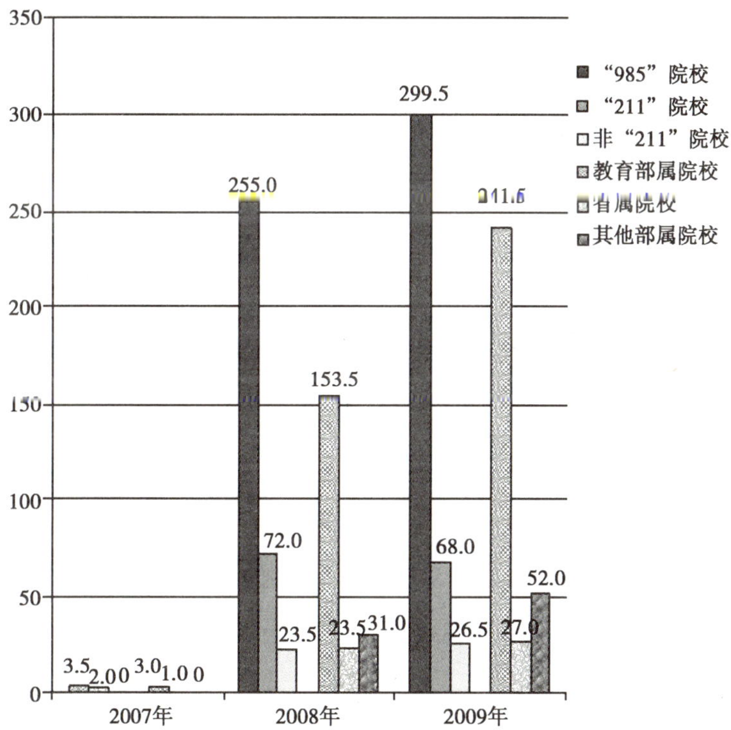

图 JGB－11　2007—2009 年不同类别的院校招收的短期语言进修生的数量（人）

（数据取中位数）

很少，自 2008 年起有所增加，其中从类别上区分的“985”院校和从归属上区分的教育部属院校的短期语言进修生数量增加迅速，其他院校的短期生数量有所增加，但是并不显著。与长期语言进修生的统计（图 JGB－1）相比较，我们可以发现，从类别上区分的“985”院校、“211”院校和从归属上区分的教育部属院校无论是在长期语言进修生的招生数量还是短期语言进修生的招生数量上都多于其他院校。

三　不同地区的院校招生数量差异较大

调查结果显示，2007—2009 年三年间华北、东北和华东地区院校招收的短期汉语进修生的数量一直较多，2007 年华南地区招收的短期汉语进修生数量并不多，但是 2008 年有显著的增加，2009 年有所回落，不过仍要高于其他地区。可以说，对外国留学生来说，华南地区的院校是继东北、华北和华东地区之后的又一个短期汉语进修的重要目的地。与长期语言进修生的招生情况相同，华中、西南和西北地区院校的招生数量一直增加缓慢。详见图 JGB－12。

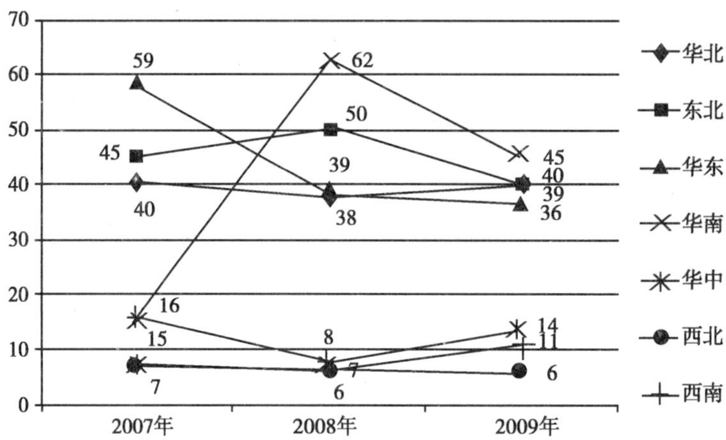

图 JGB－12　2007—2009 年全国不同地区的院校招收的短期语言进修生的数量（人）

（数据取中位数）

四　机构的办学历史与招生人数有一定关系

招收短期汉语进修生的院校的办学历史有长有短，到 2009 年，招收短期留学生历史 50 年以上的院校有 7 所，40—50 年的有 5 所院校，30—40 年的有 3 所院校，20—30 年的有 28 所院校，10—20 年的有 37 所院校，10 年以下的有 57 所院校。与招收长期汉语进修生的院校相比较，我们可以发现，招收长期学生的历史在 20 年以上的院校都同时招收短期学生。而办学历史在 20 年以下的招收长期学生的院校有 145 所，这些院校中招收短期学生的院校有 96 所，另有 49 所院校没有短期生源。因此，拓展短期语言进修生的招生工作，对于办学历史较短的院校来说还有很大的发展空间。

在招收短期语言进修生的院校中，办学的历史与招生的数量有一定的关系。总的来看，办学历史较长的院校招收的短期学生更多。以 2009 年为例，办学历史在 20—30 年、30—40 年、40—50 年和 50 年以上的院校所招收的短期语言进修生的校平均人数分别为 204.1、308.3、127.4 和 230.9 人。而与此相对照的办学历史在 10—20 年和 10 年以下的院校所招收的短期语言进修生的校平均人数仅为 62.2 人和 65.6 人。

五　机构的国际合作交流情况与招生人数

调查显示，与长期语言进修生的招生规律相同，院校的国际交流越多，该院校招收的短期语言进修生的数量也越多。以 2009 年的统计为例，与 5—10 个国际机构有合作交流关系的院校有四所，平均招生人数是 464 人；与 5 个以下国际机构有合作交流关系的院校有 105 所，平均招生人数是 120.9 人。

这个结果说明增加短期语言进修生招生数量的一个有效途径是与国外的院校或机构建立交流合作关系。

六　短期语言进修生的主要生源地

调查数据显示，近三年来，东南亚、韩国和欧美国家的学生在来华短期学习语言的留学生中一直是比较多的，而大洋洲、非洲、加拿大和中南美洲的短期语言进修生的人数一直在低位徘徊，人数较少。详见图 JGB－13。

七　不同地区的院校的生源有一定的特点

不同国家和地区的短期语言进修生的就读院校在地域上存在一定的规律性，三年间的变化不大，表 JGB－3 是 2008 年各个国家和地区的短期语言进修生所在院校的地域分布情况。

表 JGB－3　2008 年来自各国各地区短期语言进修生在不同地区就读人数　（人）

	日本	韩国	东南亚	亚洲其他国家	欧洲	美国	加拿大	中南美洲	非洲	大洋洲	合计
华北	17.0	21.4	21.4	4.5	30.4	36.5	4.9	2.0	4.5	2.2	144.8
东北	17.1	36.3	5.9	10.2	38.6	10.4	4.0	0.5	2.6	0.2	125.8

续表

	日本	韩国	东南亚	亚洲其他国家	欧洲	美国	加拿大	中南美洲	非洲	大洋洲	合计
华东	22.8	46.8	111.0	11.2	51.0	42.8	6.0	17.5	6.4	16.6	332.1
华南	10.6	14.8	61.0	8.1	10.5	6.2	0.3	9.0	4.5	0.4	125.4
华中	4.6	7.0	19.3	0.8	10.4	10.6	1.0	0.4	0	1.8	55.9
西北	6.9	6.6	4.6	30.6	4.7	9.1	0	0	0	0	62.5
西南	3.3	16.7	53.6	4.4	8.8	9.1	0	0.1	0	2.3	98.3

（数据取中位数）

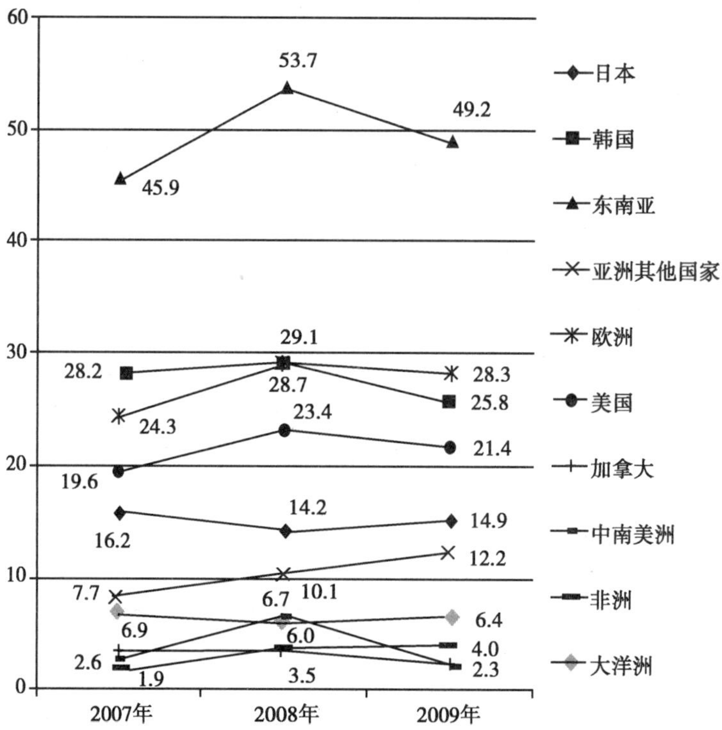

图 JGB－13　2007—2009 年来自各国各地区的短期语言进修生校平均人数（人）

表 JGB－3 数据显示：从生源的国家和目的地来看，日本和韩国的短期汉语进修生多选择华东和东北地区的院校；东南亚的短期汉语进修生主要集中在华东地区的院校，华南和西南地区也接受了数量较多的东南亚短期留学生；亚洲其他国家学生多在西北地区；来自欧洲的短期汉语进修生主要集中在华东地区，华北和东北地区的欧洲短期留学生也比较多；选择华东和华北地区的院校的美国学生最多，其他地区的美国短期留学生比较分散，地区差异并不明显；而加拿大、中南美洲、大洋洲和非洲来中国短期留学的数量非常少，去往华东地区的上述国家和地区的短期留学生相对多一些。从我国不同地区院校所招收的短期汉语进修生的来源和数量看，东北、华北和华东招收的学生来源比较广泛，华南和西南地区的院校招收的短期生以东南亚的学生为主，华中地区的院校招收的学生数量不多，以东南亚学生为主；而西北地区的院校的短期留学生的数量很少，以亚洲其他国家的学生为主。总体来说，与长期语言进修生的情况相同，来我国东部地区院校学习的短期语言进修生普遍多于中西部地区，其中华北、华东、东北和华南四个地区在 2008 年的平均招生人数为 182.5 人，而西北、西南、华中三个地区的平均招生人数仅为 71.2 人。

八　不同类别、归属院校的生源结构

在前面的分析中我们看到，不同类别的院校招收的短期语言进修生的数量有很大的差异，那么，不同国家和地区的短期汉语进修生在选择留学目标学校时，学校的类别又会对他们产生多大的影响呢？我们还是以 2008 年为例来说明总体的情况和特征。

表 JGB－4　　2008 年不同类别院校中来自各国各地区短期语言进修生平均人数

（人）

	日本	韩国	东南亚	亚洲其他国家	欧洲	美国	加拿大	中南美洲	非洲	大洋洲	合计
“985”院校	43.0	44.4	73.9	13.8	57.7	43.4	5.9	4.0	2.5	2.8	291.4
“211”院校	20.9	51.3	54.8	14.4	36.8	25.2	2.3	8.2	7.2	22.2	243.3
非“211”院校	7.4	22.3	50.0	8.2	22.2	20.3	2.9	6.6	2.3	1.2	143.4
教育部属	38.7	54.4	53.6	15.8	62.9	38.5	5.3	5.6	6.6	2.8	284.2
省属	8.3	24.5	27.1	8.6	21.9	20.0	2.8	5.7	2.1	22.2	143.2
其他部属	7.4	7.4	395.0	10.4	8.6	15.6	0.4	18.2	10.6	1.2	474.8

（数据取平均数）

从上表中的数据我们可以看出，对于大多数国家和地区的学生而言，从类别上区分的“985”院校、“211”院校和从归属上区分的教育部属院校更具吸引力，这些国家和地区包括日本、韩国、亚洲其他国家、欧洲；美国和加拿大的学生更青睐“985”院校或教育部属院校，其他类别的院校所招收的美国和加拿大学生的数量相互之间差别不是很显著；东南亚和中南美洲的学生前往其他部属院校短期留学的人数远高于其他类别的院校，我们推测也许是某些国家或学校间的合作项目导致了此种现象的产生；另外，福建其他部属院校当年招收了1649名来自东南亚的短期进修生，导致其他部属院校当年在东南亚的招生的平均人数陡然升高，因此我们对此组数据不予分析。

第三节　结论与建议

一　研究结论

（一）长期和短期语言进修生的数量和招生院校都有所增长，但是由于地区和院校类别不同而有所不同

从2007年到2009年，所调查的院校长期和短期语言进修生的数量总体上有所增加，但2008年达到峰值，2009年有所下降，这其中可能存在经济危机的影响。以2008年的招生人数为例，长、短期学生分别为40510人和17286人，长期进修生远远超过短期进修生。这在一定程度上说明短期进修生的招生还有较大的拓展空间。

招收长期和短期语言进修生的院校的数量在地区上以东北、华北和华东地区的院校为多，且数量在逐年增加；而在院校类别上以非“211”院校为多，在归属上以省属院校为多，数量也在逐年增加。可见，我国东部地区的院校、非“211”院校、省属院校招收语言进修生的愿望比较强烈，今后一段时间，这些地区和类别的院校中可能会有更多的院校开始招收长短期的语言进修生。

（二）长期和短期语言进修生的入学分布很不均匀

虽然我国招收长期和短期语言进修生的省属和其他部属院校在数量上要远远多于其他院校，但是从类别上，“985”院校、“211”院校招收的长期和短期进修生的数量远远高于非“211”院校，从归属上，如果排除个别以招收华侨子弟为主的某其他部属院校，教育部属学校招收的长期和短期进修生的数量远远高于省属和其他部属院校。

从地域上看，我国东部地区院校所招收的长期和短期语言进修生数量要

普遍高于中西部地区，华南地区的学生数量呈快速持续上升的态势，中西部地区的学生数量一直远远少于东部地区，且增加缓慢。在班级的平均人数上，西部地区的院校也要少于东部地区的院校。

（三）招生院校的办学历史与招生数量的关系密切

招收留学生历史较长的院校可以吸引更多的长期进修生前来学习，生源数量要远远高于新近几年才开始招收留学生的院校。

（四）招生院校的国际交流项目的数量与招生数量关系密切

院校的国际交流项目数量越多，该院校招收的长期和短期语言进修生的数量也越多，二者成正比关系。增加语言进修生招生数量的一个有效途径是与国外的院校或机构建立交流合作关系。

（五）世界各国各地区的学生数量差异明显

虽然每年都有很多来自世界各地的留学生在我国学习汉语，但是不同国家和地区前来留学的学生数量差异非常大。长期语言进修生以韩国、东南亚和亚洲其他国家的学生为主，短期语言进修生以东南亚、韩国和欧美国家的学生为主。来自中南美洲、大洋洲和加拿大的学生无论是长期生还是短期生数量都很少，而非洲学生以长期进修生为主，短期留学的学生很少。

（六）不同地区的院校所接受的主要生源在国别和地区上有所不同

在我国学习汉语的各国留学生并不是平均分布于我国的每个地区，不同地区的院校所接受的主要生源在国别和地区上有所不同。综合长期和短期学生的生源特点，我们可以从总体上看出：日本、韩国学生多就读于华东和东北地区的院校；东南亚的学生就读于华南和西南地区院校人数最多；亚洲其他国家的学生多集中于西北和华北的院校，其中西北院校所接受的亚洲其他国家的学生最多；欧洲国家学生主要分布在华东、东北和华北的院校；美国、加拿大和大洋洲的学生就读的院校在地域上的分布比较平均，差异不显著；非洲学生在华南学习地区学习的人数较多。

二　对策建议

（1）虽然现在我国很多院校，特别是省属和其他部属院校，发展外国语言进修生教育的愿望比较强烈，但是受到办学经验等各方面条件的限制，生源情况并不乐观。相关政府机构应该在鼓励各地、各类院校招收语言进修生的基础上采取必要的帮扶措施：例如可以鼓励办学历史较长的院校、“985”、“211”院校、教育部属院校开展经验交流等形式帮助那些新兴的办学院校提高教学质量、丰富管理经验，以吸引更多的生源；还可以帮助相关学校与国外机构建立交流合作关系，使这些新近招收留学生的院校尽快发展壮大。另外，对开展语言进修生教育的院校进行定期的考核和检查也是避免盲目办学、重复办学、教学质量差等问题的必要措施。

（2）加大对中西部地区院校的帮助和扶植。由于受到地理位置和经济发展水平等因素的影响，我国中西部地区的很多院校与东部地区的院校相比存在着生源不足的问题。相关政府机构可以对这些院校加大帮扶力度，在政策上给予一定的倾斜和照顾，使其可以发挥其地理位置和学科设置上的特点。例如可以先为这些学校联系中亚、西亚以及东南亚国家的生源，使全国的汉语教学得到均衡发展。

（3）虽然我们接收了来自世界各地的语言进修生，但是学生来源地区分布不均，来自加拿大、大洋洲、中南美洲和非洲的学生数量一直很少。相关政府机构可以在研究分析其中的内外因素的基础上，有针对性地制定带有区域特点的拓展方针和计划。例如加大在大洋洲、中南美洲地区的宣传推广力度，以更广泛地吸引世界各国的学生来我国学习汉语。

第三章

非学历留学生的任职教师情况

非学历留学生任职教师的情况直接影响到教学的质量，而教学质量对学校声誉的影响也会进一步影响到生源的数量。调查显示，在各个院校的汉语教师中均有专职教师和兼职教师两类。本调查意在了解院校中专兼职教师的数量和管理情况，具体目标是：（1）2007—2009 年不同地区和不同类别的院校的专职教师及兼职教师的总体情况以及数量变化；（2）不同地区和不同类别的院校对于兼职教师的培训办法以及管理、指导、评估方式。

第一节　2007—2009 年专职和兼职汉语教师的情况

一　专职和兼职教师的数量

调查显示，三年来，在接受调查的院校中担任进修生汉语教学工作的兼职教师的数量都超过了专职教师，两类教师的总人数都在逐年增加。详见图 JGB－14。

二　不同院校专职教师数量

根据调查，不同类别院校的专职教师数量三年来都呈增长趋势。在不同类别、归属的院校间，“985” 院校、“211” 院校的专职教师的数量多于非 “211” 院校（见图 JGB－15）；教育部属院校的专职教师数量多于省属院校；而其他部属院校的专职教师数量增长最快，2009 年其他部属院校的专职教师在数量上超过了教育部属院校（见图 JGB－16）。

三　不同院校的兼职教师数量

调查显示，从类别上看，“985” 院校、“211” 院校的兼职教师数量高

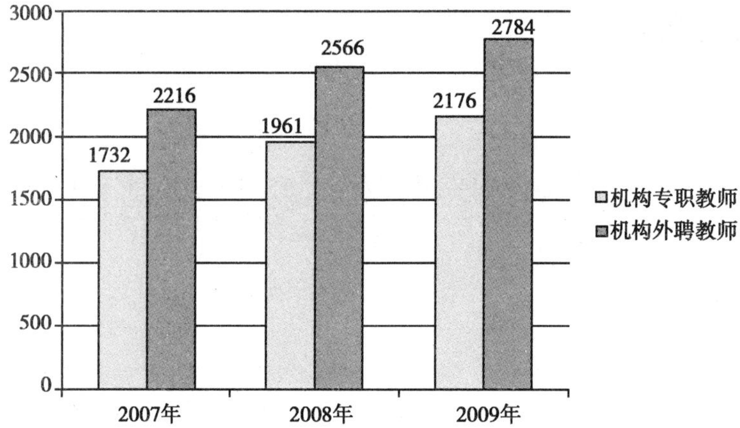

图 JGB－14　2007—2009 年专职和兼职教师的数量变化（人）

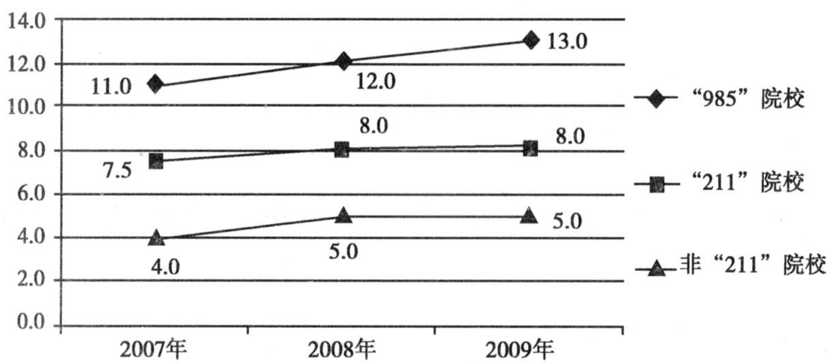

图 JGB－15　2007—2009 年不同类别的院校中专职教师的数量（人）

（数据取中位数）

于非“211”院校。其中在 2009 年，“985”院校的兼职教师数量有所减少，而“211”院校的兼职教师的数量则有所增加（见图 JGB－17）。从归属上看，教育部属院校的兼职教师数量也高于省属院校，且持续增加。其他部属院校的兼职教师数量在 2008 年上升后有所下降（见图 JGB－18）。

第二节　不同类别、地区的院校对于兼职教师的管理

一　不同类别的院校对于兼职教师的资质要求

根据调查，所有的院校都对聘用的兼职汉语教师有一定的要求。在这个

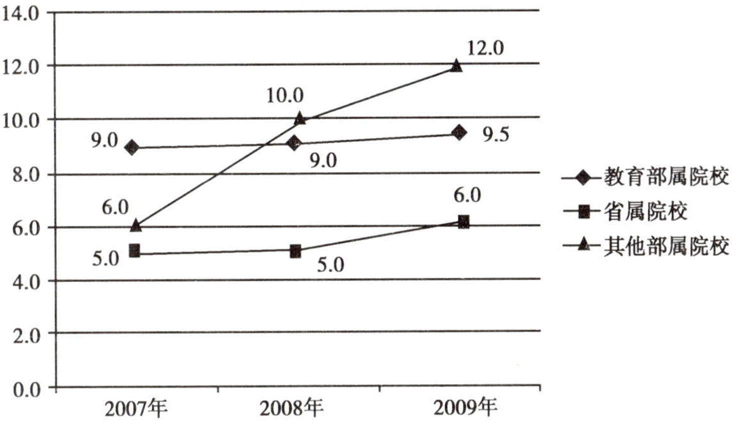

图 JGB－16　2007—2009 年不同归属的院校中专职教师的数量（人）

（数据取中位数）

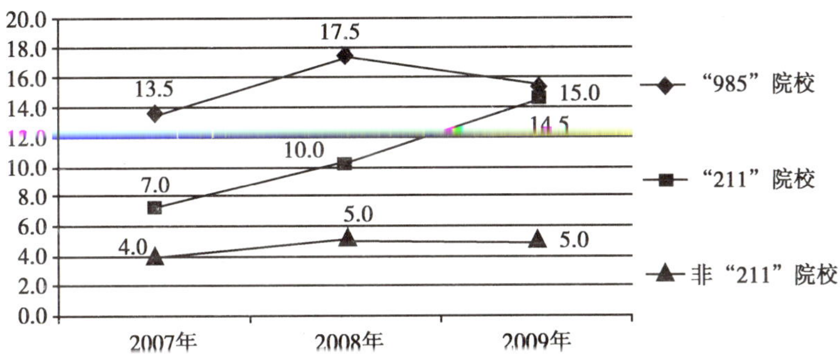

图 JGB－17　2007—2009 年不同类别的院校中兼职教师的数量（人）

（数据取中位数）

问题上，"985" 院校、"211" 院校、教育部属院校和其他院校的要求差别不大。其中，要求兼职教师具有专业学科背景和普通话达到一定水平的院校最多；多数院校还要求兼职教师具有教学经验；约有一半的院校要求兼职教师受过对外汉语教学培训（见图 JGB－19）。

可见，现在不同类别的院校对于兼职教师的资质都提出了比较高的要求，这对于提高教学质量、提升教学水平和扩大生源是有好处的。

二　不同地区的院校对于兼职教师的资质要求

不同地区的院校对于兼职教师的资质要求有所差别。各地区的院校都在兼职教师的专业学科背景、普通话水平、教学经验和受过对外汉语教学培训

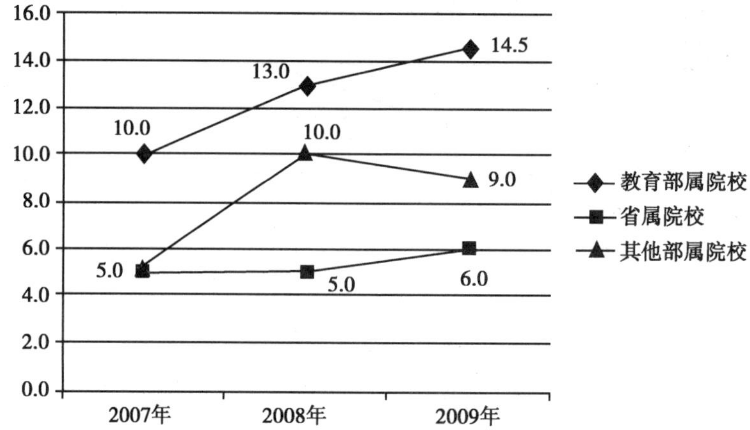

图 JGB－18　2007—2009 年不同归属的院校中兼职教师的数量（人）

（数据取中位数）

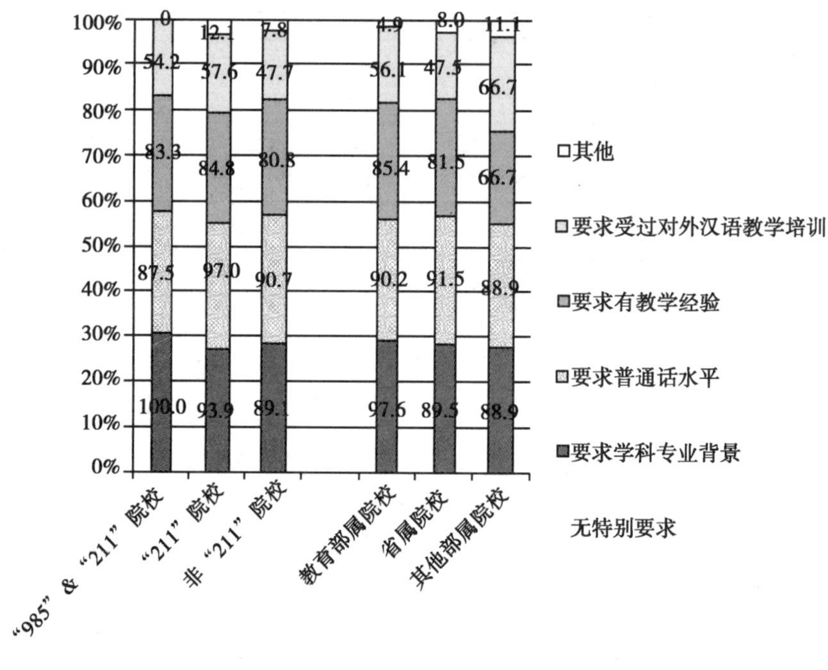

图 JGB－19　不同类别和不同归属的院校对于兼职教师资质的要求

方面有所要求。但是从图 JGB－20 可以看出，华北地区的院校只有以上四项要求，而其他地区的院校除此之外还有一些其他的要求。其中华南和西北地区有其他要求的院校是比较多的，而华南地区的院校对于兼职教师教学经验的要求比较低。

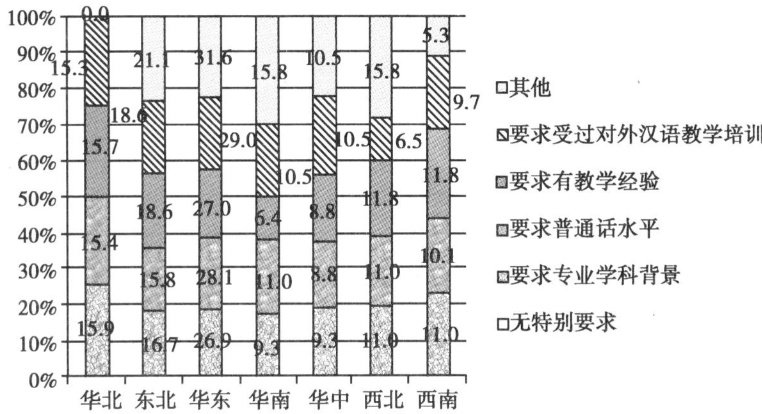

图 JGB-20　不同地区的院校对于兼职教师的资质要求

三　不同类别、地区的院校对兼职教师的岗前培训时间

调查表明，很多院校对于有经验的兼职教师也要进行岗前培训。对于有教学经验的兼职教师的培训时间各类别的院校的平均基本都在 20 小时左右，只有教育部属的院校平均培训时间是 16 小时。而不同地区的院校的培训时长则差别很大。华北地区的院校平均培训时间最少，只有 6 小时；而华中和西北地区的院校的平均培训时间最多，达到了 19 小时和 18 小时，是华北地区的 3 倍。

对无教学经验的兼职教师的培训时间不同类别的院校大致相同，西北和华南地区的培训时间最长。不同类别的院校对无教学经验的兼职教师的平均培训时间大致相同，都是 20 小时；只有非“211”院校和省属院校的平均培训时长是 16 小时和 14 小时，低于对有教学经验的教师的培训时长（均为 20 小时）。在这个问题上，地区间的差异明显。西南地区院校的培训时间最短，平均只有 12.5 小时，还没有对有经验的兼职教师培训的时间长（15 小时）；西北和华南地区的院校的平均培训时间最长，分别达到了 40 小时和 30 小时。

第三节　不同类别、地区的院校对兼职教师的指导方式

各院校对兼职教师的指导方式一般有听课、集体备课、定期评估、培训

与教学研讨五种方式。除此之外，有的学校还有其他的一些指导方式。

一 不同类别院校对兼职教师的指导方式

调查显示，大多数院校都会采用一些方式对兼职教师的教学进行指导，但是也有部分院校没有任何指导措施，这其中有一所“211”院校，两所非“211”院校。

在对兼职教师指导方式的选择上，采用听课的方式进行指导的院校最多。从类别上看，100%的“985”院校、87.9%的“211”院校、87.7%的非”211”院校都通过听课对兼职教师进行指导；从归属上看，92.7%的教育部属院校、88.7%的省属院校和77.8%的其他部属院校也都采用听课的指导方式。

一些院校也采用定期评估的方式考核、指导兼职教师的教学，其中有87.5%的“985”院校采用这种指导方式，在各类院校中比例最高。66.7%的部属院校采用这种指导方式，在院校中比例最低，其他类别和归属的院校采用此种方式进行指导的比例在70%—80%，相差不大。

除此之外，通过培训和教学研讨对兼职教师进行指导也是各院校经常采取的指导方式之一。从类别看，有83.3%的“985”院校采用此种指导方式，比例最高；从归属看，有78%的教育部属院校采用此种指导方式，比例最高，只有33.3%的其他部属院校采用此种指导方式，比例最低。其他类别和归属的院校采用此种方式进行指导的在60%—70%，相差不大。

除了以上三种指导方式之外，专职教师和兼职教师集体备课也是帮助兼职教师尽快熟悉教学工作、提高教师效能的有效措施之一。这种指导方式不同于以上三种以检查和监督为手段的指导方式，可以防患于未然。通过有经验的专职教师在集体备课会上的指导和提醒，可以事先解决很多可能会在课堂上出现的问题。可以说，与事后的检查手段相比，集体备课是一种更为有效的指导措施。但是调查发现，采用集体备课这种指导方式的院校并不多，在“985”院校中有37.5%的院校组织了兼职教师的集体备课，比例最高；其他类别和归属的院校采用此种指导方式的院校比例在20%—33%。

另外，还有4.2%的“985”院校还采用除此之外的其他指导方式。

总体看来，不同类别、不同归属的院校对兼职教师的指导方式差别不大，听课是采用最多的指导方式，集体备课是采用最少的指导方式。在指导力度上，“985”院校稍高于其他院校。

二　不同地区的院校对兼职教师指导方式的差别

不同地区的院校所采用的对兼职教师的指导方式大致相同，大多数院校都采用听课的方式进行指导，其中西南地区的院校采用这种方式的最多，达到92.3%，其他地区采用此种方式的院校也很多，都在80%以上。

有84.6%的华北院校采用定期评估的方式进行指导，在全国各地区的院校中比例最高。西北地区的院校中50%的院校对兼职教师进行定期评估，比例最低。其他各地区的院校差别不大，都有71%—79%的院校采用此种方式指导兼职教师。而采用培训和教学研讨的方式指导兼职教师的院校以华北地区为最高，53.9%；华中地区最低，19.1%；其他地区的比例在28%—35%。

虽然采用集体备课的方式指导兼职教师的院校都不太多，但是相比之下，东部地区的院校在比例上要高于西部地区。其中东北地区为40.5%，华东地区为38.8%，华北地区为35.9%，华南地区为29.2%。而西北地区为24%，西南地区仅为7.7%。

三　在对兼职教师的评估方式上的差异

现在各院校基本都会对兼职教师的教学情况进行评估，一般有两种评估方式，一种是由学生进行评估，还有一种是由专职教师和专家进行评估。采用前一种评估方式的院校要多于后一种，不过，也有很多院校两种评估方式都采用。从学校类别上看，不同类别的学校采用两种评估方式的比例相差不明显。从地域来看，华中地区的院校采用学生评估的占81.0%，稍低于其他地区的院校，西南地区的院校采用专职教师和专家评估方式的比较少，占51.9%，为最低；而华南地区的比例最高，达91.7%。

第四节　结论与建议

一　研究结论

（1）2007—2009年我国各大院校的非学历留学生的专职教师和兼职教师的数量都在增加，其中重点院校的专职教师和兼职教师的数量都超过了非重点院校。这与重点院校的学生数量是有直接关系的。调查还显示，总体来看，兼职教师的数量已经略高于专职教师，对兼职教师的管理和指导的工作已显得迫切而重要。

（2）各种类别、各个地区的院校都对兼职教师的资质提出了比较高的要求，这些要求集中在专业学科背景、普通话等级、教学经验和受过对外汉语教学培训四个方面。各院校还对兼职教师开展了一定时间的岗前培训，但是各地区的院校对兼职教师的培训时长差别比较大，西北和华南、华中地区的培训时间比较长，华北和西南地区的培训时间比较短。

（3）不同类别的院校对兼职教师的指导方式差别不大，听课是采用最多的指导方式，集体备课是采用最少的指导方式。在指导力度上，重点院校稍高于普通院校。不同地区的院校对兼职教师的指导方式差别不大，通过听课指导的最多，通过集体备课指导的最少。

二 对策建议

通过调查可以看出，随着非学历教育留学生数量的增加，各招生院校的兼职教师的数量也会不断增加，对兼职教师的管理和指导将直接影响到教学的质量和生源的数量。绝大多数院校已经十分重视相关的管理和指导工作，但缺少一个统一的标准和要求。建议国家相关管理部门可以在调查的基础之上，组织专家制定一套行之有效的针对兼职教师的管理和指导的方案，明确对兼职教师的资质要求、培训时间和培训内容，优化并推广对兼职教师的指导方式，不要让每个院校都为着同一目的而花费大量的时间和精力去各自探索。

第四部分

外国留学生汉语言本科调研报告

本部分内容是关于全国外国留学生汉语言本科专业相关情况的调研，涉及全国具有招生资质的机构 89 所。

调查包括机构的招生历史、招生人数以及各机构对学生的入学要求、培养方式及毕业要求等，希望通过对上述调查内容及相关内容的关联性分析，了解全国外国留学生汉语言本科专业的机构的分布、招生及培养情况的概况，并发现不同类别、不同归属、不同地域的高校之间的异同。

第一章

机构概况

从调查数据看，89 所具有外国留学生汉语言本科专业招收资质的机构，平均招生历史为 6.89 年，大部分机构招收汉语本科外国留学生的历史都较短；有 20 年以上招生历史的机构只有 2 所，占总数的 2.2%；10—20 年历史的机构有 25 所，占 28.1%；69.7% 的招生机构历史都不到 10 年。从数据中我们可以看到，招收外国留学生汉语言本科专业的机构数量逐年递增，尤其是近 10 年增加很快，新增机构 62 个，占机构总量的近 70%。

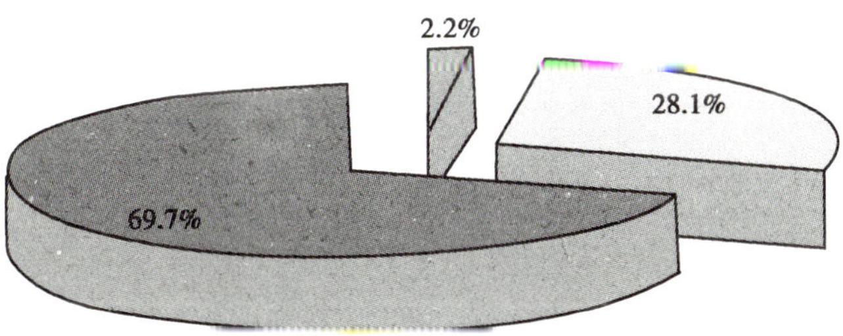

图 JGC－1　招收外国留学生汉语本科机构的招生历史

第一节　不同类别、归属、地域的招生机构情况

外国留学生汉语言本科招生机构包括不同类别、不同归属、不同地域的院校。

从招生机构的类别来看，“985” 高校有 14 所，占 15.7%；“211” 高校 14 所，占 15.7%；非 “211” 高校 61 所，占 68.5%。

从发展的历史来看，从 20 世纪 90 年代开始，非 “211” 高校开始招收外国本科生，随后各类高校都开设了外国留学生本科。“985” 高校、“211”

高校的发展速度远不如非“211”高校。有11—20年招生历史的“985”高校是7所，10年以内的有7所，10年增幅是100%；“211”高校中有11—20年招生历史的高校是3所，近10年新增了11所，在总量上与“985”高校持平；相比之下，非“211”高校11—20年历史的有15所，近10年又新增44所，增幅将近300%，新增数量约占最近十年新增招收本科生机构的71%。详见图JGC-2。

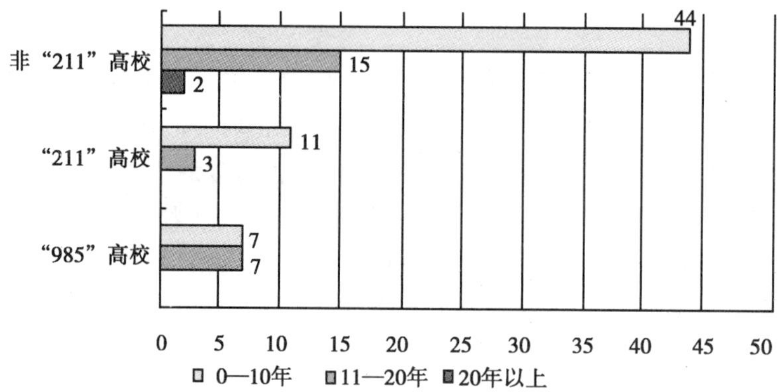

图JGC-2　不同类别招收外国留学生本科专业的机构数（所）

按照机构所属类别，教育部属、省属和其他部属的招生机构数量比分别为21（23.6%）：66（74.2%）：2（2.2%）。其中，省属高校的发展是最快的，近10年新增51所，是新增机构总量的82%。教育部属的招生机构的发展则比较平缓，具有11—20年历史的机构有10所，0—10年历史的有11所。详见图JGC-3。

从地域来看，在这89所机构中，华东地区有26所，为最多，占29.2%；其次是东北19所，占21.3%；华北第三，有11所，占12.4%；华南、华中地区各有10所，各占11.2%；西北8所，占9%；西南最少，5所，仅占5.6%。详见图JGC-4。

从不同地域机构的招生历史来看，最早开设外国留学生汉语言本科专业的是华东和东北地区，已有超过20年历史；华东和东北也是发展比较迅速的地区，分别有7所和5所机构具有10—20年的招生历史，近十年又分别增加了18所和13所；而西北、西南地区发展较晚，西南地区的5所都是近10年才开始招生的。

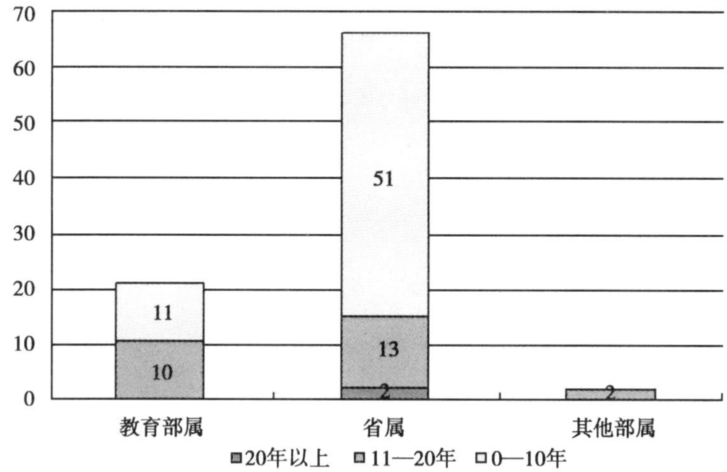

图 JGC－3　不同归属招收外国留学生本科专业的机构数

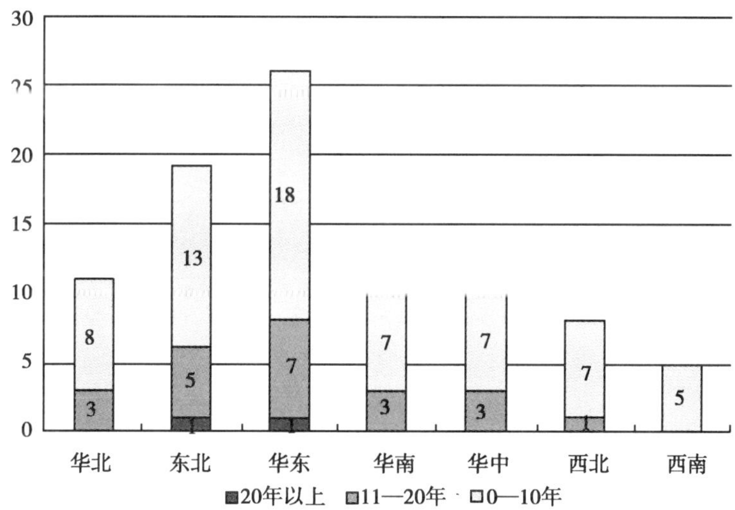

图 JGC－4　不同地域招收外国留学生本科专业的机构数

第二节　结论

近十年招收汉语言本科外国留学生的机构有了大幅度的增加，“211”高校和省属高校发展速度很快；各地区的发展也不均衡，华东和东北地区发展最早，目前的机构数最多的是华东地区，其次是东北地区，华北、华南和华中地区数量比较均衡，西北和西南地区稍微落后一些，西南地区的招生机构是近十年刚发展起来的。

第二章

外国留学生汉语言本科招生情况

根据74所机构提供的2007年招生数据、73所机构提供的2008年招生数据和79所机构提供的2009年招生数据，我们对外国留学生汉语言本科招生情况进行了分析。由于各年机构数量不一致，不能用总数来分析，我们采用平均数进行分析。

第一节　招生数量

根据调查报告中获得的数据，2007—2009年在华汉语言本科留学生分别为4451人、5360人、5378人，总体呈现上升趋势。

一　不同机构招生数量的差异

根据2007—2009年的数据来看，这三年相关机构的平均招生人数是有升有降，2007—2009年三年分别为60.15人、73.42人、68.08人，2008年是这三年中最高的，2009年的招生平均数略有下降，在总量平缓上升的情况下招生平均数的下降应该和招生机构的增加、生源分流有关。

不同类别高校的情况也存在着差异。“211”高校和非“211”高校的情况与总体招生情况基本一致，14所“211”高校，2007—2009年招生的平均数是102人、123人、116人；2007年47所非“211”高校招生平均数是37人，2008年44所的平均数为53.8人，2009年51所的平均数是50.8人；只有“985”高校的招生是呈下降趋势，2007—2009年招生的平均数是99人、85.3人、83.3人。尽管招生的非“211”高校数量增加很快，但是这些高校的招生平均数只有“211”高校的一半。详见图JGC－5。

从不同归属的招生机构来看，教育部属高校的招生人数逐年下降，2007年20所机构的平均招生数是126人，2008年22所机构的平均招生数是121

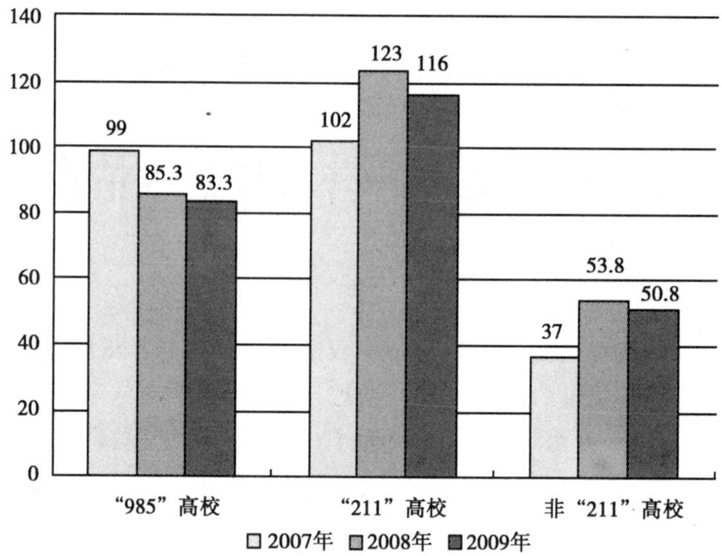

图 JGC－5　不同类别机构 2007—2009 年招生数

人，2009 年 21 所机构的平均数是 120 人。由于大部分的“985”高校都是教育部属高校，因此教育部属高校招生的趋势与“985”高校一致。省属与其他部属高校的招生人数少于教育部属高校，变化趋势是有升有降。2007 年 51 所省属高校招生平均数是 35. 5 人，2008 年 48 所机构的平均数是 51. 8 人，2009 年 51 所机构的平均数是 49. 3 人；3 所其他部属高校从 2007—2009 年的平均招生人数分别是 42 人、68. 7 人、51 人。省属高校和其他部属高校的招生人数变化趋势和总体趋势保持一致。详见图 JGC－6。

从地域来看，华北地区的机构的招生人数是最多的，10 所机构的 2007—2009 年的招生平均数是 137 人、156 人、162 人，不但数量多，而且逐年上升。另外，值得我们注意的是，西南地区的机构的招生平均数在 2008 年和 2009 年有了飞跃式的发展，招生平均数从 2007 年的 33. 5 人，增加到 2008 年的 74. 5 人，2009 年的数据为 75. 8，翻了一番。详见图 JGC－7。其中的原因值得进一步分析，这可能与西南地区加强与东盟的合作，建立西南—东盟自由贸易区有一定的关系。除了华北和西南地区三年间的招生数量是逐年上升以外，其他地区都呈现出 2008 年达到峰值、2009 年略有下降的趋势，这也是与总体招生的情况相吻合的。

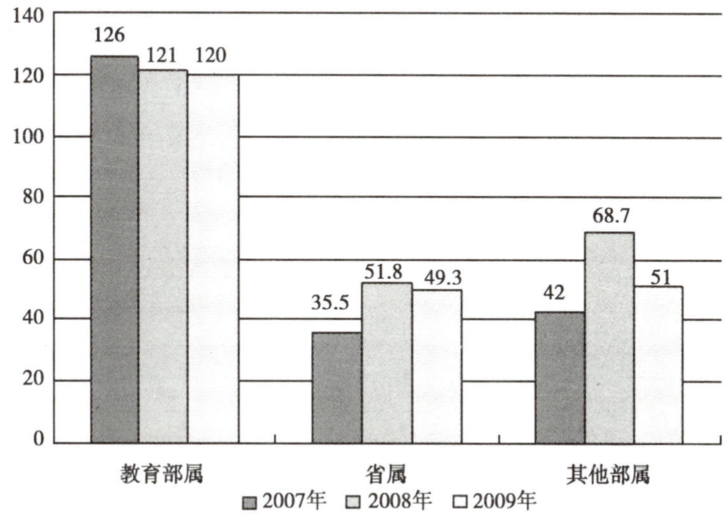

图 JGC－6　不同归属机构 2007—2009 年年平均招生数（人）

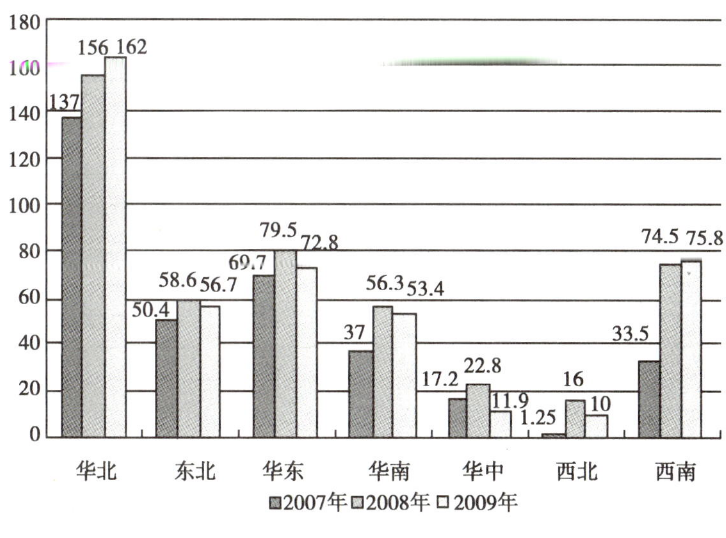

图 JGC－7　不同地域机构 2007—2009 年年平均招生数（人）

二　招生人数与机构招生历史

设立外国留学生汉语言本科专业的机构都具有招收留学生的资格。招收留学生的历史与其目前招收的本科生数量没有必然的联系，但是历史长的机构的本科生数量更多一些。其中有着 31—40 年招生历史的机构中本科生的数量最多，两所高校2007—2009年招生人数的平均数分别是454.5人、435人、423人；其次是有着21—30年历史的高校，20所高校招生的平均数分别是69.3人、89.5人、92.7人。详见图JGC-8。当然一个值得考虑的情况是两者机构数量相差较大。

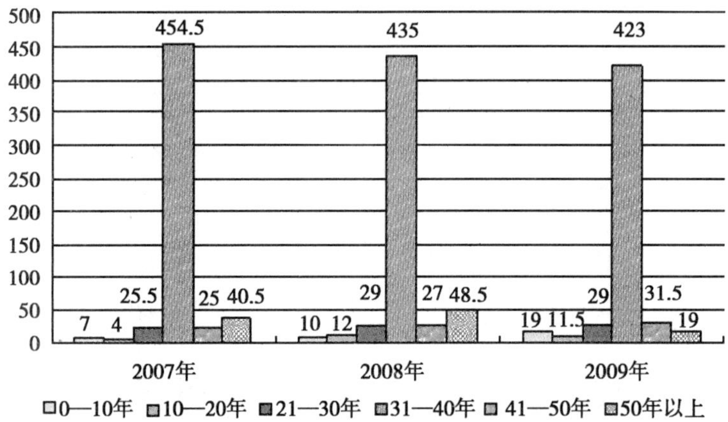

图JGC-8　招收外国留学生汉语言本科的机构的招留学生时间与本科生数量

各机构招收本科生历史长短不同，但其学生的数量基本趋于稳定。有0—10年招收本科生历史的机构2007—2009年三年招生的平均数是35左右，有11—20年历史的机构三年招生的平均数稳定在22，而招生历史在20年以上的机构三年招生的均数是2。详见图JGC-9。

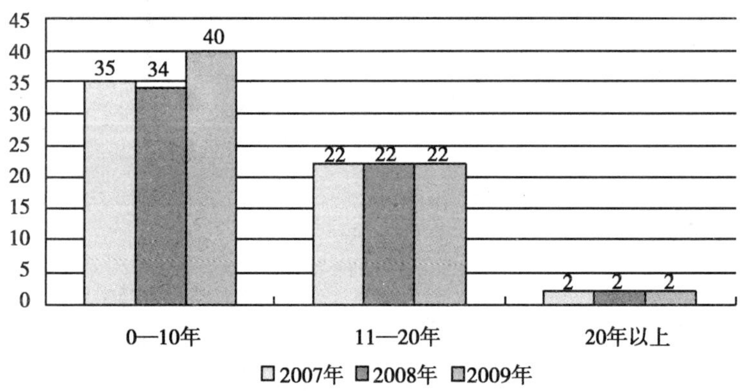

图JGC-9　招收外国留学生汉语言本科的机构的招本科历史与招生数量

三　机构留学生数量与本科生数量的关系

2007—2009年各机构在校留学生平均数为183人、190人和183人，本科生招生的平均数是 60.2 人、73.4 人和 68.1 人，机构的留学生数量和本科生数量基本上存在着正比例关系。详见图 JGC－10。

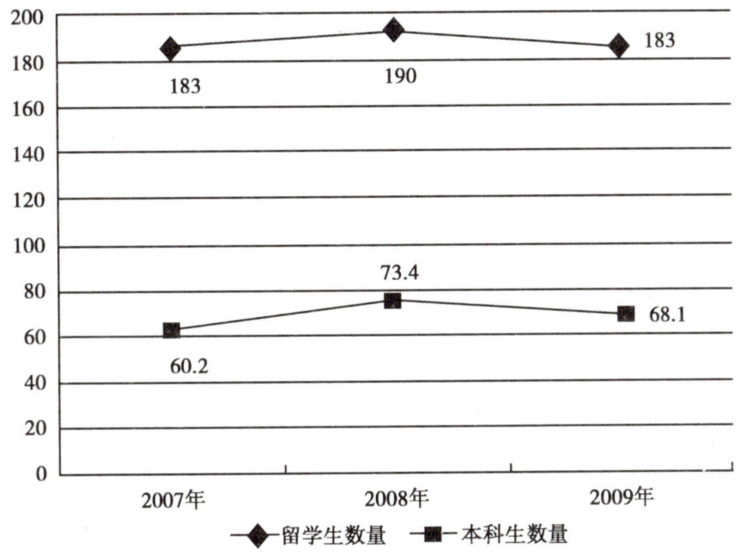

图 JGC－10　招收外国留学生汉语言本科的机构
2007—2009 年留学生与本科生数量的平均值（人）

第二节　汉语言专业本科生的来源

调查中，我们把学生来源分为日本、韩国、东亚、亚洲其他国家和地区、欧洲、美国、加拿大、中南美洲、非洲和大洋洲十个。

一　学生来源的地区差异

在各高校的本科生中，人数位于前三位的是韩国、东南亚和日本。在 2007—2009 年这三年间，韩国学生分别占总数的 42%、38%、38%，东南亚地区的学生占 18%、23%、25%，日本学生占 17%、14%、11%。在非亚洲国家的学生中欧洲学生最多，处于第四位，分别占 13%、10%、12%，也就是说，2009 年欧洲已经超过日本，成为第三大汉语言本科专业留学生来源地。美国、加拿大、中南美洲、非洲和大洋洲的学生比较少，所占比例不超过 2%，其中大洋洲的学生目前是最少的。详见图 JGC－11。

韩国学生所占百分比虽然有下降的趋势，但是 2007—2009 年三年各机

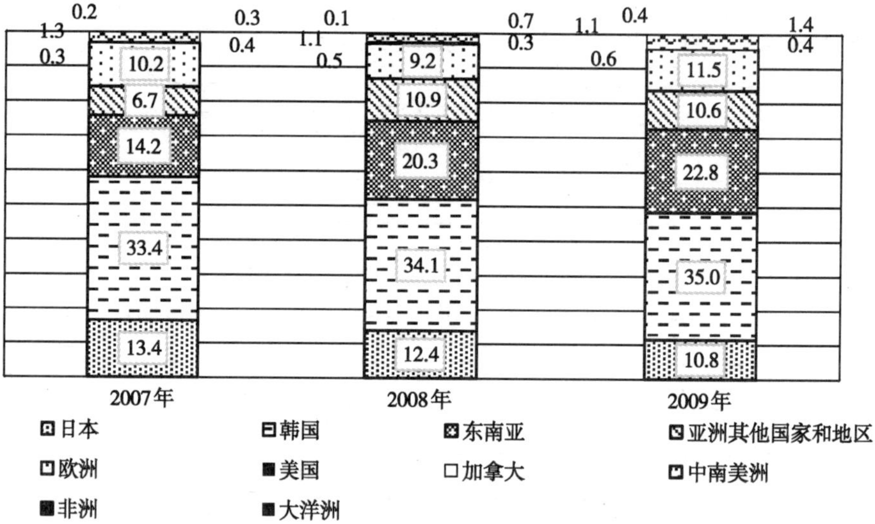

图 JGC－11　各国别和地区学生所占百分比（%）

构招收韩国本科生的平均数是 33.4 人、34.1 人、34.5 人，呈缓慢上升趋势，这也可以反映出来自韩国以外各地区本科生不断增加，韩国已不再是一枝独秀。东南亚地区，三年各机构的招生平均数是 14.2 人、20.3 人、22.8 人，增加比较迅速。欧洲的学生的平均数也呈上升的趋势。只有日本，三年的招生平均数是 13.4 人、12.4 人和 10.8 人，呈现出下降的趋势。详见图 JGC－12。我们认为，学生数量的变化和该地区的经济情况、其与中国的贸易发展水平有一定的关系。

二　2007—2009 年不同机构的本科生来源变化

为考察不同类别、归属和地域院校本科生生源的地区差异，我们把调查得到的 2007—2009 年这三年不同机构的来自上述十个地区学生的平均数，按照占该类机构本科生招生总数的百分比进行排列，从而发现不同机构生源的特点。百分比数据排列顺序按 2007 年的数据降序排列。

（一）2007—2009 年“985”高校生源变化

“985”高校的本科生以亚洲学生为主，2007 年和 2008 年超过 90%，而 2009 年也接近 90%。我们在表 JGC－1 中列出了 2007—2009 年不同地区学生在“985”高校的百分比。韩国学生所占的比例非常高，超过了半数；东南亚学生的比例低于韩国而高于日本学生，且逐年递增；日本学生则是逐年减少。亚洲其他国家和地区、欧洲的学生数量呈递增之势。

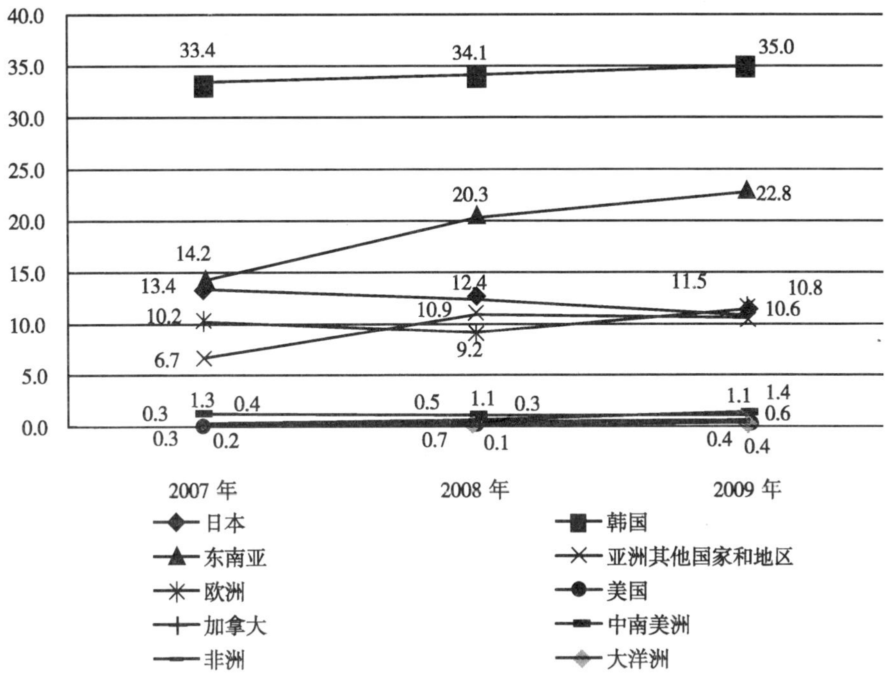

图 JGC－12　2007—2009 年各国别和地区学生的数量变化趋势（人）

表 JGC－1　2007—2009 年“985”高校各国别和地区学生百分比

	2007 年	2008 年	2009 年
韩国	64.0%	55.5%	56.0%
东南亚	13.3%	16.5%	17.2%
日本	12.8%	14.5%	9.6%
亚洲其他国家和地区	3.0%	4.3%	5.8%
欧洲	2.9%	4.3%	5.3%
中南美洲	2.0%	2.7%	2.4%
非洲	0.7%	1.1%	1.8%
加拿大	0.6%	0.3%	0.3%
美国	0.5%	0.6%	0.9%
大洋洲	0.3%	0.2%	0.9%

从机构招生平均数来看，表现出来的趋势与上面的分析大致一致。东南亚、欧洲等地区是上升趋势，日本表现出了下降的趋势，2008 年韩国学生的数量大幅下降，但是 2009 年开始回升。详见图 JGC－13。

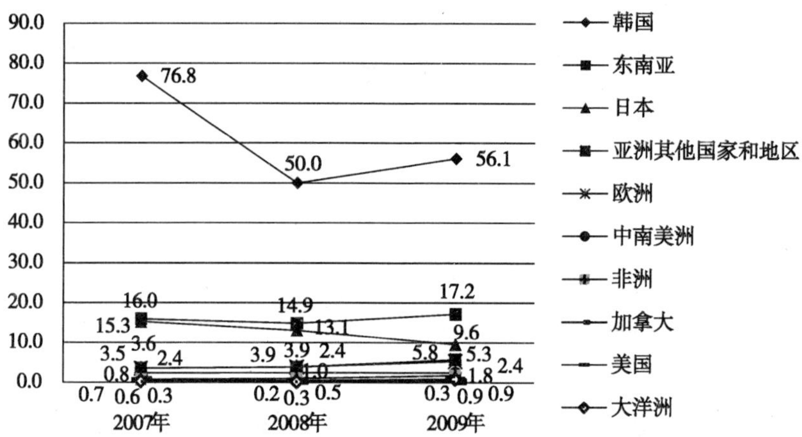

图 JGC－13　2007—2009 年“985”高校各国别和地区学生数量变化趋势（人）

（二）2007—2009 年“211”高校生源变化

“211”高校的本科生也是以亚洲学生为主，占了近 90%。我们在表 JGC－2 中列出了 2007—2009 年不同地区学生在“211”高校的百分比。韩国学生所占的比例还是位列第一，但是百分比比“985”高校低了不少。日本学生的百分比虽然是在第二位，但是所占百分比逐年减少。东南亚、亚洲其他国家和地区学生数量也呈递增之势。详见表 JGC－2。

表 JGC－2　　2007—2009 年“211”高校各国别和地区学生百分比

	2007 年	2008 年	2009 年
韩国	44.3%	40.5%	41.4%
东南亚	14.4%	15.6%	16.1%
日本	29.5%	24.4%	23.8%
亚洲其他国家和地区	4.5%	10.6%	11.9%
欧洲	4.1%	6.3%	3.9%
中南美洲	1.8%	1.1%	1.2%
非洲	0.3%	0.3%	0.4%
加拿大	0.4%	0.4%	0.4%
美国	0.3%	0.6%	0.6%
大洋洲	0.4%	0.2%	0.3%

从机构招生的平均数来看，位于“211”高校招生前三位的是韩国、日本和东南亚，这三个地区 2009 年招生数都低于 2008 年。详见图 JGC－14。

（三）2007—2009 年非“211”高校生源变化

在非 211 高校，韩国学生的数量的百分比在不同地区学生中还是最高的，但是只占了不到三分之一。欧洲国家的学生位列第二，远远超过日本。

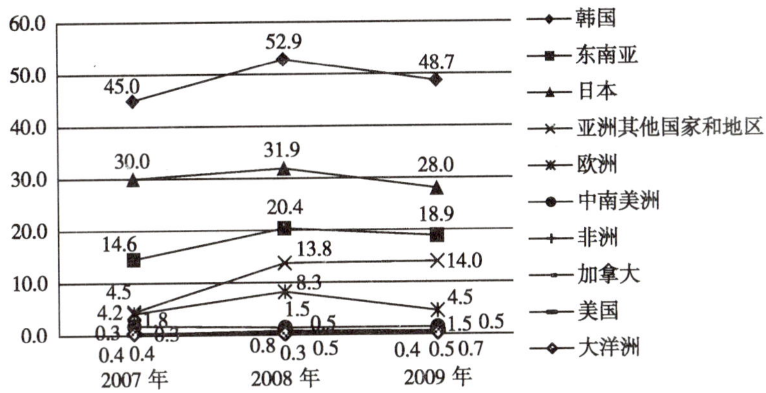

图 JGC－14　2007—2009 年“211”高校各国别和地区学生数量变化趋势（人）

在非“211”高校中，日本学生只占了 6.2%、5.1%、3.8%，数量很少。从总的趋势来看，非“211”高校的招生呈现一种上升的趋势。我们发现在非“211”高校的本科生中，2007 年位于前三位的是韩国、欧洲和东南亚，但韩国学生在2008 年和2009 年所占比例已低于东南亚，这显示了非“211”高校东南亚学生有逐渐超过韩国学生的趋势。在非“211”高校中的欧洲学生所占的百分比也很高，超过了亚洲其他国家和地区及日本。本科生数量最少的是加拿大、中南美洲和大洋洲。详见表 JGC－3。我们还发现，三年间非“211”高校的不同地区本科生所占比例变化很大，这说明非“211”高校不像“985”、“211”高校那样有比较稳定的生源。

表 JGC－3　2007—2009 年非“211”高校各国别和地区学生百分比

	2007 年	2008 年	2009 年
韩国	30.1%	28.9%	26.4%
欧洲	25.7%	16.4%	21.1%
东南亚	22.2%	31.2%	32.4%
亚洲其他国家和地区	15%	16.7%	12.9%
日本	6.2%	5.1%	3.8%
美国	0.4%	0.5%	0.5%
加拿大	0.3%	0.3%	0.5%
中南美洲	0.3%	0%	0%
非洲	0%	0.8%	2.1%
大洋洲	0%	0%	0.2%

从机构招生的平均数的发展趋势图来看，韩国、东南亚、欧洲、亚洲其他国家和地区是非“211”高校本科生的主要来源国家和地区，除亚洲其他

国家和地区外，其他三个国家和地区的学生都呈上升趋势。

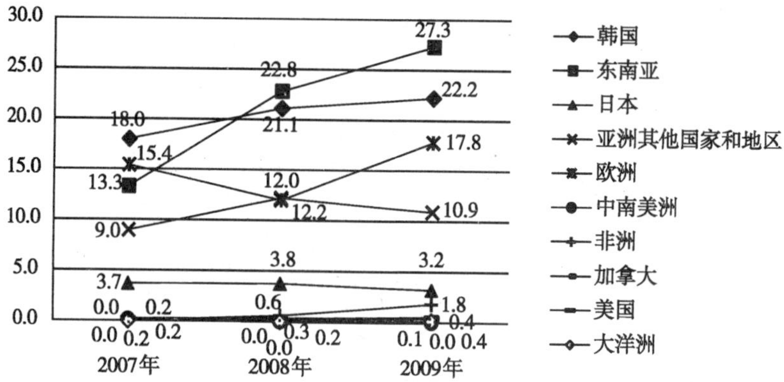

图 JGC－15　2007—2009 年非“211”高校各国别和地区学生数量变化趋势（人）

纵观三年中各地区的学生在各类别高校的百分比，我们可以发现“985”高校中韩国、日本学生比较集中，日本学生在“211”高校的比例最高，而欧洲学生比较多地分布在非“211”高校，东南亚学生在非“211”高校的比例也比较高。详见图 JGC－16

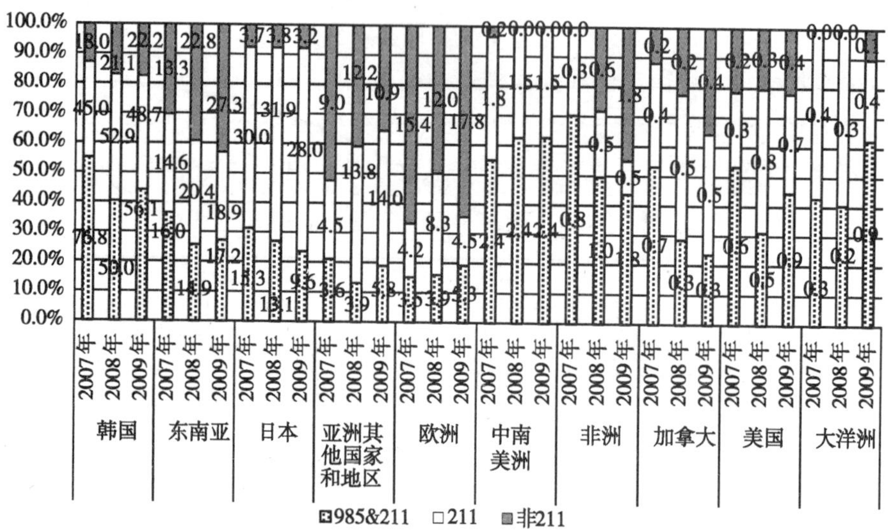

图 JGC－16　2007—2009 年不同类别机构中各国别和地区学生所占的百分比

三　2007—2009 年不同归属机构生源变化

（一）2007—2009 年教育部属高校生源变化

在教育部属的高校里，亚洲地区的学生占总数的近 90%，其中韩国学生的数量超过了学生总数的一半；同样的，我们可以看到日本学生所占百分比在减少，而东南亚地区、亚洲其他国家和地区、欧洲学生的百分比在增加。详见表 JGC－4。

表 JGC－4　2007—2009 年教育部属高校各国别和地区学生百分比

	2007 年	2008 年	2009 年
韩国	55.9%	53%	53.5%
日本	23%	22.5%	19%
东南亚	10.4%	11.2%	13.1%
亚洲其他国家和地区	3.8%	5.3%	5.7%
欧洲	2.9%	3.8%	4.0%
中南美洲	2.0%	2.0%	1.9%
加拿大	0.6%	0.5%	0.4%
非洲	0.5%	0.9%	1.0%
大洋洲	0.5%	0.3%	0.6%
美国	0.4%	0.6%	0.8%

从招生的平均数中我们也可以清楚地看到相同的趋势。详见图 JGC－17。

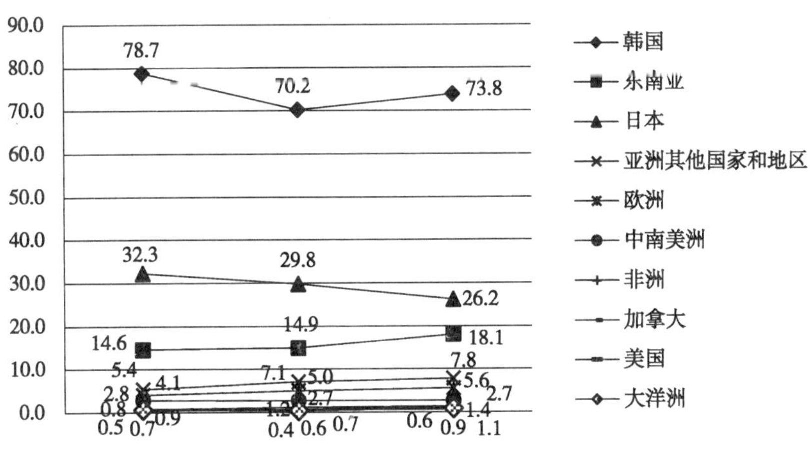

图 JGC－17　2007—2009 年教育部属高校各国别和地区学生数量变化趋势（人）

（二）2007—2009 年省属高校生源变化

省属高校是招收汉语言本科专业留学生的主力，招生数量呈上升趋势。

我们发现，在省属高校，韩国、东南亚、欧洲和亚洲其他国家和地区的学生占主体，且比例较接近。2009 年东南亚学生的百分比超过了韩国，成为省属高校最大的生源。在省属高校中的欧洲学生百分比也比较高，2009 年的增幅较大。与此相对的，日本学生在省属高校中所占的百分比较低，且逐年下降。详见表 JGC－5。

表 JGC－5　　2007—2009 年省属高校各国别和地区学生百分比

	2007 年	2008 年	2009 年
韩国	31.7%	28.6%	26.1%
东南亚	21.8%	28.5%	31.2%
欧洲	25.2%	17.3%	20%
亚洲其他国家和地区	14.4%	19.5%	16.1%
日本	6%	5%	3.7%
美国	0.5%	0.5%	0.5%
加拿大	0.2%	0.3%	0.4%
中南美洲	0.2%	0%	0%
非洲	0%	0.3%	2%
大洋洲	0%	0%	0.1%

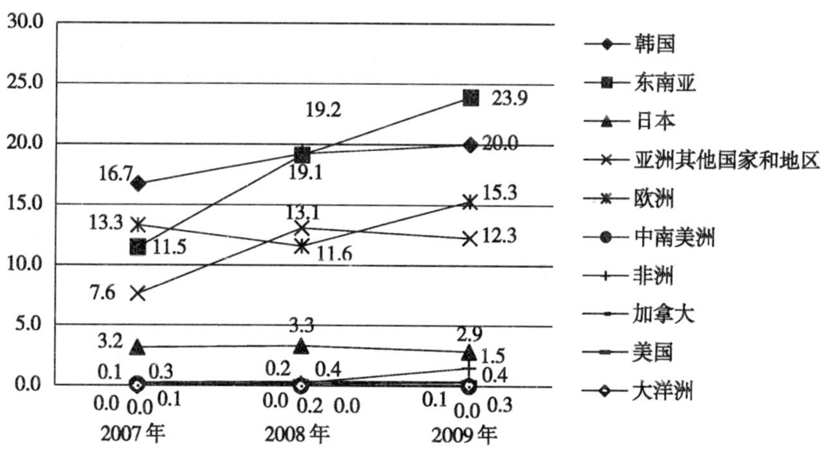

图 JGC－18　2007—2009 年省属高校各国别和地区学生数量变化趋势（人）

我们从省属高校招收各地区学生的平均数中也可以发现：东南亚地区学

生的增幅很快；欧洲学生在 2008 年的数量虽然有所下降，但是 2009 年的增幅也很大；韩国学生 2008—2009 年的增幅平缓；亚洲其他国家和地区从 2007 年到 2008 年的增长很快，但是 2009 年又开始下滑。详见图 JGC－18。

（三）2007—2009 年其他部属高校生源变化

在其他部属高校中，东南亚的学生所占比例很高，达到了 70% 强，但是 2009 年降至这三年中的最低。主要的生源国家和地区，除了欧洲有比较大的升幅外，其他的都是在下降或是发展趋于平缓。2007 年，中南美洲的学生百分比达到了 4.1%，这是一个比较高的百分比。详见表 JGC－6。

表 JGC－6　2007—2009 年其他部属高校各国别和地区学生百分比

	2007 年	2008 年	2009 年
东南亚	73.8%	77.6%	73.1%
韩国	16.6%	14.1%	7.4%
中南美洲	4.1%	0.8%	1.9%
欧洲	2.8%	5.0%	7.4%
日本	1.4%	0.8%	1.9%
非洲	1.4%	0%	0.9%
亚洲其他国家和地区	0%	0.8%	3.7%
美国	0%	0.8%	0.9%
大洋洲	0%	0%	1.9%
加拿大	0%	0%	0.9%

观照各校招生的平均数，其他部属高校东南亚学生数量有点像过山车，2008 年东南亚学生数量是急剧上升，2009 年却骤然下降，这里的原因值得我们进一步细究，可能与当时的政治、经济政策、环境有关。作为其他部属高校的第二大生源地韩国，学生的数量在 2009 年也出现了下滑。详见图 JGC－19。

纵观三年中不同归属高校的不同地区学生的百分比，我们可以看到韩国、日本学生在教育部属高校所占比例较高，东南亚学生在其他部属高校的比例较高。欧洲和亚洲其他国家和地区的学生在省属高校的比例较高。详见图 JGC－20。

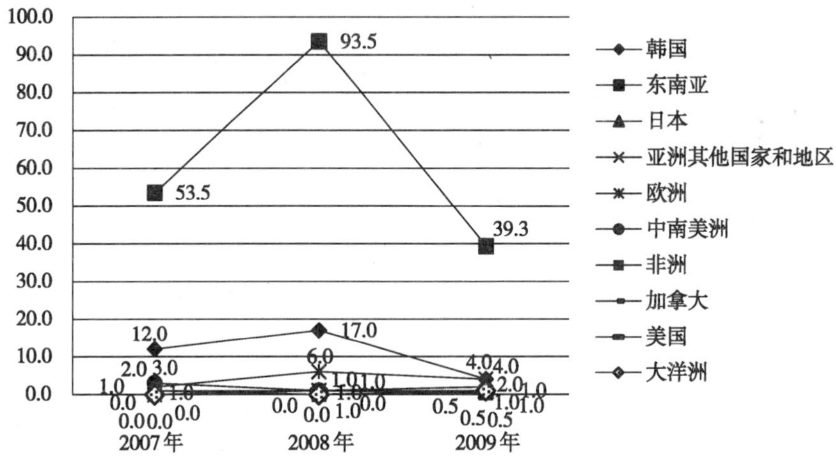

图 JGC－19 2007—2009 年其他部属高校各国别和地区学生数量变化趋势（人）

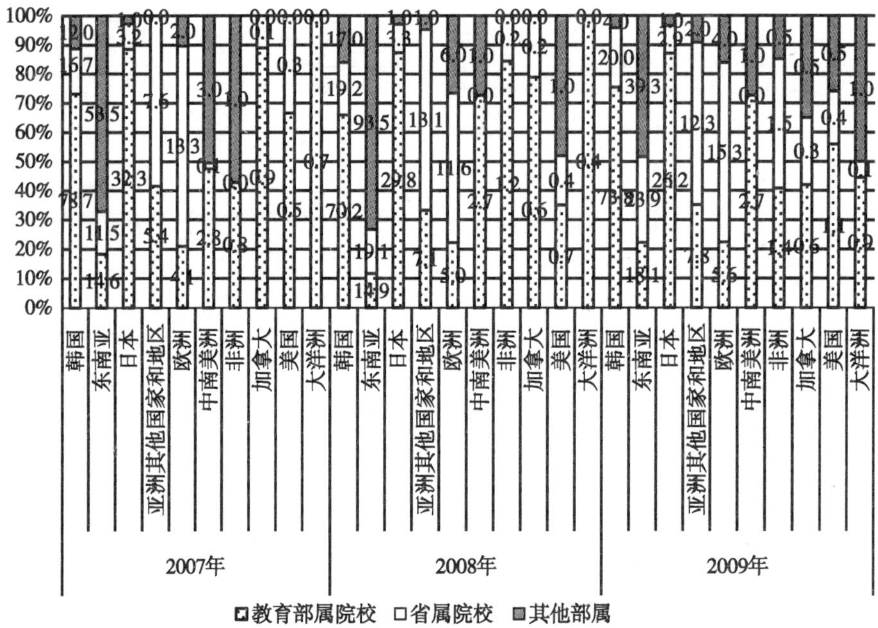

图 JGC－20 2007—2009 年不同归属机构中各国别学生所占的百分比

四 2007—2009 年不同地域机构的学生来源变化

（一）2007—2009 年华北地区高校的学生来源变化

华北地区高校的汉语言专业本科生以亚洲地区为主，韩国学生占半数以上；日本和东南亚的学生所占百分比也超过了 10%，但是日本学生趋于下降，东南亚地区学生的趋势是上升。同时，亚洲其他国家和地区、欧洲的学生的比例也是逐年上升。详见表 JGC－7。

表 JGC－7　2007—2009 年华北地区高校各国别和地区学生百分比

	2007 年	2008 年	2009 年
韩国	61.9%	56.7%	54.1%
日本	16.8%	15.2%	12.8%
东南亚	9.1%	13.9%	16.2%
亚洲其他国家和地区	6.4%	8.3%	9.2%
欧洲	2.5%	2.6%	4.3%
中南美洲	2.4%	1.9%	1.9%
非洲	0.4%	0.5%	0.5%
大洋洲	0.4%	0.4%	0.3%
加拿大	0.1%	0.1%	0.2%
美国	0.0%	0.4%	0.6%

各校招生的平均数也体现了上述发展趋势。详见图 JGC－21。

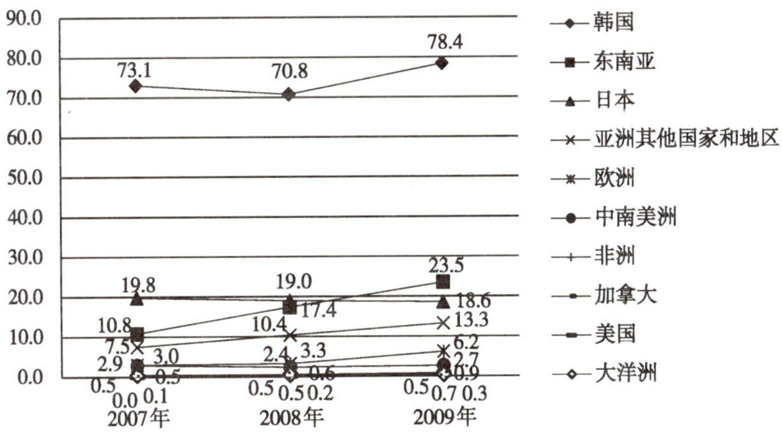

图 JGC－21　2007—2009 年华北地区高校各国别和地区学生数量变化趋势（人）

（二）2007—2009 年东北地区高校的学生来源变化

东北地区的高校欧洲学生所占百分比是最高的，2007—2009 年分别是 43.5%、39.3% 和 47.7%，而占第二位的韩国学生数量有明显的下降，位于第三位的日本学生人数逐年下降。详见表 JGC－8。

表 JGC－8　2007—2009 年东北地区高校各国别学生百分比

	2007 年	2008 年	2009 年
欧洲	43.5%	39.3%	47.7%
韩国	34.3%	33.2%	28.3%
日本	11.6%	10.5%	8.9%
亚洲其他国家和地区	3.7%	9.8%	5.6%
东南亚	3.6%	5.1%	4.9%
大洋洲	1.3%	0%	0.7%
加拿大	0.7%	0.7%	0.9%
美国	0.7%	0%	0.9%
中南美洲	0.7%	0%	0%
非洲	0%	1.4%	2.2%

欧洲和韩国学生是东北地区高校的主要生源，这是和东北地区所处的地理位置有关的。2009 年欧洲学生的数量（平均数）有了明显的增长，远远超过了韩国。韩国学生的数量逐年下降，和数据中看到韩国学生的总量变化不一致，原因可能是有一些韩国学生选择到其他地区学习，分流了一些生源。详见图 JGC－22。

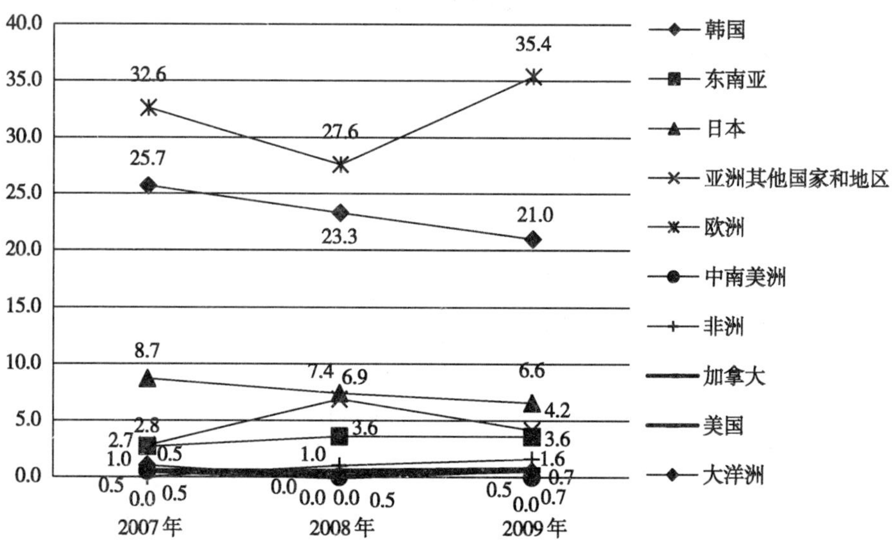

图 JGC－22　2007—2009 年东北地区高校各国别和地区学生数量变化趋势（人）

（三）2007—2009 年华东地区高校的学生来源变化

在华东地区就读的汉语言专业本科生以亚洲国家的为主，韩国居首位，且呈上升的趋势。日本学生虽然位于第二位，但已是下降的趋势。来自亚洲其他国家和地区及欧洲的学生在数量上和百分比上都呈现上升趋势，但是从平均数上看，数量不大。东南亚地区的学生变化很大，2008 年大幅上升，到 2009 年又大幅下降。详见表 JGC－9 和图 JGC－23。

表 JGC－9　2007—2009 年华东地区高校各国别和地区学生百分比

	2007 年	2008 年	2009 年
韩国	45.6%	43.7%	48.4%
日本	28.6%	23.3%	19.4%
东南亚	13.7%	19.6%	15.7%
亚洲其他国家和地区	6.2%	7.8%	8.3%
欧洲	2.3%	2.8%	3.7%
中南美洲	1.2%	1.2%	1.1%
美国	0.9%	0.7%	1.1%
加拿大	0.7%	0.4%	0.4%
非洲	0.6%	0.6%	1.5%
大洋洲	0.2%	0%	0.4%

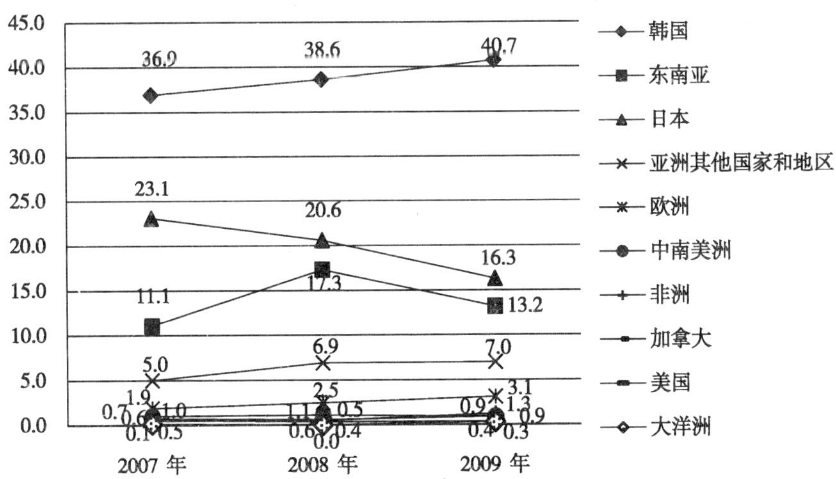

图 JGC－23　2007—2009 年华北地区高校各国别和地区学生数量变化趋势（人）

（四）2007—2009 年华南地区高校的学生来源变化

在华南地区，东南亚学生所占的百分比最高，接近半数，这与其地理位置有一定的关系。其次是韩国学生，但是 2009 年，韩国学生的数量回落明显，成为三年中的最低。在华南地区的高校里，亚洲其他国家和地区的学生也较多，且数量也在缓慢上升中。详见表 JGC－10 和图 JGC－24。

表 JGC－10　2007—2009 年华南地区高校各国别和地区学生百分比

	2007 年	2008 年	2009 年
东南亚	48.6%	41.4%	46.3%
韩国	35.9%	38.1%	27.6%
亚洲其他国家和地区	6.3%	12.1%	13.8%
欧洲	4.6%	5.9%	5.6%
日本	2.6%	1.3%	2.9%
中南美洲	1.7%	0.8%	1.4%
非洲	0.3%	0%	1.4%
美国	0%	0.5%	0%
大洋洲	0%	0%	1%
加拿大	0%	0%	0%

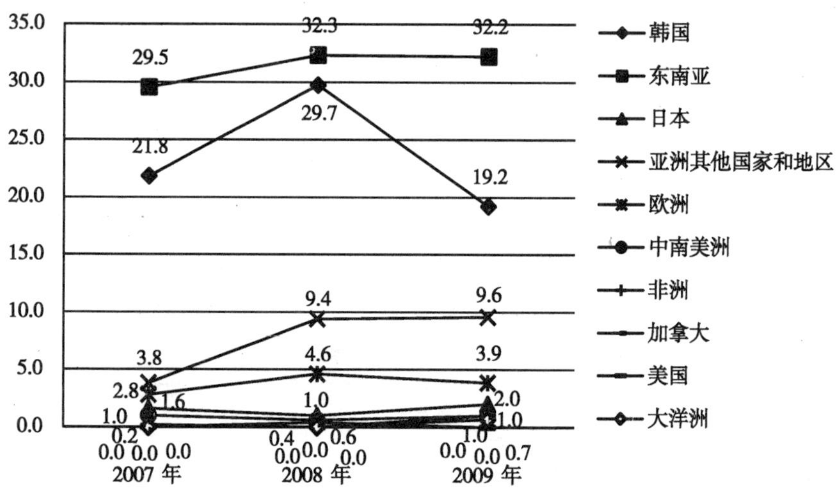

图 JGC－24　2007—2009 年华南地区高校各国别和地区学生数量变化趋势（人）

（五）2007—2009 年华中地区高校的学生来源变化

由于收到的数据中中南美洲、非洲、加拿大和美国的数据缺失，我们只能从现有的数据来分析华中地区高校的学生国别特点，亚洲其他国家和地区的学生是最多的，其次是东南亚的学生。详见表 JGC－11。

表 JGC－11 2007—2009 年华中地区高校各国别和地区学生百分比

	2007 年	2008 年	2009 年
韩国	8.1%	22.7%	16.4%
东南亚	29.6%	18.5%	4.7%
日本	1.6%	1.9%	4.7%
亚洲其他国家和地区	48.3%	42.3%	55.4%
欧洲	12.5%	14.6%	18.8%

（六）2007—2009 年西北地区高校的学生来源变化

西北地区的高校中，来自亚洲其他国家和地区的学生数量最多。2008 年和 2009 年，学生的数量急剧上升，百分比从 2007 年的 30.2% 升至 2008 年的 81.3%，2009 年的 83.7%，成为招收亚洲其他国家和地区汉语言本科生的主力地区。其余各国家在西北地区高校的学生数量不稳定，但是总的趋势是在减少。详见表 JGC－12 和图 JGC－25。

表 JGC－12 2007—2009 年西北地区高校各国别和地区学生百分比

	2007 年	2008 年	2009 年
亚洲其他国家和地区	30.2%	81.3%	83.7%
东南亚	48.1%	7.0%	10%
韩国	11.4%	1.6%	0.7%
日本	6.9%	0.8%	0%
美国	3.4%	1.3%	0.7%
欧洲	0%	6.4%	1.4%
非洲	0%	1.6%	2.8%
加拿大	0%	0%	0.7%
中南美洲	0%	0%	0%
大洋洲	0%	0%	0%

（七）2007—2009 年西南地区高校的学生来源变化

西南地区高校的学生来源绝大多数是东南亚地区，三年的百分比高达 97.1%、86.6% 和 94.9%，其他国家和地区的学生所占百分比很少，体现了明显的地域特点。详见表 JGC－13 和图 JGC－26。

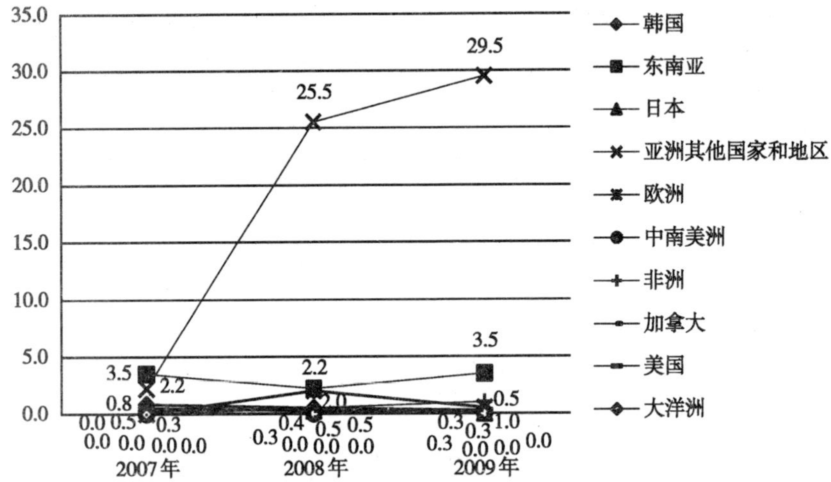

图 JGC－25　2007—2009 年西北地区高校各国别和地区学生数量变化趋势（人）

表 JGC－13　　2007—2009 年西南地区高校各国别学生百分比

	2007 年	2008 年	2009 年
东南亚	97.1%	86.6%	94.9%
欧洲	2.0%	2.0%	1.0%
韩国	1.0%	8.5%	3.3%
亚洲其他国家和地区	0%	1.5%	0.2%
美国	0%	1.0%	0.3%
日本	0%	0.5%	0%
非洲	0%	0%	0.3%
中南美洲	0%	0%	0%
加拿大	0%	0%	0%
大洋洲	0%	0%	0%

第三节　结论

1. 从整体的招生情况来看，外国留学生汉语言本科专业呈现出发展的态势，生源地区范围较广，招生人数也在增加。

2. 不同类别归属、地域机构的招生数量存在差异。从类别上看，招生的主力是“211”高校，“985”高校招生的平均数略少于“211”高校，尽管非“211”高校机构其数量近十年增加很快，但是其招生的平均数只有

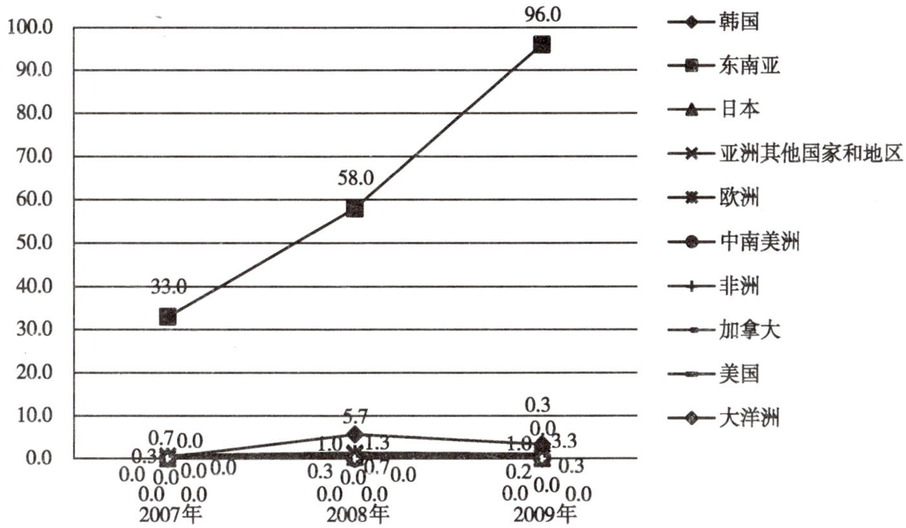

图 JGC－26　2007—2009 年西南地区高校各地区学生数量变化趋势（人）

"211"高校的一半。从机构的归属来看，教育部属高校是招收本科生的主力，其招生的平均数是省属高校和其他部属高校的招生平均数之和。从招生机构的地域分布来看，华北地区高校招生数量最高，其次是华东和东北地区，西南地区的发展是最快的，西北地区高校招生数量最少。

3. 招生机构的招生数量与其招收外国留学生的历史有一定的关系。历史较长的机构招生数量多，但是学生集中在有 30—40 年招收外国留学生历史的高校。

4. 机构的留学生数量和本科生数量基本上存在正比例关系。

5. 外国留学生汉语言本科专业的学生来源主要是亚洲国家，韩国学生最多，其次是东南亚和日本；2007—2009 年这三年东南亚地区的学生数量上升较快，而日本学生数量在下降。非亚洲地区的学生以欧洲为最多，2009 年已超过日本。其他国家和地区的学生数量较少，因此其发展态势不明。

6. 韩国和日本学生比较多地集中在"985"和"211"高校，尤其是韩国学生在"985"高校的比例相当高。在非"211"高校中，东南亚地区、亚洲其他国家和地区，欧洲的学生比较多。

7. 各地域高校的学生来源呈现出明显的地域特点，东北地区高校中欧洲学生最多，西南地区高校中的东南亚地区学生占了绝对优势，西北地区高校是招收亚洲其他国家和地区学生的主力。

第三章

汉语言专业本科生的培养

本部分主要反映各机构对外国留学生汉语言本科专业学生的培养情况，主要从学生入学汉语水平的要求、编班方式、最少学习时间和毕业及获得学位的要求四方面来进行分析。

第一节　入学汉语水平的要求

各机构对学生的入学汉语水平的要求主要有四种情况：（1）拥有 HSK 三级及以上或国内外同等水平的汉语水平证书；（2）先在预科试读，结束后通过 HSK 考试；（3）通过本校组织的汉语水平考试；（4）没有语言要求。不同的机构对学生的入学汉语水平有不同的要求。

一　不同类别机构对入学汉语水平的要求

图 JGC－27 显示了不同类别的高校对学生入学要求的数据，所显示的百分比是某类高校中对学生入学有某项要求的院校的比例，如“211”高校中有 50% 要求有 HSK 三级（含）或有国内外同等水平证书。

如果将各类别高校对学生入学的几项要求按百分比递减排列，我们可以发现大部分机构倾向于要求“有 HSK 三级（含）以上或有国内外同等水平证书”；不同类别高校在要求上也存在着差别，要求学生“通过本校自己组织的汉语考试”的“985”高校占了 66.7%，是一个相当高的比例。可惜的是，由于我们看不到各校自己的组织考试的试卷，我们无从知道其难度水平是否高于 HSK 三级。有一半的“211”高校要求“有 HSK 证书”，同时还有 44.4% 的是“无语言水平要求”，反差较大。而非“211”高校选择“在预科试读，预科结束时通过汉语水平考试”的比例是最高的，占了 55.7%。从前面的数据中我们了解到“211”高校的招生平均数很高，而非“211”

高校招生的平均数不高，可能和这些高校的不同入学要求有一定的关系。

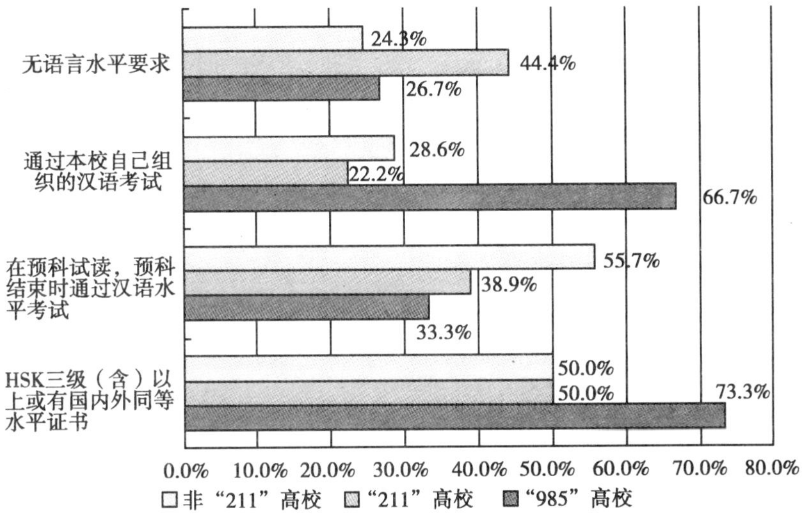

图 JGC－27　不同类别机构学生的入学语言水平要求

（注：此题为多选题，因此百分比和大于100%）

二　不同归属机构对学生入学汉语水平的要求

不同归属机构对学生入学汉语水平的要求也不一致。我们同样可以发现，教育部属高校和其他部属高校对学生的入学汉语水平各项要求的百分比按照“HSK 三级（含）以上或有国内外同等水平证书”、“通过本校自己组织的汉语考试”、“在预科试读，预科结束时通过汉语水平考试”和“无语言水平要求”降序排列（在其他部属高校中“通过本校自己组织的汉语考试”和“在预科试读，预科结束时通过汉语水平考试”的百分比是一样的）。值得注意的是省属高校中百分比最高的是“在预科试读，预科结束时通过汉语水平考试”，而“无语言要求”的也是在不同归属的机构中百分比最高的。详见图 JGC－28。在前面的调查中我们发现省属高校机构数量发展是最快的，但同时也是招生数量（平均数）比较少的高校，这些机构可能希望通过降低入学门槛以扩大招生数量。

三　不同地域机构对学生入学汉语水平的要求

通过按照百分比递减顺序排列，我们发现华北、东北和华东的机构都把要求“有 HSK 三级（含）以上或有国内外同等水平证书”放在第一位，这

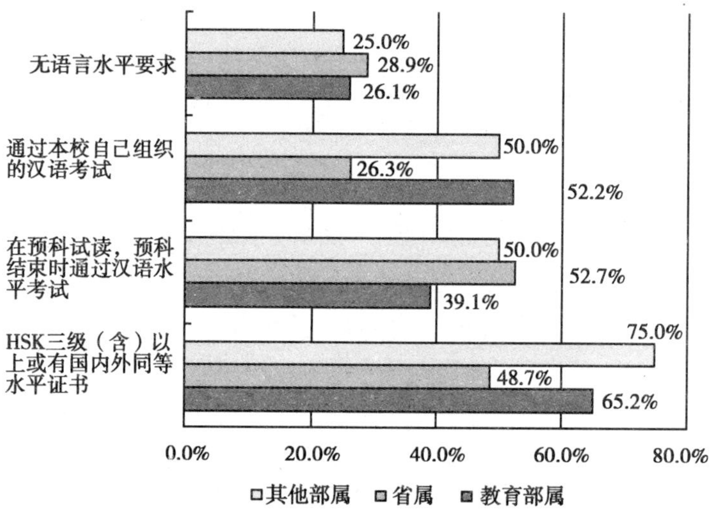

图 JGC－28 不同归属机构对学生的入学语言水平要求

（注：此题为多选题，因此百分比加和大于 100%。）

三个地区的排列顺序是一样的，最少的是“无语言水平要求”；华南地区机构选择第一位的是“HSK 三级（含）或以上有国内外同等水平证书”，最后一位的却是“在预科试读，预科结束时通过汉语水平考试”。华中和西北地区有 70% 的高校采用了“在预科试读，预科结束时通过汉语水平考试”这一方式，是选择百分比最高的。西南地区的语言要求比较低，有 42.9% 机构选择“无语言水平要求”，选择“通过本校自己组织的汉语考试”的百分比是最低的。详见图 JGC－29。

四 机构的招生历史与入学要求

有 20 年以上招收外国留学生汉语言本科生历史的机构只有两所，这两所一所选择“自己组织考试”，另一所“无语言水平要求”；有 10—20 年招收本科生历史的机构对学生入学的语言水平要求比较高，有 61.9% 的机构选择了“HSK 三级（含）以上或有国内外同等水平证书”，“无语言水平要求”的仅占 23.8%。10 年以下招生历史的机构对语言水平的要求不尽相同，“通过本校自己组织的汉语考试”的百分比是最低的。详见图 JGC－30。

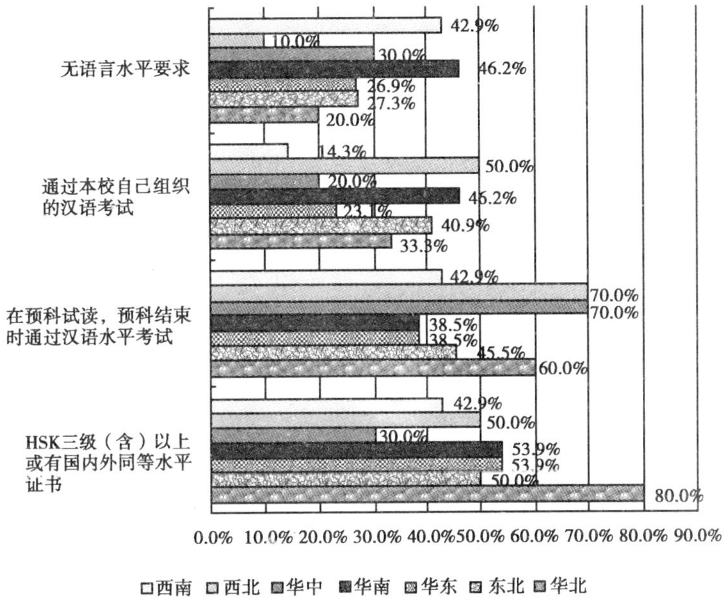

图 JGC－29　不同地域机构对学生的入学语言水平要求

（注：此为多选题，因此百分比总和大于100%。）

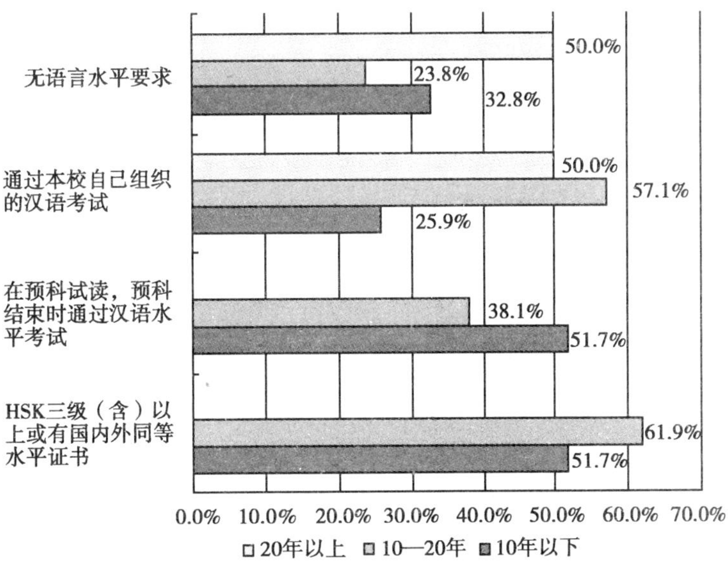

图 JGC－30　机构的招生历史与入学要求

（注：此为多选题，因此百分比总和大于100%。）

第二节　编班方式

目前，具有外国留学生汉语言专业本科招生资格的机构都具有招收进修生的资格，因此对于本科生的编班方式主要有：单独编班；与语言进修生混合编班；初级时与语言进修生混合，中级或高级开始单独编班；语言课与语言进修生混合编班，同时另外开设本科生的必修课与选修课。

一　机构的类别与编班方式

我们把各类高校采用的编班方式的统计数据进行了排序。排序显示，“本科生单独编班”是各类高校首选的编班方式，而几乎没有高校采用与语言生混合编班的方式。即使是混合编班，各类高校也会在中高级阶段开始独立编班，或是针对本科生开始适合他们的课程。只有占非“211”高校总数4.4%高校选择混合编班这一方式。非“211”高校选择使用这种方式的三所高校中，一所2009年开始招收留学生，还没有招到学生；其余的两所招收本科生的历史都超过10年，一所学生很少，2007—2009年的学生只有3个、5个和0个；另一所的学生有95个、116个、85个，因此很难得出采用混合编班的原因和学生数量有关有结论。详见图JGC－31。

二　机构的归属与编班方式

根据对不同归属的机构的编班方式的排序，我们发现教育部属与省属机构的排列顺序是完全一样的，但是超过半数的教育部属机构选择本科生单独编班的方式，而省属机构中只有39.7%的选择这种方式，和“初级时与语言进修生混合，中级或高级开始单独编班”、“语言课与语言进修生混合，并另外开设本科生的必修课与选修课”这两种方式的百分比差距并不太大。其他部属机构大都采用的是单独编班，其次就是“语言课与语言进修生混合，并另外开设本科生的必修课与选修课”，没有先混合后分开的方式。混合编班的方式也只有4.1%的省属机构采用。详见图JGC－32。

三　机构的地域与编班方式

同样，单独编班依旧是不同区域机构选择最多的方式。除了华东地区11.1%的高校选择了混合编班，其余地区的高校都不采用这种编班方式。华

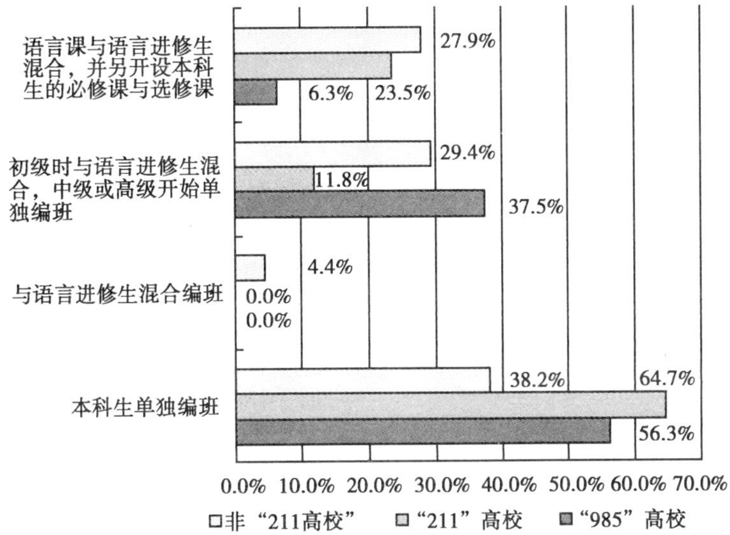

图 JGC－31　不同类别高校的编班方式

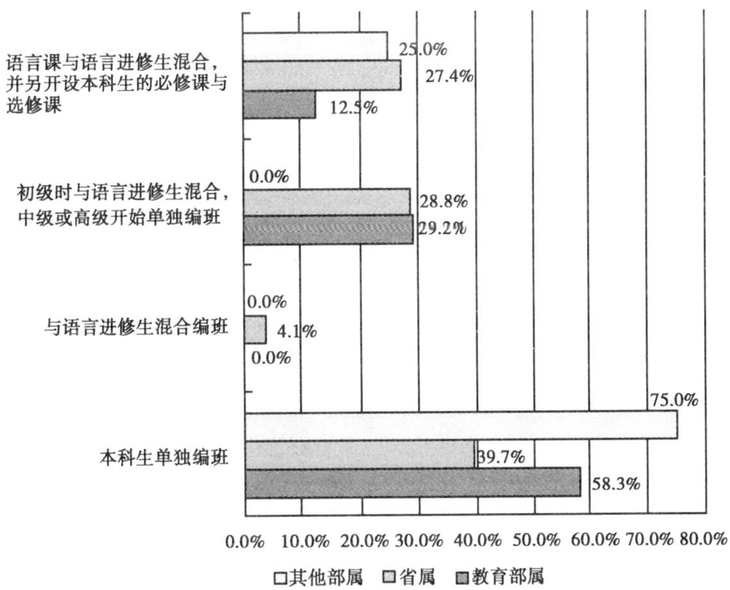

图 JGC－32　不同归属机构的编班方式

北地区的情况有点特殊，最多的编班方式是初级时与语言进修生混合，中级或高级开始单独编班。详见图 JGC－33。这种先混合后分开的编班方式和华北地区学生数量多有一定的关系。

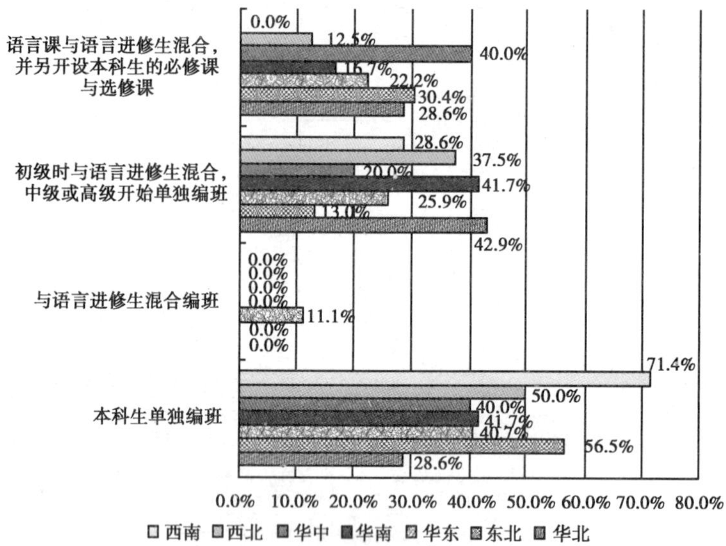

图 JGC－33　不同地域机构的编班方式

四　机构的入学要求与编班方式

编班方式和入学要求有一定的关系，要求学生“有 HSK 证书”的机构和“先上预科后通过 HSK 考试”的机构选择混合编班的比例最高；要求“通过本校自己组织的语言考试”的高校倾向于独立编班，几乎不选择混合编班。详见图 JGC－34。

第三节　在本机构最少学习时间

本科生从入学到毕业，一般在校学习时间从两年到四年不等，各个高校都规定了学生学习的最短时间。在统计到的 103 所机构中，40.78% 机构要求学生至少学习两年，要求至少四年的占 35%，三年的占 11.7%，最少的是要求学习两年半和三年半的，分别占 6.8% 和 5.8%。

一　机构的类别与最少学习时间

学生最少学习时间的要求与机构类别有关，要求最少学习时间是两年的

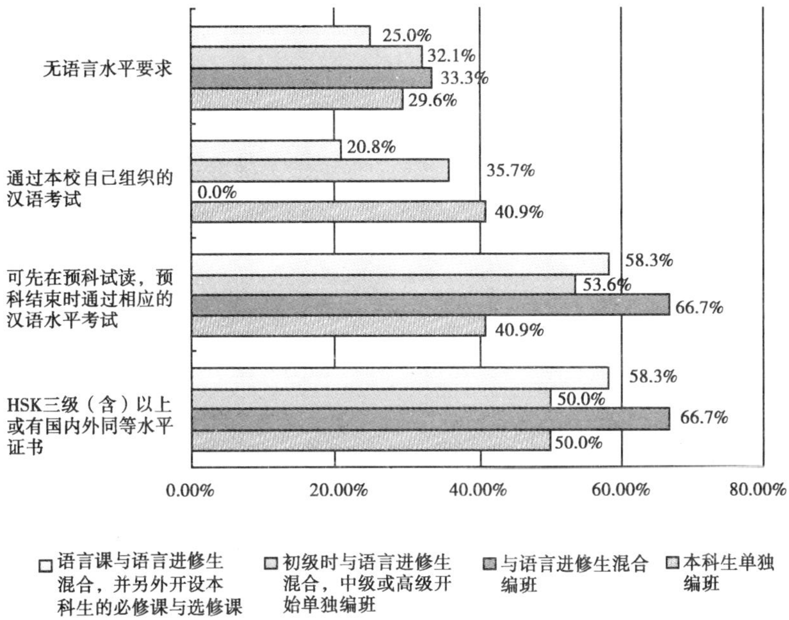

图 JGC－34　外国留学生汉语本科专业入学要求与编班方式

“985”高校有 56.3%，“211”高校有 44.4%，而非“211”高校只有 36.2%。相反，43.5%的非“211”高校要求最少学习时间是 4 年，“985”高校要求最少学习时间的是四年的占 25%。不管是哪个级别的高校都很少要求学生的最少学习时间是两年半或三年半。详见图 JGC－35。

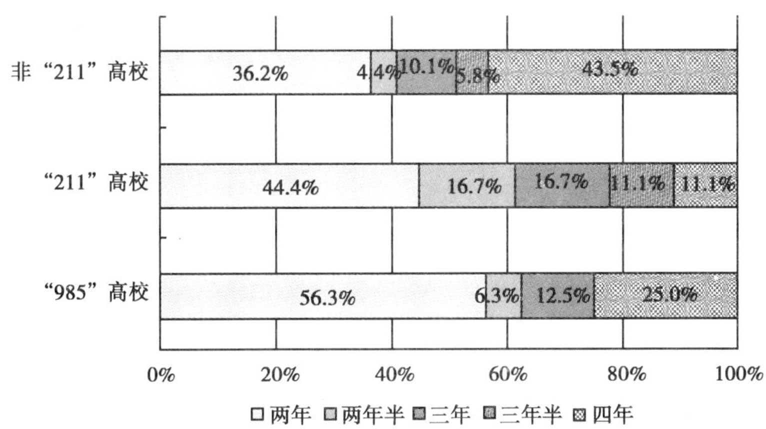

图 JGC－35　不同类别机构的学生最少学习时间

二　机构的归属与最少学习时间

要求最少学习时间是两年的机构中部属机构（包括教育部属和其他部属）比例高于省属机构，其他部属机构除了要求最少学习时间是两年以外，就是要求学习时间是四年，各占50%，是百分比最高的归属机构。选择两年半和三年半的机构还是最少的。详见图 JGC－36。

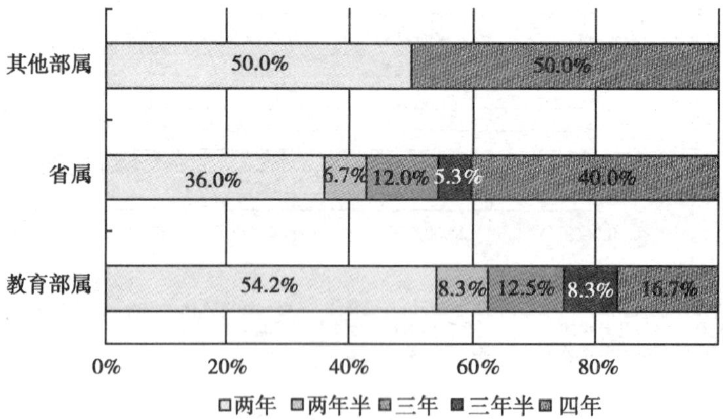

图 JGC－36　不同归属机构的学生最少学习时间

三　机构的地域与最少学习时间

要求最少学习时间是两年的机构在西北地区、华北地区是最少的，分别只有20.0%、28.6%，而西南地区机构最多，达到71.4%。西北地区要求最少学习时间是四年的机构最多，达到70%。详见图 JGC－37。

四　机构的招收本科生历史与最少学习时间

招生历史在10年以上的机构对学生最少学习时间的要求是两年；有20年以上历史的高校都要求最少学习时间是两年；10—20年历史的高校大部分要求最少学习时间是两年，占71.4%，但是还有19.1%的高校要求至少是四年；而10年以下历史的高校要求最少学习时间是四年的最多，占36.2%，但是也有一些学院要求两年半、三年、三年半的，没有统一的要求。详见图 JGC－38。

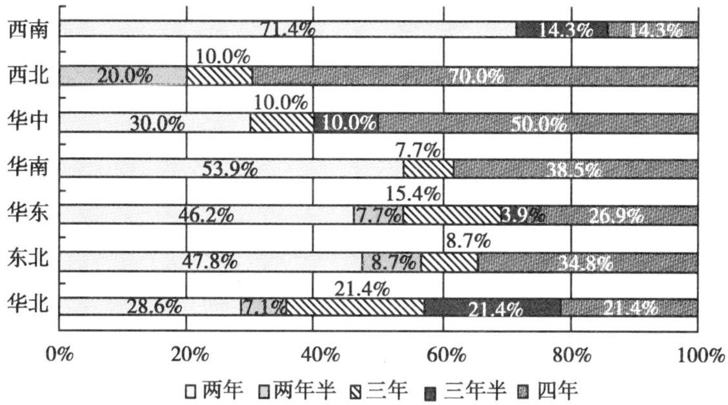

图 JGC－37　不同地域机构的学生最少学习时间

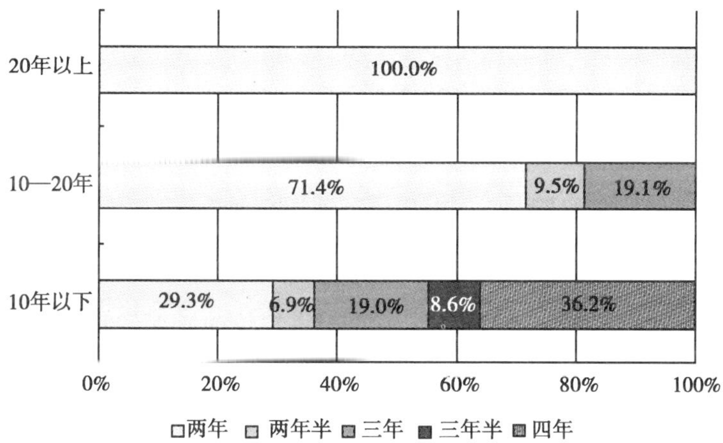

图 JGC－38　招收本科生历史与最少学习时间

五　机构的入学要求与最少学习时间

根据不同语言水平要求的机构选择最少学习时间的百分比数据，我们发现入学语言水平要求高的机构要求学生最少学习时间反而长。61.1%要求有HSK证书的高校要求最少学习时间是四年，而允许在预科试读的高校有63.9%要求最少学习四年。只有16.7%无语言水平要求的高校，要求最少学习时间是四年，50%无语言水平要求的高校要求最少学习时间是三年半，37.5%的这类机构只要求最少学习时间是两年。详见图 JGC－39。从整体上来看，现在要求预科学习后通过 HSK 考试的机构要求学生最少学习时间要长一些，可能这些机构把预科学习时间也考虑在内了。

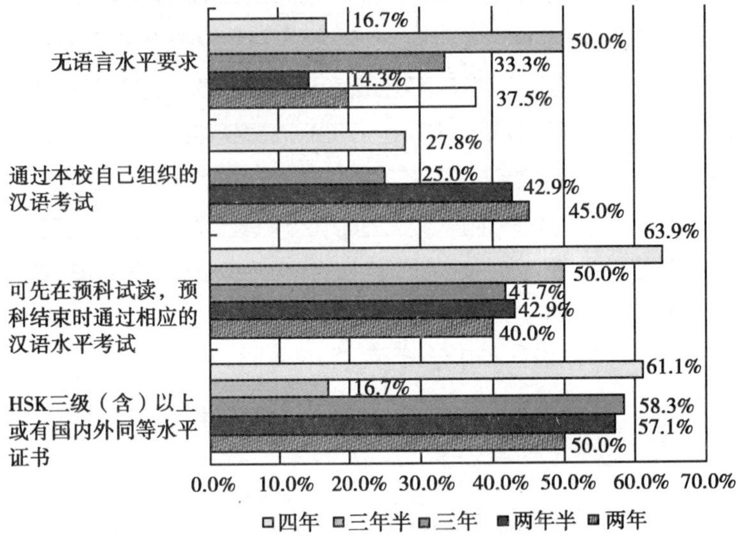

图 JGC－39　机构的入学要求与最少学习时间

第四节　毕业及获得学位条件

外国留学生汉语言本科学生毕业及获得学位的要求主要有：HSK 或国内外同等语言水平考试证书（以下简称 HSK 证书）、修满学分、撰写毕业论文及通过论文答辩。有些机构要求学生同时具有其中的几个。

一　不同类别机构的毕业及获得学位条件

“985”高校很重视修满学分和通过论文答辩，而有 HSK 证书被放在最后一位，只占所有“985”高校的 68.8%。“211”高校都要求学生撰写毕业论文，其次是通过论文答辩，同时对 HSK 证书和修满学分的要求就有所放低，有修满学分要求的仅占全部“211”高校的 88.2%。非“211”高校最重视修满学分，占所有非“211”高校的 97.3%。从图 JGC－40 中我们可以看到，大部分高校对学生的毕业都有较高的要求，在这些条件中，要求有 HSK 证书的是最少的，可见高校对毕业生的要求不仅是语言上的，更多的是在课程学习和研究能力的培养上。

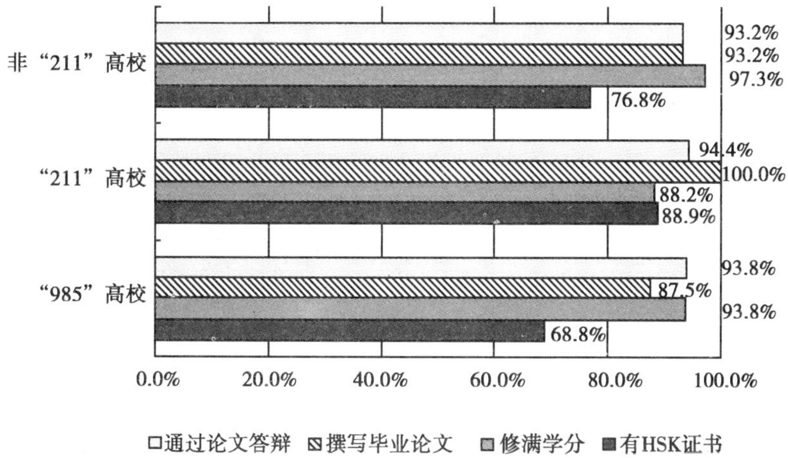

图 JGC－40　不同类别高校的毕业及获得学位条件

（注：此为多选题，因此百分比的总和会超过 100%。）

二　不同归属机构的毕业及获得学位条件

不同归属的高校对学生毕业及获得学位的要求大致相同。其他部属高校对学生学分和论文方面的要求最高，所有的其他部属高校都要求修满学分、撰写毕业论文并通过论文答辩；但对有 HSK 证书的要求却是不同归属高校中最低的，只有 50% 的其他部属高校要求有 HSK 证书。省属高校和教育部属的高校的情况有些类似，修满学分和通过论文答辩占重要地位，而一些省属高校只要求撰写毕业论文，但是对是否通过答辩不作要求。在所有的要求中 HSK 证书是最少被要求的。详见图 JGC－41。

三　不同地域机构的毕业及获得学位条件

华北地区高校对学生毕业及获得学位的要求最高，100% 的高校要求学生修满学分、撰写毕业论文并通过论文答辩。几乎所有的地区高校都要求学生修满学分，西南地区只有 71.4% 的高校要求修满学分。相反，100% 的西南地区的高校要求学生撰写毕业论文，但是对通过论文答辩的要求是 85.7%，低于要求撰写论文的百分比。大部分地区的高校通过论文答辩的百分比高于或等于撰写论文的百分比，这说明这些高校要求学生的论文必须通过答辩。因此西南和华中地区的要求就相对来说要低一些。从整体来看，西南地区对学生毕业的要求相较其他地区要低一些。详见图 JGC－42。

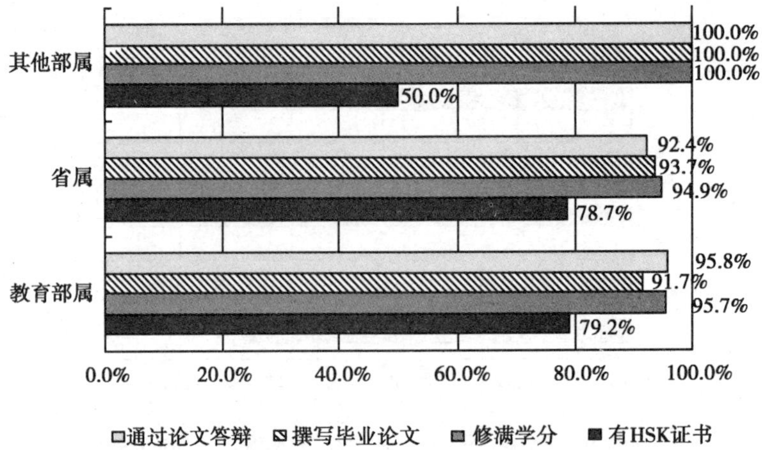

图 JGC-41　不同归属高校的毕业及获得学位条件

（注：此为多选题，因此百分比总和会超过 100%。）

四　机构招生历史与毕业及获得学位条件

机构招收本科生的历史和对学生的毕业及获得学位的要求有关，我们发现，高校招生的历史越长，要求越高。有 20 年以上招生历史的高校 100% 要求修满学分、撰写毕业论文并通过论文答辩；有 10—20 年招生历史的高校也是 100% 要求修满学分和撰写毕业论文；10 年以下招生历史的高校 95% 的高校要求修满学分、93.3% 的高校要求撰写毕业论文，90% 要求通过论文答辩。有意思的是，对有 HSK 证书的要求，却是招生历史越长的高校百分比越低，新招生机构更加重视 HSK 考试。详见图 JGC-43。

五　机构的入学要求与毕业及获得学位条件

尽管各机构对学生的入学要求不一，宽严不同，但是在对学生毕业及获得学位的要求上，绝大部分高校的要求都相同。入学时无语言水平要求的高校对有 HSK 证书的要求最高，达到 89.7%。我们还发现几乎所有的高校对修满学分都提出了要求，这应该是学生毕业的基本条件。大部分的机构都对学生提出撰写毕业论文的要求，但是也存在一些高校只要求写，而不要求答辩的情况。详见图 JGC-44。

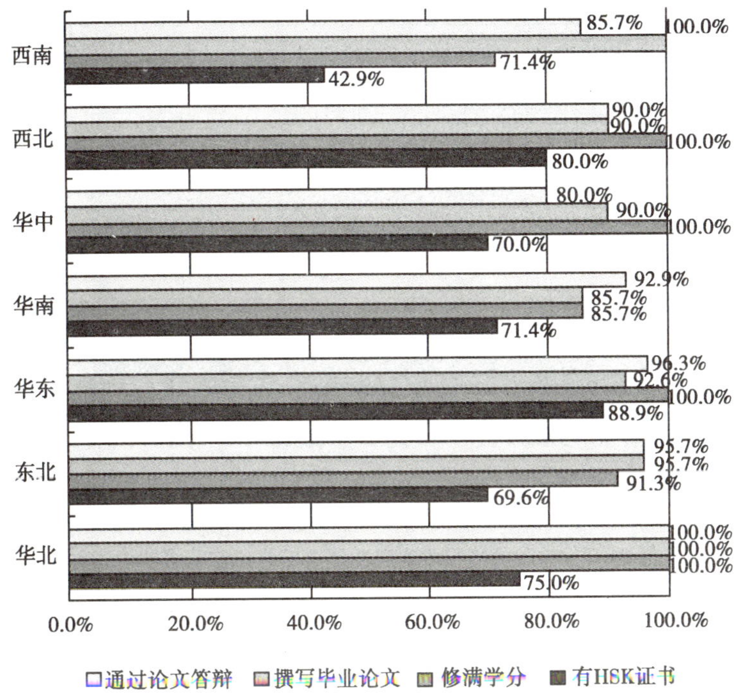

图 JGC－42　不同地域高校的毕业及获得学位条件

（注：此为多选题，因此百分比总和会超过 100%。）

六　学生最少学习时间与毕业及获得学位条件

各机构对学生毕业和获得学位的要求并没有因为对学生最少学习时间的缩短而变化。但是，我们也发现要求最少学习时间两年的高校对有 HSK 证书的要求比起其他的高校要低得多。而对四年毕业的学生修满学分的要求也相较于两年半、三年、三年半的要低一些。同样的，两年半和三年半毕业的学生通过论文答辩的要求也低了很多。详见图 JGC－45。

第五节　结论

1. 不同机构对学生入学的语言水平要求各不相同，“985”高校和教育部属高校的要求相对高一些，要求学生“有 HSK 三级（含）或有国内外同等水平证书”的比例较高，还有较高比例的高校自己组织汉语考试。相比

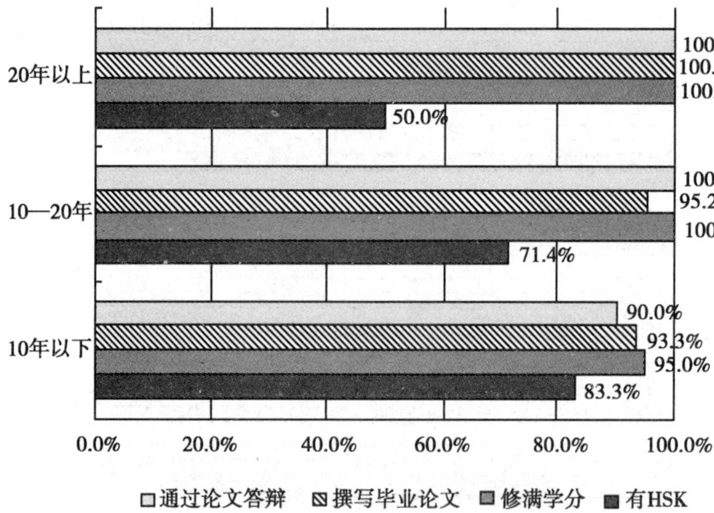

图 JGC－43　机构招收本科生历史与毕业及获得学位条件

（注：此为多选题，因此百分比总和会超过 100%。）

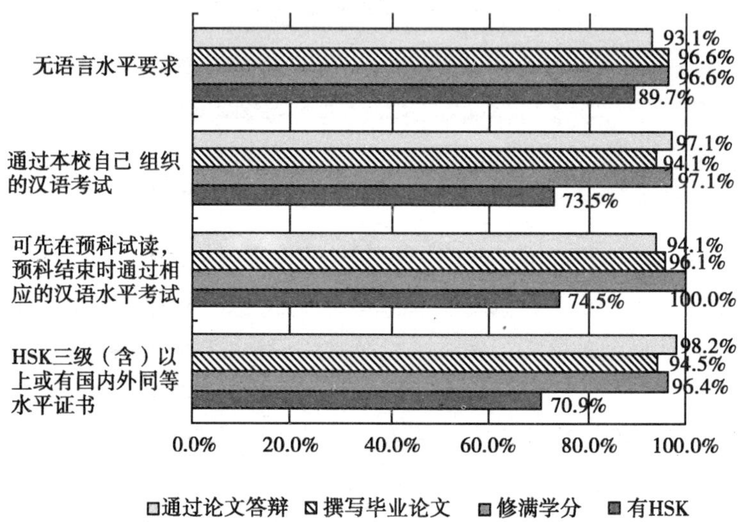

图 JGC－44　机构学生的入学要求与毕业及获得学位条件

（注：此为多选题，因此百分比总和会超过 100%。）

较而言，华北、华东和东北这三个地区高校对学生入学的汉语水平要求较高，而西南地区的要求要低一些。

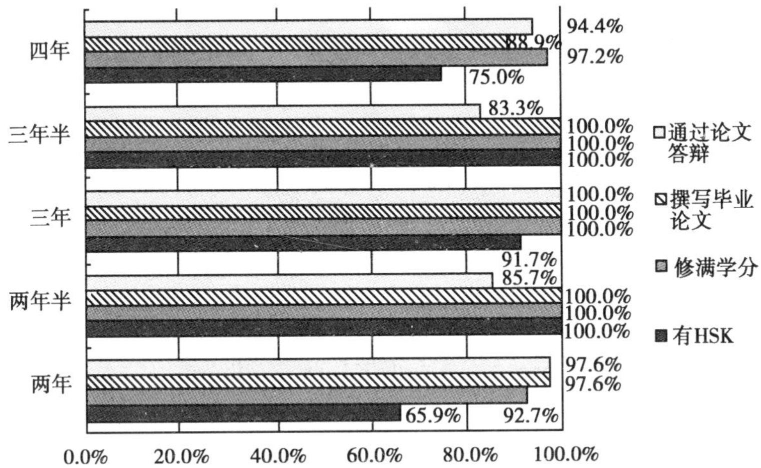

图 JGC－45　学生最少在校时间与毕业及获得学位条件

（注：此为多选题，因此百分比总和会超过 100%。）

2. 学生编班方式的选择比例大致是按“单独编班”、“初级时与语言进修生混合，中级或高级开始单独编班”、“语言课与语言进修生混合，并另外开设本科生的必修课与选修课”、“与语言进修生混合编班”的降序排列，其中中间的两种方式都是半混合半分班。不同的高校会根据本校的具体情况进行选择，“985”高校、非“211”高校、教育部属和省属高校、除东北外的其他地区都倾向于选择中间两种编班方式。编班方式和学生入学的语言水平有一定关系。

3. 对于学生最少学习时间，大部分高校选择两年或四年，“985”高校、部属高校大都倾向于最少学习时间是四年。

4. 新招收本科生的机构对学生最少学习时间要求相对高一些，入学时语言要求高的机构对学生的最少学习时间的要求也高。

5. 对于学生毕业和获得学位的要求，各机构都很关注学生是否修满学分，要求学生撰写论文并完成答辩，对于语言水平的要求相对要低一些。不同机构的要求也各不相同。新机构的毕业和获得学位的条件相对要低一些。学生毕业和获得学位的要求与学生入学时的汉语水平、最少学习时间关系不大。

第四章

结论与建议

第一节　本科生招生情况

一　外国留学生汉语言本科专业发展时间短、发展快

外国留学生汉语言本科教育开始时间不过 20 多年，但是发展很快，尤其是近 10 年。目前全国不同类别、归属、地区均有高校招收本科生。从数量上看，非“211”高校、省属高校占多数，华东和东北的高校具有招生资格的最多。

二　招生总量逐年上升

机构招生的总量三年来逐步上升，机构招生数量的平均数 2009 年比 2008 年下降，这应该与 2009 年新增机构开始招生有关。

三　不同类别、归属、地域的高校招生数量差距很大

“211”高校是外国留学生汉语言本科招生的主力，“985”高校和“211”高校招生学生的平均数比较接近，但是非“211”高校的招生平均数不到“211”高校的一半。

在不同归属的高校中，教育部属高校是招生的绝对主力；省属高校虽然在数量上占优势，但是招生的平均数还不到教育部属高校的一半；其他部属高校比省属高校略高，但是也不到教育部属的一半。

从招生机构的地域来看，招生历史上华东和华北占优势，招生机构的数量华东最多，但是华北高校招收学生的数量最多。华北地区的招生平均数远远高于其他地区，仅次于华北的是华东地区，但只有华北的一半。

四 学生来源体现高校的地域特点

东北地区的欧洲学生较集中，这应该与该地区地缘上靠近俄罗斯有关。西北地区的学生很多是亚洲其他国家和地区的，应该多是来自西亚的学生。西南地区以东南亚学生居多，华东地区的学生主要来自韩国和日本。

第二节 本科生培养情况

一 各高校对学生入学要求不同

不同类别、归属、地域高校根据具体情况，对学生入学的语言要求各不相同，大部分高校的语言水平的要求比较低，有的甚至无语言要求；一般来说“211”高校和省属高校的入学语言要求比较低，这可能与其希望扩大招生规模有关。

二 学生在校学习时间以两年、四年居多

学生最少学习时间各机构虽有不同的要求，但是大都倾向于两年或四年。

三 本科生编班大都采用独立编班的方式

各机构对学生编班方式大致相同，都倾向于把本科生和语言进修生区别开来，因此采用独立编班的方式比较多。即使不能单独编班，与语言生混合编班也是在学制前期，或者专门给本科生开设课程。

四 不同机构对学生毕业要求大体一致

各机构对学生的毕业要求大体一致，体现了宽进严出的特点，在最后毕业时大都有获得 HSK 证书的要求，但是具体是多少级，在调查中没有显示。关于论文撰写和论文答辩，各高校的要求不一致。有些高校只要求撰写论文，没有通过答辩的要求，在这种情况下如何保证论文的质量，是一个值得关注的问题。

第三节　对策建议

一　特色课程开设

由于机构的地域不同，其学生来源也不同。不同地域的高校如何针对本地域的招生特点，开设有特色的课程值得进一步研究。

二　教师培训

应该针对学生来源地特点，对教师进行有针对性的跨文化交际培训。

三　专业规范的建立

很多机构对学生的入学要求、最少学习时间，毕业及获得学位等方面的要求差别很大，建议尽快建立该专业的相关规范。

四　专业开设的指导

目前开设外国留学生本科专业的机构呈现快速发展的趋势，但是也存在很多机构招生不足的情况。建议加强指导，切实解决盲目开设本专业的情况。

第五部分

对外汉语本科调研报告

本部分是对国内高校开设对外汉语本科专业[①]总体情况的调查报告。报告内容包含四部分：第一部分是对外汉语本科专业的基本信息；第二部分是对外汉语本科专业课程设置情况；第三部分是对外汉语本科专业实习情况；第四部分是对外汉语本科专业学生就业情况。

本次调查回收的有效问卷共 116 份。[②] 通过调查分析，我们希望了解目前高校对外汉语本科专业的基本情况，以及不同类别、不同地区高校在课程设置、实习及就业等方面的异同。

---

① 后文或以“本专业”来指中国学生对外汉语教学本科专业。

② 如无特殊说明，本报告结论均为统计分析这 116 份有效问卷而得。因课程设置部分以附件形式填写，故只回收到 74 份有效问卷。

第一章

对外汉语本科专业基本情况分析

本次调查共对116所学校进行了对外汉语本科专业基本情况的调查。这些学校中以非“211”高校为主体，其比例接近90%。在所有开设对外汉语本科专业的学校中，有超过60%的学校本专业开设时间在四年以内，说明本专业在近几年得到了较快发展。

第一节　专业设置及历史分析

一　学校类型与开设本专业的关系

本次调查收到的116份有效问卷中，“985”高校共5所，占4.3%；“211”高校共7所，占6%；非“211”高校104所，占89.7%（见图JGD－1）。“985”和“211”高校虽然数量不多，仅占总数的10%左右，但开设历史最久。这两类学校中，各有一所学校开设时间超过25年，可以为新开设学校提供很多经验。

二　近年本专业的发展趋势

调查数据表明：开设历史在10年以内的学校占94.80%，其中4年以内的有73所，占学校总数的62.9%；开设历史在5—10年的学校共37所，占31.9%。“985”高校共有5所，有3所开设历史在5—10年之间。非“211”高校在近几年有较快增长，特别是开设历史在4年以内的非“211”高校有69所，占非“211”高校总数的66.3%，占开设历史在4年以内学校总数的94.5%。详见表JGD－1和图JGD－2。

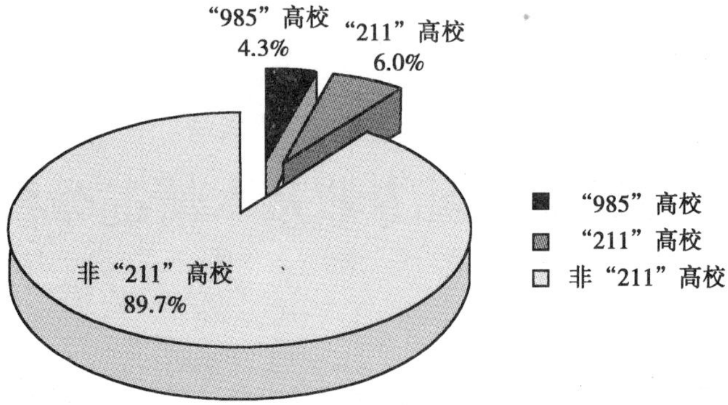

图 JGD－1　开设对外汉语本科专业的不同类别①高校所占比例

表 JGD－1　　各类高校招收对外汉语本科专业的历史（所）

学校类别	0—4 年		5—10 年		11—15 年		25 年	
	学校数	%	学校数	%	学校数	%	学校数	%
"985"	1	20.0	3	60.0	0	0.0	1	20.0
"211"	3	42.9	2	28.6	1	14.3	1	14.3
非 "211"	69	66.3	32	30.8	3	2.9	0	0
合计	73	62.9	37	31.9	4	3.4	2	1.7

三　开设本专业学校的地区分布

统计可知，华东、华中这两个地区的学校数量最多，两地区共有学校 59 所，占总数的 50.86%。华东地区开设本专业 5—10 年的学校最多，有 12 所，在最近四年内新增学校 22 所，增长了近两倍，因此华东地区开设本专业的学校在各地区中数量最多、增长最快。在华中地区招生历史 5—10 年的学校有 10 所，4 年以内学校有 13 所，增长了一倍多。在其他地区开设本专业的学校在数量上要低于这两个地区。除西南地区外，其他地区高校对外汉语本科专业开设年限主要在 4 年以内。具体见表 JGD－2。

① 本报告中"不同类别高校"指"985"高校、"211"高校及非"211"高校。

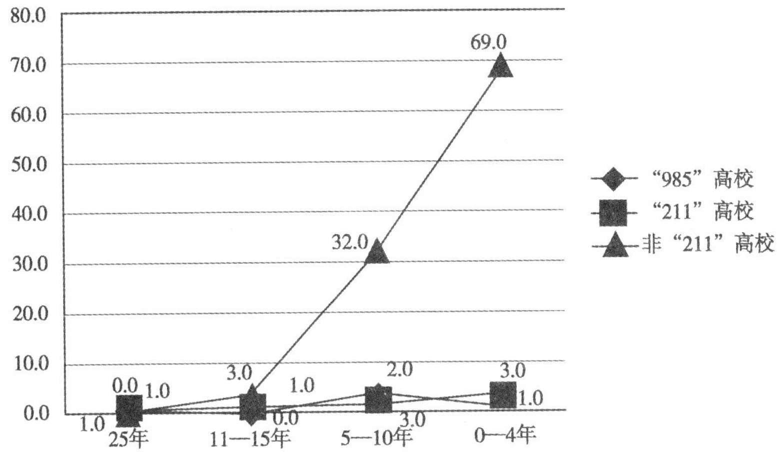

图 JGD－2　各类高校招收对外汉语本科专业的学校数（所）

表 JGD－2　不同地区高校招收对外汉语本科的历史（所）

	0—4 年		5—10 年		11—15 年		25 年		合计	
	学校数	%	学校数	%	学校数	%	学校数	%	学校数	%
华北	6	60.0	3	30.0	0	0.0	1	10.0	10	100
东北	9	81.8	2	18.2	0	0.0	0	0.0	11	100
华东	22	62.9	12	34.3	0	0.0	1	2.9	35	100
华南	12	75.0	2	12.5	2	12.5	0	0.0	16	100
华中	13	54.2	10	41.7	1	4.2	0	0.0	24	100
西北	6	75.0	2	25.0	0	0.0	0	0.0	8	100
西南	5	41.7	6	50.0	1	8.3	0	0.0	12	100
合计	73	62.9	37	31.9	4	3.4	2	1.7	116	100

第二节　招生情况分析

一　招生人数逐年增长

调查结果显示，从 2007 年到 2009 年，开设对外汉语本科专业的学校由 94 所增加到 110 所，招生总人数分别为 4397 人、5628 人、5940 人，因此招生总数稳步增加。各校每年平均招生人数也由 2007 年的 46.8 人增加到 2009 年的 54 人。数据还显示，最多招生人数约为平均人数的两倍，说明各校招生人数有较大差异。各年招生人数均值和中位数比较接近，说明招生人数大于平均数的学校数量和小于平均数的学校数量基本相当。详见表 JGD－3 和图 JGD－3。

表 JGD－3 各高校 2007—2009 年招生数量情况

	学校数	平均数	中位数	最小值	最大值
2007 年	94	46.8	47.0	0.0	120.0
2008 年	105	53.6	52.0	0.0	123.0
2009 年	110	54.0	50.0	0.0	158.0

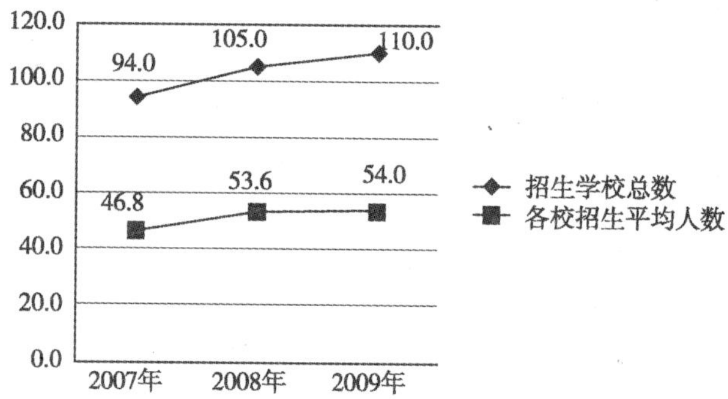

图 JGD－3 各高校 2007—2009 年招生总数

二 招生人数与本专业开设历史的关系

2007—2009 年三年间，开设本专业 10 年以上的学校共有 6 所，这些学校在三年内的招生规模基本保持不变，其均值和中位数也非常接近，说明各学校招生人数关于均值分布比较均匀，且比较稳定。开设时间 5—10 年的学校总数在这三年内没有变化，每年平均招生人数在 53 人左右，与中位数非常接近，说明这些学校的招生人数基本稳定，且关于均值对称分布。开设时间 4 年以内的学校由 2007 年的 49 所增加到 2009 年的 65 所，平均招生人数由 38.3 人增加到 49.5 人，而均值和中位数的差由 7.7 减小到 0.5，说明新增的学校平均招生人数在增长且趋于稳定。

2007 年最多招生人数为 120 人，2008 年增加到 123 人，2009 年增加到 158 人（见表 JGD－4）。从上面分析可以看出，这些增长主要来自新开设本专业的学校，他们的招生规模比开设历史较长的学校要大，因此应注意把招生规模控制在合理范围之内，防止盲目扩张。

表 JGD－4　不同招生历史高校 2007—2009 年间招生情况

	年限	学校数	平均数	中位数	最小值	最大值
2007 年	0—4 年	49	38.3	46.0	0.0	100.0
	5—10 年	35	52.8	53.0	0.0	120.0
	11—15 年	4	85.5	94.0	34.0	120.0
	25 年	2	54.0	54.0	24.0	84.0
	合计	90	46.4	47.0	0.0	120.0
2008 年	0—4 年	60	52.1	51.0	0.0	123.0
	5—10 年	35	52.9	54.0	0.0	120.0
	11—15 年	4	76.3	79.5	33.0	113.0
	25 年	2	53.5	53.5	24.0	83.0
	合计	101	53.3	52.0	0.0	123.0
2009 年	0—4 年	65	49.5	50.0	0.0	130.0
	5—10 年	35	57.5	50.0	0.0	158.0
	11—15 年	4	84.8	92.5	34.0	120.0
	25 年	2	47.5	47.5	24.0	71.0
	合计	106	53.4	50.0	0.0	158.0

三　三类高校招生人数变化状况

调查显示，开设本专业的“985”高校数量在这三年内没有变化，都是6所，平均招生人数在46—49人之间，变化不大，说明“985”高校招生总规模基本稳定。“211”高校2007年和2008年都是8所，2009年变为7所，平均招生人数为35人左右，在各类学校中最少，变化也不明显。非“211”高校招生学校由80所增加到了97所，招生平均人数由2007年的47.8人增长到2009年的55.9人（见图JGD－4），虽然平均人数增加不多，但招生总数增加了近2000人。“985”和“211”高校的最大招生人数在这三年内逐年减少，但非“211”高校的最多招生人数逐年增加，由120人增加到158人。

四　平均招生人数的地区差异

西南地区三年内学校总数没有变化，共11所，其平均招生人数由61人增加到67.5人，在各地区中居于首位。华东地区学校数量最多，平均有30

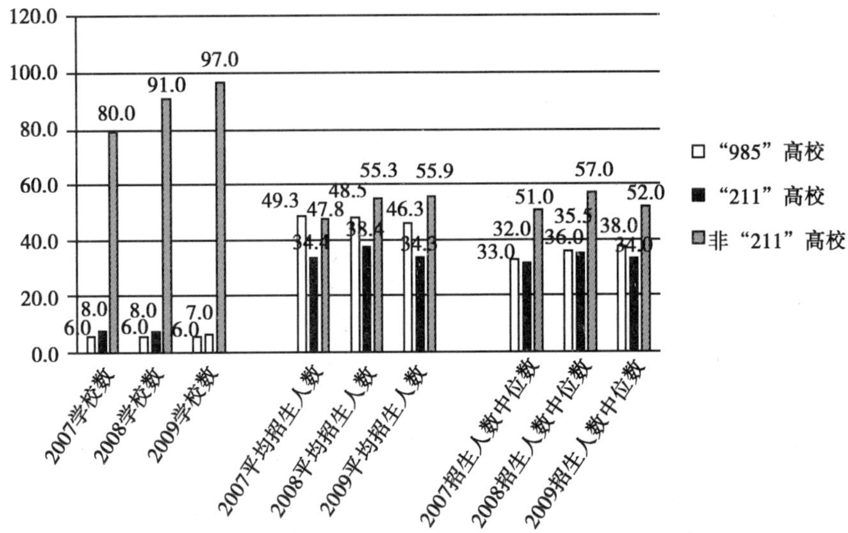

图 JGD－4　2007—2009 年各类别高校数量和平均招生人数

所左右，平均招生人数 55 人左右，说明该地区的学校发展比较稳定。在华中地区，有 22 所学校三年内平均招生人数由 42 人增加到 54.8 人，有明显的增长。东北和西北地区学校数量最少，共有 16 所学校，平均招生人数在三年中都是最低的两个地区。尤其是在 2009 年，这两个地区的平均招生人数与其他地区有较明显的差别。详见图 JGD－5、图 JGD－6 和图 JGD－7。

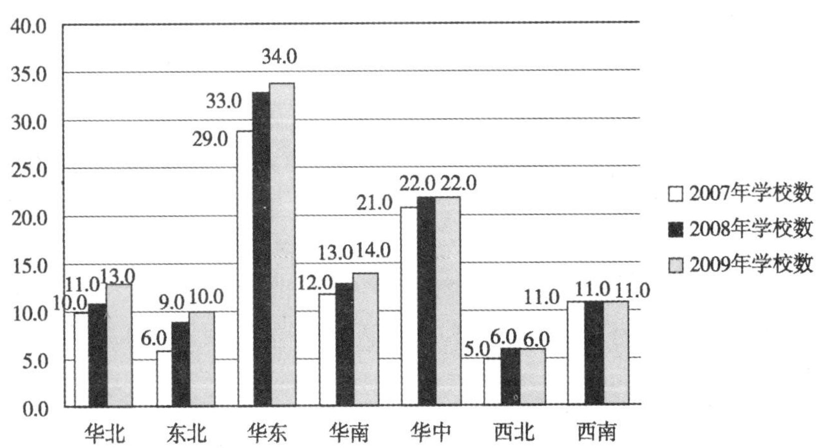

图 JGD－5　2007—2009 年不同地区高校数量

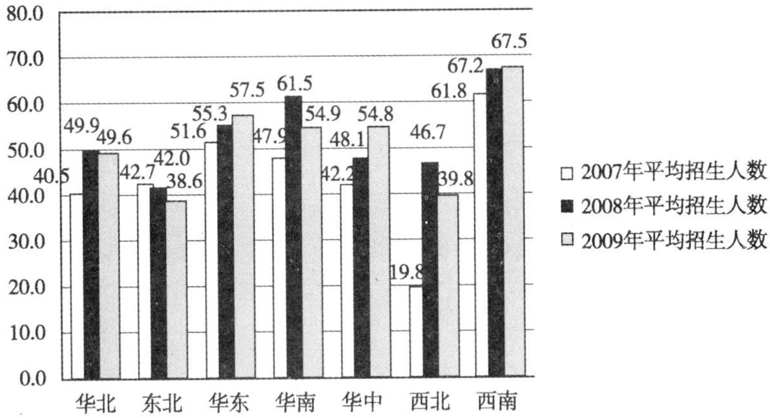

图 JGD－6　2007—2009 年不同地区高校平均招生人数

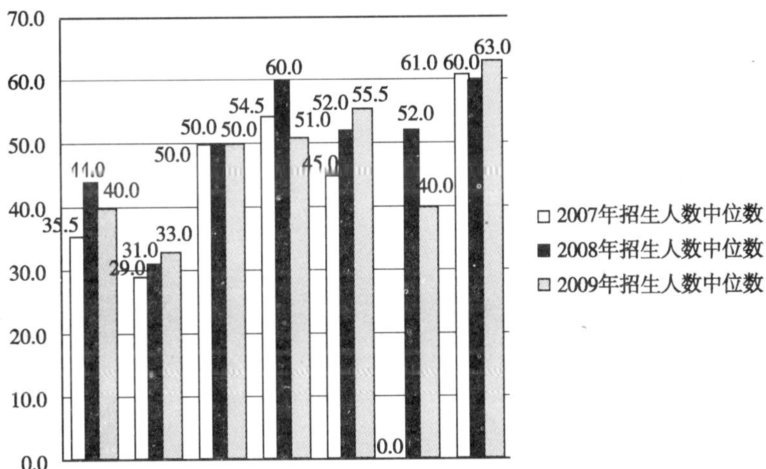

图 JGD－7　2007—2009 年不同地区高校招生人数中位数

第三节　教师职称结构

从具有不同招生历史的学校来看，开设本专业 10 年以内的学校中，具有中级职称和副高级职称的人数相当，约为正高级职称人数的 2 倍①，初级

① 开设本专业 10 年以上学校的中级职称人数约为副高级职称人数的 2 倍，这可能由 10 年以内学校样本数量较少引起的统计误差所致。

职称人数很少。

开设年限在15年之内的高校，各个职称的平均人数基本上都随招生历史的增长而增长，招生历史越长的学校各级职称人数越多，尤其以中级职称最为明显。这说明这些学校的师资队伍随着办学时间的增长在不断地加强。25年以上的学校样本数据较少，不足以得出结论。详见表JGD－5。

表JGD－5　　各类高校职称结构与本专业招生历史的关系

招生历史	0—4年	5—10年	11—15年	25年
	平均数	平均数	平均数	平均数
正高职称	3.46	4.72	5.25	5.00
	学校数＝57	学校数＝29	学校数＝4	学校数＝2
副高职称	7.31	9.73	11.26	2.96
	学校数＝62	学校数＝30	学校数＝2	学校数＝2
中级职称	8.89	11.26	22.25	40.00
	学校数＝62	学校数＝31	学校数＝4	学校数＝1
初级职称	2.24	2.96	5.67	0.00
	学校数＝59	学校数＝27	学校数＝3	学校数＝1

第四节　本硕连读情况分析

在统计的110所学校中，仅有7所学校有本硕连读。非“211”高校中，95%以上的学校都没有本硕连读。

在设置本硕连读的学校中，有4所学校开设本专业时间在4年以内，2所学校开设时间在5—10年，开设时间在10—15年的学校均无本硕连读。（见表JGD－6）。

表JGD－6　　本专业开设历史与是否有本硕连读的比例关系

	0—4年		5—10年		11—15年		25年		合计	
	学校数	%	学校数	%	学校数	%	学校数	%	学校数	%
有本硕连读	4	57.1	2	28.6	0	0.0	1	14.3	7	100
无本硕连读	65	63.1	33	32.0	4	3.9	1	1.0	103	100
合计	69	62.7	35	31.8	4	3.6	2	1.8	110	100

第五节　结论与建议

从以上分析可以看出，对外汉语教学本科专业在华东和华中地区发展最好，开设时间长，学校数量多，平均招生人数稳定。最大招生规模在150人左右，招生人数随招生年限增长不明显。招生人数主要增长点来自新增的学校，这些学校基本属于非“211”高校。在师资方面，各校师资以副教授和讲师为主。

总体上说，“985”和“211”高校本专业开设历史最长，但学校数量较少。近三年来，本专业正处在快速发展阶段，大部分学校开设本专业时间较短，且主要集中在非“211”高校。因此大部分开设本专业的学校正处在探索和发展阶段，很多学校目前还没有学生毕业，因此在培养目标、培养方案、课程设置等方面还没有得到真正的检验。为了避免快速发展中带来的各种问题，需要对这些学校加强引导，学校之间也要增强交流，从一开始就确定正确的发展方向，培养真正适合现在国家汉语推广形势的合格的本科毕业生。各校要注意适当控制招生人数，尤其是招生人数较多的新增学校，防止盲目发展。加强对教师的培训，增加教授在教师中的比例。

本专业的快速发展，对各学校来说既是机遇也是挑战，虽然各校的综合实力有差距，但是在对外汉语教学本科教学方面，可以抓住机遇快速发展，建立自己的优势地位。

第二章

对外汉语本科专业实习情况分析

对外汉语本科专业是一个实践性、应用性很强的专业，因此，其专业设置中有无良好的教学实践设计就显得尤为重要。本次调研从培养机构是否具有实习环节、实习的方式、实习的时间长度、是否进行海外实习以及海外实习的途径等方面入手展开调查，共收回53所学校的调查问卷。

第一节　教学实习要求分析

一　教学实习受重视程度

在被调查的53所学校中，除1所学校对教学实习无要求外，其他所有的学校都要求有教学实习环节，说明绝大多数学校充分认识到教学实习对本专业的重要性。

二　各校对教学实习的要求

在教学实习内容是否规定必须是对外汉语课堂教学这个问题上，“985”高校中有50%的学校要求必须进行对外汉语课堂教学实习，而“211”高校这一比例最高，达85.7%，非“211”高校为45%，略低于“985”高校。但是，有22%的非“211”高校要求进行语文或外语等类课程的课堂教学实践，因此非“211”高校中规定必须以课堂教学方式进行实习的学校合计占67%。详见表JGD－7。各类学校中不限制实习方式的比例分别为：非“211”高校32%，“211”高校14.3%，“985”高校50%。①

---

① 接受本调研的高校数量不足，所以这些数据未必能准确地反映问题。

表 JGD－7　　不同类别高校教学实习要求

	须进行对外汉语课堂教学		可进行语文/外语等课堂教学		须实习，但方式无限制		不须实习		合计	
	学校数	%	学校数	%	学校数	%	学校数	%	学校数	%
“985”高校	2	50.0	0	0.0	2	50.0	0	0.0	4	100
“211”高校	6	85.7	0	0.0	1	14.3	0	0.0	7	100
非“211”高校	45	45.0	22	22.0	32	32.0	1	1.0	100	100

三　教学实习要求的地区差异

从地区分布来看，华北、华南地区学校在对外汉语课堂教学实习方面要求最高，占60%以上，东北地区最低占36.4%，其他地区无明显差异，在44.4%—50%之间（见表 JGD－8）。

表 JGD－8　　不同地区高校教学实习要求

	须进行对外汉语课堂教学		可进行语文/外语等课堂教学		须实习，但方式无限制		不须实习		合计	
	学校数	%	学校数	%	学校数	%	学校数	%	学校数	%
华北	6	60.0	0	0.0	4	40.0	0	0.0	10	100
东北	4	36.4	1	9.1	6	54.6	0	0.0	11	100
华东	16	44.4	6	17.0	14	38.9	0	0.0	36	100
华南	8	61.5	3	23.0	2	15.4	0	0.0	13	100
华中	10	45.5	8	36.0	3	13.6	1	4.6	22	100
西北	4	50.0	3	38.0	1	12.5	0	0.0	8	100
西南	5	45.5	1	9.1	5	45.5	0	0.0	11	100

从以上分析可以发现，对教学实习环节的要求，各学校都认为非常重要，需要进行教学实习。但是从实习的具体方式来看，多数学校还是以有限制的课堂教学方式为主，但实习方式无限制的学校也占相当的比重。

第二节　教学实习时间长度要求

一　教学实习时间长度各类学校不一

“985”高校普遍对实习时长要求不高，平均为15.0学时，中位数为

9.0学时。这说明，至少有一半学校的实习时长要求低于10.0学时。即使是要求最高的学校，也仅为40学时。“211”高校对实习时长要求最高，平均为73.8学时，最高为360学时，最低为2学时，中位数为17.5学时。这说明提供数据的这6所“211”高校各校间差异非常大，但总体要求高于其他类别的高校。非“211”高校中虽然要求最高的达240学时，但是有些学校对时长没有要求，其中位数为16.0学时，说明至少有一半的学校对时长要求不高。详见表JGD-9。

表JGD-9　　不同类别高校教学实习时长要求（学时）

	学校数	平均数	中位数	最小值	最大值
“985”高校	4	15.0	9.0	2	40
“211”高校	6	73.8	17.5	2	360
非“211”高校	83	27.2	16.0	0	240

二　教学实习时间长度在同类型学校中也有差异

即使在同一类型的学校中，例如“211”高校，平均时长为73.8学时，但最小值为2学时，最大值为360学时，中位数为17.5学时，超过100学时的学校仅5所。这说明各校对时长的要求有非常明显的差异。[①] 在非“211”高校中也存在类似情况，最大值和最小值跨度大，中位数明显低于均值，说明大部分学校对实习时长要求还是较低。

由此可以看出，关于实习时间的长短，各学校没有统一的要求，而且差别较大。这可能和各个学校的培养目标和定位有关。后文我们将结合就业情况对此作进一步分析。

第三节　海外教学实践情况

对外汉语教学专业的教学对象是外国留学生，如果能够给学生提供赴海外教学实践的机会，这无论对学生能力的培养还是对汉语国际教育都会起到很好的推动作用。

① 该问卷内容为“教学实习（指实际上讲台授课）时长：不少于________学时”。因此各学校填写的数字差异较大。

一　提供海外实习机会的学校不多

在统计的105所学校中，有38所学校为学生提供了海外实习的机会，占总数的36.19%。在这方面，“985”和“211”高校的比例都不高，在调查的高校中，这两类高校均只有1所学校提供海外实习的机会。相反，非“211”高校在这方面表现得比较积极，在调查的94所学校中，有36所，占总数38.3%的学校向学生提供了海外教学实践的机会。详见表JGD－10。如此看来，提供海外实习机会的多少与学校综合实力无关。

表JGD－10　　不同类别高校提供海外实习的情况（所）

	是		否		合计	
	学校数	%	学校数	%	学校数	%
“985”高校	1	25.0	3	75.0	4	100
“211”高校	1	14.3	6	86.0	7	100
非“211”高校	36	38.3	58	62.0	94	100

二　提供海外实习机会的地区差异

从地区分布来看，华南地区的学校提供海外教学实践的比例最高为63.6%，华东地区的学校数量最多有11所，华北地区的数量和比例都最少，只有2所学校提供，占本地区学校总数的22.2%。西北和西南地区的学校中有50.0%的学校提供了海外教学实践的机会。详见表JGD－11。所以，提供海外实习呈现出明显的地区差异，但与本地区经济发展水平关系不显著。

表JGD－11　　不同地区高校提供海外实习的情况（所）

	是		否		合计	
	学校数	%	学校数	%	学校数	%
华北	2	22.2	7	78.0	9	100
东北	3	30.0	7	70.0	10	100
华东	11	30.6	25	69.0	36	100
华南	7	63.6	4	36.0	11	100
华中	6	28.6	15	71.0	21	100
西北	4	50.0	4	50.0	8	100
西南	5	50.0	5	50.0	10	100

第四节 海外教学实习的渠道及人数

海外教学实习渠道主要分为以下三个方面进行统计：国际交流合作、国家公派和其他渠道。我们分别统计了每个方面的人数，从而分析它们在提供海外教学实践机会方面的情况。

一 校际交流是主渠道

本部分调查中因“985”和“211”高校样本数量很少，因此我们只看非“211”高校情况。在非“211”高校中共有38所学校通过校际交流合作渠道派遣实习生，各校平均派出人数为24.6人（见表JGD－12）；有22所非“211”高校参加国家公派项目，每所学校平均派出7.1人（见表JGD－13）。有其他渠道的学校数量和派出人数等与国家公派项目类似，但人数最多的学校仅有57人，约为国家公派项目最大数的一半（见表JGD－14）。

表JGD－12 不同类别高校校际交流合作人数

	学校数	平均数	中位数	最小值	最大值
“985”高校	3	8.0	0.0	0	24
“211”高校	2	1.5	1.5	0	3
非“211”高校	38	24.6	5.5	0	210

表JGD－13 不同类别高校国家公派人数

	学校数	平均数	中位数	最小值	最大值
“985”高校	2	15.0	15.0	0	30
“211”高校	2	0.5	0.5	0	1
非“211”高校	22	7.1	0.0	0	102

表JGD－14 不同类别高校其他方式海外实习人数

	学校数	平均数	中位数	最小值	最大值
“985”高校	3	2.0	2.0	0	4
“211”高校	2	10.5	10.5	7	14
非“211”高校	22	7.1	0.0	0	57

二 海外实习人数分布

在非“211”高校中，共有38所学校通过校际交流合作项目派出实习生，人数最多的学校有210人，中位数为5.5（见表JGD－12），这说明有20所左右的学校有至少6人参加交流项目。在22所参加国家公派项目的非“211”高校中，人数最多的学校有102人，平均有7.1人，但中位数为零（见表JGD－13），说明有一半的学校虽然有这样的渠道，但并没有实际派出学生。有其他出国实习渠道的22所学校，派出人数最多的学校有57人，但中位数为0（见表JGD－14），说明有一半学校没有派出学生。

三 海外实习人数地区和学校差异

在派出海外实习学生方面，华南地区的学校表现最为积极，他们从各个渠道派出的平均人数都明显高于其他学校，而且均值和中位数比较接近（见表JGD－15、表JGD－16和表JGD－17），说明各学校之间的差异较小。华东地区学校通过校际交流派出人数最多的学校达210人（见表JGD－15）。西南地区通过其他渠道派出人数较多，最少有20人、最多有57人通过这一渠道被派到了海外进行实习（见表JGD－17）。

表JGD－15　　不同地区高校通过校际交流派出人数

	学校数	平均数	中位数	最小值	最大值
华北	7	8.6	3.0	0	30
东北	3	7.0	1.0	0	20
华东	11	32.3	4.0	0	210
华南	3	55.3	45.0	1	120
华中	10	3.4	0.0	0	28
西北	2	12.5	12.5	8	17
西南	7	43.0	7.0	2	154

表JGD－16　　不同地区高校通过国家公派项目派出人数

	学校数	平均数	中位数	最小值	最大值
华北	5	0.2	0.0	0	1
东北	1	0.0	0.0	0	0
华东	8	15.1	0.0	0	102
华南	2	14.5	14.5	6	23
华中	9	3.8	0.0	0	30
西北	1	1.0	1.0	1	1

表 JGD - 17 不同地区高校其他渠道派出实习人数

	学校数	平均数	中位数	最小值	最大值
华北	5	4.2	0.0	0	14
东北	2	1.5	1.5	0	3
华东	8	5.1	0.0	0	30
华南	1	39.0	39.0	39	39
华中	9	0.2	0.0	0	2
西南	2	38.5	38.5	20	57

第五节 结论与建议

教学实习的重要性已经得到几乎所有学校的认可，但具体的实习方式和实习时间长度还没有统一的要求和标准。建议有关部门在这一方面加强引导；另一方面，各校之间应加强交流与合作，尽快制定关于教学实践的规范和标准，对教学实习的方式和时间等都作出明确的规定，从而使对外汉语教育人才的培养更加规范。在这一方面，应该倡议各学校特别是招生历史较长的学校提供教学实践环节对就业和毕业后工作的影响的资料和反馈，为今后制定教学实习的标准提供依据。

教学实习中为学生提供的海外实习机会不够多，且派出渠道相对单一。从统计数据来看，仅有不到 40% 的学校愿意通过校际交流和国家公派项目给学生提供海外教学实习的机会。从调查结果来看，这些机会的获得与学校的综合实力以及学校所处的地区无关，这说明各地的各类学校都有可能为学生提供海外实习的名额。但很多学校即使有海外实习的渠道，也没有实际派出学生，这说明大部分学校在这方面的认识还不够，积极性不高。

在新形势下，我国的对外汉语教学更加关注汉语的国际推广，因此我们不仅要请进来，对来华的外国人进行汉语教学，更重要的是派出去，到需要学习汉语的国家和地区进行汉语教学。因此，让对外汉语教学专业的学生到海外进行教学实习，使他们能在真实的环境中运用所学的知识展开汉语教学，不仅是培养人才的需要，更是汉语国际推广的需要。因此，各学校还应进一步提高认识，充分利用学校的各种资源，努力开发新的海外实习渠道，给学生提供更多海外实习的机会。

第三章

2007—2009年对外汉语本科专业毕业生去向

培养国家需要的人才是本专业设置的根本目的，毕业生的就业情况是检验本专业设置是否成功的重要标准。我们对2007—2009年三年间的毕业生人数和毕业去向进行了统计分析。

第一节　毕业生总体情况

一　毕业生总数和平均数下降

统计数据显示，接受调查的学校三年的毕业生人数，2008年和2009年两年的均值比2007年有所下降（见表JGD－18）。尽管近四年内本专业有很大发展，但近四年内新开设本专业的学校还没有毕业生，因此2007—2009年三年的毕业生情况不包括这些新开设本专业的学校。

表JGD－18　　2007—2009年毕业生情况

	学校数	平均数	总人数
2007年	32	72.8	2328
2008年	33	60.9	2010
2009年	36	62.3	2242

二　就业总人数增加

如果把毕业生的毕业去向分为就业、深造和做汉语教师中国志愿者的话，则在这三个毕业去向中，以就业为主。2007—2009年三年中，各学校就业人数平均为34.4人，且呈逐年增加趋势，就业人数占毕业生总数的比例分别为42.4%、68.8%、78.4%（见表JGD－19）。

表 JGD－19 2007—2009 年毕业生就业情况

	学校数	平均数	占总毕业生比例
2007 年就业	37	26.7	42.4
2008 年就业	37	37.4	68.8
2009 年就业	45	39.0	78.4

三 做志愿者人数明显减少

2007 年有 41 所学校，平均每所学校 13.5 人选择了做志愿者；2008 年学校数减少了 3 所，而平均人数有明显减少，变为 5.1 人。2009 年与 2008 年的情况类似，平均人数较 2007 年有明显减少（见表 JGD－20）。这种趋势应该和汉语教师志愿者更多是从汉语国际教育专业硕士中选派有关。

表 JGD－20 2007—2009 年毕业生做志愿者情况

	学校数	平均数
2007 年志愿者	41	13.5
2008 年志愿者	38	5.1
2009 年志愿者	39	4.8

四 国内外继续深造的情况

在提供数据的学校中，2007 年平均有 18.1 人选择了国内读学位。到 2008 年和 2009 年，平均人数明显减少，分别为 6.5 人和 5.9 人。在出国读学位方面，平均人数明显少于在国内读学位，其中 2007 年和 2009 年分别为 1.8 人和 2.0 人，2008 年稍有增加，也仅为 4.4 人。详见表 JGD－21。这说明，选择本科毕业后出国继续深造在本专业并不普遍。

表 JGD－21 2007—2009 年毕业生在国内外读学位情况

	国内读学位		出国读学位	
	学校数	平均人数	学校数	平均人数
2007 年	40	18.1	36	1.8
2008 年	39	6.5	41	4.4
2009 年	38	5.9	38	2.0

第二节　毕业生继续深造情况

一　2007 年以国内深造为主

2007 年本专业毕业生中有 33.9% 的人选择继续深造。在继续深造的毕业生中，有 92.0% 的学生选择继续在国内深造。在深造人数占总毕业生人数的比例中，“985” 高校和非 “211” 高校差别不大，但 “211” 高校继续深造的比例高于其他两类高校，达 56.1%。在出国继续深造方面，“985” 高校出国深造占深造总人数的比例最高，达到 23.7%，其他两类高校的比例都不足 10.0%。但在总人数方面，非 “211” 高校由于总体规模大，因此在总数方面占了绝大多数，他们成为国内相关专业硕士研究生层次的主要生源。详见表 JGD－22 和图 JGD－8。

表 JGD－22　　2007 年不同类别高校毕业生深造情况

	“985” 高校	“211” 高校	非 “211” 高校	总计
毕业总人数	186	57	2085	2328
深造总人数	59	32	697	788
国内深造总人数	45	29	651	725
国外深造总人数	14	3	46	63
国内深造人数占深造总人数百分比	76.3%	90.6%	93.4%	92.0%
深造人数占毕业生总人数的百分比	31.7%	56.1%	33.4%	33.9%

二　2008 年深造总人数和出国深造比例

2008 年选择继续深造的人占毕业生总数的 21.6%，与 2007 年相比，在人数方面下降近 50.0%，深造总人数占毕业生总人数的百分比也明显降低。非 “211” 高校深造人数占总深造人数的绝大多数，为 83.5%。从继续深造的去向来看，选择去国外继续深造的人数为 181 人，占深造总人数的 41.6%，比 2007 年有明显提高。详见表 JGD－23 和图 JGD－9。

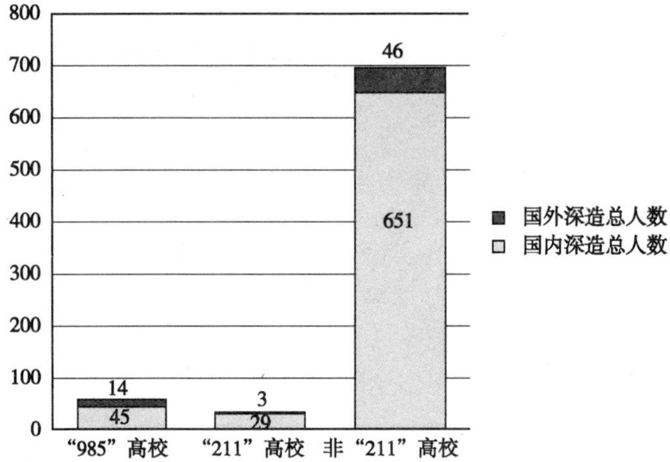

图 JGD－8　2007 年不同类别高校毕业生国内、国外深造情况

表 JGD－23　　2008 年不同类别高校毕业生深造情况

	“985”高校	“211”高校	非“211”高校	总计
毕业人数	158	46	1806	2010
深造人数	54	18	363	435
国内深造人数	34	10	210	254
国外深造人数	20	8	153	181
国内深造人数占深造总人数百分比	63.0%	55.6%	57.89%	58.4%
深造人数占毕业生总人数的百分比	34.2%	39.1%	20.1%	21.6%

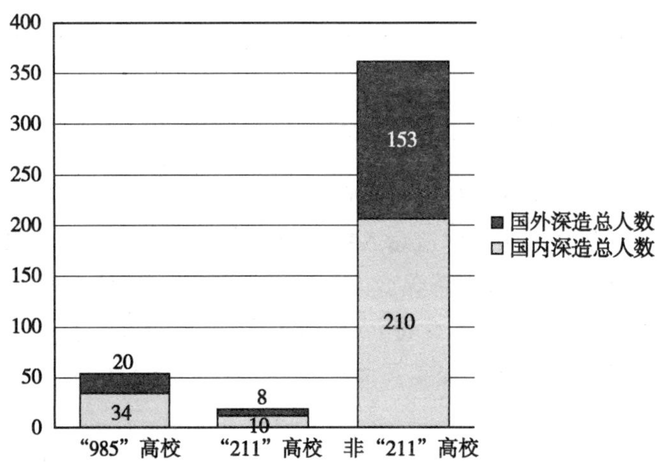

图 JGD－9　2008 年不同类别高校毕业生国内、国外深造情况

三　2008年国内深造人数的地区和学校差异

2008年国内深造人数中，各类学校平均人数最高的为“985”高校的11.3人，最低为“211”高校的5人，各类学校差别不大。在地区分布中，华中地区平均人数最多，为10.1人，西南地区最少，为4.3人，各地区均值和中位数的差异也都比较小，各地区最大值由2007年的75人减少到35人。详见表JGD-24和表JGD-25。

表JGD-24　　2008年不同类别高校毕业生国内读学位情况

	学校数	平均数	中位数	最小值	最大值
“985”高校	3	11.3	13.0	6	15
“211”高校	2	5.0	5.0	2	8
非“211”高校	34	6.2	4.0	0	35

表JGD-25　　2008年不同地区高校毕业生国内读学位情况

	学校数	平均数	中位数	最小值	最大值
华北	3	9.0	7.0	7	13
东北	3	3.3	3.0	2	5
华东	13	6.0	5.0	0	19
华南	4	5.5	3.0	2	14
华中	9	10.1	6.0	0	35
西北	1	0.0	0.0	0	0
西南	6	4.3	4.5	1	8

四　2009年深造人数及比例

2009年毕业生中有298人选择继续深造，占毕业总人数的13.3%，在人数和所占比例方面比前两年都有明显降低。深造人数还是以非“211”高校为主，占79.2%。“985”高校深造总人数占毕业生总人数的比例最高，为46.4%。从继续深造的去向来看，还是以国内深造为主。“211”高校和非“211”高校国内深造总人数占总深造人数的70.0%以上，“985”高校的这一比例为63.5%。详见表JGD-26和图JGD-10。

表 JGD－26　　2009 年不同类别高校毕业生深造情况

	"985" 高校	"211" 高校	非 "211" 高校	总计
毕业总人数	112	105	2025	2242
深造总人数	52	10	236	298
国内深造总人数	33	7	183	223
国外深造总人数	19	3	53	75
国内深造人数占深造总人数百分比	63.5%	70.0%	77.5%	74.8%
深造人数占毕业生总人数的百分比	46.4%	9.5%	11.7%	13.3%

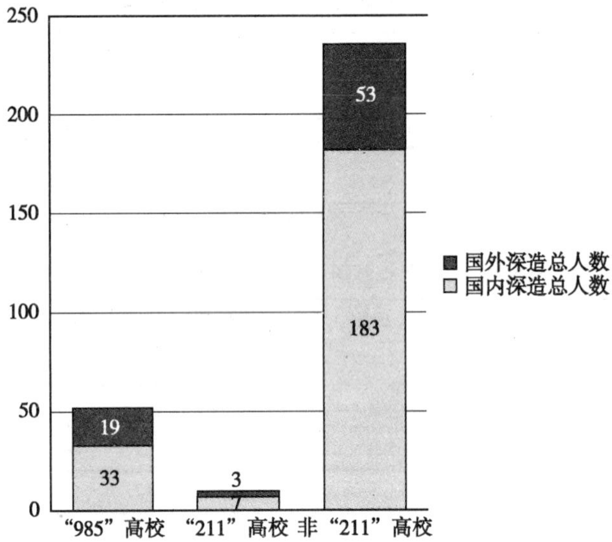

图 JGD－10　2009 年不同类别高校毕业生国内、国外深造情况

五　2009 年深造人数均值和最高人数

从学校的类别和地区的不同分布来看，2009 年毕业生选择继续深造的平均人数和 2008 年相比大部分降低，在最高人数方面由 35 人减少到 33 人。详见表 JGD－27 和表 JGD－28。

表 JGD－27　　2009 年不同类别高校毕业生国内读学位情况

	学校数	平均数	中位数	最小值	最大值
"985" 高校	3	11.0	12.0	6	15
"211" 高校	2	3.5	3.5	3	4
非 "211" 高校	33	5.6	2.0	0	33

表 JGD－28 2009 年不同地区高校毕业生国内读学位情况

	学校数	平均数	中位数	最小值	最大值
华北	3	10.0	9.0	6	15
东北	3	3.7	3.0	1	7
华东	13	6.5	3.0	0	27
华南	4	7.3	4.5	0	20
华中	10	5.7	1.5	0	33
西北	1	0.0	0.0	0	0
西南	4	2.8	2.5	1	5

六 2007—2009 年选择深造的毕业生人数和比例

综合三年情况来看，全国对外汉语教学本科毕业生人数基本稳定。“985”高校在这三年中对外汉语教学专业毕业生总人数逐年下降，但是选择继续深造的人数基本未发生变化。

“211”高校在 2009 年的毕业生人数比前两年有明显增加，达 105 人，但选择继续深造的人数仅 10 人，比前两年有明显降低，与总体趋势一致。在出国深造人数方面也较少，对出国深造总人数影响不大。非“211”高校在 2007 年和 2009 年的毕业生人数基本相当，2008 年毕业生人数最少。非“211”高校选择继续深造的人数逐年减少，由 697 人减少到 236 人，占毕业生总人数的比例由 33.4% 减少到 11.7%。非“211”高校毕业生继续深造的人数占继续深造总人数的绝大多数，因此非“211”高校继续深造人数占总毕业人数的比例和变化趋势和总体变化趋势保持一致。

第三节 各年度毕业生就业情况

在这三年中，大部分毕业生选择了就业。我们将就业分为从事对外汉语教学、从事其他教学工作和从事非教学工作三个方面进行统计，进而比较就业去向的分布与比例，并比较不同类别、不同地区间就业去向的差异。

“985”和非“211”高校三年来平均就业人数呈递减趋势，“985”高校由 27.7 人减少到 16.8 人，非“211”高校由 27.3 人减少到 25.2 人。“211”高校平均就业人数波动较大，三年分别为 18.0、5.0 和 19.0 人。详见表

JGD－29。

表 JGD－29　2007—2009 各类别和地区高校年就业平均人数

	2007	2008	2009
"985"高校	27.7	24.0	16.8
"211"高校	18.0	5.0	19.0
非"211"高校	27.3	23.8	25.2
华北	17.0	13.3	11.7
东北	11.3	15.0	13.5
华东	26.3	24.9	24.9
华南	49.8	42.3	48.3
华中	20.6	17.9	24.3
西北	0.0	0.5	5.0
西南	41.2	25.0	21.8

从地区分布来看，各地区就业人数每年略有波动，但变化不大。其中华南地区平均就业人数最高，三年分别为 49.8、42.3 和 48.3 人。其次是华东地区的 26.3、24.9 和 24.9 人。华中地区在 2007 年和 2008 年平均就业人数少于华东地区，但在 2009 年基本和华东地区持平，为 24.3 人。这些地区虽然每年人数不同，但差别不大。西南地区平均就业人数则逐年减少，由 2007 年的 41.2 人减少到 2009 年的 21.8 人。详见表 JGD－29。

一　2007 年学校间就业人数差异

2007 年"985"和非"211"高校的就业平均人数差别不大。但"985"高校只有 3 所学校的统计结果，而非"211"高校共有 32 所，这 32 所学校中的最大值为 98，最小值为 0，差别明显。详见表 JGD－30。从地区内部来看，学校数超过 10 所的华东和华中两个地区，它们的均值差别不大，但是其中位数有明显差异，华东地区中位数远高于均值，而华中地区恰好相反，中位数远低于均值。在最大值方面，华中地区也高于华东地区，这说明华中地区的就业人数比华东地区更加不均匀。详见表 JGD－31。

二　2008 年学校间就业人数差别扩大

2008 年"985"高校的就业人数在各个方面略有下降，但分布基本和 2007 年相同。"211"高校毕业生就业各个指标有明显下降。非"211"高校的毕业生就业总数没有变化，均值略有下降，但中位数有明显下降，最大值变化不大，这说明不同学校间的就业人数差距更加明显。从地区分布也能说明这一变化趋势。华东、华中地区的就业均值无显著变化，但是中位数明显减少，最大值却进一步变大，这说明各学校之间的毕业生就业人数差距加大。详见表 JGD－32 和表 JGD－33。

表 JGD－30　　不同类别高校 2007 年毕业生就业情况①

	学校数	平均数	中位数	最小值	最大值
“985” 高校	3	27.7	19.0	11	53
“211” 高校	2	18.0	18.0	7	29
非 “211” 高校	32	27.3	21.5	0	98

表 JGD－31　　不同地区高校 2007 年毕业生就业情况

	学校数	平均数	中位数	最小值	最大值
华北	2	17.0	17.0	11	23
东北	3	11.3	12.0	6	16
华东	12	26.3	38.0	0	53
华南	4	49.8	47.0	7	98
华中	10	20.6	7.5	0	65
西北	1	0.0	0.0	0	0
西南	5	41.2	46.0	20	62

表 JGD－32　　不同类别高校 2008 年毕业生就业情况

	学校数	平均数	中位数	最小值	最大值
“985” 高校	3	24.0	20.0	8	44
“211” 高校	2	5.0	5.0	4	6
非 “211” 高校	32	23.8	6.5	0	96

三　2009 年就业人数最大值增加

从非 “211” 高校数据来看，2009 年平均就业人数和 2008 年相比无明显变化，但中位数有所增加，更接近均值，最大就业人数较上一年有所增加

① 此项数据是汇总统计数据，与后面分项填写的数据有交叉，有的学校在填写时可能出现漏填或错填现象，因此总数与后面分项统计略有出入，2008 年、2009 年的数据也有此情况出现。

（见表 JGD－34）。从地区分布来看，学校数最大的华东、华中地区的平均就业人数和中位数持平或略有增加，且中位数逐渐接近均值，说明这两个地区的学校发展稳定。华南地区有 4 所学校，从三年数据来看，学校数量没有变化，平均就业人数每年的变化也不十分剧烈，而且中位数和均值都比较接近，说明这个地区的学校这几年的发展也比较平稳。

表 JGD－33　　不同地区高校 2008 年毕业生就业情况

	学校数	平均数	中位数	最小值	最大值
华北	3	13.3	11.0	8	21
东北	1	15.0	15.0	15	15
华东	13	24.9	0.0	0	71
华南	4	42.3	36.5	0	96
华中	8	17.9	1.0	0	72
西北	2	0.5	0.5	0	1
西南	6	25.0	22.5	2	67

表 JGD－34　　不同类别高校 2009 年毕业生就业情况

	学校数	平均数	中位数	最小值	最大值
“985” 高校	4	16.8	15.0	2	35
“211” 高校	3	19.0	18.0	9	30
非 “211” 高校	38	25.2	9.0	0	104

表 JGD－35　　不同地区高校 2009 年毕业生就业情况

	学校数	平均数	中位数	最小值	最大值
华北	3	11.7	8.0	2	25
东北	4	13.5	9.0	6	30
华东	16	24.9	8.0	0	93
华南	4	48.3	44.0	1	104
华中	11	24.3	19.0	0	68
西北	1	5.0	5.0	5	5
西南	6	21.8	9.5	1	64

综合本专业三年的就业情况看，“985” 高校就业人数逐年减少，占毕业生人数的比例也逐渐减少。全国就业总人数在稳步增长，由 2007 年的

987 人增长至 2009 年的 1757 人。就业总人数主要增长点来自非“211”高校，非“211”高校就业人数由 868 人增至 1615 人。“211”高校就业人数虽然总数不多，但是每年的变化非常明显，由 2007 年的 7 人增至 2009 年的 93 人。总的来看，三年内总就业人数占总毕业人数的平均比例逐步上升。详见图 JGD－11。

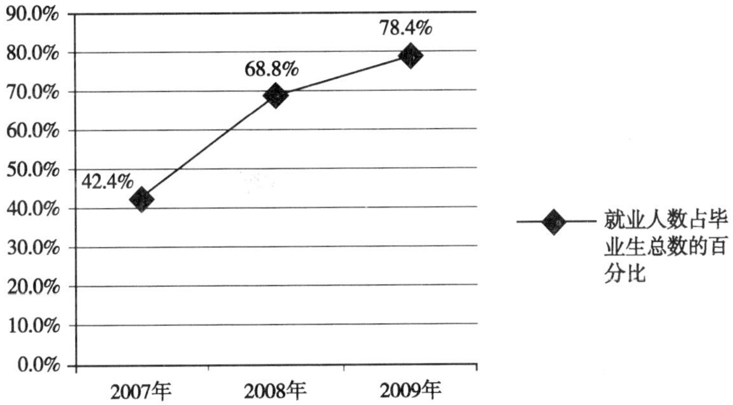

图 JGD－11　2007—2009 年就业人数占当年毕业生总数的百分比

第四节　已就业学生从事的工作情况

在三年间就业的毕业生中，2007 年和 2008 年从事对外汉语教学工作的人数占就业总人数的比例差别不大，分别为 16.8% 和 16.3%。2009 年，这一比例增加到 20.4%，但总体来看，从事对外汉语教学工作的人数在就业总人数中比例不高。从事非教学工作的人数在这三年中均占就业总人数的一半以上，比例分别为 58.1%、54.5% 和 55.7%，从三年情况来看，变化不大。从事其他教学工作的人数的比例在 2008 年略有增加，但在 2009 年又有所减少，达到三年最低，比例为 23.9%。详见表 JGD－36。

表 JGD－36　　2007—2009 年就业各方向人数占总就业人数比例

年份	对外汉语教学	其他教学	非教学
2007 年	16.8%	25.1%	58.1%
2008 年	16.3%	29.2%	54.5%
2009 年	20.4%	23.9%	55.7%

从以上数据可以看出，这三年的毕业生中从事对外汉语教学工作的人数总体较低。从学校类别来看，“985”高校三年中平均人数较平稳，2008 年最少，为 4.3 人；2009 年增加到 6.0 人。“211”高校的平均人数三年中增加明显，尤其在 2009 年，达到 10 人，在各类学校中最高。非“211”高校毕业从事对外汉语教学工作的人数呈递增的趋势，由 2007 年的 5.4 人增加到 2009 年的 9.3 人。各类学校毕业生中在 2009 年从事对外汉语教学工作的平均人数都有明显增加。

从地区分布来看，各地区毕业生从事对外汉语教学工作的平均人数差异比较明显。人数较多地区分别是华东、华南、华中和西南。其中华东地区逐年递增最明显，三年人数分别 3.4、5.7 和 11.6 人，2009 年在各地区居领先地位。华南和华中地区在各年中的平均人数均较高，其中华南地区在 2008 年达到 14.0 人。西南地区平均人数在 2007 年和 2009 年都是各地区中最高，为 11.7 人和 21.5 人。但在 2008 年人数相对较少，为 4.8 人。详见表 JGD－37。

表 JGD－37　2007—2009 年不同地区和类型学校毕业生从事对外汉语教学工作的平均人数

（人）

类型或地区	2007	2008	2009
“985”高校	5.7	4.3	6.0
“211”高校	1.0	2.5	10.0
非“211”高校	5.4	6.3	9.3
华北	1.5	2.7	1.0
东北	2.0	4.0	4.5
华东	3.4	5.7	11.6
华南	7.0	14.0	8.4
华中	6.0	5.3	7.1
西北	0.0	0.5	0.0
西南	11.7	4.8	21.5

一　2007 年毕业生以从事非教学工作为主

2007 年毕业生中共有 987 人选择了就业，占毕业生总人数的 42.4%，仅有 166 人选择了从事对外汉语教学工作，占就业人数的 16.8%，占全体毕业生人数的比例更低，不足 10.0%。其中“211”高校仅有 2 人从事对外汉语教学工作，“985”高校中仅有 15.2% 的就业学生从事对外汉语教学工作，从事非教学工作的比例达 77.7%。非“211”高校的就业人数与从事对外汉语教学工作的人数均占有绝对多数。从整个就业形势来看，各类别高校从事非教学工作的人数明显高于从事教学工作的人数，更远远高于从事对外汉语教学工作的人数。详见表 JGD－38 和图 JGD－12。

表 JGD－38　　2007 年毕业生就业情况

	“985”高校	“211”高校	非“211”高校	总计
毕业总人数	186	57	2085	2328
就业总人数	112	7	868	987
就业总人数占毕业生总人数的百分比	60.2%	12.3%	41.6%	42.4%
对外汉语教学工作总人数	17	2	147	166
对外汉语教学工作占就业总人数的百分比	15.2%	28.6%	16.9%	16.8%
其他教学工作总人数	8	0	240	248
其他教学工作占就业总人数的百分比	7.1%	0.0%	27.7%	25.1%
非教学工作总人数	87	5	481	573
非教学工作占就业总人数的百分比	77.7%	71.4%	55.4%	58.1%

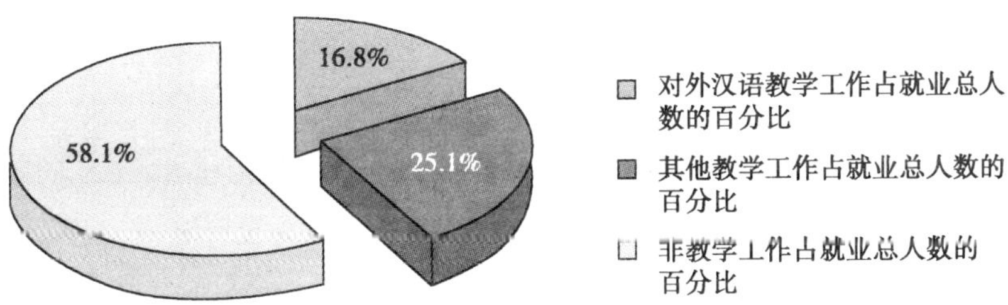

图 JGD－12　2007 年毕业生从事不同工作的比例

二　2007 年毕业生从事对外汉语教学工作的人数的地区与学校分布

从学校类别来看，“985”高校和非“211”高校毕业生中从事对外汉语教学工作的平均人数相当，“985”高校的 3 所学校中最少 2 人，最多 10 人。非“211”高校中，中位数为 1，最大值 27，说明至少有一半学校的毕业生中从事对外汉语教学工作的人数少于 1 人。

从地区分布来看，也非常不均匀，大部分学校毕业生从事对外汉语教学工作的人数都非常少。最大人数在 20 人以上的有三个地区，分别是华南、西南和华中，这三个地区的最小人数都为 0，且华南和华中地区的中位数与均值差别很大，西南地区的中位数与均值差别虽然不大，但只有3所学校。由此可见，这几个地区的分布非常不均匀。详见表JGD-39。

表JGD-39　2007年毕业生从事对外汉语教学工作的人数

类型或地区	学校数	平均数	中位数	最小值	最大值
“985”高校	3	5.7	5.0	2	10
“211”高校	2	1.0	1.0	0	2
非“211”高校	27	5.4	1.0	0	27
华北	2	1.5	1.5	1	2
东北	1	2.0	2.0	2	2
华东	11	3.4	0.0	0	16
华南	5	7.0	2.0	0	27
华中	9	6.0	1.0	0	20
西北	1	0.0	0.0	0	0
西南	3	11.7	13.0	0	22

三　2008年整体就业格局

2008年有1383名毕业生选择就业，占毕业总人数的68.8%，其中有225人从事对外汉语教学工作，404人从事其他教学工作，754人从事非教学工作。总体来看，从事对外汉语教学工作的人数占总体就业人数的16.3%，与2007年持平。这一比例在“985”高校与非“211”高校中差别不大。但从事非教学工作的毕业生比例，“985”高校明显高于非“985”高校。详见表JGD-40。

表JGD-40　2008年毕业生就业情况

	“985”高校	“211”高校	非“211”高校	总计
毕业总人数	158	46	1806	2010
就业总人数	87	22	1274	1383
就业总人数占毕业生总人数的百分比	55.1%	47.8%	70.5%	68.8%
对外汉语教学工作总人数	13	5	207	225
对外汉语教学工作占就业总人数的百分比	14.9%	22.7%	16.3%	16.3%
其他教学工作总人数	6	6	392	404
其他教学工作占就业总人数的百分比	6.9%	27.3%	30.78%	29.2%
非教学工作总人数	68	11	675	754
非教学工作占就业总人数的百分比	78.2%	50.0%	53.0%	54.5%

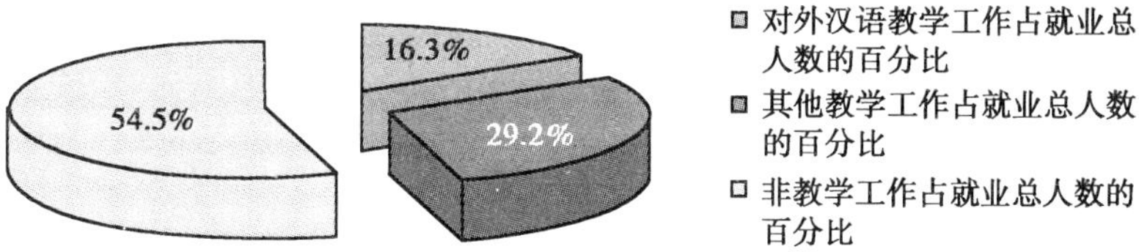

图 JGD－13　2008 年毕业生从事不同工作的比例

四　2008 年从事对外汉语教学工作的人数分布格局

2008 年从事对外汉语教学工作的毕业生人数，“211”高校和非“211”高校明显低于从事其他工作的人数。从中位数的分布来看，至少有一半学校的就业人数在 3 人以下。最多人数较 2007 年有所增加，但增加量有限。详见表 JGD－41和图 JGD－13。

表 JGD－41　　2008 年毕业生从事对外汉语教学工作的人数

	学校数	平均数	中位数	最小值	最大值
“985”高校	3	4.3	5.0	1	7
“211”高校	2	2.5	2.5	0	5
非“211”高校	33	6.3	2.0	0	32
华北	3	2.7	1.0	1	6
东北	3	4.0	2.0	1	9
华东	12	5.7	2.0	0	25
华南	5	14.0	6.0	0	32
华中	8	5.3	2.5	0	21
西北	2	0.5	0.5	0	1
西南	5	4.8	5.0	1	12

五　2009 年各类高校就业人数比例

2009 年有 1757 名毕业生选择就业，其中有 359 人从事对外汉语教学工作，从事对外汉语教学工作的人数较前两年有了明显增加；有 419 人从事其他教学工作，979 人从事非教学工作。总体来看，从事对外汉语教学工作人数占总体就业人数的 20.4%，较前两年有所增加。这一比例在“985”高校和非“211”高校中差别不大。但从事非教学工作的比例，“985”高校明显有所降低，使得各类高校基本持平。详见表 JGD－42 和图 JGD－14。

表 JGD－42 2009 年毕业生就业情况

	"985" 高校	"211" 高校	非 "211" 高校	总计
毕业总人数	112	105	2025	2242
就业总人数	49	93	1615	1757
就业总人数占总人数的百分比	43.8%	88.8%	79.8%	78.4%
对外汉语教学总人数	12	30	317	359
对外汉语教学占就业总人数的百分比	24.5%	32.3%	19.6%	20.4%
其他教学工作总人数	8	10	401	419
其他教学工作占就业总人数的百分比	16.3%	10.8%	24.8%	23.9%
非教学工作总人数	29	53	897	979
非教学工作占就业总人数的百分比	59.2%	57.0%	55.5%	55.7%

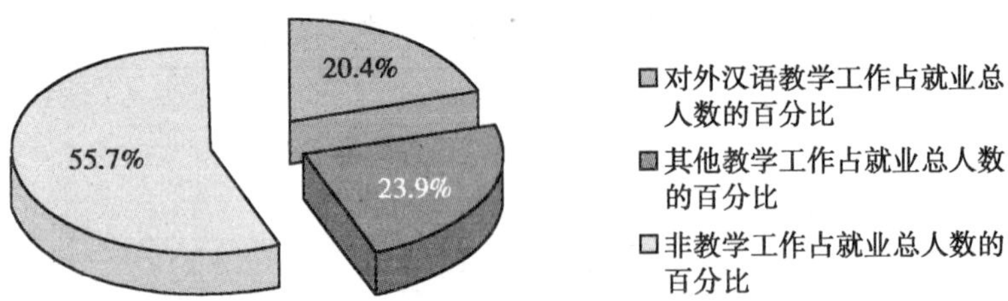

图 JGD－14 2009 年毕业生从事不同工作的比例

六 2009 年从事对外汉语教学工作的人数有所增加

2009 年各类学校毕业生从事对外汉语教学工作的人数都有所增加，最大人数也有所增加，特别是"211" 高校变化更加明显，由 2008 年的 5 人增加到 24 人。从地区分布来看，华东地区的均值增长了一倍多，最大人数增加到了 46 人，中位数增加到了 4.5 人，说明各学校的人数普遍有所增加。这一趋势在西南地区的 4 所学校中更加明显，最大人数有 35 人，最小人数也达到 7 人。详见表 JGD－43。

表 JGD－43 2009 年毕业生从事对外汉语教学工作的人数

	学校数	平均数	中位数	最小值	最大值
"985" 高校	2	6.0	6.0	0	12
"211" 高校	3	10.0	6.0	0	24
非 "211" 高校	34	9.3	4.0	0	46

续表

	学校数	平均数	中位数	最小值	最大值
华北	3	1.0	1.0	0	2
东北	4	4.5	5.0	2	6
华东	12	11.6	4.5	0	46
华南	5	8.4	5.0	0	25
华中	10	7.1	1.5	0	33
西北	1	0.0	0.0	0	0
西南	4	21.5	22.0	7	35

第五节　2007—2009 年毕业生从事对外汉语教学工作者具体去向

一　到各类学校就业情况

综合三年情况来看，毕业生从事对外汉语教学工作，去往各类型学校或机构的毕业生人数均值都在 5 人以内，因此相互差别不大。去国内中小学的人数最多，其次是出国从事对外汉语教学工作，在国内国际学校和国内培训机构的人数基本差不多。详见表 JGD－44。由于“985”、“211”高校毕业生从事对外汉语教学工作的人数相对比较少，因此从事对外汉语教学工作的毕业生主要来自非“211”高校。

表 JGD－44　2007—2009 年从事对外汉语教学工作者各机构平均人数

	2007 年	2008 年	2009 年
国内大学（人）	0.9	2.3	1.6
国内中小学（人）	3.3	4.1	4.9
国内国际学校（人）	1.7	2.3	2.4
国内其他培训机构（人）	2.1	1.8	2.3
国外从事汉语教学（人）	3.9	3.5	4.7

二　具体去向和所在地区的关系

在地区分布统计中，大部分地区在每一个就业方向的人数都很少，统计意义不大。因此我们统计比较了人数较多的华南、华东和华中地区的学校，具体情况如表 JGD－45、表 JGD－46 和表 JGD－47 所示。从华东地区内部来看，三年间在各具体去向中，去国外从事汉语教学的人数最多，每年平均 3 人左右；在国内其他培训机构的平均人数也在增加，但没有超过 3 人；去国内大学教学的人数最少，每年平均不超过 1 人。

华南地区的 5 所学校去国外从事汉语教学的平均人数在各地区中最多，且逐年增长，由 2007 年的平均 6 人增加到 2009 年的平均 9 人。华南地区从事对外汉语教学工作的毕业生的另外一个主要去向是国内中小学，2007 年平均 6.2 人，到 2009 年增加到平均 9.6 人。去国内中小学平均人数最多的是华中地区，2007 年平均 7.3 人，2008 年和 2009 年平均都在 10.0 人以上。

华中地区的其他去向没有明显的区别。除 2007 年去国内大学的人数小于 1 人外，其他年份各个去向的平均人数都大于 1.0 人，只有去国内中小学就业的平均人数 2008 年和 2009 年相比 2007 年有较大增加，其他各种去向的平均人数都各有增减。

从分析可以看出，不同地区从事对外汉语教学工作的毕业生的具体去向有明显的差别，不同地区各种去向人数的比例各不相同，同一去向各个地区的平均人数和总人数也有很大差别。这说明学校所在的地理位置会影响毕业生的就业去向。

表 JGD－45　　2007 年华中、华东、华南地区从事对外汉语教学的毕业生去向

	国内大学		国内中小学		国内国际学校		国内其他培训机构		去国外从事汉语教学	
		平均数		平均数		平均数		平均数		平均数
华东	8	0.0	10	0.5	8	0.4	10	1.3	9	2.6
华南	5	3.2	5	6.2	5	0.6	5	0.6	5	6.0
华中	6	0.5	7	7.3	7	5.3	8	5.6	9	4.7

表 JGD－45　　2008 年华中、华东、华南地区从事对外汉语教学的毕业生去向

	国内大学		国内中小学		国内国际学校		国内其他培训机构		去国外从事汉语教学	
		平均数		平均数		平均数		平均数		平均数
华东	10	0.2	11	1.0	10	1.7	11	2.4	10	3.2
华南	5	2.8	5	7.0	5	1.4	5	0.2	5	8.0
华中	8	6.3	7	10.4	8	4.9	7	3.3	9	3.2

表 JGD－47　　2009 年华中、华东、华南地区从事对外汉语教学的毕业生去向

	国内大学		国内中小学		国内国际学校		国内其他培训机构		去国外从事汉语教学	
		平均数		平均数		平均数		平均数		平均数
华东	10	0.4	10	1.9	10	0.7	11	2.6	12	3.4
华南	5	4.0	5	9.6	5	2.2	5	0.4	5	9.0
华中	9	3.0	9	10.3	8	4.6	8	2.3	8	1.5

第六节　毕业生担任汉语教师志愿者情况

一　非“211”高校海外志愿者总数在下降

出国做汉语教师志愿者的比例在各类学校中都不高，非“211”高校占了总人数的绝大多数。但是，非“211”高校 2008 年较 2007 年有明显的减少。但 2009 年和 2008 年相比，从各类学校的平均人数和总人数来看都无明显变化。详见表 JGD－48、图 JGD－15 和图 JGD－16。

表 JGD－48　　2007—2009 年不同类别高校志愿者总数及平均数

	2007 年		2008 年		2009 年	
	总人数	平均数	总人数	平均数	总人数	平均数
“985”高校	15	5.0	17	4.3	11	3.7
“211”高校	18	9.0	6	3.0	2	1.0
非“211”高校	518	14.4	169	5.3	174	5.1

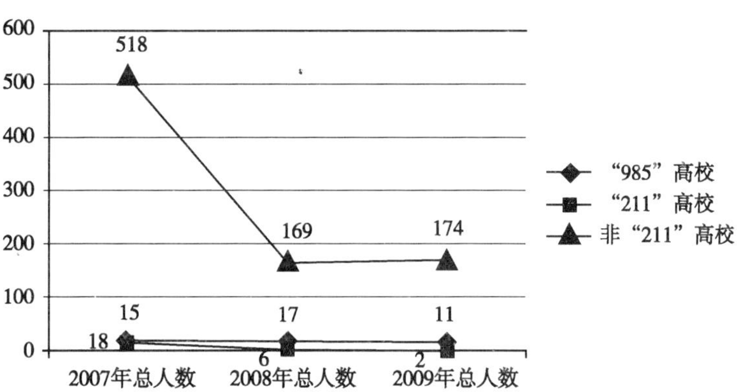

图 JGD－15　2007—2009 年不同类别高校志愿者总数

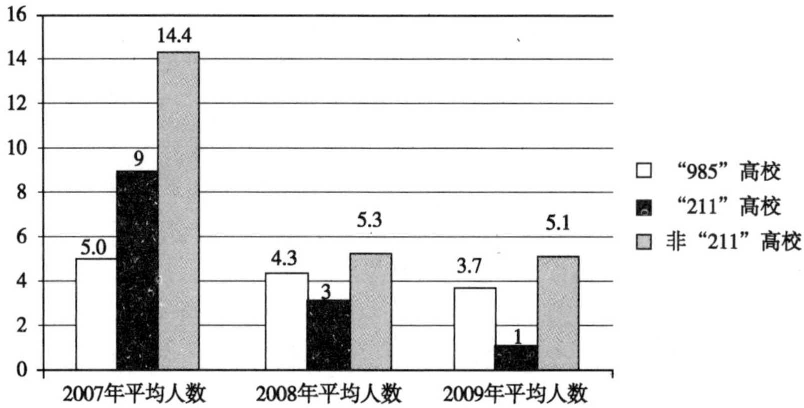

图 JGD－16　2007—2009 年不同类别高校志愿者平均数

二　志愿者人数的地区差异

学校数较多的华东、华中、西南、华南四个地区在 2007 年出国做志愿者的平均人数都在 10 人以上，各地差别不大。2008 年和 2009 年，上述四个地区平均人数虽差别不大，但总体有较大下降，均在 10 人以内。详见表 JGD－49。

表 JGD－49　　2007—2009 各地区毕业生做志愿者的平均人数

	2007 年	2008 年	2009 年
华北	1.5	4.0	3.3
东北	8.3	0.0	1.7
华东	16.5	5.6	6.2
华南	12.0	6.4	7.6
华中	15.0	3.3	3.4
西北	0.0	15.0	0.0
西南	14.0	4.7	4.3

第四章

各要素间关系分析

第一节　毕业去向与招生的关系

一　不同类别和不同地区学校招生的具体情况

为了方便分析，下面我们将各学校按招生人数分为三大类：50 人以下、51—100 人和 100 人以上三类。首先进一步分析各不同类别高校和不同地区学校招生的具体情况。

（一）不同类别高校招生规模

“985” 高校共有 6 所，有 4 所学校招生在 50 人以内，另两所人数在 51—100 人，且这一比例三年内没有变化。这说明 “985” 高校本专业的招生规模比较适中，招生人数也相对稳定，发展相对比较成熟。

“211” 高校中招生人数在 51—100 人的 2007 年有 1 所，2008 年有 2 所，其他高校均小于 50 人。2009 年，所有 “211” 高校招生人数都在 50 人以内。

2007 年，非 “211” 高校中仅有 3 所学校招生人数超过 100 人，在 2008 年增加到 6 所，2009 年为 9 所，每年增加 3 所。同时，招生人数在 100 人以下的非 “211” 高校数也有所增加。非 “211” 高校的平均招生人数大于 “985” 和 “211” 高校。详见表 JGD－50、表 JGD－51 和表 JGD－52。

表 JGD－50　　2007 年不同类别高校招生情况

	0—50 人		51—100 人		100 人以上		合计	
	学校数	%	学校数	%	学校数	%	学校数	%
“985” 高校	4	66.7	2	33.3	0	0.0	6	100
“211” 高校	7	87.5	1	12.5	0	0.0	8	100
非 “211” 高校	40	50.0	37	46.3	3	3.7	80	100

表 JGD－51　　2008 年不同类别高校招生情况

	0—50 人		51—100 人		100 人以上		合计	
	学校数	%	学校数	%	学校数	%	学校数	%
“985” 高校	4	66.7	2	33.3	0	0.0	6	100
“211” 高校	6	75.0	2	25.0	0	0.0	8	100
非 “211” 高校	40	44.0	45	49.4	6	6.6	91	100

表 JGD－52　　2009 年不同类别高校招生情况

	0—50 人		51—100 人		100 人以上		合计	
	学校数	%	学校数	%	学校数	%	学校数	%
“985” 高校	4	66.7	2	33.3	0	0.0	6	100
“211” 高校	7	100	0	0.0	0	0.0	7	100
非 “211” 高校	48	49.5	40	41.2	9	9.3	97	100

（二）不同地区高校招生情况

华东、华南和华中三个地区的学校数量最多，而且招生人数在 51—100 人的学校数也相对最多。三年中招生人数在 51—100 人的学校和招生人数在 0—50 人的学校之间的比例总体来看变化不大。招生人数超过 100 人的学校，大部分也都集中在华东和华南地区。详见表 JGD－53、表 JGD－54 和表 JGD－55。

表 JGD－53　　2007 年不同地区高校招生情况

	0—50 人		51—100 人		100 人以上		合计	
	学校数	%	学校数	%	学校数	%	学校数	%
华北	7	70.0	3	30.0	0	0.0	10	100
东北	4	66.7	2	33.3	0	0.0	6	100
华东	16	55.2	12	41.4	1	3.4	29	100
华南	5	41.7	6	50.0	1	8.3	12	100
华中	12	57.1	9	42.9	0	0.0	21	100
西北	4	80.0	1	20.0	0	0.0	5	100
西南	3	27.3	7	63.6	1	9.1	11	100

二　各校毕业去向与招生数量的关系

总的来看，在 2007—2009 年三年内，毕业生除直接就业的外，其他毕业去向的人数和招生人数的比例逐渐降低。

表 JGD－54　　2008 年不同地区高校招生情况

	0—50 人		51—100 人		100 人以上		合计	
	学校数	%	学校数	%	学校数	%	学校数	%
华北	7	63.6	4	36.4	0	0.0	11	100
东北	6	66.7	3	33.3	0	0.0	9	100
华东	18	54.5	12	36.4	3	9.1	33	100
华南	3	23.1	8	61.5	2	15.4	13	100
华中	11	50.0	11	50.0	0	0.0	22	100
西北	3	50.0	3	50.0	0	0.0	6	100
西南	2	18.2	8	72.7	1	9.1	11	100

表 JGD－55　　2009 年不同地区高校招生情况

	0—50 人		51—100 人		100 人以上		合计	
	学校数	%	学校数	%	学校数	%	学校数	%
华北	9	69.2	3	23.1	1	7.7	13	100
东北	8	80.0	2	20.0	0	0.0	10	100
华东	19	55.9	12	35.3	3	8.8	34	100
华南	7	50.0	5	35.7	2	14.3	14	100
华中	9	40.9	12	54.5	1	4.6	22	100
西北	4	66.7	2	33.3	0	0.0	6	100
西南	3	27.3	6	54.5	2	18.2	11	100

2007 年招生人数在 51—100 人和 0—50 人的学校总数基本相等，但是在毕业去向中，平均招生数 51—100 人的学校均高于平均招生数 0—50 人的学校，特别是就业和出国志愿者两个去向前者都达到后者的 3 倍左右。除就业去向外，2008 年和 2009 年招生 0—50 人的学校和 51—100 人的学校毕业生其他去向的平均人数都比较接近，且略呈递减趋势，出国志愿者数量与 2007 年相比下降更加明显。招生人数在 100 人以上的学校，2007 年在就业去向上具有较高的优势，在其他去向上反而不如招生在 51—100 人的学校，其平均就业人数在 2008 年也不如 51—100 人的学校。在 2009 年招生人数最多的学校，毕业生除选择出国深造外，其他去向的平均人数均具有微弱优势。详见表 JGD－56、表 JGD－57 和表 JGD－58。

表 JGD－56 **2007 年毕业去向与招生人数关系**

	0—50 人	51—100 人	100 人以上
	平均数	平均数	平均数
就业	12.4	41.2	59.0
	学校数＝17	学校数＝16	学校数＝2
出国志愿者	7.7	21.4	10.0
	学校数＝18	学校数＝18	学校数＝2
国内深造	12.4	26.9	12.5
	学校数＝19	学校数＝17	学校数＝2
国外深造	0.4	3.2	0.5
	学校数＝16	学校数＝17	学校数＝2

表 JGD－57 **2008 年毕业去向与招生人数关系**

	0—50 人	51—100 人	100 人以上
	平均数	平均数	平均数
就业	6.9	38.5	28.0
	学校数＝15	学校数＝16	学校数＝4
出国志愿者	5.3	4.3	7.0
	学校数＝16	学校数＝15	学校数＝5
国内深造	5.4	7.7	8.0
	学校数＝15	学校数＝17	学校数＝4
国外深造	4.1	5.4	3.6
	学校数＝15	学校数＝18	学校数＝5

表 JGD－58 **2009 年毕业去向与招生人数关系**

	0—50 人	51—100 人	100 人以上
	平均数	平均数	平均数
就业	14.0	33.6	39.7
	学校数＝21	学校数＝16	学校数＝6
出国志愿者	4.7	4.6	6.5
	学校数＝18	学校数＝13	学校数＝6
国内深造	3.7	6.4	11.8
	学校数＝17	学校数＝13	学校数＝6
国外深造	1.7	2.9	1.1
	学校数＝16	学校数＝13	学校数＝7

第二节 毕业去向与实习的关系分析

一 对外汉语课堂实习经历对就业的影响

2007年有对外汉语课堂实习的学校平均就业人数高于语文课堂学习和其他方式实习的学校，而在其他毕业去向中基本都低于另两个去向。2008年有对外汉语课堂实习的学校各毕业去向的平均就业人数基本都高于无对外汉语课堂实习的学校，就业方面的平均人数是语文课堂实习学校的两倍左右。2009年情况和2008年基本相同，尤其在出国志愿者方面，有对外汉语课堂实习学校的平均人数远远高于无对外汉语课堂实习的学校。

在出国志愿者数量方面，不同的实习方式有较大的影响。除2007年外，在2008年和2009年有对外汉语课堂实习学校的平均人数都远高于语文课堂实习和其他实习方式。

在国内深造方面，虽然2007年其他方式实习的学校的平均人数最多，但在2008年和2009年，有对外汉语课堂实习学校的平均人数都明显高于语文课堂实习和其他实习方式的学校。

在国外深造方面，三年中对外汉语课堂实习和其他实习方式学校的平均人数基本相当，但都明显低于其他的就业去向，语文课堂实习的国外深造人数三年中都低于其他两个实习方式学校的人数。由此可见，对外汉语课堂实习经历对就业及毕业去向的影响非常大。详见表JGD－59。

表JGD－59 不同实习情况与就业、深造、出国志愿者数量的关系

		对外汉语课堂实习	语文课堂实习	其他方式实习
		平均数	平均数	平均数
2007年	就业	34.9	12.5	26.4
		学校数＝16	学校数＝8	学校数＝36
	出国志愿者	10.3	18.4	16.1
		学校数＝16	学校数＝9	学校数＝13
	国内深造	13.4	20.4	22.9
		学校数＝16	学校数＝8	学校数＝15
	国外深造	2.0	0.1	2.7
		学校数＝16	学校数＝7	学校数＝11

续表

		对外汉语课堂实习	语文课堂实习	其他方式实习
		平均数	平均数	平均数
2008 年	就业	31.7	12.3	18.1
		学校数 = 16	学校数 = 8	学校数 = 12
	出国志愿者	7.3	4.1	2.8
		学校数 = 16	学校数 = 7	学校数 = 13
	国内深造	8.7	3.0	5.9
		学校数 = 17	学校数 = 8	学校数 = 13
	国外深造	4.3	3.9	5.6
		学校数 = 16	学校数 = 10	学校数 = 13
2009 年	就业	34.3	14.0	19.2
		学校数 = 18	学校数 = 10	学校数 = 16
	出国志愿者	8.8	1.8	1.3
		学校数 = 17	学校数 = 8	学校数 = 12
	国内深造	7.3	3.3	5.8
		学校数 = 16	学校数 = 8	学校数 = 13
	国外深造	2.4	0.9	2.4
		学校数 = 15	学校数 = 8	学校数 = 13

二　有无海外实习经历对就业、继续深造和出国做志愿者的影响

2007 年，有海外实习的学校在毕业去向各个方面的平均人数均高于不提供海外实习机会的学校，但两者差距不大。2008 年，有海外实习的学校毕业生在就业和出国做志愿者方面的平均人数与不提供海外实习机会的学校平均人数差距变大。到 2009 年，前者这两方面的平均人数基本是后者平均人数的 2—3 倍。可见有无海外实习经历对毕业生就业有很大影响。详见表 JGD－60。

在继续深造方面，2007 年，有海外实习的学校平均人数高于没有海外实习机会学校的平均人数。但在 2008 年和 2009 年，有海外实习的学校平均人数均低于不提供海外实习机会学校的平均人数。尤其在 2008 年，不提供海外实习机会的学校平均有 24 人出国深造，但有海外实习的学校仅有 4 人，

前者是后者的6倍。因此，有无海外实习与毕业生是否继续深造无显著关系。详见表JGD－60。

表JGD－60　　有无海外实习与就业、继续深造、出国做志愿者的关系

		海外实践	无海外实践
		平均数	平均数
2007年	就业	30.2	25.4
		学校数＝13	学校数＝23
	出国志愿者	15.6	13.4
		学校数＝13	学校数＝25
	国内深造	19.2	18.0
		学校数＝14	学校数＝25
	国外深造	2.9	1.2
		学校数＝13	学校数＝21
2008年	就业	26.6	20.4
		学校数＝14	学校数＝22
	出国志愿者	8.7	2.7
		学校数＝14	学校数＝22
	国内深造	4.3	8.0
		学校数＝15	学校数＝23
	国外深造	3.8	23.7
		学校数＝15	学校数＝17
2009年	就业	23.7	7.8
		学校数＝17	学校数＝16
	出国志愿者	7.8	2.6
		学校数＝16	学校数＝21
	国内深造	4.3	6.9
		学校数＝15	学校数＝22
	国外深造	1.9	2.2
		学校数＝15	学校数＝21

第五章

问卷调查的主要结论和建议

第一节　主要结论

普通高校对外汉语专业本科教育经过多年努力，在招生规模、海外交流、培养效果与社会反馈等方面都取得了可喜的发展。在目前汉语国际教育的新形势和新战略下，国内外对汉语师资的需求尤其迫切，使得该专业具有良好的发展前景。但是，目前高校对外汉语专业本科教育也存在若干困难和不足，主要体现在：

1. 2007—2010 年发展特别快，而且新开设本专业的学校招生规模普遍较大，不无盲目发展之嫌。同时，因为这些学校还没有培养出毕业生，这些人才是否能真正适合当前汉语国际教育的需求，还需要进一步检验。

2. 就业结构不平衡。对外汉语专业本科毕业生绝大多数难以直接从事汉语作为第二语言的教学工作，这在一定程度上造成了本专业人才培养的浪费。

3. 实习要求不够规范和具体，海外实习渠道较少，不能满足目前培养人才的具体需求。

第二节　主要建议

鉴于以上结论，我们对普通高校对外汉语专业本科教育提出如下建议：

1. 明确人才培养目标。尤其是新开设本专业时间不长的学校，要从当前的具体需求出发，借鉴开设历史较早学校的经验，尽快明确本专业人才培养目标，使得自己的学校能够确定正确的发展方向，避免盲目发展和扩张。从有关主管部门说，要设法考察培养院校的资质，宏观上控制培养院校数量；对各院校要控制招生规模。

2. 教学模式和实习模式。培养院校要研究能与国际上语言教学水平接轨的高效率的培养模式，包括教学模式和实习模式，注重学生能力的培养，使之能更好地适应国内外汉语教学的需求。规范教学实习环节，明确实习的方式和时间长度，拓展海外实习的渠道，保证本专业培养的特色。

3. 更好地发挥本硕连读机制的作用，以便更好地培养能适应目前汉语国际教育新形势和学习者需求的高层次人才；进一步拓宽学生毕业后的就业途径，使得本专业培养的学生成为汉语教学的主力军，同时积极为学生从事海外汉语志愿者工作创造机会。

第六章

对外汉语专业本科课程设置情况分析

第一节　课程设置的总体情况

本次调查对外汉语本科生课程设置部分共回收 82 所学校的问卷，其中 74 所学校的问卷为有效问卷①，全部课程总数为 2712 门，平均每所学校开设 36.65 门课程。我们从课程类型、开设时间、主讲教师职称、主讲教师来源、教学形式、授课方式、授课人员、教材、评价方式、对教师评价方式等 10 个方面分别统计了这些课程的相关情况。整体来看，开课门数最多的学校为 83 门，最少的为 11 门②，开课学时最多的为 244 学时，总学分的平均值为 126 学分，总学时的平均值为 2042 学时。

一　按学校统计课程总体情况

（一）专业必选课在所有课程中的地位

在统计的 74 所学校中，专业必选课占全部课程百分比的均值为 51.2%，中位数为 46.1%。这两者比较接近，说明这一比例高于或低于均值的学校数基本相当，平均值能较好地反映真实情况。其他类课程按数量由多到少分别为专业任选课、专业限选课和公共必修课。公共必修课的平均比例为 11.8%，比例最高的为 32.5%。公共选修课和其他类课程的平均百分比均在 2.0% 以内，比例最高的学校为 30.0% 左右。详见表 BKKC－1 和图 BKKC－1。

---

① 在这 82 所学校中有 5 所学校填错了问卷，3 所学校填写的课程在 9 门以下，因此这 8 所学校填写的问卷被认定为无效问卷。

② 有 10 所学校填写的课程在 10 门以上、20 门以下，但因其填写课程内容一般为主干课程，因此仍作为有效问卷加以统计。

表 BKKC－1　　各种不同课程类别的百分比情况

课程类别	百分比均值	百分比中位数
A 专业必选课	51.2%	46.1%
B 专业限选课	15.3%	11.2%
C 专业任选课	18.2%	16.7%
D 公共必修课	11.8%	15.0%
E 公共选修课	1.9%	0.0%①
F 其他	1.7%	0.0%

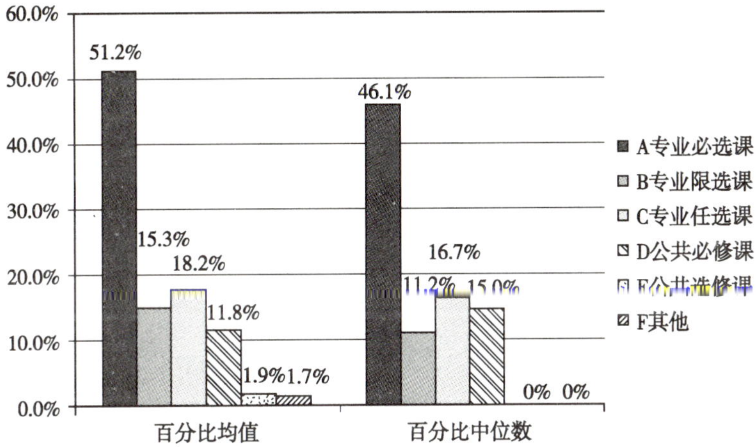

图 BKKC－1　各种不同课程类别的百分比均值和中位数

（二）课程类型主要以理论课为主

在所有学校的课程中，理论课比例的平均值为 60.0% 左右，“理论为主，实践为辅”和“理论实践并重”的课程比例分别为 15.4% 和 10.5%。这样重理论的课程总比例为 85.9%，重实践的课程总比例在 15.0% 左右，这说明本专业的课程主要以理论课程为主。详见表 BKKC－2 和图 BKKC－2。

（三）本专业教材建设比较成熟

调查发现，本专业课程使用正式教材的比例平均值为 88.2%，中位数为 97.5%（见表 BKKC－3），这说明各学校绝大部分课程都使用了正式出版的教材。

① 填写课程在 10 门以上、20 门以下的学校只填写了主干课程，其他课程没有填写，所以出现中位数为 0 的情况。

表 BKKC－2　　各种不同课程类型的百分比情况

课程类型	百分比均值	百分比中位数
A 理论型	59.9%	60.1%
B 实践型	5.1%	1.6%
C 理论为主，实践为辅	15.4%	9.5%
D 实践为主，理论为辅	9.1%	7.0%
E 理论实践并重	10.5%	4.4%

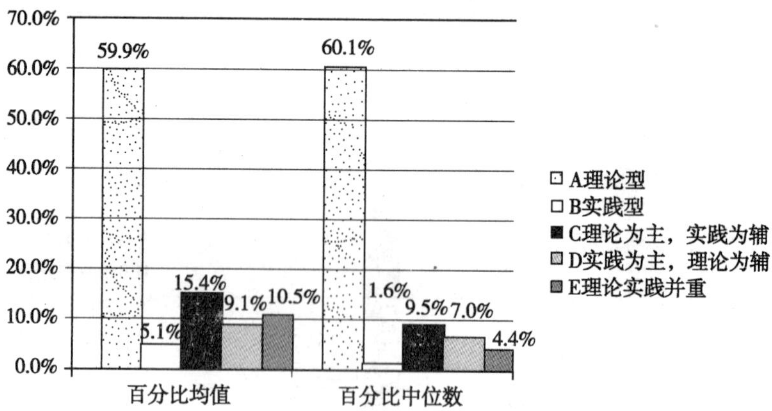

图 BKKC－2　各种不同课程类型的百分比均值和中位数

表 BKKC－3　　教材建设百分比情况

教材	百分比均值	百分比中位数	百分比最大值	百分比最小值
A 有正式出版教材	88.2%	97.5%	100%	34.7%
B 无正式出版教材	11.8%	2.5%	65.3%	0.0%

（四）本专业的教学形式以传统课堂教学为主，但在部分学校网络教学已达到相当的比例

数据显示，本专业的教学形式以传统课堂教学为主，但在部分学校网络教学已达到相当的比例。在所有的学校中，每个学校使用传统课堂教学形式进行授课的课程占总课程比例的平均数为 92.9%。其中位数为 100%，说明至少有一半学校的课程使用传统的课堂教学方式。网络教学方式的平均比例仅为 3.5%，说明这不是当前的主要教学形式。但是我们注意到，使用网络教学方式最多的学校，采用网络教学的课程占总课程数的 81.8%。这说明一些机构在某种情况下，网络教学已经成为主要的教学方式。详见表 BKKC－4。

表 BKKC－4　不同教学形式百分比情况

	百分比均值	百分比中位数	百分比最大值	百分比最小值
A 传统课堂教学	92.9%	100%	1000%	6.3%
B 网络教学	3.5%	0.0%	81.8%	0.0%
A＋B	0.0%	0.0%	2.4%	0.0%

从以上分析可以看出本专业课程建设的基本情况。目前本专业的课程类型还是以理论课程为主，绝大部分课程都有正式出版的教材，说明教材建设已基本完备。这些课程中有一半的课程属于专业必选课，教学主要通过传统的课堂讲授方式进行。一般每个学校都为本专业设置了10.0%左右的公共课，并以必修课的形式让学生进行学习。

二　各类课程开设的数量及比例

本次调查得到不同内容的课程共计342门，我们大致划分可分为以下几类：汉语本体知识类、语言学类、对外汉语教学类、文学类（中国文学、外国文学）、文化类（中国文化、外国文化）、跨文化交际类、中华才艺类、外语类、计算机类、其他类。每类课程的数量及比例如表BKKC－5、图BKKC－3、图BKKC－4和图BKKC－5所示。

表 BKKC－5　全部课程种类和开设的次数

类别	课程门数①	所占比例	课程次数②	课程次数比例	课程开设频率③
外语类	23	6.7%	384	14.2%	16.7
汉语本体知识类	27	7.9%	403	14.9%	14.9
对外汉语教学类	28	8.2%	246	9.1%	8.8
文学类	50	14.6%	406	15.0%	8.1
计算机类	12	3.5%	91	3.4%	7.6
跨文化交际类	17	5.0%	119	4.4%	7.0
中华才艺类	4	1.2%	28	1.0%	7.0
其他类	92	26.9%	576	21.2%	6.3
语言学类	29	8.5%	179	6.6%	6.2
文化类	60	17.5%	280	10.3%	4.7
总计	342	100%	2712	100%	7.9

＊说明：本表按课程开设频率降序排列。

① 不同学校课名相近的课程合为一门课计算。

② 一门课开设一个学期计为一次。

③ 指课程开设次数与课程门数之比。

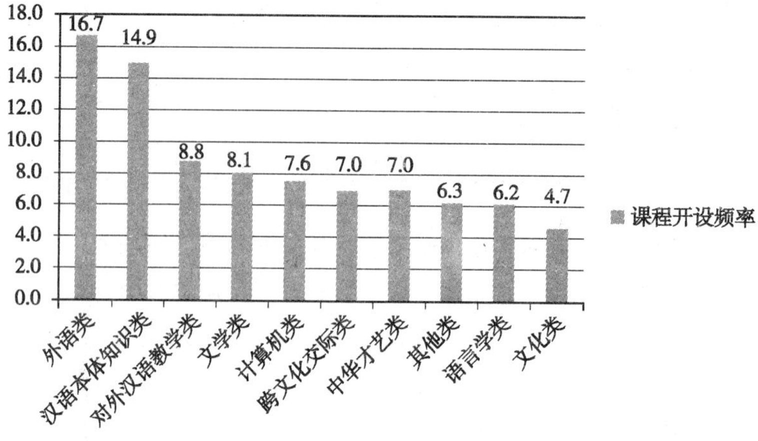

图 BKKC-3 各种不同课程的开设频率

从课程分布来看，在专业相关课程中文化类课程种数最多，这说明各学校给学生提供了更大的选择范围。但该类课程中平均每门课被开设的次数为4.7，说明各学校差异较大。文学类课程总体数量比文化类课程少，但多于其他和专业相关的课程。该类课程平均每门开设次数为8.1，高于文化类课程。

汉语本体知识、语言学、对外汉语教学这三类课程是本专业的核心课程。在每个学校中，这三类课程均在30门左右，平均开设次数外语类课程最多，为16.7次，语言学最少，为6.2次（见图BKKC-3）。这说明各学校开设的课程既有一定的广度，又相对集中，体现了同一专业教学主要内容相同的特点。这也说明本专业在课程设置方面已经逐步成熟，对主干课程内容的设置已基本趋于一致。

在所有门类的课程中，中华才艺类的开设种类和开设次数都相对较少，这说明在传统的对外汉语教学中，中华才艺类课程并未得到高度重视，为了适应汉语国际教育事业的发展，此类课程在今后的教学中应该进一步加强。

外语类课程中，英语占绝大多数，除英语、俄语、法语和德语外，其他外语均为亚洲国家语言。调查显示，74所学校共开设了12门外语课，分别为英语、韩语、日语、德语、俄语、泰语、法语、缅甸语、越南语、哈萨克语、吉尔吉斯语、塔吉克语。其中开设的英语专业课最多，占外语类课程总门数的69.5%，占全部课程总门数的4.7%；占外语类课程总次数的86.5%，占全部课程总次数的12.3%。这说明英语课程开设的课型和次数在所有外语类中均为最多，其他外语课程大多只开设单一课型。

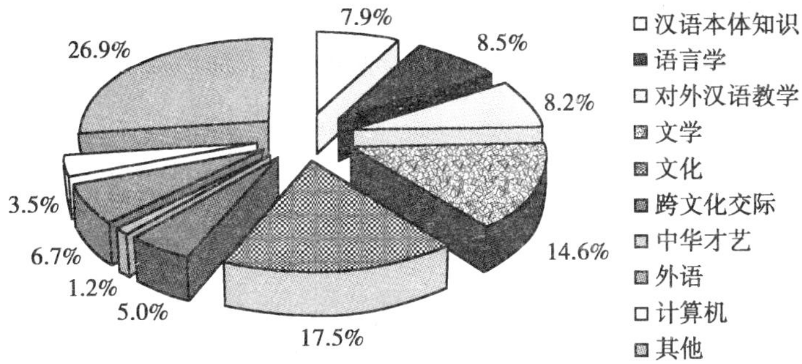

图 BKKC－4　不同类型课程所占比例情况

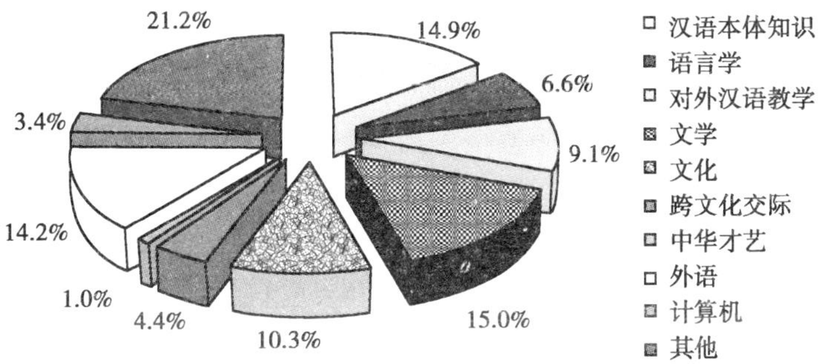

图 BKKC－5　不同类型课程开设的次数比例

从课程的设置可以看出，开设本专业的各学校在培养学生基本知识和能力的同时，也注意拓展学生的视野和知识范围，为学生提供了数量较多的其他类课程。这类课程的门数最多，一般为选修课，为学生提供了更多的选择范围，开启了更多的知识窗口。这种情况一方面与近年来提倡的培养普适性、跨专业人才有关。但从另一个方面看，每个学校开设的其他类课程各不相同，绝大部分课程，如导游原理与实务、微积分、市场营销，都只有1—2所学校开设，这反映出在进行本专业人才培养时，各学校对专业之外的能力拓展的目标和方向各不相同，课程设置很不集中，没有形成统一的认识。对外汉语本科专业的学生在未来的职业生涯中到底需要哪些相关技能与知识，与学生个人未来的职业发展密切相关。尽管各培养单位尚未形成统一的意见，但这一问题应引起重视。

第二节 核心课程开设情况

一 核心课程的界定

本次调研中，我们把所有课程中最能体现本专业特点、在培养过程中起到核心作用的课程称为核心课程。核心课程首先要具有普遍性，即大部分学校都开设此课程；其次核心课程要具有必要性，即大部分学校都将此课程作为必修课。所以，我们对核心课程的具体判定标准如下：

（1）此门课程开设学校数达到学校总数的70%以上，即有52所以上的学校开设此课；

（2）此门课作为必修课的比例达到全部开设该课程学校总数的70%以上。

本次调研中，同时满足以上两个条件的课程被界定为核心课程。这些课程可以看作本专业最具有特色和最重要的课程。我们下面将就核心课程的具体开设情况展开深入分析。

二 核心课程的学时、学分比重

按上述标准进行统计，在74所学校中，共有10门课程满足作为核心课程的条件。在这些课程中，除英语听力外，每门课程的平均学时都在40.0学时以上，平均学分都在2.5学分以上。10门课平均学时的总和为451.9学时，平均学分的总和为27.6学分，这在整个专业的课程体系中都占有相当重要的地位。详见表BKKC－6和图BKKC－6。

表BKKC－6　　核心课程学时、学分均值

课程名称	学时均值	学分均值
现代汉语	50.9	3.1
语言学概论	47.9	2.7
古代文学	46.7	2.9
对外汉语教学概论	46.2	2.7
写作	45.7	2.8
外国文学	45.5	2.8

续表

课程名称	学时均值	学分均值
古代汉语	45.4	2.7
中国文化概论	45.3	3.3
现当代文学	42.2	2.6
英语听力	36.1	2.1
总计	451.9	27.6

＊说明：本表按学时均值降序排列。

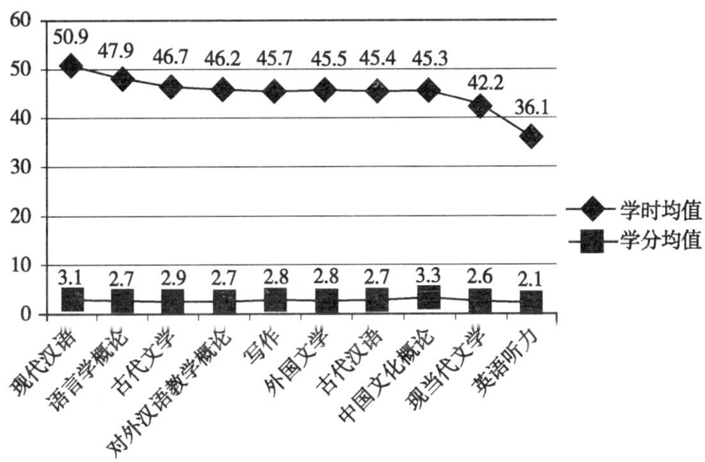

图 BKKC－6　核心课程学时、学分均值

核心课程主要隶属于汉语本体知识类、语言学类、文学类、文化类、对外汉语教学类和外语类课程。其中文学和汉语本体知识这两类核心课程最多，各有 3 门，分别为现当代文学、古代文学、外国文学和现代汉语、古代汉语、写作。其他几类课程各 1 门，语言学类的核心课程为语言学概论，文化类的核心课程为中国文化概论，对外汉语教学类的核心课程为对外汉语教学概论，外语类的核心课程为英语听力。从对外汉语教学类核心课程仅有一门对外汉语教学概论可以推测，在课程设置方面，本专业的特点还没有得到充分体现。或者说，从总体上看，除了外语课分量重一些以外，目前本专业的课程设置和一般文学院或中文系的课程设置区别不大。

在这些课程中，开设古代汉语、语言学概论、现代汉语的学校和将其作为必修课开设的学校数量都最多，在 70 所左右，占全部统计的 74 所学校的 90.0% 以上，这说明语言学在本专业中的重要地位。英语听力是核心课，说明它在整个英语类课程中的重要性，但它在核心课程中的开设学校数和作为必修课的学校数都是最少的。详见表 BKKC－7。

表 BKKC－7　　核心课程开设情况表

课程名称	开设该课程的学校数	作为必修课的学校数	作为必修课的比例
古代汉语	73	70	95.9%
语言学概论	72	69	95.8%
现代汉语	71	69	97.2%
对外汉语教学概论	70	61	87.1%
外国文学	62	51	82.3%
中国文化概论	58	49	84.5%
写作	57	46	80.7%
现当代文学	56	52	92.9%
古代文学	56	50	89.3%
英语听力	52	40	76.9%

＊说明：本表按开设课程的学校数降序排列。

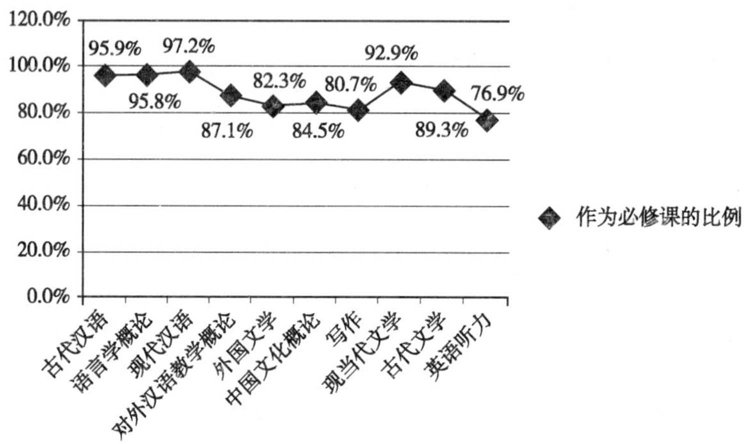

图 BKKC－7　核心课程作为必修课的比例

三　五门最重要核心课程的开设情况

从统计可以看出，有 5 门课程在全部 74 所学校中开设的学校数和作为必修课的比例都在 80.0% 以上。对这五门课，我们从课程类型、授课教师职称、授课方式、开设时间等方面进行了详细分析。

（一）汉语本体知识核心课程：现代汉语、古代汉语

从统计数据看，这两门课都是理论型课程（见表 BKKC－8）。现代汉语的授课教师中副高级职称的比例最高，占 44.6%，正高和中级职称的比例基本相当，没有明显的区别。古代汉语的授课教师中各级职称的比例基本相当，无明显差别（见表 BKKC－9）。这两门课程使用正式出版教材的比例都在 90.0% 以上（见表 BKKC－10），教学形式以传统课堂教学为主，比例在 95% 以上（见表 BKKC－11）。两门课在授课方式方面，都以教师讲授为主，占 60.0% 以上，同时也注重课堂讨论和课堂操练的运用，这两种方式分别占到 20.0% 和 10.0% 以上（见表 BKKC－12）。两门课程的考试都以闭卷考试形式为主，占 60.0% 左右，还有 17.0% 以上的学校参考了平时表现和作业打分情况（见表 BKKC－14）。从开设时间来看，古代汉语多集中在第三和第四学期，这两个学期总共占 57.4%。现代汉语多集中在第一和第二学期开设，这两个学期开设的比例之和为 85.7%（见表 BKKC－13）。

表 BKKC－8　现代汉语、古代汉语的课程类型情况

课程类型	现代汉语		古代汉语	
	选项合计	选项百分比	选项合计	选项百分比
A 理论型	62	72.1%	101	81.5%
B 实践型	0	0.0%	0	0.0%
C 理论为主，实践为辅	18	20.9%	14	11.3%
D 实践为主，理论为辅	0	0.0%	2	1.6%
E 理论实践并重	6	7.0%	7	5.6%
各选项总数	86	100%	124	100%

表 BKKC－9　现代汉语、古代汉语的主讲教师情况

主讲教师职称	现代汉语		古代汉语	
	选项合计	选项百分比	选项合计	选项百分比
A 正高	29	28.7%	50	36.0%
B 副高	45	44.6%	46	33.1%
C 中级	26	25.7%	41	29.5%
D 初级	1	1.0%	1	0.7%
E 无职称	0	0.0%	1	0.7%
各选项总数	101	100%	139	100%

表 BKKC－10　　现代汉语、古代汉语的教材情况

教材	现代汉语		古代汉语	
	选项合计	选项百分比	选项合计	选项百分比
A 有正式出版教材	84	96.6%	117	94.4%
B 无正式出版教材	3	3.4%	7	5.6%
各选项总数	87	100%	124	100%

表 BKKC－11　　现代汉语、古代汉语的教学形式情况

教学形式	现代汉语		古代汉语	
	选项合计	选项百分比	选项合计	选项百分比
A 传统课堂教学	85	97.7%	121	96.0%
B 网络教学	2	2.3%	4	3.2%
A＋B	0	0.0%	1	0.8%
各选项总数	87	100%	126	100%

表 BKKC－12　　现代汉语、古代汉语的授课方式情况

授课方式	现代汉语		古代汉语	
	选项合计	选项百分比	选项合计	选项百分比
A 教师讲授	87	62.6%	126	66.0%
B 课堂讨论	30	21.6%	40	20.9%
C 课外调研/考察	3	2.2%	1	0.5%
D 课堂操练	17	12.2%	22	11.5%
E 自学	1	0.7%	1	0.5%
F 实习	1	0.7%	1	0.5%
各选项总数	139	100%	191	100%

表 BKKC－13　　现代汉语、古代汉语的开设时间情况

开设时间	现代汉语		古代汉语	
	选项合计	选项百分比	选项合计	选项百分比
A 一年级上学期	61	43.9%	12	6.9%
B 一年级下学期	58	41.7%	26	14.9%
C 二年级上学期	10	7.2%	58	33.3%
D 二年级下学期	4	2.9%	42	24.1%

续表

开设时间	现代汉语		古代汉语	
	选项合计	选项百分比	选项合计	选项百分比
E 三年级上学期	1	0.7%	15	8.6%
F 三年级下学期	2	1.4%	12	6.9%
G 四年级上学期	3	2.2%	8	4.6%
H 四年级下学期	0	0.0%	1	0.6%
各选项总数	139	100%	174	100%

表 BKKC－14　　现代汉语、古代汉语的评价方式情况

评价方式	现代汉语		古代汉语	
	选项合计	选项百分比	选项合计	选项百分比
A 闭卷考试	76	66.7%	97	59.5%
B 开卷考试	8	7.0%	17	10.4%
C 提交报告或论文	7	6.1%	21	12.9%
D 据平时表现和作业打分	23	20.2%	28	17.2%
各选项总数	114	100%	163	100%

（二）语言学类核心课程：语言学概论

语言学概论为理论型课程（见表 BKKC－15），该课程的授课教师副高级职称的比例最高，占 43.4%，正高和中级职称的比例相当（见表 BKKC－16）。该课程所有学校都使用正式出版的教材（见表 BKKC－17）。教学形式以传统课堂教学为主（见表 BKKC－18），授课方式以教师讲授为主，占 61.7%；以课堂讨论为辅，占 22.6%（见表 BKKC－19）。考试以闭卷考试形式为主，占 73.9%，还有 18.5% 的学校参考了平时表现和作业打分情况（见表 BKKC－21）。该课程的授课时间主要在第三和第四学期，这两个学期占 61.1%。其次开设在第五学期，比例为 19.5%（见表 BKKC－20）。

表 BKKC－15　　语言学概论的课程类型情况

课程类型	选项合计	选项百分比
A 理论型	59	84.3%
B 实践型	0	0.0%
C 理论为主，实践为辅	9	12.9%
D 实践为主，理论为辅	0	0.0%
E 理论实践并重	2	2.9%
各选项总数	70	100%

表 BKKC－16 语言学概论的主讲教师职称情况

主讲教师职称	选项合计	选项百分比
A 正高	21	25.3%
B 副高	36	43.4%
C 中级	23	27.7%
D 初级	2	2.4%
E 无职称	1	1.2%
各选项总数	83	100%

表 BKKC－17 语言学概论的教材情况

教材	选项合计	选项百分比
A 有正式出版教材	71	100%
B 无正式出版教材	0	0.0%
各选项总数	71	100%

表 BKKC－18 语言学概论的教学形式情况

教学形式	选项合计	选项百分比
A 传统课堂教学	69	94.5%
B 网络教学	3	4.1%
A＋B	1	1.4%
各选项总数	73	100%

表 BKKC－19 语言学概论的授课方式情况

授课方式	选项合计	选项百分比
A 教师讲授	71	61.7%
B 课堂讨论	26	22.6%
C 课外调研/考察	2	1.7%
D 课堂操练	14	12.2%
E 自学	1	0.9%
F 实习	1	0.89%
各选项总数	115	100%

表 BKKC－20　　语言学概论的开设时间情况

开设时间	选项合计	选项百分比
A 一年级上学期	4	5.2%
B 一年级下学期	5	6.5%
C 二年级上学期	23	29.9%
D 二年级下学期	24	31.2%
E 三年级上学期	15	19.5%
F 三年级下学期	4	5.2%
G 四年级上学期	1	1.3%
H 四年级下学期	1	1.3%
各选项总数	77	100%

表 BKKC－21　　语言学概论的评价方式情况

评价方式	选项合计	选项百分比
A 闭卷考试	68	73.9%
B 开卷考试	2	2.2%
C 提交报告或论文	5	5.4%
D 据平时表现和作业打分	17	18.5%
各选项总数	92	100%

（三）文学类核心课程：外国文学

外国文学为理论型课程（见表 BKKC－22），该课程的授课教师中副高级职称的比例最高，为 38.2%，正高和中级职称的比例相同（见表 BKKC－23）。该课程使用正式出版教材为主（见表 BKKC－24），教学形式主要是传统课堂教学（见表 BKKC－25），授课方式以教师讲授为主，以课堂讨论和课堂操练为辅（见表 BKKC－26）。该课程也以闭卷考试为主，占 58.2%，14.3% 的学校要求提交报告或论文，20.9% 的学校参考了平时表现和作业打分情况（见表 BKKC－28）。授课时间主要在第四、五、六三个学期（见表 BKKC－27）。

表 BKKC－22　　外国文学的课程类型情况

课程类型	选项合计	选项百分比
A 理论型	52	83.9%
B 实践型	0	0.0%
C 理论为主，实践为辅	6	9.7%

续表

课程类型	选项合计	选项百分比
D 实践为主，理论为辅	2	3.2%
E 理论实践并重	2	3.2%
各选项总数	62	100%

表 BKKC－23　外国文学的主讲教师职称情况

主讲教师职称	选项合计	选项百分比
A 正高	20	29.4%
B 副高	26	38.2%
C 中级	20	29.4%
D 初级	1	1.5%
E 无职称	1	1.5%
各选项总数	68	100%

表 BKKC－24　外国文学的教材情况

教材	选项合计	选项百分比
A 有正式出版教材	61	96.8%
B 无正式出版教材	2	3.2%
各选项总数	63	100%

表 BKKC－25　外国文学的教学形式情况

教学形式	选项合计	选项百分比
A 传统课堂教学	62	98.4%
B 网络教学	1	1.6%
各选项总数	63	100%

表 BKKC－26　外国文学的授课方式情况

授课方式	选项合计	选项百分比
A 教师讲授	62	63.9%
B 课堂讨论	21	21.7%
C 课外调研/考察	1	1.0%

续表

授课方式	选项合计	选项百分比
D 课堂操练	10	10.3%
E 自学	2	2.1%
F 实习	1	1.0%
各选项总数	97	100%

表 BKKC－27　　外国文学的开设时间情况

开设时间	选项合计	选项百分比
A 一年级上学期	3	3.1%
B 一年级下学期	6	6.2%
C 二年级上学期	9	9.3%
D 二年级下学期	19	19.6%
E 三年级上学期	29	29.9%
F 三年级下学期	22	22.7%
G 四年级上学期	8	8.2%
H 四年级下学期	1	1.0%
各选项总数	97	100%

表 BKKC－28　　外国文学的评价方式情况

评价方式	选项合计	选项百分比
A 闭卷考试	53	58.2%
B 开卷考试	6	6.6%
C 提交报告或论文	13	14.3%
D 据平时表现和作业打分	19	20.9%
各选项总数	91	100%

（四）对外汉语教学：对外汉语教学概论

该课程虽然大部分学校设定为理论课，但是有10.4%的学校定义为理论与实践并重的课程类型，强调其实践的重要性（见表BKKC－29）。授课教师中副高级职称和中级职称者所占比例相同，为41.2%，正高级职称比例比中级和副高级职称比例低（见表BKKC－30）。该课程使用正式出版教材为主（见表BKKC－31），教学形式主要是传统课堂教学（见表BKKC－32），授课方式以教师讲授为主，以课堂讨论和课堂操练为辅（见表BKKC－33）。这两者比例比其他课程更加接近，说明了对外汉语教学中实践的重要性。闭卷考试是该课程主要形式，占63.0%，21.3%的学校参考了平时表现和作业打分情况（见表BKKC－35）。该课程的授课时间相对比较分散，主要在第三、四、五、六四个学期，其中第五学期比例最高，为35.4%（见表BKKC－34）。

表BKKC－29　　对外汉语教学概论的课程类型情况

课程类型	选项合计	选项百分比
A 理论型	47	61.0%
B 实践型	1	1.3%
C 理论为主，实践为辅	21	27.3%
D 实践为主，理论为辅	0	0.0%
E 理论实践并重	8	10.4%
各选项总数	77	100%

表BKKC－30　　对外汉语教学概论的主讲教师职称情况

主讲教师职称	选项合计	选项百分比
A 正高	12	14.1%
B 副高	35	41.2%
C 中级	35	41.2%
D 初级	2	2.4%
E 无职称	1	1.2%
各选项总数	85	100%

表BKKC－31　　对外汉语教学概论的教材情况

教材	选项合计	选项百分比
A 有正式出版教材	70	90.9%
B 无正式出版教材	7	9.1%
各选项总数	77	100%

表BKKC－32　　对外汉语教学概论的教学形式情况

教学形式	选项合计	选项百分比
A 传统课堂教学	73	94.8%
B 网络教学	2	2.6%
A＋B	2	2.6%
各选项总数	77	100%

表 BKKC－33　　对外汉语教学概论的授课方式情况

授课方式	选项合计	选项百分比
A 教师讲授	77	57.9%
B 课堂讨论	24	18.0%
C 课外调研/考察	5	3.8%
D 课堂操练	19	14.3%
E 自学	2	1.5%
F 实习	6	4.5%
各选项总数	133	100%

表 BKKC－34　　对外汉语教学概论的开设时间情况

开设时间	选项合计	选项百分比
A 一年级上学期	3	3.7%
B 一年级下学期	3	3.7%
C 二年级上学期	8	9.8%
D 二年级下学期	13	15.9%
E 三年级上学期	28	34.1%
F 三年级下学期	18	22.0%
G 四年级上学期	6	7.3%
H 四年级下学期	3	3.7%
各选项总数	82	100%

表 BKKC－35　　对外汉语教学概论的评价方式情况

评价方式	选项合计	选项百分比
A 闭卷考试	68	63.0%
B 开卷考试	4	3.7%
C 提交报告或论文	13	12.0%
D 据平时表现和作业打分	23	21.3%
各选项总数	108	100%

从以上五门课的具体情况来看，这些核心课程都属于理论型的课程，主讲教师基本都是本单位的副教授。这些课程大部分都比较成熟，有正式出版

的教材，而且使用比例也很高。在教学形式上，以传统教学方式为主。授课方式以教师讲授为主，课堂讨论和课堂操练为辅。考试形式以闭卷考试为主，还有一部分学校会参考平时表现和作业打分情况。在开设时间方面，汉语本体知识课程主要集中在低年级开设，其他课程主要在二年级下学期和三年级开设。

第三节 公共课情况分析

公共课的设置对本专业学生的培养和全面发展具有重要的作用。各学校开设的公共课主要分为政治、英语和体育三个方面。其中政治和体育课开设的学校数基本接近，[①] 大概占统计中总学校的50.0%。在这三类课程中英语和政治的平均学分比较接近，学分的中位数和学期均值也比较接近，说明各学校的学分设置分布比较均匀。体育课的平均学分最低。三类课程的学时设置和学分相对应，即英语和政治基本接近，体育课最少。详见表 BKKC－36、表 BKKC－37 和图 BKKC－8、图 BKKC－9。

表 BKKC－36 公共课学分情况

	开课学校总数	总学分数	平均总学分	每学期平均学分	每学期平均学分中位数
大学英语	25	290.0	11.6	3.6	4.0
体育	38	171.5	4.1	1.3	1.0
政治	41	462.0	11.3	3.1	3.0

表 BKKC－37 公共课学时情况

	开课学校总数	总学时数	平均总学时	每学期平均学时	每学期平均学时中位数
大学英语	25	5299.9	212.0	63.1	67.5
体育	38	4002.0	105.3	32.3	32.0
政治	41	7308.0	178.2	53.3	51.0

① 有些学校在填表时可能未将政治课计入。

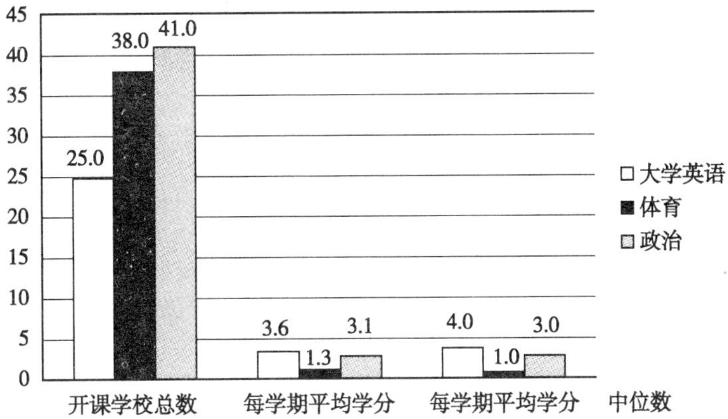

图 BKKC－8　公共课学分情况

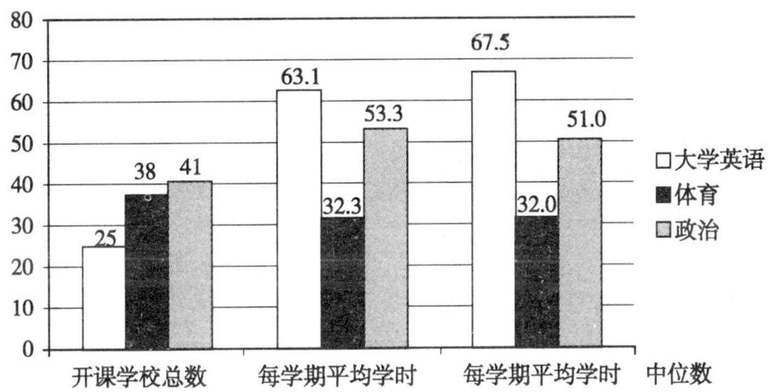

图 BKKC－9　公共课学时情况

第四节　主要结论与建议

从以上分析基本可以看出，目前对外汉语本科专业在课程设置方面渐趋成熟，但仍然存在不少问题，最主要的就是课程设置专业特色不够鲜明。

尽管统计数据显示大部分学校对本专业的课程设置有一定的共识，比如核心课程设置高度一致，但总体上说，因为对外汉语本科专业设置的目的性不够鲜明，导致本专业课程设置除了比较注重外语和设置了类似“对外汉语教学概论”之类的课程外，本专业的特色不够鲜明。所以，如果需要继续开设本专业，则其课程设置应更能突出本专业的特色。同时，建议制定本专业各培养院校普遍认可的专业课、外语课和选修课的主干课程及其合理比例，建立健全课程规范。

第六部分

学术型硕士培养调研报告

调查共得到有学术型硕士的机构问卷42份。其中211高校19份，985高校9份，非211学校23份；教育部属高校13份，省属高校28份，其他部属高校1份。调查内容包括：机构的硕士点设置（硕士点的二级学科和招生方向）、招生情况（招生时间、招生人数、导师人数、招生方式、学生来源、本科专业）、学生管理（实习要求、海外教学实践情况、HSK等级要求）和就业（就业人数、工作类别）四个方面，以便了解全国范围内各高校学术型硕士的培养情况和这一学科的发展情况。

第一章

硕士点设置情况

通过对所回收问卷进行分析发现，在这些高等院校中，对外汉语教学硕士点二级学科的设置和专业类别的分布存在以下特点。

第一节　对外汉语教学硕士点的二级学科归属不统一

在参与此项调查的高校中，78.6%的高校设有“语言学及应用语言学”二级学科，其中有39.4%的高校同时设有“汉语言文字学”二级学科，有12.1%的高校有“学科教学论”二级学科，9.1%的高校还同时设有其他二级学科。

有11.9%的高校没有“语言学及应用语言学”二级学科，但设有“汉语言文字学”，有1所只设有“学科教学论”，另外4.76%的高校的二级学科不属于这三种，为“其他”（见图JGE－1）。

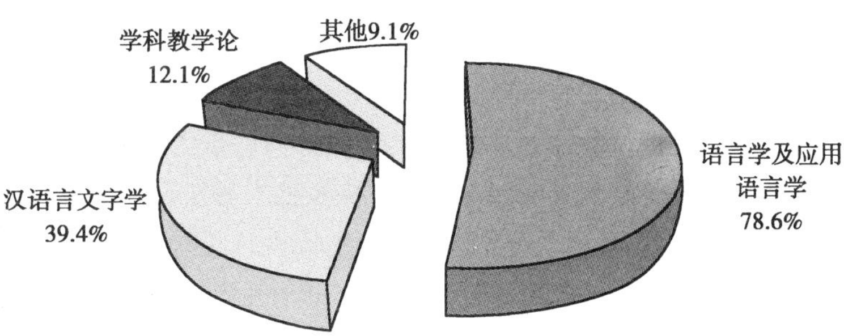

图 JGE－1　机构二级学科设置情况

关于对外汉语教学方向的归属，调查显示，在42所高校中，有35所（83.3%）高校设有“对外汉语教学方向”，其中有28所（79.9%）高校将

"对外汉语教学"归入"语言学及应用语言学"二级学科之下，有5所(14.3%)高校归入"汉语言文字学"二级学科之下，有1所高校则归入"学科教学论"二级学科下，1所为其他。另外7所（16.7%）高校虽然招收"对外汉语教学"方向的硕士生，但在相关的二级学科中并没有设立"对外汉语教学"方向（见图JGE-2)。

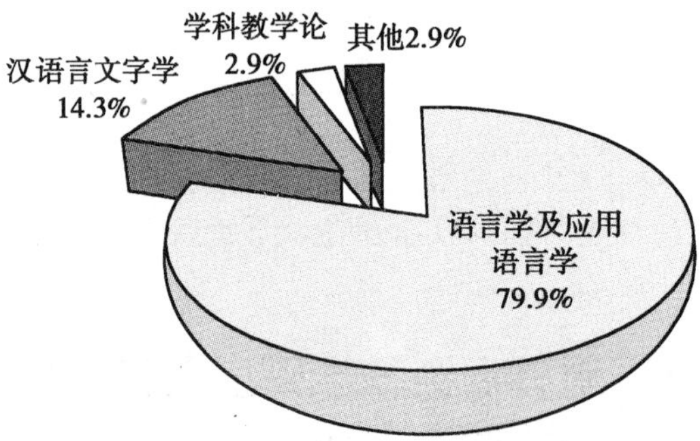

图JGE-2　"对外汉语教学"方向二级学科归属情况

第二节　二级学科下的招生方向多样化

调查显示，招收对外汉语教学硕士的高校在二级学科下面有多类招生方向并存（见图JGE-3)。除"对外汉语教学"方向外，部分高校同时设有"现代汉语"和"古代汉语"类的研究方向，一些高校还设有"中文信息处理"、"文化"和其他类方向。在35所设有"对外汉语教学"方向的高校中，有68.6%同时具有另外的招生方向。其中，有51.3%（20所）同时招收"现代汉语"方向、28.2%（11所）招收"古代汉语"方向的硕士研究生，有20.5%（8所）招收"中文信息处理"方向的硕士研究生。

调查显示，上述类别的招生方向在各类高校的对外汉语教学机构中多有设置，不论是"985"高校、"211"高校还是非"211"高校，招生方向都较为多样化。教育部属和省属高校也同时设有以上几类招生方向，但部分其他部属高校招生方向的设置则较为单一。具体情况见图JGE-4a、图JGE-4b。

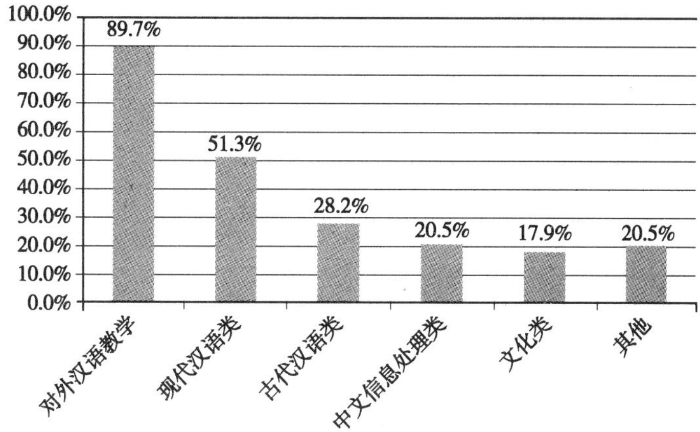

图 JGE－3　对外汉语教学机构二级学科下的招生方向

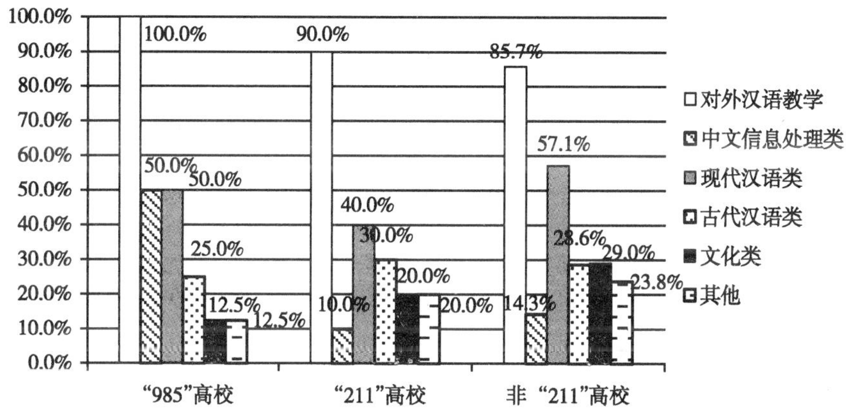

图 JGE－4a　不同类别高校招生方向设置情况

第三节　招生多在本机构内进行

据调查，76.5%的高校对外汉语教学硕士招生在本机构内进行，23.5%的高校在校内其他机构也招生（见图 JGE－5）。

调查显示，在这些高校中有 2 所高校具有硕博连读的条件。这两所高校是较早开始对外汉语教学硕士招生的，它们分别于 1986 年和 1991 年开始"对外汉语教学"方向的硕士生培养。由于招生历史相对较长，积累了较丰

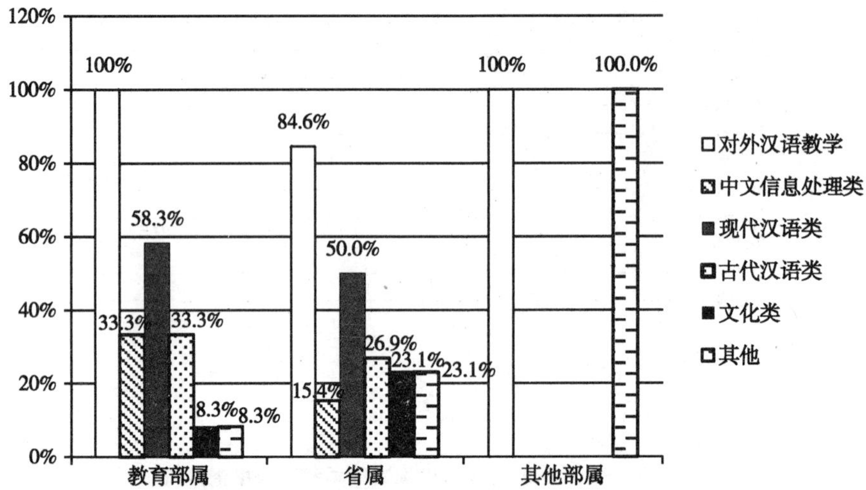

图 JGE－4b　不同归属高校招生方向设置情况

富的研究生培养经验，其教学体系和课程的连续性、完整性都比较好，有利于学术型人才的系统培养。

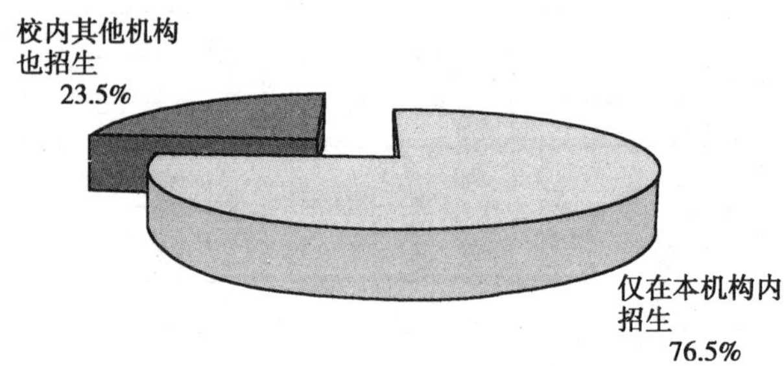

图 JGE－5　对外汉语教学硕士点招生权情况

第二章

对外汉语教学硕士具体招生情况

第一节　招收对外汉语教学硕士的高校数量逐渐递增

调查显示，对外汉语教学硕士招生最早开始于 1986 年，紧随其后的两所高校分别于 1994 年和 1995 年开始招收对外汉语教学硕士。随后国内各高校陆续设立对外汉语教学硕士点，1994—2010 年，以平均每年新增 2 所高校的速度发展。该学科在高校的发展速度也是不同的。1994—2000 年五年间，共新增 8 所高校，2001—2005 年则新增了 10 所，从 2006 年到本次调查结束的 2010 年初，共新增 19 所高校。其中有 9 所高校同时于 2007 年开始这个方向的硕士招生，增长速度最快。全国“对外汉语教学”硕士点增加情况如图 JGE－6 所示，从图中的曲线可以看到：全国开设对外汉语教学硕士点的高校数量是逐渐递增的。

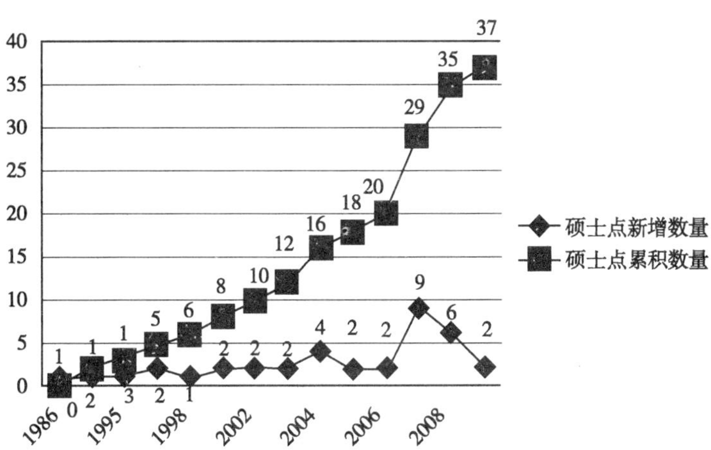

图 JGE－6　全国对外汉语教学硕士点增加情况

第二节　外国留学生的招生数量逐年递增

以上我们描述了对外汉语教学硕士招生在国内高校的总体分布情况，下面我们对2007—2009年的招生详细信息进行分析。调查结果显示，在参与此项调查的高校中2007年有29所高校招收了对外汉语教学的学术型硕士，2008年则有34所高校招生，到2009年有35所高校进行了招生。在这些高校所招收的硕士研究生中既有中国学生，也有外国学生。每所高校的平均招生数量如图JGE－7所示。

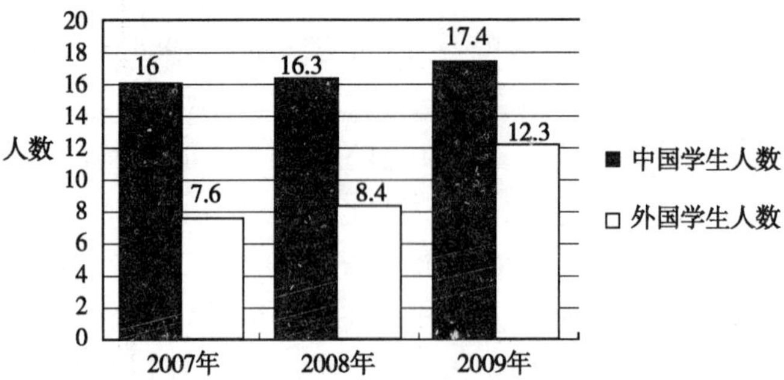

图JGE－7　2007—2009年全国对外汉语教学硕士招生情况图（人）

从调查结果可以看到，中国学生的数量基本稳定，而外国留学生的数量逐年递增。2007年有29所高校招收了对外汉语教学的学术型硕士，平均每所高校招收16名中国学生；2008年，有34所高校招收了中国学术型硕士生，平均每所高校招收16.3名；2009年招收中国学生的35所高校中，平均每所高校招收17.4名。三年之间的招生数量虽然略有增长，但变化不大，数量基本稳定。

与此同时，高校招收的外国学生的数量在逐年增加。2007年在29所招收对外汉语教学硕士的高校中，有16所（55.2%）高校招收了外国学生，平均每所高校招收7.6名；2008年，34所高校中有18所（52.9%）高校招收外国学生，平均每所高校招收8.4名，比2007年略有增加；2009年，35所高校中有25所（71.4%）高校招收外国学生，平均每所高校招收12.3名，招生数量明显增加，平均每所高校比2008年增加了3.9人，比2007年增加了4.7人。

从整体上看，高校的对外汉语教学学术型硕士招生数量也在逐年增长。在所回收的问卷中，42 所高校三年的招生总人数约为 2206 人，三年的具体数量和招生趋势变化如图 JGE－8 所示。

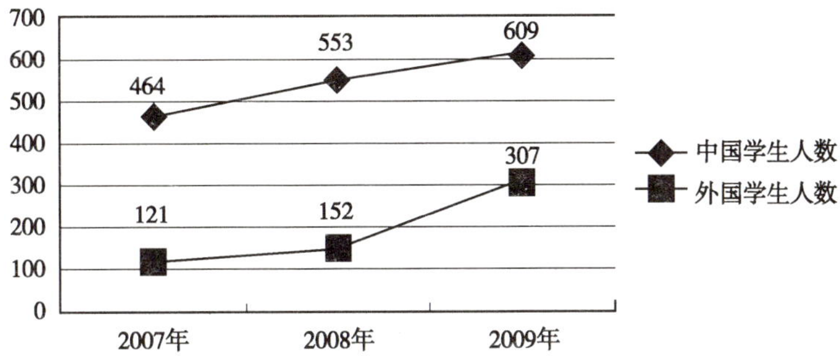

图 JGE－8 2007—2009 年全国硕士招生趋势变化（人）

综合上面的统计与分析可以看到，随着设立该硕士点的高校数量的增多，所招收的学生总数也逐步增加。说明该学科和专业处于一种平稳发展的状态，留学生数量的增加也在一定程度上说明这个专业逐渐得到外国学生的欢迎。但数据分析也显示，有个别以往招生数量很少的高校，在 2009 年突然招收大批留学生硕士，这是由于合作交流而形成的新的培养生源还是缘自其他原因？其培养模式和培养效果如何？如何探索各高校在拓宽国际合作、增加招生数量的同时保证培养效果的最优化？这都有待于下一步更深入的跟踪研究和探讨。

第三节 各高校对外汉语教学方向的导师数量

一 各类高校导师数量不均衡

在 39 所提交本项数据的高校中，对外汉语教学方向的硕士导师总人数为 335 位，平均每所高校约有 8.6 位对外汉语教学方向的硕士生导师。据统计，有 22 所高校的导师人数在 7 位以上；但硕士导师的数量呈现出不均衡的状态，有的高校或机构只有 1 位导师，有的学校则多达 40 位。其中“985”高校、“211”高校的导师数量平均约为 10 位，远远高于非“211”高校的 4.5 位，教育部属高校的导师数量平均约为 9 位，也明显超过省属高校的 5 位。具体统计如图 JGE－9 所示。从图中也可以看到：虽然非“211”

高校的导师平均数量低于“985”高校和“211”高校，但由于其院校数量多，因此其导师总数相差并不是很大，省属院校与教育部属院校的导师数量也呈现出同样的关系。

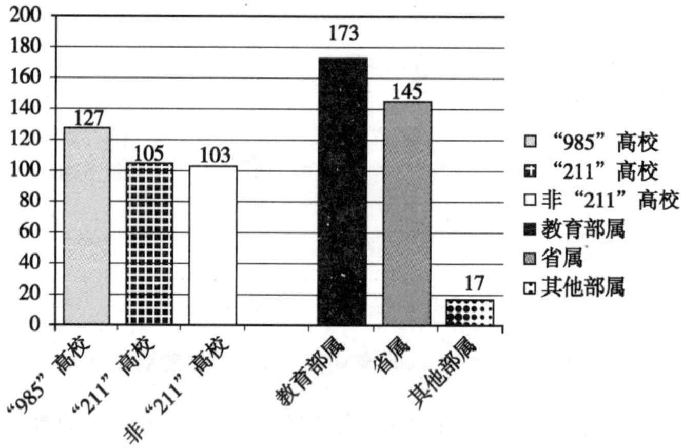

图 JGE－9　各机构对外汉语教学方向硕士生导师人数（人）

二　导师与研究生的数量比基本合理

尽管各高校的导师数量不均衡，但调查结果显示导师与学生的数量比从整体上看是基本合理的。

从调查数据看（见图 JGE－10），2007 年 39 所高校总共招收了 585 名学术型硕士，其中中国学生 464 名，外国学生 121 名，平均每所高校招收 19 名学生。有 87.1%（27 所）的高校招收了外国学生，平均每所高校招收 19 名。39 所高校的导师的总数为 335 名，这一年的师生数量比为 1：1.8。2008 年总共招收了 705 名学生，其中中国学生 553 名，外国学生 152 名，平均每所高校招收 21 名学生，这一年的师生数量比为 1：2.1。2009 年，总共招收了 916 名学生，其中中国学生 609 名，外国学生 307 名，平均每所高校招收 26 名学生，这一年的师生数量比为 1：2.7。虽然导师数量也是逐年增加的，但其增加速度远远慢于学生数量的增加，因此师生比在三年间逐步升高，导师数量与所招学生的数量比三年间的平均值为 1：2.2。也就是说，一位导师每年平均约增加 2 名学生，三年中平均每个导师需要指导 7 名硕士研究生。如果从工作量来说，该师生比应该是基本合理的，是导师能够承担的工作量。

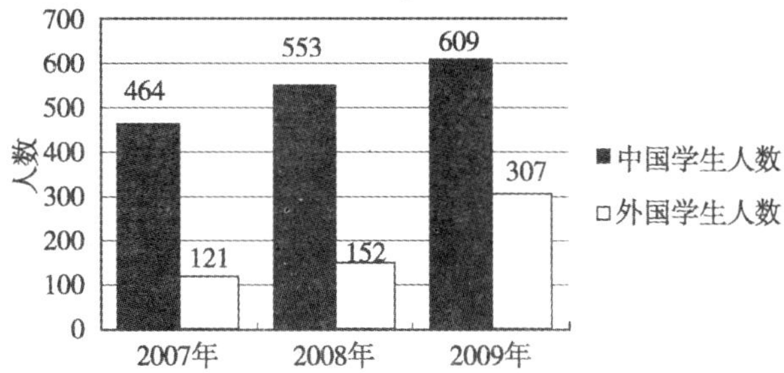

图 JGE－10　2007—2009 年 39 所高校硕士招生情况（人）

调查结果也显示有部分高校的师生数量比与平均值相差较大，有的院校甚至高达 1∶15.3，这种现象的产生来自多种原因。首先，学校或院系设定的招生计划不合理，有部分高校或机构虽然拥有对外汉语教学硕士招生权，设置了对外汉语教学硕士点，但硕士点所属单位或机构导师数量不足，设定招生计划时没有充分考虑师生合理比例。其次，与硕士点的设置或培养模式有关。有些院校该硕士点的招生权设在某个院系，但教学、培养、指导任务则由多个院系共同承担，而机构在填写数据时只计算了本机构的导师和学生数量，从而导致师生比很高。但不可否认，有部分高校确实存在招生计划不合理的现象，这无疑会带来各种不良后果。一方面给导师带来超负荷的工作量，使导师承担着巨大的工作压力，无法保证足够的时间和精力有效地指导每一个学生；另一方面也使学生无法得到有效的指导和管理，甚至无法保证正常的教学秩序。如果这种现象长期发展，甚至会影响这一学科的正常发展。因此各高校应注意科学设置招生和培养计划，将招生数量控制在合理的范围内，以保证培养出高质量的优秀学生，促进汉语国际教育事业的健康、持续发展。

第四节　招生方式

一　招生方式以考试录取为主

各高校对外汉语教学学术型硕士的招生方式主要有“推荐免试”和“考试录取”两种，其中“推荐免试”包括“本校推荐”和“外校推荐”两类。2007—2009 年这三种方式在各高校的使用情况如图 JGE－11 所示。

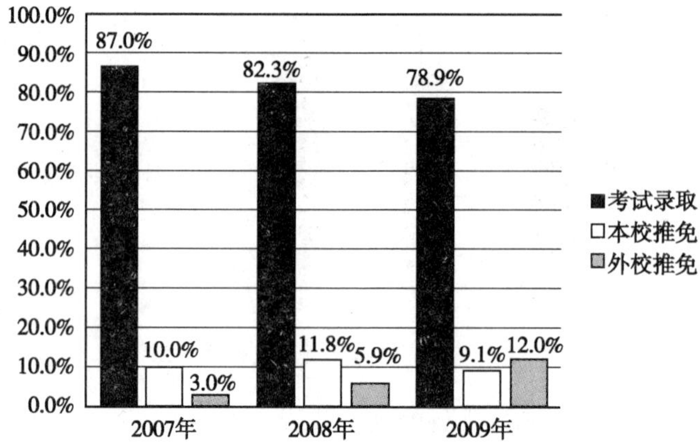

图 JGE－11　2007—2009 年各种招生方式比例

调查数据显示，各高校招生普遍以“考试录取”方式为主。2007 年，87.0% 的学生是通过考试录取的，10.0% 的学生通过本校推免方式录取，外校推免方式录取的占 3.0%；2008 年，82.3% 的学生通过考试录取，11.8% 的学生通过本校推免方式录取，外校推免方式录取的占 5.9%；2009 年，78.9% 的学生通过考试录取，9.1% 通过本校推免方式录取，外校推免方式录取的占 12.0%。其中“985”和“211”高校的推免生比例明显高于非“211”高校。

二　推免生比例逐步提高

从调查统计的结果看，各高校在招生时，各类考生的比例在三年中呈现出一些变化趋势，表明各高校的招生政策在不断地调整中。从 2007—2009 年的三年中，各高校的招生方式普遍以考试录取为主。虽然考试录取占了绝对的比重，但是比例呈下降趋势。考试录取的学生从 2007 年的 87.0% 减少到 2009 年的 78.9%，减少了 8%。推荐免试的比例略有增长，尤其是外校推免的学生比例从 2007 年的 3.0% 上升到 2009 年的 12.0%，本校推免比例则基本持平。详见图 JGE－12。推免生比例的提高意味着各高校在保证招生规模的同时，也更加注重生源的质量，采取多种措施吸引优秀生源。

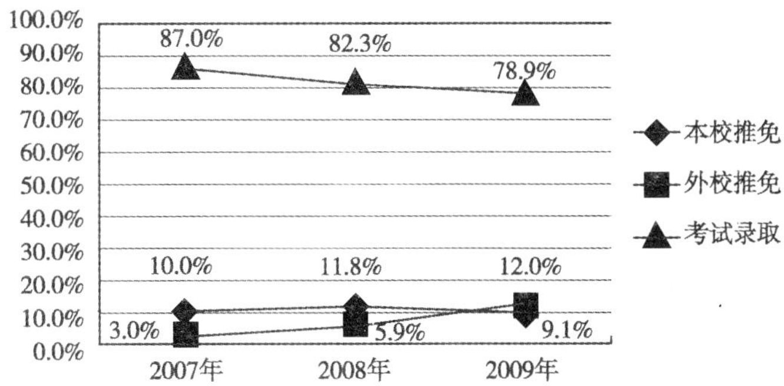

图 JGE－12　2007—2009 年招生方式趋势变化

第五节　学生本科背景

一　本科阶段以三类专业为主

根据对 2007—2009 年三年间学生情况的调查（见图 JGE－13），对外汉语教学专业的硕士生入学前的专业主要来自“对外汉语”、“中文”和“外语”三类，其中“中文”专业的学生所占比例最大，平均为 40.71%，是“对外汉语教学”学术型硕士的最主要生源。“对外汉语”专业和“外语”专业的学生是对外汉语教学硕士生的另外两个主要生源，不过这两个专业学生所占的比例相差不大，“对外汉语”专业本科生比例略高于“外语”专业，2007—2009 年三年间平均高出 2.3%。总体来看，各专业来源的比例分布在三年间的变化差别不大。

二　“对外汉语”专业的生源增多

从调查数据看，“对外汉语”专业并不是对外汉语教学学术硕士招生的主要生源。但从趋势图中（见图 JGE－14）也可以看到，来自“中文”专业的学生比例呈现出逐年下降的趋势，而“对外汉语”专业本科生源则有所增加，这可能与该专业的招生历史和规模相关。由于这个本科专业的招生历史与“中文”专业相比要短得多，招生机构的数量和招生规模也大大低于“中文”专业本科招生，因此“对外汉语”专业本科生源并不是最多的。但随着其本科招生规模的逐渐扩大，该专业的硕士生源呈现出增长趋势。这在一定程度上显示并提醒我们，“对外汉语”专业本科生的招生计划和培养

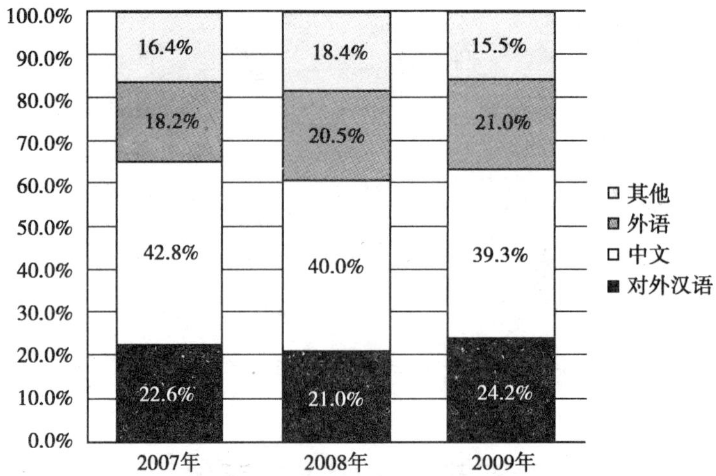

图 JGE－13　学生本科专业分布

质量直接影响到硕士阶段的生源质量和学科的发展。

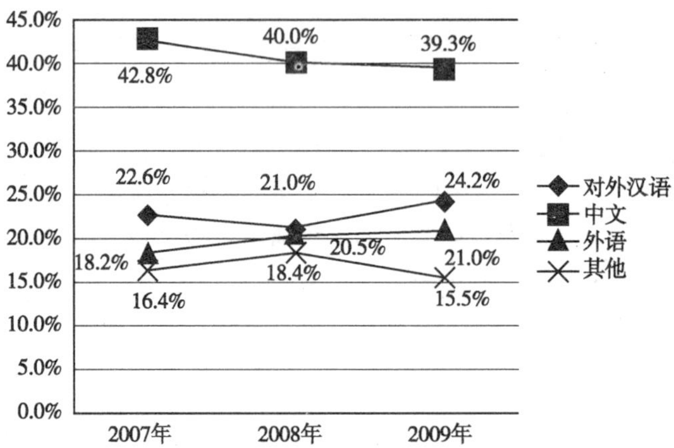

图 JGE－14　硕士生源比例变化情况

第六节　对外国留学生报考对外汉语教学硕士的汉语水平要求

一　HSK 和同等性质的考试证书是评定留学生汉语水平的主要依据

对于报考对外汉语教学硕士的留学生汉语水平的要求，各高校主要通过以下三种标准来设定：HSK 等级证书、国内外相同性质的考试水平证书和各校自己组织的汉语考试。

调查显示，作为检验学生汉语水平的标准，HSK 无疑是最普遍、最常用的标准，因此大部分高校都依据 HSK 的考试成绩来设定留学生的入学条件。这一方面是因为 HSK 考试历经多年，考试体系相对完整、科学，对留学生汉语水平的评定较为准确；另一方面与 HSK 在世界各国得到普遍推广，参加人数较多、认可度较高也有关系。不过考虑到 HSK 并不是强制性要求参加，而且许多国家同时还有一些自己的汉语水平考试体系和方式，所以各高校也普遍认可各国同类证书。在所有招收对外汉语教学留学生硕士的高校中，依据 HSK 或同等水平证书作为留学生入学条件的高校共占 66.6%。

另外有部分高校（16.7%）则要求通过本校组织的汉语考试，并不以 HSK 等级为标准。除此之外，还有部分高校（16.7%）对留学生的汉语水平无明确要求。其具体比例见图 JGE－15。

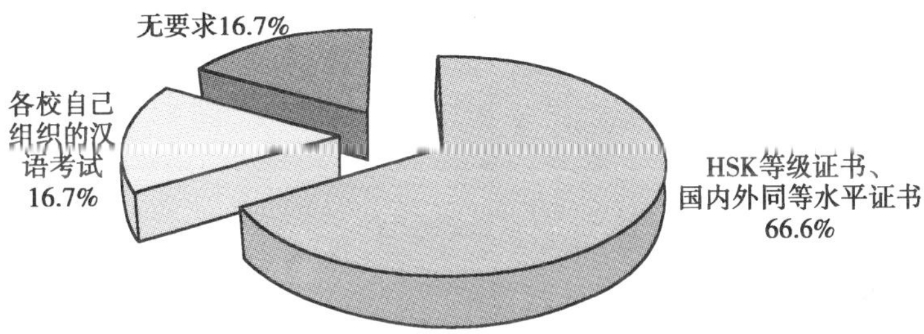

图 JGE－15　对留学生汉语水平的不同要求

二　多数高校以 HSK 中级水平为报考条件，不同类别高校要求不同

在参与此项调查的 30 所招收外国留学生硕士的高校中，基本都要求留学生具备 HSK 中级水平，没有高校要求学生达到九级以上。其中 50% 的高校要求具备 HSK 六级以上，20% 的高校要求 HSK 七级以上，30% 的高校要求 HSK 八级以上（见图 JGE－16）。总的来说，具备了 HSK 中级水平的留学生基本都可以报考对外汉语教学硕士。根据 HSK 考试等级的划分和大纲的要求，中级水平的学生在听、说、读、写各方面都已经具备了一定的能力，能够较为顺利地完成硕士期间的学习和学位论文撰写。

不同类别的高校对外国学生报考对外汉语教学硕士的汉语水平要求也略有不同，71.5% 的“985”高校要求 HSK 六级或八级，但有部分“985”高

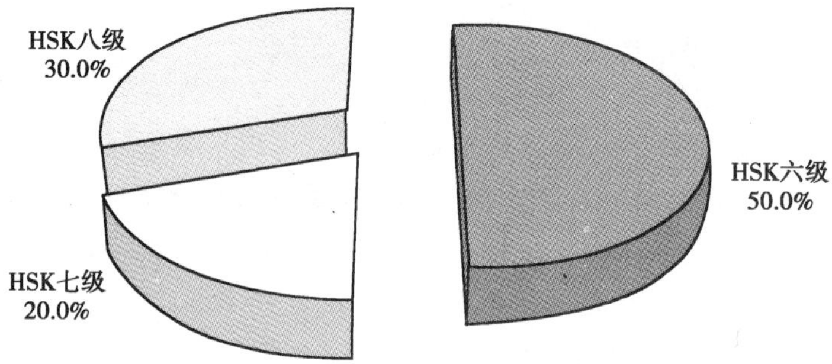

图 JGE－16　对留学生汉语 HSK 等级的要求

校（约 28.6%）没有提出明确要求；有 12.5% 的“211”高校以自己组织的汉语水平考试为标准，另有 12.5% 的“211”高校也没有提出明确的要求；非“211”高校中约有 60% 都要求 HSK 中级水平。具体情况如图 JGE－17a、图 JGE－17b 所示。

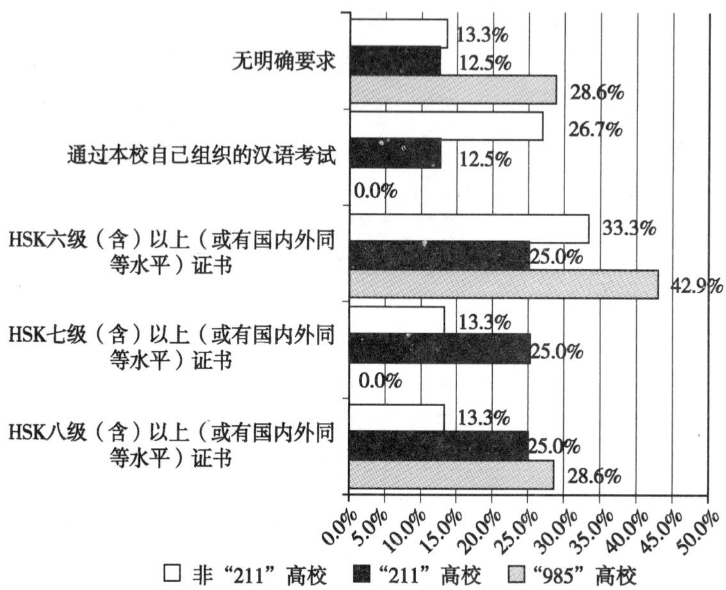

图 JGE－17a　不同类别高校对留学生汉语水平的要求

从调查结果看，尽管各校的标准和依据并不一致，但大部分高校都对留学生提出了汉语水平的要求，标准的设定也比较恰当。但是，也有部分高校在招收留学生时对汉语水平无明确要求，那么，如何确保留学生的汉语水平

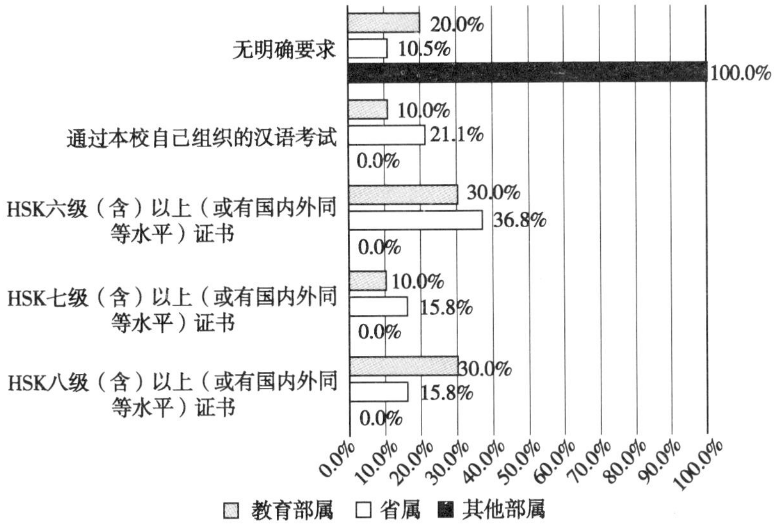

图 JGE－17b　不同类属高校对留学生汉语水平的要求

能够顺利、合格地修完各门课程并完成硕士学位论文撰写？这是相关高校需要认真思考的问题。

第三章

学生管理情况

由于对外汉语教学方向的硕士培养既重视理论的学习与语言的研究，同时又紧密结合教学实践，其目标是培养既能进行学术研究，又能进行课堂教学和文化传播的理论与实践相结合的应用型人才，因此本次调查也需要了解各高校对学生的论文及教学实习的要求与管理情况。

第一节　教学实习相关情况调查

与教学实习相关的调查主要包括“是否须进行对外汉语课堂教学?”“教学实习的时长为多少学时?”“是否有海外教学实践机会?”“海外教学实践的途径和人数”等几个方面，具体情况如下。

一　进行对外汉语课堂教学是多数高校的教学实习要求

在38所参与调查的高校中，绝大多数高校对教学实习都有明确的要求，其中71.1%的高校要求学生必须进行对外汉语课堂教学实习；另有3%的高校同意学生进行语文或外语课堂教学实践；还有13.2%的高校要求学生进行教学实习，但未提出更明确的要求，对实习方式也无限制；只有3%的高校对学生实习没有明确要求。从调查结果看，“985”高校和“211”高校对实习的要求较明确，而部分非“211”高校的要求则相对宽松一些（见图JGE－18）。

总的来说，绝大多数高校对于学生的教学实习是非常重视的，充分体现了这个专业理论与实践相结合的特点。但调查结果同时也显示，部分高校并不要求学生进行对外汉语教学的实习，这大概受到以下几个因素的影响：

（1）受就业形势的影响。由于该专业的学生在毕业之后并不都能从事对外汉语教学，有部分学生进入了中小学，或从事其他工作，因此有的高校

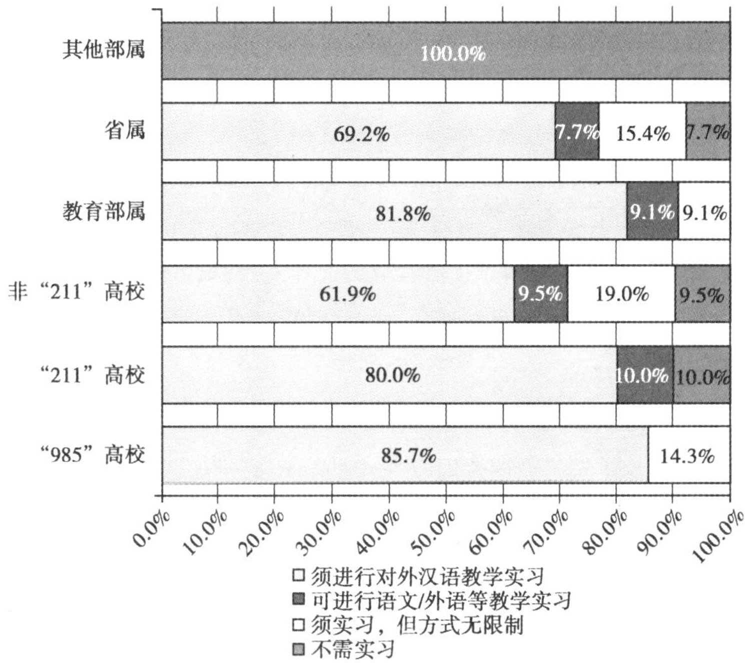

图 JGE－18　不同高校对教学实习的要求

不要求对外汉语教学的实习，甚至有的高校根本不限制实习方式。

（2）无法提供对外汉语教学实习的机会。由于部分高校可能没有招收普通外国留学生，没有对外汉语教学的真实课堂，研究生也就没有机会进行这方面的教学实习，只能进行其他的教学实习。

二　教学实习的时长要求平均为 26.9 学时，不同高校相差较大

在要求学生进行教学实习的 38 所高校中，有 23.7%（9 所）的高校没有提出具体的时长要求，在另外 76.3%（29 所）的高校中，对实习的要求从 4 个学时到 360 个学时不等。其中有 10.5%（4 所）的高校要求 100 学时以上，最高要求达到了 360 个学时。其中要求在 300 学时以上的有 2 所高校，另外 2 所高校分别要求 240 学时和 100 学时。有 23.7%（9 所）的高校要求为 100 个学时以下、36 个学时以上；有 28.9%（11 所）的高校要求在 36 个学时以下、10 个学时以上；有 13.2% 的高校（5 所）要求在 10 个学时以下，最低的只要求 4 个学时。其中只要求 4 个学时的高校都不要求学生进

行对外汉语教学的实习，而只需进行语文或外语教学实习。具体情况见图 JGE－19。

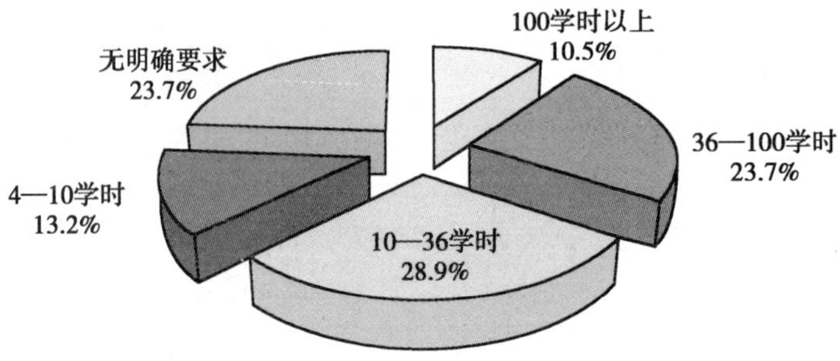

图 JGE－19　高校对教学实习的时长要求情况

根据所有对教学实习有明确时长要求的高校提供的数据进行统计，各高校平均要求的实习时长为 75 学时。但调查数据同时也显示，各高校对学时的要求相差较大，其中一个原因可能是各高校在填写时对实习的理解不同，有的理解为教学实习的总时长，有的则理解为进行课堂教学的时长。如果我们暂且不考虑要求 100 学时以上的 4 所高校的数据（应该是教学实习的总时长要求），那其余高校对学时的要求平均为 26.9 学时，按照多数学校的课时和学制计算，这应该是相对合理的要求。

调查结果（见图 JGE－20）同时显示，“985” 和 “211” 高校对于实习的要求比较严格，实习的教学时长也相对较长。“985” 高校平均要求 58.7 学时，“211” 高校平均要求 123.4 学时，而非 “211” 高校则平均为 16.4 学时，要求较低。

教育部属高校的要求平均为 67.3 学时，省属高校平均为 56.2 学时，其他部属高校则平均要求 20 学时，也相对较低。

三　海外教学实践途径多样，但机会少，派出人数不多

在参与此项调查的高校中，约有 70.6% 的高校给学生提供海外教学实践的机会，另外的 29.4% 则不具有海外教学实践的条件，其中大多为非 “211” 高校（见图 JGE－21）。

调查显示，学生海外教学实践的途径主要包括 “校际交流合作”、“国家公派” 或 “其他途径”。有的高校同时拥有这几种途径，有的则只拥有其中的一种。

在具有海外教学实践机会的高校中，有 70.8% 的高校通过 “校际交流

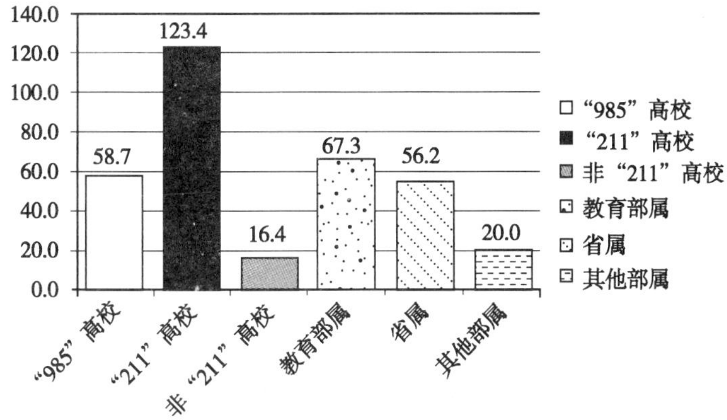

图 JGE－20　不同高校要求的平均实习时长

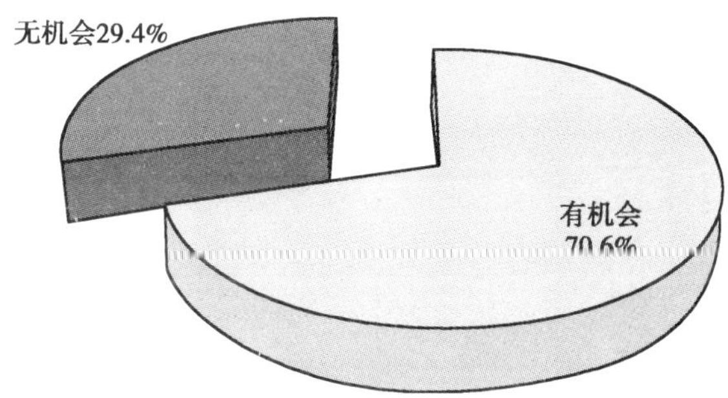

图 JGE－21　具有海外教学实践机会的比例图

合作”的途径，2007—2009年三年中平均每所高校派出约7.5人；有70.8%的高校通过“国家公派”的途径，在三年的时间中平均每所高校派出约5.7人；另外还有50%（12所）的高校则通过其他途径派出学生去海外实习，平均每所高校派出约5.6人（见图JGE－22）。

许多高校同时拥有多种海外教学实践途径，但不同途径派出的人数不同，根据各高校派出人数的平均值，具体派出情况如图JGE－23a所示（图中的数据为派出平均人数）。

调查显示，“985”高校较多地利用“其他途径”为学生提供海外教学实践的机会，“211”高校主要通过“国家公派”的途径派出学生，非“211”高校则更多地通过“校际之间的交流合作”为学生提供机会。

教育部属的高校通过“其他途径”派出的人数明显高于通过“国家公派”和“校际交流合作”的途径，省属高校主要通过“校际交流合作”和

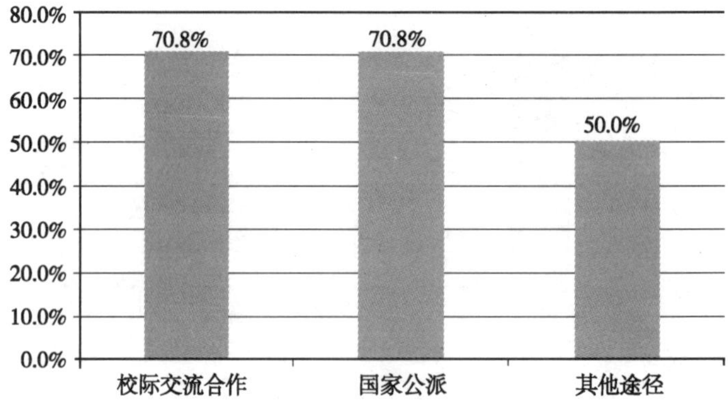

图 JGE－22　海外教学实践途径类别

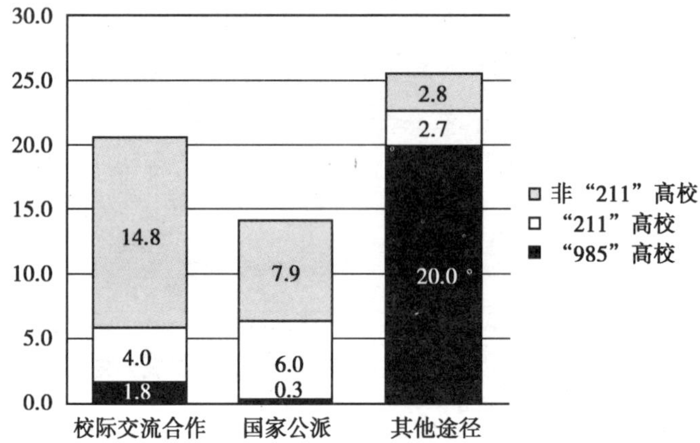

图 JGE－23a　不同高校海外教学实践途径利用情况

“国家公派”途径，其中通过“校际交流合作”派出的学生人数最多。具体情况如图 JGE－23b 所示（图中的数据为派出平均人数）。

从调查总体情况看，“校际交流合作”是为学生提供海外教学实践机会的主要途径，派出人数也最多；尽管不少学校可以获得“国家公派”的机会，但实际派出的人数相对少一些。这可能是因为“国家公派”的要求较高，申请和选拔都相对较难；同时国家公派的总量有限，分配到各高校后的名额也不会很多。从长远看，国家应该考虑加大“国家公派”的力度，一方面为各高校提供更多的海外实习的机会，同时也能缓解海外缺少汉语教师的情况，缩小供需缺口。

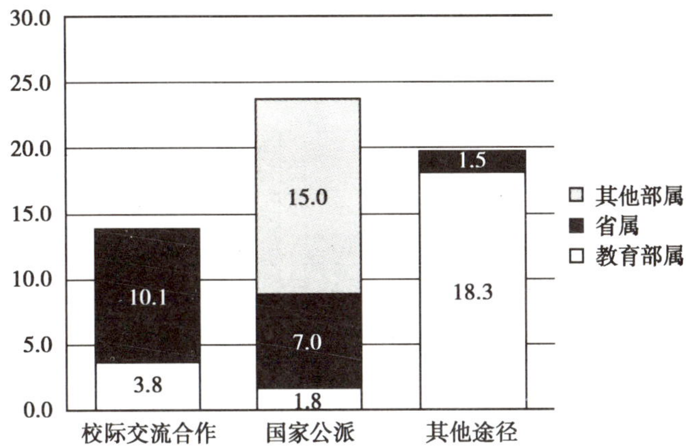

图 JGE－23b　不同高校海外教学实践途径利用情况

第二节　学生论文答辩要求

不同的高校对学生毕业论文的要求不一样，在参与此项调查的高校中，有 82.6% 的高校要求学生的答辩能力必须经过校内外专家的匿名评审，另外 17.4% 的高校则没有这个要求（见图 JGE－24）。

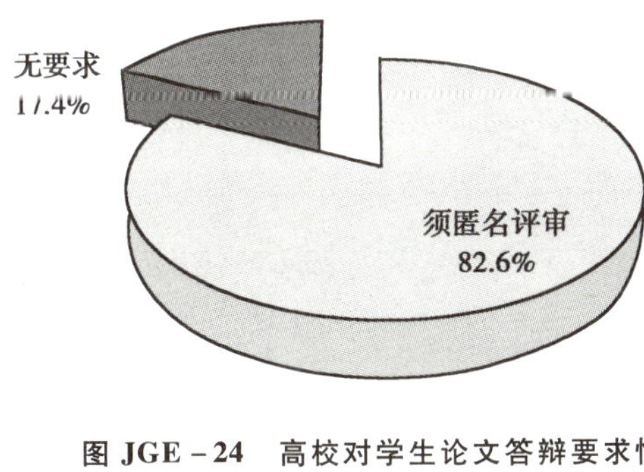

图 JGE－24　高校对学生论文答辩要求情况

我们从中可以看到，绝大部分的高校对学生论文的要求比较严格，但不同类别高校的具体要求有所不同，其中要求匿名评审比例最高的是非“211”高校，有 90% 的非“211”高校都要求学生的学位论文经过校内外专家的匿名评审。（因为只有 1 所“其他部属”高校提交了此项数据，所以比例为 100%。）尽管高校的要求略有不同，但从整体上看，都表现出对学生科研能力和水平的重视，这有利于学术型硕士研究生科研能力的培养和提高，为以后的工作和研究打下良好的基础。具体情况如图 JGE－25 所示。

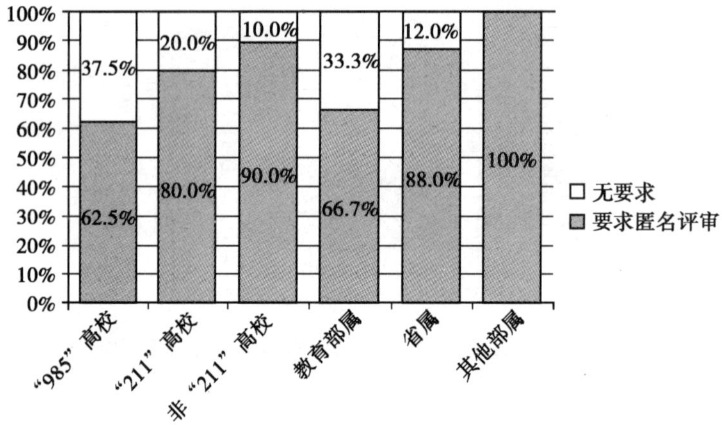

图 JGE－25　不同类别高校对学生论文答辩要求情况

第四章

学生就业情况

关于学生就业情况，本次调查主要以 2007 年、2008 年和 2009 年毕业的学生情况为依据，对学生的毕业去向、所从事的具体工作以及工作是否与对外汉语教学相关三个方面的情况进行了调查，具体情况如下。

第一节　学生毕业去向情况

在问卷中，关于学生的毕业去向主要包括以下几种：就业（正式签署劳动合同）、做海外汉语教师志愿者、在国内读学位、出国读学位。我们分别统计了相关数据，三年间各高校不同毕业去向的学生平均人数如表 JGE－1。

表 JGE－1　　学生毕业去向情况（表中各年的数据为平均人数）

	就业	做海外汉语教师志愿者	在国内读学位	出国读学位	合计
2007 年	12.6	2.9	2.8	0.4	18.7
2008 年	9.9	1.3	1.4	1.0	13.6
2009 年	8.4	4.8	0.4	1.1	14.7
合计	30.9	9.0	4.6	2.5	47.0
	65.7%	19.1%	9.8%	5.3%	

根据表 JGE－1 的数据，我们可以看到在这些有明确去向的毕业生中，三年中正式签订就业合同的人数最多，是毕业学生的主要去向，约占这几类毕业去向的 65.7%；其次是做海外教师志愿者，约有 19.1% 的毕业生选择了去海外从事汉语教学工作；另有 9.8% 的毕业生选择了继续在国内读学位；还有 5.3% 的毕业生出国继续学习，进一步深造（见图 JGE－26）。

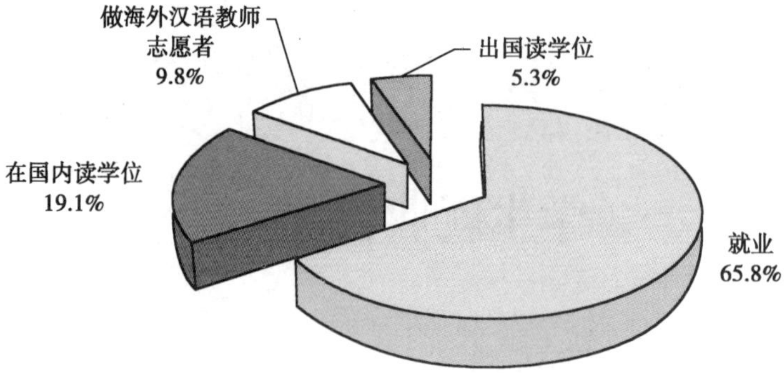

图 JGE－26 各高校不同毕业去向比例

从分析数据我们还可以看到，三年间不同毕业去向的毕业生数量有所变化，我们结合三年中各就业去向的总人数（见表 JGE－2）和每所高校每年不同的毕业去向人数的平均值（见图 JGE－27）可以看到一个比较明显的趋势是：毕业后直接以签署正式劳动合同方式就业、在国内读学位继续深造的人数逐年减少，而赴海外做汉语教师志愿者的人数在 2009 年有较大幅度增加。

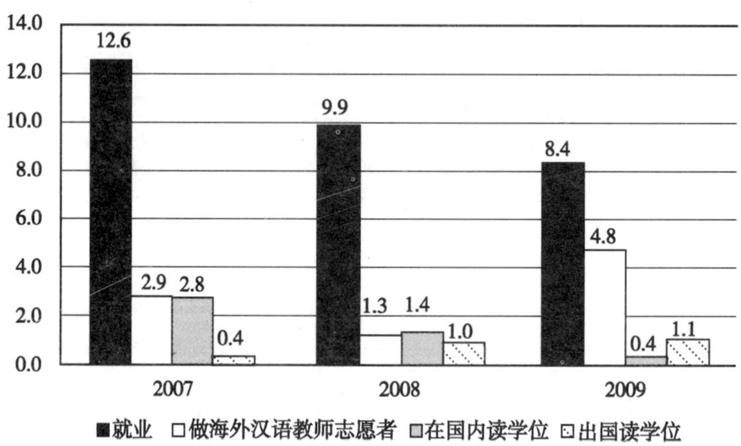

图 JGE－27 各高校不同毕业去向平均人数

表 JGE－2 各类毕业生总人数

	就业	做海外汉语教师志愿者	在国内读学位	出国读学位
2007 年	202	32	39	4
2008 年	129	14	14	11
2009 年	139	48	3	13

一　就业形势不乐观，就业人数呈下降趋势

调查数据显示，2007—2009 年三年间，签署了正式劳动合同的毕业学生相对于其他几类学生来说多一些。2007 年正式就业的人数最多，2008 年则明显减少，尽管 2009 年就业的总人数比 2008 年的多一些，但平均每所高校的就业人数仍然呈现减少的趋势。这种现象的出现是由岗位需求少、就业压力大所导致还是意味着该专业的学生就业理念发生转变、就业意愿多样化？这有待于我们今后的专题研究。另外，我们从前面的调查数据看到，对外汉语教学硕士的招生规模仍在继续扩大，这与就业率的下降趋势成反比，这无疑会在一定程度上加大今后一段时期内的就业竞争和就业压力。

二　做海外汉语教师志愿者的毕业生人数呈上升趋势

由于海外对汉语教师的需求量加大，为了进一步推广汉语和中国文化，国家汉办启动了“汉语教师志愿者”项目，一部分毕业生也因此获得了去海外教授汉语的机会，成为“海外汉语教师志愿者”。回收的数据显示，在 2007—2009 年三年中，约有 94 名毕业生做了志愿者。2007 年平均每所高校派出 2.9 人，总共 32 人；2008 年平均每所高校只派出了 1.3 人，总共 14 人，人数大大减少；2009 年外派人数则有所增加，平均每所高校派出 4.8 人，共 48 人，明显多于前两年的人数。因此从整体看，去海外做汉语教师志愿者的人数三年中虽然有波动，但总体仍然呈上升趋势。在这些毕业生中大部分为非“211”高校的学生，约占总人数的 74.5%；“985”高校和“211”高校的毕业生则相对较少（见图 JGE－28）。

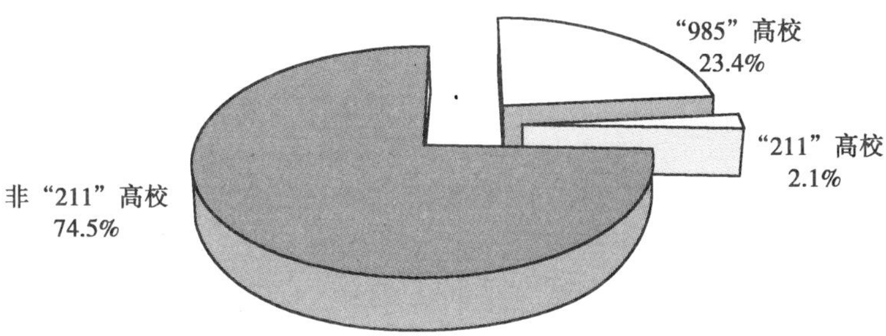

图 JGE－28　各类高校外派海外教师志愿者比例

各类高校三年中的具体情况如图 JGE－29 所示，非“211”高校派出人数约有 70 人，“211”高校仅有 2 人，“985”高校约有 22 人。

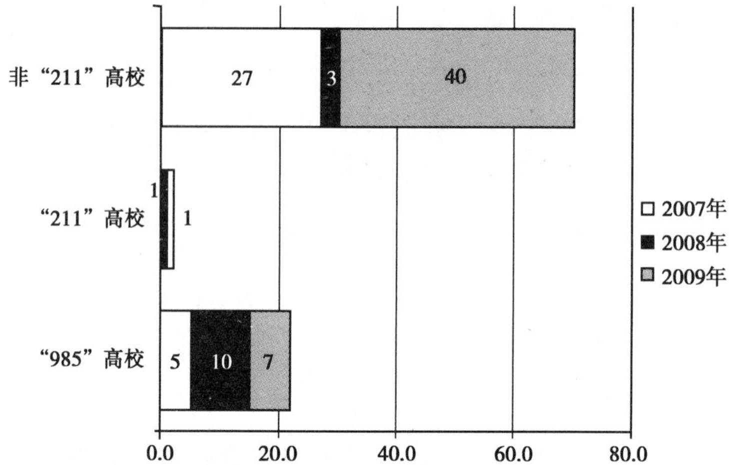

图 JGE－29　各类高校外派海外教师志愿者人数（人）

三　少数毕业生继续攻读博士学位

调查显示，有部分学生在毕业之后继续攻读博士学位，总共有 84 人。其中有 56 人在国内深造，另有 28 人出国求学。在 2007—2009 年三年间，在国内读学位的人数越来越少，2007 年平均每所高校有 2.8 人（共 39 人），2008 年则下降到 1.4 人（共 14 人），到 2009 年平均每所高校则只有 0.4 人（共 3 人）在国内读学位。而去国外读学位的人数则从 2007 年的平均 0.4 人（共 4 人）逐渐增多到 2009 年的 1.1 人（共 13 人），呈上升趋势。具体情况如图 JGE－30 所示。

总的来说，从三年的毕业生去向看，就业压力越来越大，去海外做教师志愿者的人数略有增加，在国内继续攻读学位的毕业生越来越少，出国读学位的人数则有小幅增长。具体变化趋势（图中数据为每所高校的平均人数）如图 JGE－31 所示。

第二节　已就业学生所从事的工作情况

为了考察对外汉语教学专业的培养目标和实际就业情况之间的关系，本次调研主要调查了“已就业的毕业学生中有多少从事教学工作？”“其中有多少从事对外汉语教学工作？”等问题。调查结果显示，只有一部分学生从

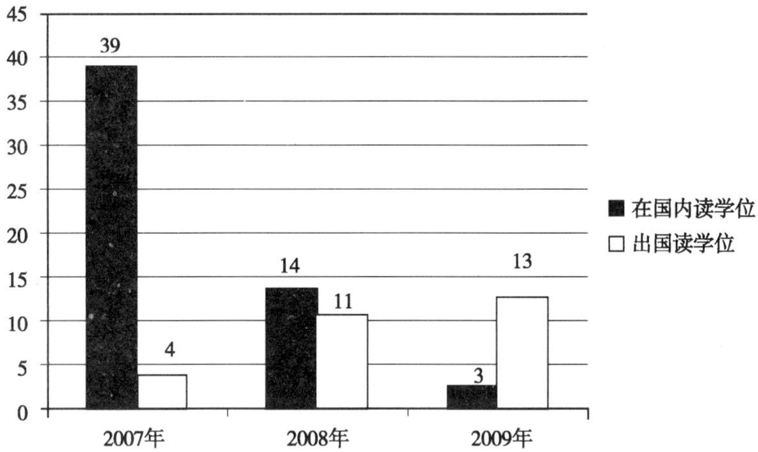

图 JGE－30　三年中继续读学位的毕业生人数（人）

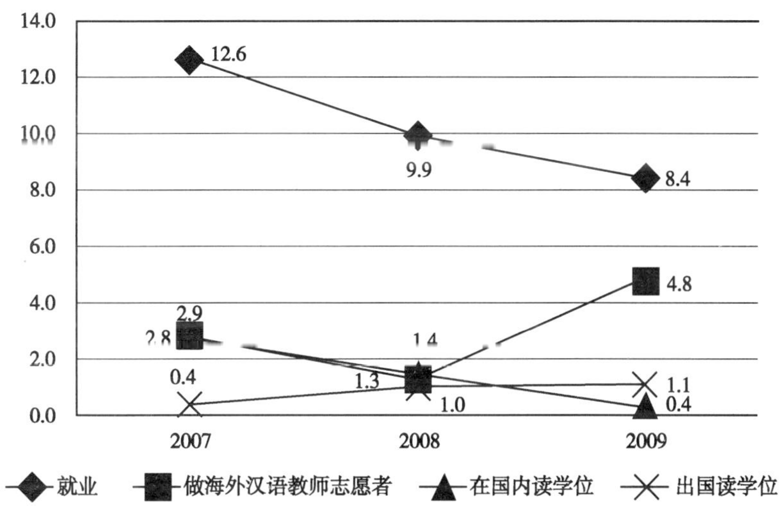

图 JGE－31　高校学生毕业去向趋势变化（人）

事教学工作，包括对外汉语教学工作和非对外汉语教学的其他教学工作；另一部分人则从事非教学类工作。这些已就业学生所从事的工作情况有以下几个特点。

一　从事对外汉语教学工作的毕业生不到一半

调查数据显示，在 2007 年至 2009 年三年中，各高校已就业学生所从事的不同类别的工作情况略有不同，根据参与此项调查的高校提供的数据统计，三年中从事各类工作的具体人数如图 JGE－32 所示。

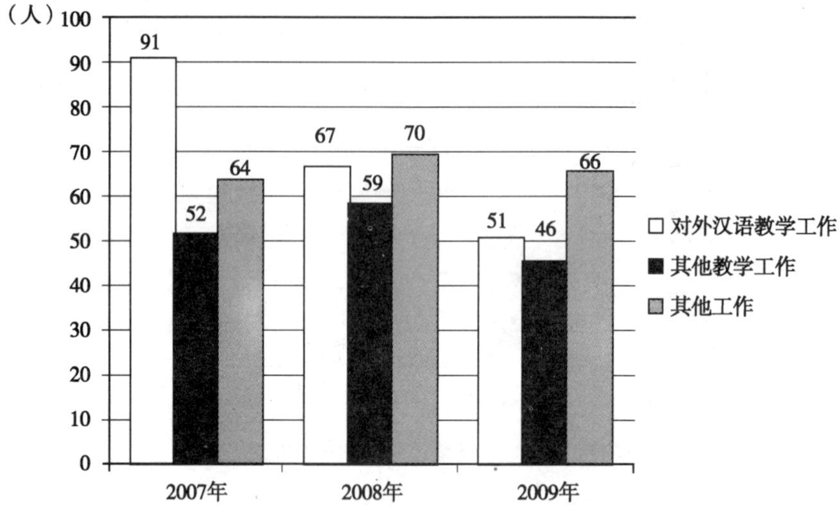

图 JGE－32　已就业学生所从事工作情况

每所高校的平均人数见表 JGE－3。

表 JGE－3　　各高校从事不同工作的学生情况

	工作类别	平均人数（人）
2007 年	对外汉语教学工作	5.7
	其他教学工作	3.7
	其他工作	3.6
2008 年	对外汉语教学工作	4.5
	其他教学工作	4.2
	其他工作	4.4
2009 年	对外汉语教学工作	4.3
	其他教学工作	3.5
	其他工作	4.7

调查显示，2007 年每所高校平均有 5.7 名毕业生从事对外汉语教学工作，约占已就业学生总数的 44.0%；平均每所高校有 3.7 名毕业生从事其他教学工作，约占就业学生总数的 28.5%；平均每所高校有 3.6 名学生则从事其他工作，约占就业学生总数的 27.7%，其中从事对外汉语教学工作的学生人数最多。2008 年每所高校平均有 4.5 名毕业生从事对外汉语教学

工作，约占已就业学生总数的 34.4%；从事其他教学工作的毕业生平均约有 4.2 名，占已就业学生总数的 32.1%；另有平均 4.4 名的学生从事其他工作，约占已就业学生总数的 33.6%，这一年三类学生的平均人数相差不大。2009 年，每所高校平均有 4.3 名学生从事对外汉语教学工作，约占已就业学生总数的 34.4%；平均有 3.5 名学生从事其他教学工作，约占已就业学生总数的 28%；而从事其他工作的学生则有 4.7 名，约占已就业学生总数的 37.6%，比两类从事教学工作的学生人数多。三年中已就业学生的不同工作比例情况如图 JGE－33 所示。

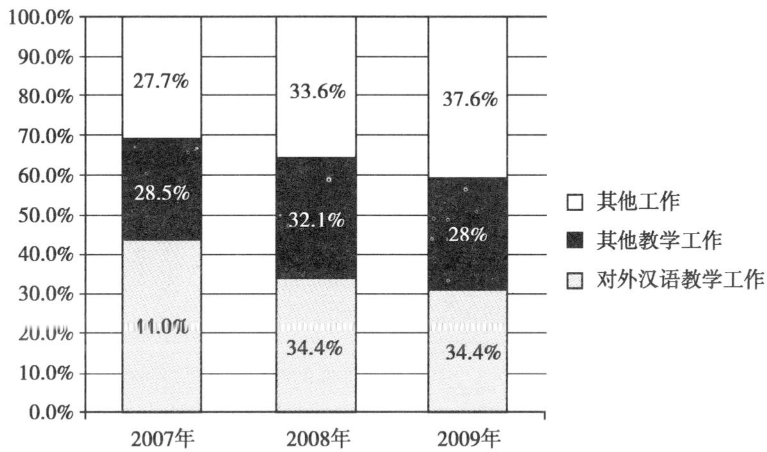

图 JGE－33　不同工作所占比例情况

二　从事对外汉语教学工作的学生人数呈下降趋势

调查显示，尽管每年都有许多毕业生从事对外汉语教学，但从 2007—2009 年三年间的就业情况看，从事对外汉语教学工作的人数越来越少。从 2007 年的 44% 下降到 2009 年的 34.4%，下降幅度接近 10%。但从前面的统计我们看到，该专业的招生人数仍在不断增加，这与就业形势的不乐观形成对比。这也在一定程度上说明国内的对外汉语教学岗位与大量毕业生的就业需求不对等，大批毕业生无法从事与本专业相关的对外汉语教学工作。

三　从事对外汉语教学工作的毕业生就业学校或机构多样化

与对外汉语教学相关的就业去向包括以下几大类：国内大学、国内中小学、国内的国际学校、其他培训机构和国外的汉语教学机构，各高校中从事对外汉语教学工作的毕业生一般在以上几类学校或机构就业。2007—2009年三年间各高校在不同教学机构从事对外汉语教学工作的毕业生平均人数见表 JGE－4，各类毕业生的总人数见表 JGE－5。

表 JGE－4　各高校在不同就业机构从事对外汉语教学工作的平均人数　（人）

	就业机构	平均人数
2007 年	国内大学	3.9
	国内中小学	1.7
	国内的国际学校	2.0
	其他培训机构	1.6
	去国外从事汉语教学	1.0
2008 年	国内大学	2.1
	国内中小学	1.5
	国内的国际学校	1.4
	其他培训机构	0.9
	去国外从事汉语教学	1.7
2009 年	国内大学	1.9
	国内中小学	1.4
	国内的国际学校	1.3
	其他培训机构	1.0
	去国外从事汉语教学	1.4

表 JGE－5　在不同就业机构从事对外汉语教学工作的总人数　（人）

	2007 年	2008 年	2009 年	合计
国内大学	50	21	15	86
国内中小学	20	9	20	49
国内的国际学校	24	7	9	40
其他培训机构	11	6	8	25
去国外从事汉语教学	8	12	11	31
合计	113	55	63	231

（1）在国内大学从事对外汉语教学工作

据统计，2007 年从事对外汉语教学工作的毕业生平均每所高校有 3.9 人在国内大学从事对外汉语教学，2008 年平均每所高校约有 2.1 人在国内大学从事对外汉语教学工作，2009 年在大学就业的毕业生每所高校平均为 1.9 人。从三年的情况看，能够在国内大学从事对外汉语教学工作的毕业生人数逐年下降，未来的就业形势也将更严峻。

（2）在国内中小学从事对外汉语教学

调查显示，除了大学有对外汉语教学岗位，在国内有很多中小学的国际部也有对外汉语教学，因此这个专业的毕业生有机会进入中小学从事与本专业直接相关的工作。2007 年平均每所高校有 1.7 人进入国内各个中小学从事本专业的教学工作，平均每所高校不到 2 名毕业生能够获得这样的就业机会；2008 年平均每所高校只有 1.5 名毕业生去中小学教对外汉语；2009 年，去中小学从事对外汉语教学工作的毕业生人数平均每所高校有 1.4 人，呈递减趋势。

（3）在国内的国际学校从事对外汉语教学工作

调查中我们发现，除了国内的普通中小学开设对外汉语教学课程，有一些面向外国中小学生的国际学校也是毕业生就业的去向之一。据统计，2007 年平均每所高校有 2 名毕业生就业于此类国际学校，2008 年减少到 1.4 名，2009 年也只有 1.3 名毕业生去国际学校教对外汉语。总的来说，就业于国际学校的毕业生人数比就业于普通中小学的人数略少一些，但总体上都呈现出减少趋势。

（4）在其他培训机构从事对外汉语教学工作

据调查，社会上有一些专门的培训机构开设了对外汉语教学相关课程，特别是一些面向涉外公司或涉外部门的培训机构。这些培训机构也为对外汉语教学专业的毕业生提供了就业机会。2007 年平均每所高校有 1.6 名毕业生就职于此类培训机构，2008 年平均每所高校有 0.9 名毕业生在此类机构从事对外汉语教学工作，2009 年平均每所高校有 1 名学生进入这些培训机构就业。尽管这类去向的毕业生总数不太多，但在就业竞争日渐激烈的形势下，这些培训机构也为对外汉语教学专业的毕业生提供了就业机会。

（5）去国外从事汉语教学工作

除了在国内相关机构从事对外汉语教学外，一部分学生去海外相关机构教授汉语。在参与此项调查的高校中，2007 年平均每所高校有 1 名毕业生去海外从事汉语教学，2008 年和 2009 年分别有 1.7 名和 1.4 名毕业生去国外教汉语。

以上五类学校和机构都有对外汉语教学相关岗位，因此能吸纳毕业生从事与专业相关的教学工作。但从整体上看，国内大学仍然是对外汉语教学专业毕业生最主要的就业去向，而其他不同的学校和机构对毕业生的需求数量也非常有限，且呈现出不稳定的变化状态。我们可以从就业于不同机构的毕业生总人数的增减看到其中的变化趋势，如图 JGE-34 所示。

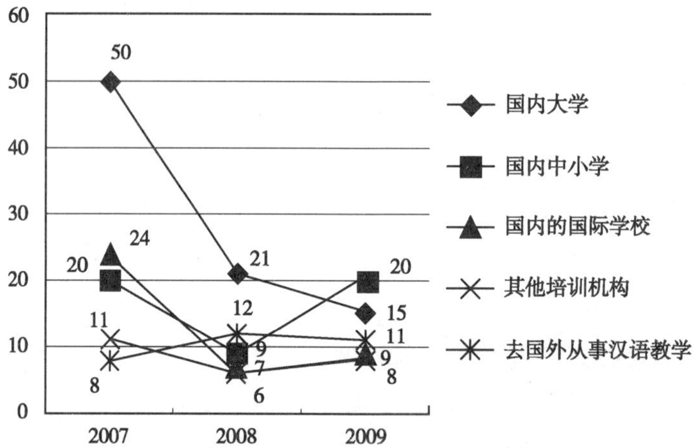

图 JGE-34 在不同教学机构从事对外汉语教学工作的人数变化（人）

从这个趋势图可以看到，学生毕业后从事对外汉语教学工作的人数并不是非常多，同时从三年的总体趋势来说，从事对外汉语教学的人数在逐渐减少，在一定程度上说明这个专业的就业形势并不乐观。在这些从事本专业教学的毕业生中，在大学从事对外汉语教学的人数相对较多，但三年中此类就业人数也呈现出逐渐减少的趋势。但是因为学习汉语的留学生并不都分布在高校，部分中小学和一些国际学校也同样有对外汉语教学（教学对象主要是非成人的外国学生），所以有部分毕业生选择了这类单位就业。同时还有一部分毕业生在一些培训机构或者赴海外从事汉语教学。

第五章

结论与建议

一　结论

通过对国内招收对外汉语教学硕士的高校的调查，我们对这个学科硕士点的设置、各高校招生情况以及对学生的管理、就业情况有了大致的了解，总体上可以看到以下几个特点：

1. “对外汉语教学”专业的硕士点设置时间不长，二级学科归属尚不统一；师生数量比基本合理，但各高校硕士导师的数量出现不均衡状态，部分高校存在招生规模不合理的现象，师生数量比异常。

2. 招生情况：总的来说，对外汉语教学硕士招生情况基本稳定。从调查与统计可以看到，随着硕士点的增加，招生规模逐渐扩大，呈稳步增长状态，尤其是留学生人数不断增加，说明这个学科和专业处于一种平稳发展的状态；大部分高校要求留学生具有 HSK 中级水平，但也有部分高校没有明确要求；招生方式以考试录取为主，但推免比例略有上升；学生来源以“中文”本科专业为主，其次是“对外汉语”与“外语”，随着“对外汉语”专业本科规模的不断扩大，这一专业的本科考生也逐渐增多。

3. 学生管理情况：大部分高校要求学生进行对外汉语的课堂教学实习，平均要求 26.9 学时，考虑到就业去向的多样化，部分高校允许学生进行语文或其他科目课堂教学的实习；尽管许多高校有多种海外教学实践途径，但实际派出的人数仍然较少；绝大部分高校要求学生毕业论文答辩前须通过校内外专家的匿名评审。

4. 学生就业情况：从整体看，就业形势不太乐观，其中从事对外汉语教学工作的毕业生人数并不占太大比例，且呈现出下降趋势；部分毕业生做海外汉语教师志愿者，派出人数呈上升趋势；也有少数毕业生在国内外继续求学，进一步深造。由于与对外汉语教学工作相关的学校和机构较多，毕业生除了有机会在国内大学从事对外汉语教学工作，还能在国内中小学、国际学校以及一些培训机构教授汉语。

二　建议

（1）各高校特别是师生数量比不合理的高校应根据实际情况，适当调整与控制招生数量，避免盲目扩大招生规模。

（2）为了留学生能够顺利地完成学业，特别是学位论文撰写，应该对报考这一专业的留学生的汉语水平做出合理的要求。

（3）为了保证学生能够将理论与实践相结合，毕业后能够有效地进行课堂教学，高校应该为学生提供教学实习的机会，尤其是对外汉语的课堂教学机会，并对实习的时长作大致规定，否则对学生的培养可能只是理论空谈。

（4）国家应该继续增加海外教学实践和海外就业的机会，这既可以缓解该专业毕业生面临的国内就业压力，也能在一定程度上解决国外汉语教师不足的问题。

第七部分

专业硕士培养调研报告

第一章

汉语国际教育硕士培养调研数据概况

本部分是对全国部分院校招收汉语国际教育专业硕士情况的调查。到2010年初，全国共有63所院校招收汉语国际教育专业硕士。

本部分的调查包括培养机构的招生历史，2008年、2009年的汉语国际教育专业招生情况（包括在职学生与全日制学生，中国学生和外国留学生），学生来源情况、培养情况及就业情况等。本报告希望通过对上述调查内容及相关内容的关联性分析，了解全国汉语国际教育专业硕士培养的总体面貌，并揭示不同院校之间的特点，促进本专业全面发展。

本次调查共收回41份有效问卷，其中华北地区4份，东北地区4份，华东地区13份，华南地区5份，华中地区7份，西北地区4份、西南地区4份。“985”高校14所，“211”高校10所，非“211”高校17所；教育部属院校13所，省属院校27所，其他部属院校1所。

为了全面了解汉语国际教育专业硕士的情况，本调查报告还借鉴了国家汉办提供的有关数据，力求全面完整地反映本学科的发展情况。

第二章

汉语国际教育专业硕士培养机构概况

根据回收的问卷，汉语国际教育专业硕士的培养任务分别由各高校的对外汉语教学单位（如国际交流学院、汉语文化学院、海外教育学院、华文学院）或其他教学单位（如文学院、外文学院、文史学院）承担，有的则由不同机构联合培养。

在所调查的招收汉语国际教育专业硕士的学校中，非“211”高校在各类培养院校中所占比例最高。不同类别、不同归属的院校均占有一定比例（见图JGF－1）。其中“985”高校14所，所占比例为34.1%；“211”高校10所，所占比例为24.4%；非“211”高校17所，所占比例为41.5%。从隶属部门来看，教育部属院校16所，所占比例39%；省属院校24所，所占比例为58.5%；非省属院校1所，所占比例为2.4%。

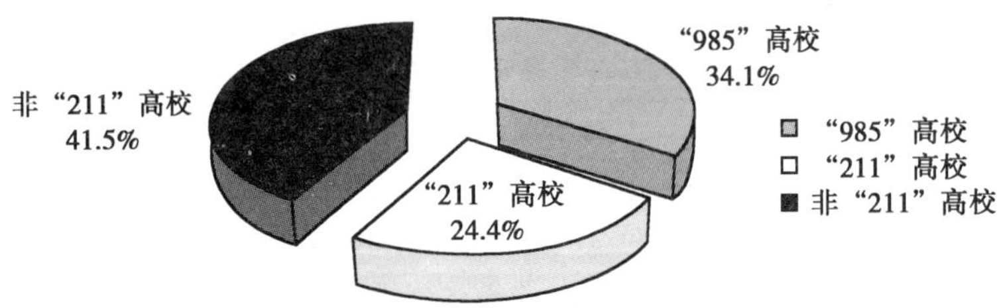

图JGF－1　各类培养院校所占比例

第一节　专门的对外汉语教学机构是汉语国际教育硕士的主要培养单位

承担专业硕士培养工作的各类机构数量及所占比例各有不同（见表JGF－1）。

表 JGF－1　各类培养机构数量与所占比例

	机构	数量（所）	比例
1	专门的对外汉语教学单位	25	60.9%
2	文学院或中文系	11	26.8%
3	外文学院	1	2.4%
4	文史学院	1	2.4%
5	联合	3	7.3%
	合计	41	100%

从调查来看，汉语国际教育专业设在专门的对外汉语教学单位的占大多数，约为60.9%，其次是文学院（中文系），占26.8%。“985”高校中，汉语国际教育专业设在专门的对外汉语教学单位的占64.3%，设在文学院的占21.4%（见表JGF－2）。

表 JGF－2　“985”高校中培养机构数量与比例

	机构	数量（所）	比例
1	专门的对外汉语教学单位	9	64.3%
2	文学院或中文系	3	21.4%
3	外文学院	1	7.1%
4	联合	1	7.1%
	合计	14	100%

第二节　结论及建议

一　培养单位的设立有两种方式

汉语国际教育专业硕士究竟是设在专门的对外汉语教学单位还是文学院？根据各院校的情况有所不同。专门的对外汉语教学单位具备比较完备的师资，教师对本专业较熟悉，并且具备一定数量的国际交流项目，可以为学生的海外实习提供途径。即使学生不能完全实现海外实习，在学院内的见习与教学实习也在一定程度上锻炼了学生能力，与培养目标比较吻合。但是对留学生教育尚缺乏一定规模的院校来说，文学院的师资在中国语言和文化方面的知识会更为全面，有利于培养学生系统的理论知识与素养。

因此对于今后计划开设汉语国际教育专业硕士的院校来说，培养单位是设在专门的对外汉语教学单位还是文学院，应视本校留学生规模及师资情况而定。其最终目标是既重视学生的理论知识的系统性，又有利于其实践能力的提高。

二　学科发展的机遇与挑战并存

参与汉语国际教育硕士培养的院校逐渐增多，这一方面意味着学科发展具有良好的势头，社会重视与需求较高；另一方面，师资队伍建设、实习途径的拓展、就业渠道的拓宽等相关问题都将面临严峻的挑战。

第三章

汉语国际教育专业硕士学生概况

第一节　汉语国际教育专业硕士的招生情况

一　招生院校数量逐渐增加，类别逐渐多样

从招生方面来看，汉语国际教育专业硕士的培养有以下几个特点：汉语国际教育专业硕士的招生院校在近几年的发展中逐年增加；招收汉语国际教育专业硕士的院校从“985”高校到非“211”高校，从教育部属院校到省属院校逐步发展；但招收汉语国际教育专业硕士的院校的地域分布并不均衡。

（一）专业硕士的招生数量逐年增加

根据全国汉语国际教育硕士专业学位教育指导委员会提供的资料，2007年5月31日，国务院学位委员会办公室下达《关于开展汉语国际教育硕士专业学位教育试点工作和推荐全国汉语国际教育硕上专业学位教育指导委员会委员人选的通知》，批准24所研究生培养单位开展汉语国际教育硕士专业学位教育试点工作。2009年6月9日，国务院学位委员会办公室下达《关于批准新增法律硕士等类别专业学位研究生培养单位的通知》（学位办［2009］35号），批准39所院校新增为汉语国际教育硕士专业学位培养单位。2010年9月2日，国务院学位委员会办公室下达《关于下达2010年新增硕士专业学位授权点的通知》（学位办［2010］32号），批准19所院校为新增汉语国际教育硕士专业学位授权点。至此全国共有汉语国际教育硕士专业学位研究生培养院校82所。

在参与调查的41所院校中，开始招收汉语国际教育专业硕士的时间自2007年至2010年不等。2006年开始招生的为2所，所占比例为4.9%；2007年开始招生的为6所，所占比例为14.3%；2008年开始招生的为6所，

所占比例为 14.3%；2009 年内招生的为 21 所，所占比例为 50%；2010 年开始招生的为 8 所，所占比例为 19%。可以看出，自开始试点招收汉语国际教育专业硕士以来，全国开始招收本专业硕士的院校越来越多（见图 JGF－2）。

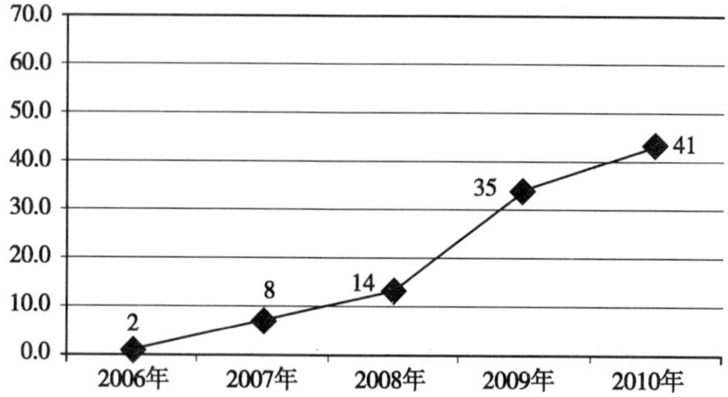

图 JGF－2　招收汉语国际教育专业硕士的院校数量的年度增长情况

（二）招收院校从“985”高校到非“211”高校，从教育部属院校到省属院校逐步发展

在原有的“985”高校的基础上，非“211”高校、省属院校均呈快速增长的势头。从图 JGF－3 中可以看出，非“211”高校、省属院校在院校总数中所占的比例增长幅度较大。

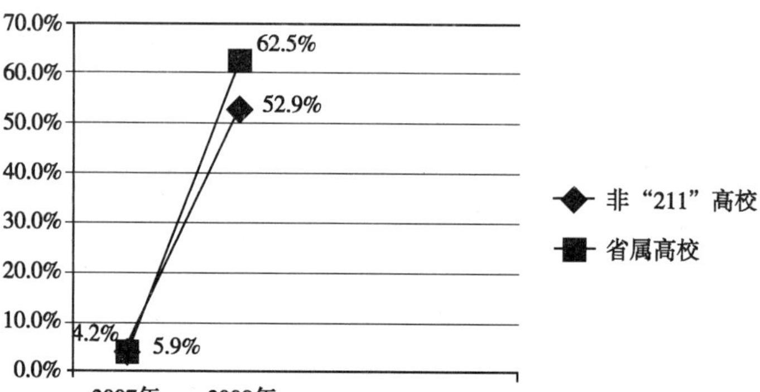

图 JGF－3　非“211”院校与省属院校所占比例

从 2007 年开始招收首批汉语国际教育专业硕士以来，2007 年，在调查的 41 所院校中，非“211”高校仅占总数的 5.9%，2009 年则已占 52.9%；省属院校 2007 年仅 1 所，占 4.2%，到 2009 年已增长到 15 所，占 62.5%。

2009 年发展迅猛，非“211”高校已达 52.9%，省属院校高达 62.5%。

（三）华北与华东地区的招生院校数量较多

在调查的全部 41 所院校中，华北地区 4 所，所占比例为 9.7%；东北地区 4 所，所占比例为 9.7%；华东地区 13 所，所占比例为 31.7%；华南地区 5 所，所占比例为 12.2%；华中地区 7 所，所占比例为 17.1%；西北地区 4 所，所占比例为 9.7%；西南地区 4 所，所占比例为 9.7%（见图 JGF－4）。

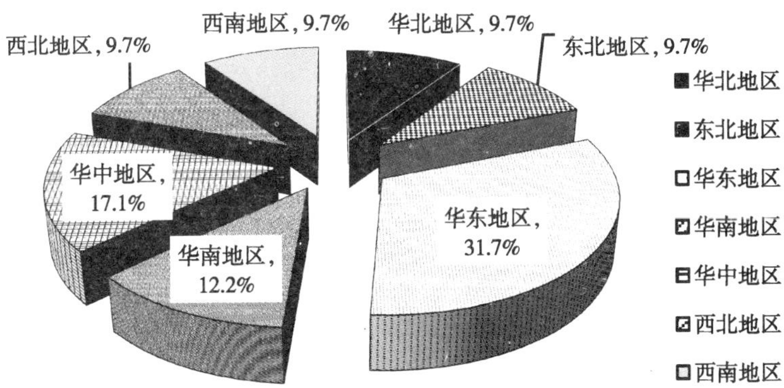

图 JGF－4　所有院校的地区分布

华东地区院校所占比例较高，其次是华中、华南，比例最低的是华北、西北、东北、西南。

根据国家汉办提供的数据，在 2008 年招收汉语国际教育专业硕士的 24 所院校中，华北 8 所，东北 3 所，华东 7 所，华南 2 所，华中 3 所，西南 1 所，西北地区无（见图 JGF－5）。

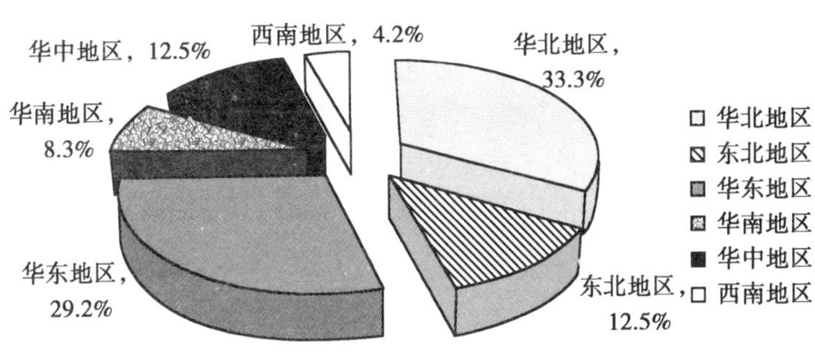

图 JGF－5　2008 年 24 所院校的地区分布

根据国家汉办提供的数据，在 2010 年的全部 63 所院校中，华北地区 13 所，东北地区 6 所，华东地区 17 所，华南地区 7 所，华中地区 7 所，西北地区 7 所，西南地区 6 所（见图 JGF－6）。

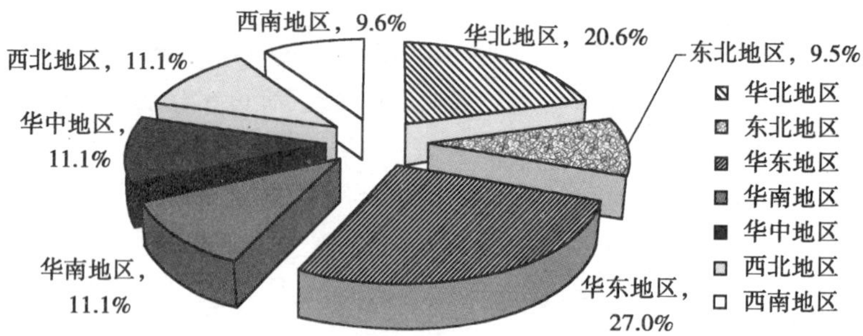

图 JGF－6　2010 年 63 所院校的地区分布

2008 与 2010 年，招生学校有一定地区差异。（此部分数据根据国家汉办有关数据分析统计。）2008 年招收汉语国际教育专业硕士的共有 24 所院校，2010 年招收汉语国际教育专业硕士的院校为 63 所。2008 年与 2010 年招生院校在地区分布上比例有所不同（见图 JGF－7）。

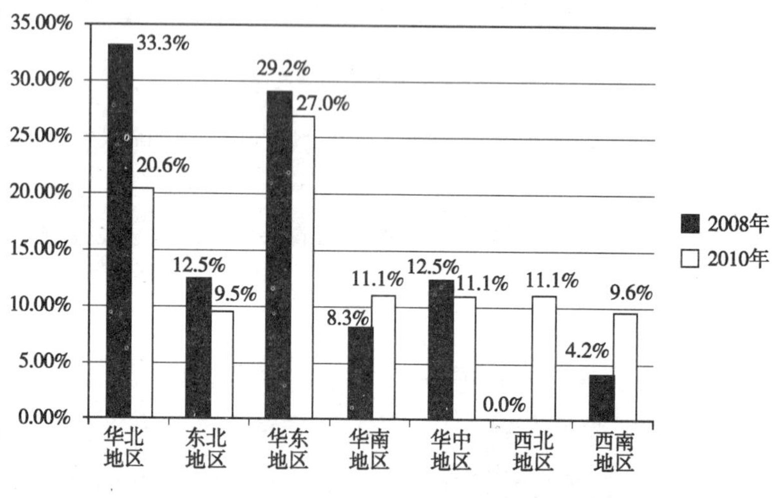

图 JGF－7　2008 年与 2010 年各地区招生院校的分布

华北地区与华东地区在近几年的招生中均占有较大比例。西南地区、华南地区所占比例较低，但到了 2010 年则有所增长。西北地区在 2008 年无招收汉语国际教育专业硕士的院校，到 2010 年则有较大增长，已达 7 所，占全部院校的 11.1%。

二　招生数量与学生类别

自2006年开始招收汉语国际教育专业硕士以来，学生数量不断增加，学生种类也由开始的中国单证学生发展到中国单证学生、中国双证学生和外国学生三类（单证学生是指只有学位证而无毕业证的学生，双证学生是指既有学位证又有毕业证的学生）。从2008—2010年的招生情况来看，招生情况呈现出如下几个特点：全日制学生数量远高于在职学生数量；在职学生人数变化相对平稳，全日制学生增长较快；外国学生中奖学金生是主体，但自费生增长较快；各院校全日制中国学生的数量差别较大；各院校自身招生情况各有不同。

（一）全日制学生数量远高于在职学生数量

2008—2010年度的生源情况见表JGF-3和表JGF-4。

表JGF-3　2008—2010年在职学生招生数量与实际入学率

	计划招生人数	实际入学人数	实际入学率	在校生总数
2008年	737	681	92.4%	681
2009年	857	781	91.1%	1462
2010年	783	740	94.5%	1914（毕业288人）
总计	2377	2202	92.6%	

表JGF-4　2009—2010年全日制学生招生数量与实际入学率

	计划招生人数	实际入学人数	实际入学率	在校生总数
2009年	1047	1125	107.4%	1125
2010年	2568	2462	95.9%	3587
总计	3615	3587	99.2%	

从上表可以看出，从计划招生人数来看，在职学生的计划招生人数低于全日制学生。其中2010年全日制学生计划招生2568人，是当年在职学生计划招生数的3.28倍，也超过在职学生三年的总数。从实际入学率来看，在职学生的实际入学率均低于全日制学生。三年的平均入学率为92.6%，而全日制学生的入学率则达到99.2%。2009年，全日制学生的实际入学人数甚至超过了计划招生人数。

（二）在职学生人数变化相对平稳，全日制学生增长较快

2008—2010年，在职学生的计划招生人数变化相对平稳，三年的计划

招生人数分别是737人、857人、783人。全日制学生则呈现出成倍增长的势头，计划招生人数由2009年的1047人增长到2010年的2568人，增长了1.45倍（见图JGF-8）。

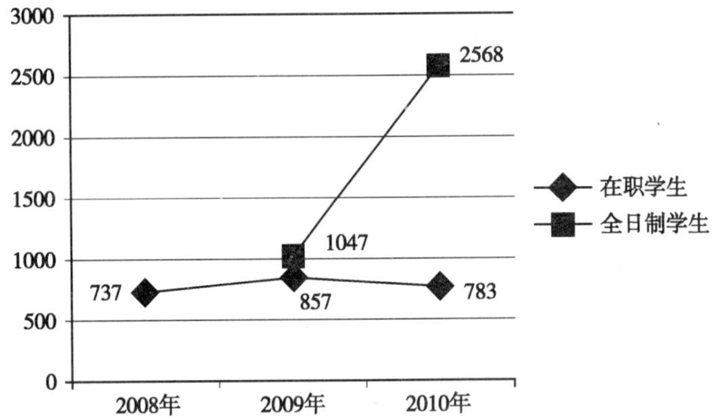

图JGF-8 在职学生与全日制学生计划招生人数对比

（三）奖学金生是外国学生的主体，自费生人数增长较快

从汉语国际教育的长远发展来看，立足各国实际，大力加强本土化师资培养是未来的发展方向。培养国际学生将为未来的本土化师资储备力量。为了鼓励优秀的国际学生攻读汉语国际教育硕士，中国政府专门设立了奖学金。汉语国际教育专业硕士自2009年开始招收国际学生，包括外国奖学金生和自费生。在攻读汉语国际教育的外国学生中，奖学金生是主体。根据国家汉办的统计，2009年计划招生808人，实际入学748人，实际入学率为92.6%。2010年计划招生1282人，实际入学1260人，实际入学率为98.3%。无论是计划招生数，还是实际入学率，2010年比2009年均有增长（见表JGF-5）。

自费生2009年招收67人，2010年招收161人。与奖学金生相比，自费生人数相对较少，但2009年到2010年增长幅度较大（见表JGF-5）。

表JGF-5 外国学生奖学金生与自费生人数对比

	外国奖学金生人数		外国自费生人数		外国学生总数
2009年	748	91.8%	67	8.2%	815
2010年	1260	88.7%	161	11.3%	1421
总计	2008	89.8%	228	10.2%	2236

从表 JGF-5 中可以看出，外国自费生与奖学金生的人数相差较大，2009 年仅占外国学生总数的 8.2%，2010 年这一比例扩大到 11.3%。奖学金生仍是外国学生的主体。自费生比例 2010 年比 2009 年有较大提高。

（四）各类院校招生数量有较大差异

无论是在职学生还是全日制学生的数量，各院校都存在较大差异。以 2008 年在职学生实际入学人数为例，24 所院校共招收在职学生 681 人，平均每所为 28 人，但招生数量最少的院校仅招收 3 人，最多的则为 59 人。

再以全日制学生为例，2009 年实际入学总数为 1125 人，平均每所 49 人，招生数量最少的仅招收 8 人，最多的 141 人。

根据国家汉办的有关数据来看，10 所“985”高校，无论是在职学生还是全日制学生，招生数量均相对稳定。2008 年在职学生实际入学总数为 339 人，2009 年为 342 人，2010 年为 359 人。从全日制学生来看，2009 年学生总数为 462 人，2010 年总数为 434 人。

总的来说，从各院校来看，2008—2009 年，学生的种类基本保持不变或有所增加，有所增加的占大多数，没有一所院校学生种类减少。

第二节 汉语国际教育专业硕士的招生方式

汉语国际教育专业硕士的招生有三种方式：本校推荐免试、外校推荐免试和考试录取。近几年的招生中，考试录取是主要方式。

一 考试录取是主要招生方式

2008 年，10 所院校共录取 364 人，平均 36 人，最多的为 53 人，最少的为 6 人。考试录取人数占当年招生总数的 91%（见图 JGF-9）。值得注意的是，其中有 8 所院校全部为考试录取，没有推免生。

2009 年，20 所院校共招生 1132 人，平均为 57 人。最多的为 141 人，最少的为 4 人。考试录取人数占当年招生总数的 85%（见图 JGF-10）。其中 6 所院校全部为考试录取。

二 各校推免生数量和比例差别较大

2008 年，在 2 所有本校推免生的学校中，其中一所本校推免生人数为 6 人，占当年该校招生人数（24 人）的 25%；另一所学校本校推免生人数为

6 人，占该校当年招生总数（13 人）的 46%。

2009 年，在 9 所有本校推免生的院校中，推免生总数为 43 人，平均每所院校为 5 人，其中最少的为 1 人，最多的为 12 人。

三 外校推免生数量增加较快

2008 年在 4 所有外校推免生的学校中，共有外校推免生 25 人，平均每所学校 6 人。其中最少的 1 人，最多的 14 人。2009 年外校推免生有较大增长，15 所有推免生的院校中，总数为 155 人，平均每校 10 人。其中最多的外校推免生 33 人，占该校当年招生总数的 31%，最少的为 1 人，占当年招生总数的 0.96%。

四 推免生比例有所增加

2008—2009 年，无论是本校推免生，还是外校推免生数量均有较大幅度的提高。2008 年本校推免生占招生总数的 2%，2009 年占招生总数的 3%。2008 年外校推免生占招生总数的 6%，2009 年占招生总数的 12%（见图 JGF－9 和图 JGF－10）。

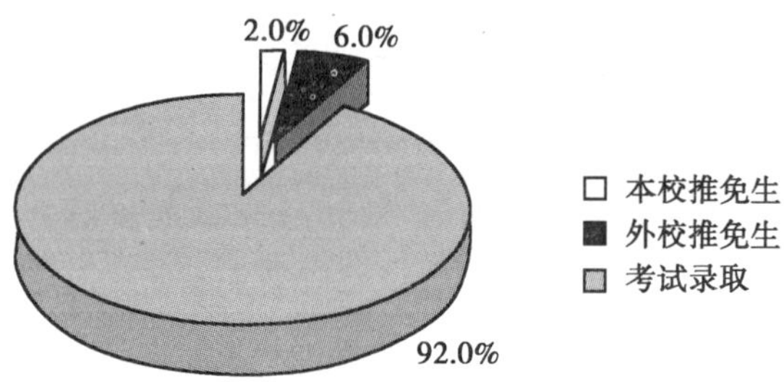

图 JGF－9 2008 年各类学生所占比例

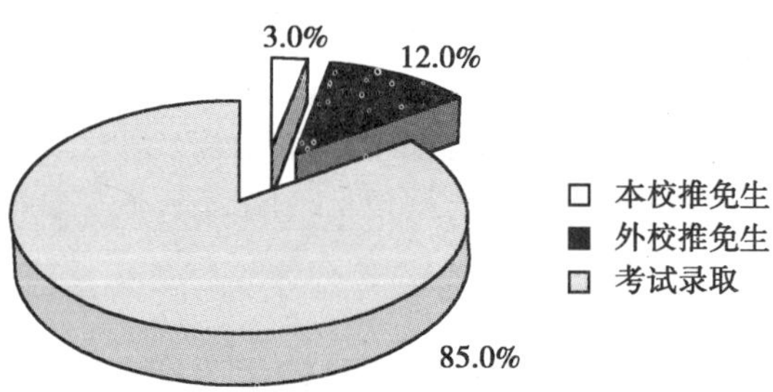

图 JGF－10 2009 年各类学生所占比例

在 2008 年的学生中，推免生的比例为 8%。2009 年，该比例增加到 15%。推免生均为本科阶段学习成绩和综合素质优秀者，具备较为扎实的专业基础知识和技能，推免生数量的增加将会提高生源质量。在政策允许的前提下，各院校可考虑适当加大推免生的比例。

第三节　汉语国际教育专业硕士学生情况分析

一　学生专业背景多样，外语背景的生源数量减少

学生本专科所学专业主要有以下几种：对外汉语、中文、英文、其他语种以及其他（见表 JGF－6）。

表 JGF－6　　2008 年与 2009 年学生各专业背景比例

	对外汉语	中文	英语	其他语种	其他
2008 年	4%	18%	32%	27%	19%
2009 年	17%	28%	20%	5%	30%

学生的专业分布呈现出以下几个特点：一方面，对外汉语与中文专业学生以及其他专业学生 2008—2009 年有较大变化，均出现较大幅度增加。2008 年对外汉语专业的学生仅占 4%，2009 年这一比例上升到 17%。中文专业学生 2008 年占 18%，2009 年上升到 28%。其他专业的学生 2008 年占 19%，2009 年上升到 30%。另一方面，外语背景的学生比例有所降低。其中英语背景的学生所占比例从 32% 下降到 20%，其他语种的学生所占比例从 27% 下降到 5%。详见表 JGF－6、图 JGF－11、图 JGF－12 和图 JGF－13。

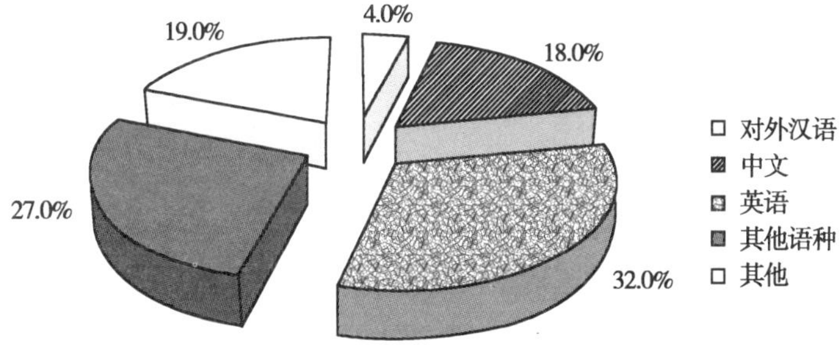

图 JGF－11　2008 年学生所学专业分布情况

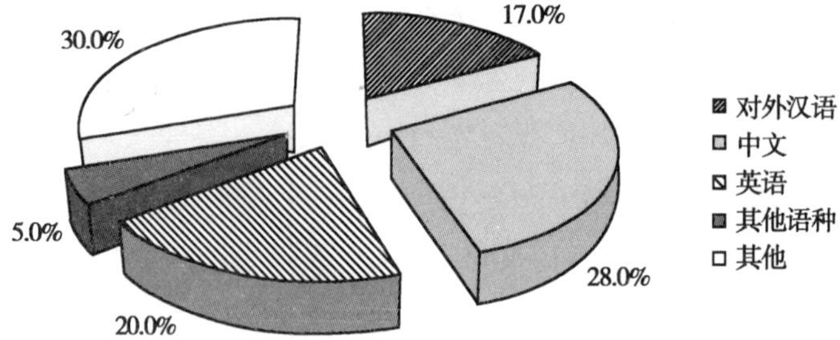

图 JGF－12 2009 年学生所学专业分布情况

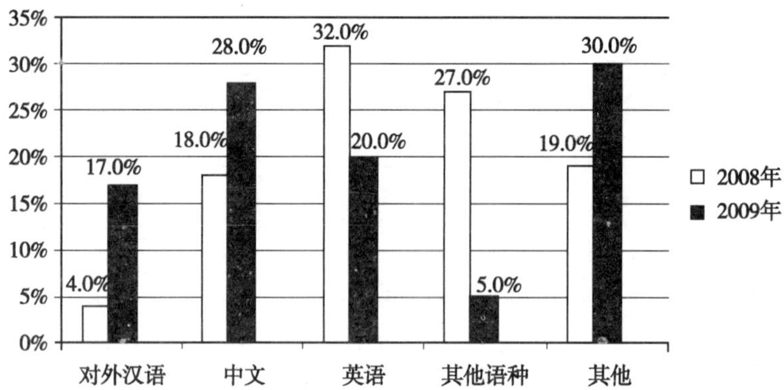

图 JGF－13 2008 年与 2009 年学生专业分布情况对比

二 应届毕业生与在职人员比例一升一降

专业硕士的学生来源有应届毕业生、往届毕业生与在职人员，在职人员中包括教师与非教师。

在学生来源中，应届毕业生比例有较大幅度提高。2008 年应届毕业生仅占 2%，2009 年占 40%，这与招收双证学生的政策有关。往届毕业生的比例变化不大，2008 年与 2009 年分别为 34% 和 29%。

在职人员比例有一定下降。在职教师的比例在 2008 年占 30%，2009 年占 16%。在职人员中非教师在 2008 年的比例是 33%，2009 年的比例是 15%。这与专业硕士的招生政策有关。在招收单证学生的学校中，生源的大部分为在职人员。详见表 JGF－7、图 JGF－14、图 JGF－15 和图 JGF－16。

表 JGF－7　2008 年与 2009 年各类学生来源情况

	应届毕业生	往届毕业生	在职教师	在职非教师
2008 年	2%	34%	30%	33%
2009 年	40%	29%	16%	15%

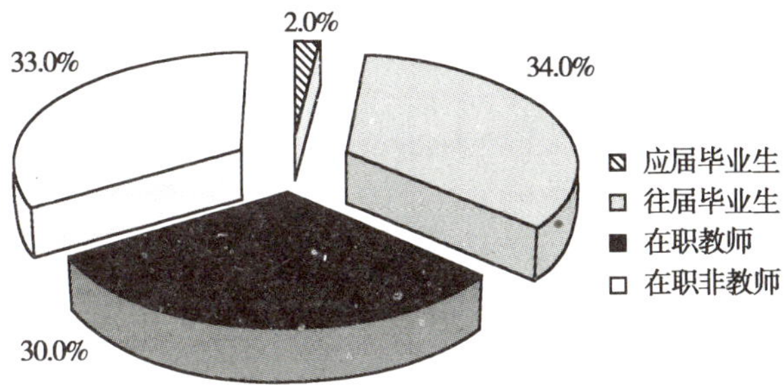

图 JGF－14　2008 年学生来源分布

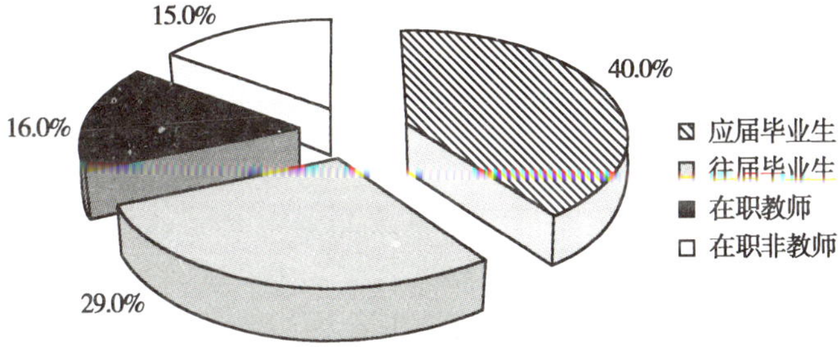

图 JGF－15　2009 年学生来源分布

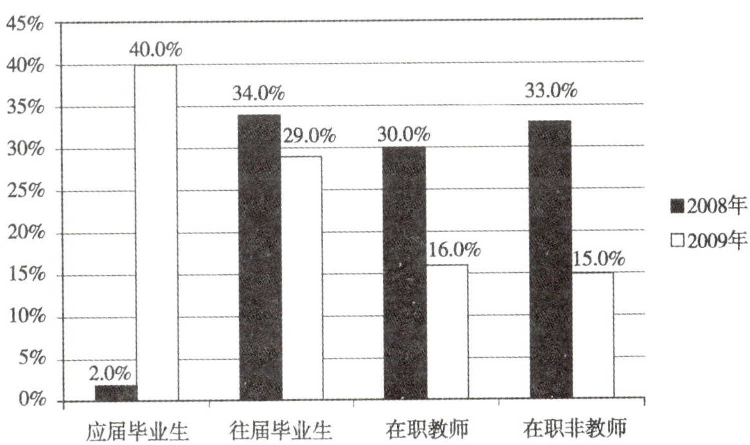

图 JGF－16　2008 年与 2009 年学生来源对比

三　多数学校要求外国学生的汉语水平为 HSK 六级以上

（一）对外国学生报考本专业硕士的汉语水平，要求 HSK 六级以上的占大多数

对外国学生报考本专业硕士的汉语水平要求，问卷中设置了以下六种情况：HSK 六级以上（或有国内外同等水平证书）、HSK 七级以上（或有国内外同等水平证书）、HSK 八级以上（或有国内外同等水平证书）、HSK 九级以上（或有国内外同等水平证书）、通过本校自己组织的汉语考试、无明确要求（见图 JGF－17）。

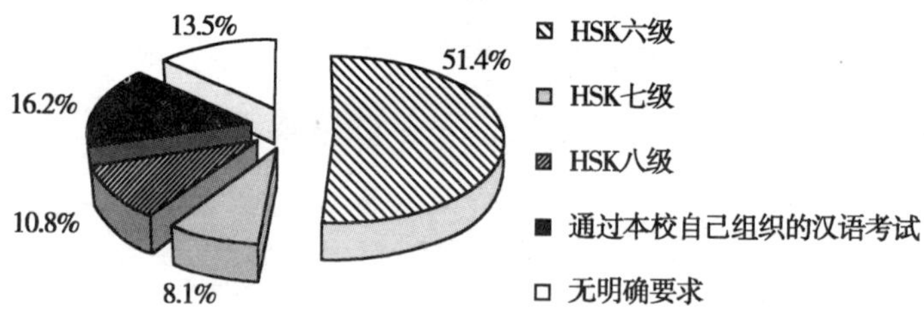

图 JGF－17　对学生报考本专业硕士的汉语水平要求及所占比例

在不同院校中，对外国学生汉语水平的要求不一样，总体来看，HSK 六级以上（或有国内外同等水平证书）占大多数，无论是“985”高校还是非“211”高校，无论是教育部属院校还是省属院校，这一要求均占一半左右。具体情况见表 JGF－8 和表 JGF－9（表中的 n 指院校数量）。

表 JGF－8　不同类别院校对外国学生报告本专业硕士的汉语水平要求

	HSK 六级		HSK 七级		HSK 八级		HSK 九级		通过本校自己组织的汉语考试		无明确要求		合计	
	n	%	n	%	n	%	n	%	n	%	n	%	n	%
“985”高校	6	50.0	1	8.3	2	16.7	0		2	16.7	1	8.3	12	100
“211”高校	5	45.5	1	9.1	1	9.1	0		1	9.1	3	27.3	11	100
非“211”高校	8	57.1	1	7.1	1	7.1	0		3	21.4	1	7.1	14	100
合计	19	51.4	3	8.1	4	10.8	0		6	16.2	5	13.5	37	100

表 JGF－9　不同归属院校对外国学生报考本专业硕士的汉语水平要求

	HSK 六级		HSK 七级		HSK 八级		HSK 九级		通过本校自己组织的汉语考试		无明确要求		合计	
	n	%	n	%	n	%	n	%	n	%	n	%	n	%
教育部属院校	7	46.7	1	6.7	3	20.0	0		3	20.0	1	6.7	15	100
省属院校	12	57.1	2	9.5	1	4.8	0		3	14.3	3	14.3	21	100
其他							0				1	100.0	1	100
合计	19	51.4	3	8.1	4	10.8	0		6	16.2	5	13.5	37	100

（二）“985”高校、教育部属院校对外国学生的汉语水平要求高于其他院校

各类院校对外国学生报考本专业硕士的汉语水平要求各有不同，其中，“985”高校对外国学生报考本专业硕士的汉语水平要求高于非“211”高校，教育部属院校的要求高于省属院校。

从表 JGF－8 和表 JGF－9 中的数据可以看出，没有一所院校要求报考专业硕士的外国学生汉语水平为 HSK 九级以上。在要求 HSK 八级以上的院校中，“985”高校和教育部属院校的比例均是最高的，分别达到 16.7% 和 20%。而非“211”高校和省属院校的这一比例分别是 7.1% 和 4.8%。如果加上要求 HSK 七级以上的院校，则依次是“985”高校、“211”高校、非“211”高校，其比例分别为 25%、18.2%、14.2%（见图 JGF－18）。教育部属院校高于省属院校，要求 HSK 七级和八级的比例分别为 26.7% 和

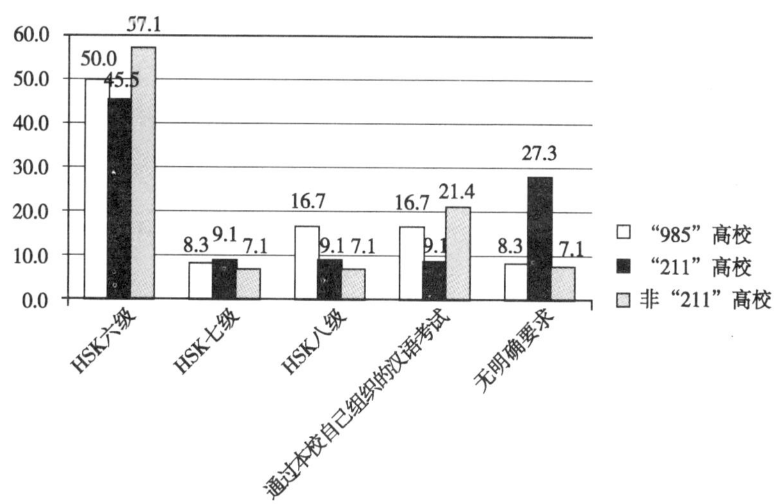

图 JGF－18　各类院校对外国学生报考本专业硕士的汉语水平要求

14.3%（见表 JGF－9）。

另外，要求通过本校自己组织的汉语考试的院校中，非“211”高校的比例是最高的，达到 21.4%。对汉语水平无明确要求的，“211”高校占 27.3%，高于“985”高校的 8.3%，省属院校占 14.3%，高于教育部属院校的 6.7%（见表 JGF－8 和表 JGF－9）。

第四节　结论与建议

从 2008—2010 年的招生情况来看，汉语国际教育专业硕士的招生情况呈现出如下几个特点：全日制学生数量远高于在职学生数量；在职学生人数变化相对平稳，全日制学生数量增长较快；外国学生中奖学金生是主体，自费生人数增长较快；各院校全日制中国学生的数量差别较大；各院校自身招生情况各有不同。

从招生方式来看，汉语国际教育专业硕士的招生有三种方式：本校推荐免试、外校推荐免试和考试录取，其中考试录取是主要方式。但是在近几年的招生中，推免生比例有所上升。从学生本科所学专业来看，对外汉语专业、中文专业学生以及其他专业学生人数 2008—2009 年有较大变化，均出现较大幅度增加。其他语种与英语专业学生比例有所下降。从学生来源来看，应届毕业生比例有较大幅度提高，在职教师与在职非教师比例有一定下降。

从汉语水平要求来看，要求 HSK 六级以上的院校占大多数，“985”高校、教育部属院校对外国学生报考本专业硕士的汉语水平要求比其他院校高。

第四章

汉语国际教育硕士培养情况概况

汉语国际教育专业硕士的培养呈现出以下特点：学制多样化，其中两年占大多数；对学位论文有严格的要求；实习是其中的重要环节，海外实习机会较多，实习的指导方式与评价方式多样化。

第一节　学制多样，两年居多

汉语国际教育硕士的学制有两年、两年半、三年。调查结果显示，两年学制占大多数，其次是两年半，三年制的最少。在 38 所院校中，实行两年制的有 31 所，占 81.6%；两年半的 4 所，占 10.5%；三年制的 3 所，占 7.9%。

不同类别、不同归属的院校，实行两年、两年半、三年学制的学校的比例均呈依次递减的特点。“985”高校中实行两年、两年半、三年学制的学校的比例依次为 54.5%、27.3%、18.2%（见表 JGF－10）。教育部属院校中实行两年、两年半、三年学制的学校的比例依次为 60%、20%、20%（见表 JGF－11）。

表 JGF－10　　各类别院校对汉语国际教育硕士学制的要求

	两年		两年半		三年		合计	
	n	%	n	%	n	%	n	%
“985”高校	6	54.5	3	27.3	2	18.2	11	100
“211”高校	10	90.9			1	9.1	11	100
非“211”高校	15	93.8	1	6.3			16	100
合计	31	81.6	4	10.5	3	7.9	38	100

表 JGF－11　　各归属院校对汉语国际教育硕士学制的要求

	两年		两年半		三年		合计	
	n	%	n	%	n	%	n	%
教育部属	9	60.0	3	20.0	3	20.0	15	100
省属	22	95.7	1	4.3			23	100
其他部属								
合计	31	81.6	4	10.5	3	7.9	38	100

两年学制与教育指导委员会所规定的培养方案是相一致的，为大多数院校所接受。值得注意的是，实行三年制的有 3 所院校，均为教育部属学校。根据这些院校的培养方案，在第一年的学习中，学生集中学习课程，修满学分；第二年海外实习或国内实习；第三年为撰写论文阶段。

第二节　汉语国际教育专业硕士的论文要求

各院校对汉语国际教育专业硕士的学位论文有比较严格的要求，要经过校内外专家的匿名评审。调查显示，论文要经过校内外专家匿名评审的院校占大多数。详见表 JGF－12 和表 JGF－13。

表 JGF－12　　不同类别院校对专业硕士学位论文是否经过校内外专家匿名评审的要求

	是	%	否		合计	
“985” 高校	8	72.7	3	27.3	11	100
“211” 高校	6	54.5	5	45.5	11	100
非 “211” 高校	8	61.5	5	38.5	13	100
合计	22	62.9	13	37.1	35	100

表 JGF－13　　不同归属院校对专业硕士学位论文是否经过校内外专家匿名评审的要求

	是	%	否		合计	
教育部属	10	66.7	5	33.3	15	100
省属	11	57.9	8	42.1	19	100
其他部属	1	100.0			1	100
合计	22	62.9	13	37.1	35	111

从调查中我们看到，各培养单位对汉语国际教育专业硕士的学位论文要求比较严格。在35所院校中，学生论文答辩要经过校内外专家匿名评审的院校有22所，占全部院校的62.9%，学生论文不需要经过校内外专家匿名评审的有13所，占37.1%。

在“985”高校中，学生论文答辩要经过校内外专家匿名评审的院校比例为72.7%，远远高于平均数62.9%。

第三节　汉语国际教育硕士的实习指导

汉语国际教育专业硕士的国内实习主要由导师指导。详见表JGF－14和表JGF－15。

表JGF－14　　不同类别院校学生国内实习指导方式

	导师指导		培养机构集中指导		实习单位安排指导		合计	
	n	%	n	%	n	%	n	%
“985”高校	5	41.7	2	16.7	5	41.7	12	100
“211”高校	7	70.0			3	30.0	10	100
非“211”高校	7	58.3	2	16.7	3	25.0	12	100
合计	19	55.9	4	11.8	11	32.4	34	100

表JGF－15　　不同归属院校学生国内实习指导方式

	导师指导		培养机构集中指导		实习单位安排指导		合计	
	n	%	n	%	n	%	n	%
教育部属	9	56.3	2	12.5	5	31.3	16	100
省属	10	58.8	2	11.8	5	29.4	17	100
其他部属					1	100.0	1	100
合计	19	55.9	4	11.8	11	32.4	34	100

汉语国际教育专业硕士的实习是培养过程中非常重要的环节，培养方案中规定学生必须进行教学实习。在2008年版与2009年版专业硕士教指委的培养方案中，培养方案对于实习的要求发生了变化。2008年的培养方案中没有明确规定海外实习，2009年的培养方案中则明确提出了海外实习的要求，以突出本专业的特点。尽管如此，由于受一定条件的限制，并不是所有

的学生都能够进行海外实习，在国内实习仍然占了较大比例。在国内实习如何进行指导，主要有以下几种方式：导师指导、培养机构集中指导、实习单位安排指导。从调查结果来看，导师指导所占比例最大，是实习指导最主要的方式，其次是实习单位安排指导，再次是培养机构集中指导，三者的比例依次是 55.9%、32.4%、11.8%（见图 JGF－19）。

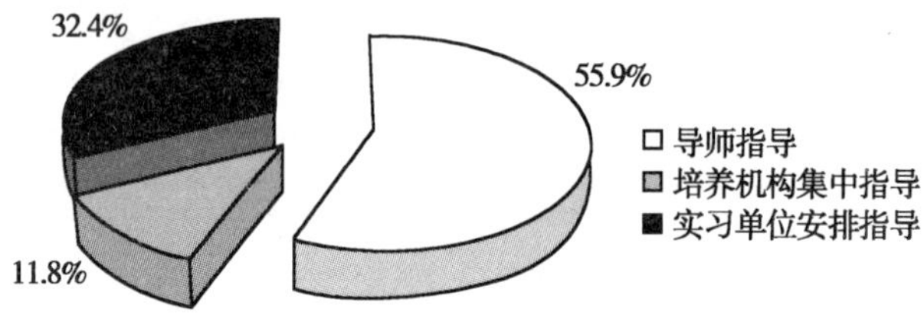

图 JGF－19　在国内进行汉语教学实习的指导方式

无论是“985”高校、“211”高校、非“211”高校，还是教育部属学校、省属学校、其他部属院校，指导方式所占比例均与此一致。可以看出，在汉语国际教育专业硕士培养环节中，在国内进行汉语教学实习的指导方式中，导师指导是最主要的方式，具有较强的可操作性。实习单位安排指导也占一定比例。相比而言，由培养机构集中指导从目前统计来看是最少的，仅有 4 所院校。

第四节　专业硕士的实习由实习单位评价的比例最高

参与调查的 28 所院校对在国内进行汉语教学实习的专业硕士均要求进行教学评价，但教学评价的方式不一。无论是哪一类学校中，占比例最多的均为实习单位评价，其次是指导教师评价，由学生进行评价的比例最低，三者的比例依次是 60.7%、28.6%、10.7%。详见表 JGF－16、图 JGF－20 和图 JGF－21。

表 JGF－16　不同类别院校对在国内进行汉语教学实习的评价方式

	所教学生评价		指导教师评价		实习单位评价		合计	
“985”高校	1	11.1%	4	44.4%	4	44.4%	9	100%
“211”高校	1	11.1%	2	22.2%	6	66.7%	9	100%
非“211”高校	1	10.0%	2	20.0%	7	70.0%	10	100%
	3	10.7%	8	28.6%	17	60.7%	28	100%

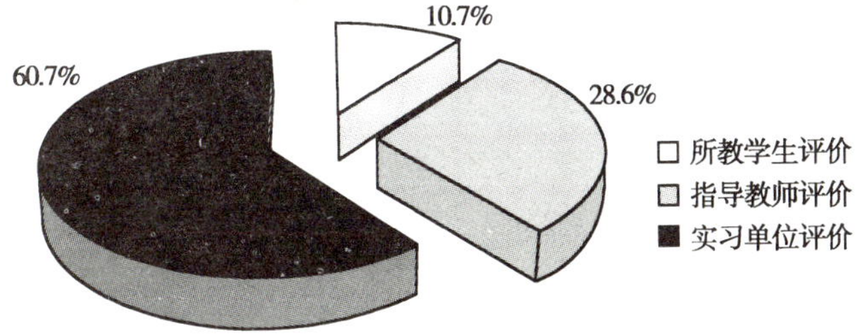

图 JGF－20　在国内进行汉语教学实习的评价方式

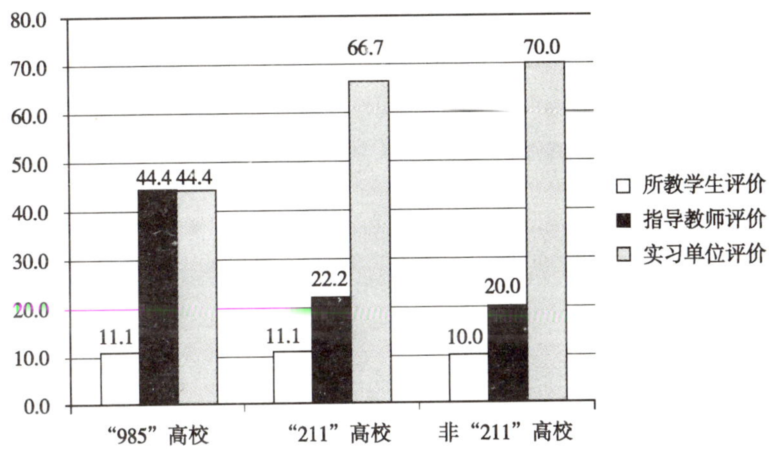

图 JGF－21　各类院校在国内进行汉语教学实习的评价方式

第五节　结论与建议

上述调查结果显示出汉语国际教育硕士培养不同于对外汉语教学硕士培养的特色：学制多样，两年学制占大多数，部分院校为两年半，三年制的最少；汉语国际教育专业硕士的学位论文有严格的要求，多数学校要求论文经过校内外专家的匿名评审；专业硕士的国内实习主要由导师指导，其次是实习单位安排指导、培养机构集中指导；在国内进行汉语教学实习均要求有教学评价，其中比例最高的为实习单位评价，其次是指导教师评价，由学生进行评价的比例最低。

第五章

汉语国际教育硕士培养中的特色——海外实习问题

第一节　专业硕士海外实习的机会多于学术型硕士

海外教学实践是汉语国际教育专业硕士培养的特色之一。从调查来看，在31所学校中，专业硕士有海外实习实践机会的学校有27所，占87%；没有海外教学实践机会的只有4所，占全部调查学校总数的12.9%。

与对外汉语教学硕士相比，汉语国际教育专业硕士的海外教学实践机会更多。尽管许多院校对外汉语教学专业的学术型硕士也有机会进行海外教学实践，但二者的比例有比较明显的差别。调查显示：在招收对外汉语教学方向硕士生的学校中，有海外教学实践机会的占70.6%，没有海外教学实践机会的占29.3%。

第二节　海内外校际合作和国家公派是专业硕士海外实习的主要方式

从专业硕士海外实习的总人数来看，2009年海外实习的人数比2008年有所增加，由112人上升至236人，增长幅度为110%。专业硕士海外教学实习的渠道主要有以下几种：校际合作、国家公派、其他途径。从调查来看，校际合作与国家公派是学生海外教学实习的主要渠道。在两年的统计结果中，国家公派的比例都是当年派出人数中最高的。2008年国家公派的比例为87%，2009年这一比例有所下降，但也在52%。

校际交流和其他途径的比例在两年中有所变化，这意味着各院校在加大校际交流及其他方面所做出的努力。2008年校际交流占派出总人数的10%，

2009 年这一比例上升至 24%；2008 年通过其他途径海外实习的人数仅占总人数的 3.5%，到了 2009 年这一比例上升至 24%，这说明随着专业硕士培养方案的优化和派出效果的体现，各院校也更加重视为专业硕士拓宽派出途径、增加派出机会方面。详见图 JGF－22。

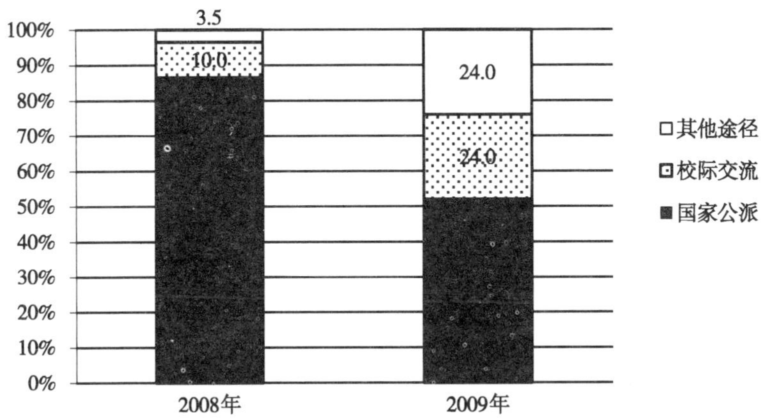

图 JGF－22　2008 年与 2009 年海外实习渠道对比

第三节　国内学校与实习单位联合指导为海外实习指导的主要方式

对在海外实习的学生应加强指导，各学校对此也高度重视，24 所学校均以不同方式对学生的海外实习进行指导。指导的方式有以下几种：导师指导、培养机构集中指导、海外实习单位或教师指导、国内学校与海外实习单位联合指导。

从指导方式来看，国内学校与实习单位联合指导成为指导的主要方式，在各种指导方式中所占比例最高，为 62.5%；其次是海外实习单位教师指导，占 20.8%；培养机构集中指导和导师指导所占比例最少，只有 4 所，共占 16.6%（见图 JGF－23）。

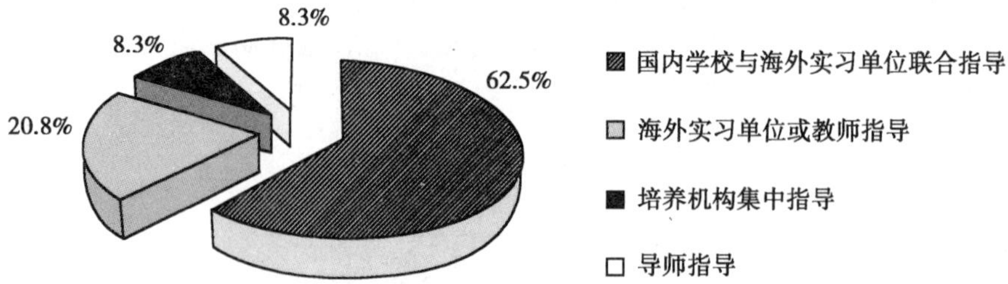

图 JGF－23　海外实习期间对学生的指导方式

第四节　海外实习单位评价是最主要的评价方式

学生在海外实习期间的评价方式主要有以下几种：海外实习单位评价、海外实习单位的学生评价、国内学校或教师评价。从调查结果来看，海外实习单位评价是最主要的方式，在 23 所学校中，由海外实习单位评价的有 20 所，占 87%；由海外实习单位学生评价的有 2 所，占 8.7%；由国内学校或教师评价的有 1 所，占 4.3%。

由海外实习单位评价是合理的，与海外实习单位学生的评价相比，海外实习单位的评价更加全面和客观。在调查的学校中，6 所“985”高校、9 所教育部属院校全部是由海外实习单位评价；而省属学校和非“211”学校由海外实习单位评价的比例均低于平均数（87%），分别为 76.9% 和 75%。2 所由国内学校和教师评价的学校分别为非“211”高校和省属院校。详见表 JGF－17 和表 JGF－18。

表 JGF－17　不同类别院校对在海外进行汉语教学实习的评价方式

	由海外实习单位评价		由海外实习单位的学生评价		由国内学校或教师评价		无要求		合计	
“985”高校	6	100.0%							6	100%
“211”高校	8	88.9%	1	11.1%					9	100%
非“211”高校	6	75.0%	1	12.5%	1	12.5%			8	100%
合计	20	87.0%	2	8.7%	1	4.3%			23	100%

表 JGF－18 不同归属院校对在国内进行汉语教学实习的评价方式

	由海外实习单位评价		由海外实习单位的学生评价		由国内学校或教师评价		无要求		合计	
教育部属	9	100.0%							9	100%
省属	10	76.9%	2	15.4%	1	7.7%			13	
其他部属	1	100.0%							1	100%
合计	20	87.0%	2	8.7%	1	4.3%			23	100%

第五节 结论与建议

汉语国际教育硕士培养中过程中一个突出的特色是海外实习。本调查的结果显示，绝大多数高校的专业硕士有海外实习机会，比对外汉语教学方向的学术型硕士机会更多，并且海外实习的专业硕士人数有较大幅度增加。在海外教学实习渠道上，校际合作和国家公派是主要方式。在海外实习期间对学生的指导方式上，国内学校与实习单位联合指导是主要的指导方式。在学生海外实习的评价方式上，海外实习单位评价是最主要的方式。

基于汉语国际推广和中华文化传播以及汉语国际教育专业硕士培养的效果，建议在今后的海外实习方面，培养院校与国家汉办等部门应多方努力，一方面继续加大国家公派的力度，在志愿者派出方面对汉语国际教育专业硕士给予大力支持；另一方面，各培养单位也要努力开拓海外实习的途径，通过校际交流等方式，为学生创造更多的海外实习机会。

第六章

汉语国际教育硕士的就业情况调查

由于大多数学校自2008年开始招收汉语国际教育专业硕士，因此在本次调查中，有毕业生的学校极为有限，仅有4所学校填写本项内容。在参与调查的4所院校中，毕业学生总数为78人，其中就业66人，做海外汉语教师志愿者9人，国内读学位2人，出国读学位1人。

在已就业毕业生中，从事对外汉语教学者就业的学校和机构各有不同：在国内大学任教的有11人，国内中小学任教的12人，国内的国际学校任教的1人，国外从事汉语教学的8人，其他培训机构的8人。

可以看出，在已就业的学生中，从事对外汉语教学的人数还是占有相当的比例。在从事对外汉语教学工作的人数中，在国内大学、国内中小学任教的占一半以上，去国外从事汉语教学的占总人数的10%，在其他培训机构任教的占10%。

汉语国际教育专业硕士的就业应是今后需要密切关注的问题。随着毕业生人数的增多，汉语国际教育专业硕士的就业去向将更加多样化，越来越多的学生做海外汉语教师志愿者。在国内从事对外汉语教学工作的毕业生除了进入大学以外，还可以在国内中小学、国际学校以及一些培训机构教授汉语，或从事与中华文化传播相关的工作。

第七章

结论与建议

第一节　汉语国际教育专业硕士的培养单位与学科发展

汉语国际教育专业硕士的培养单位设在专门的对外汉语教学单位的占大多数，其次是文学院，少部分设在其他单位或几家联合。对于今后计划开设汉语国际教育专业硕士的院校来说，培养单位是设在专门的对外汉语教学单位还是文学院或是其他院系，应视本校学生规模及师资情况而定，从而实现既重视学生的理论知识的系统性，又有利于其实践能力提高的培养目标。

越来越多的院校设立汉语国际教育专业，对本学科发展来说，是机遇，也是挑战。参与汉语国际教育硕士培养的院校逐渐增多，这一方面意味着学科发展具有良好的势头，社会重视与需求较高；另一方面，师资队伍建设、实习途径的拓展、就业渠道的拓宽等相关问题都将面临严峻的挑战。

第二节　汉语国际教育专业硕士的招生情况

从2008—2010年的招生情况来看，专业硕士的招生呈现出以下几个特点：全日制学生数量远高于在职学生数量；在职生源人数变化相对平稳，全日制学生增长速度较快；外国学生中奖学金生是主体，自费生数量增长较快；各院校全日制中国学生的数量差别较大；各院校自身招生情况各有不同。

汉语国际教育专业硕士的招生有三种方式：本校推荐免试、外校推荐免试和考试录取。近几年的招生中，考试录取是主要方式，建议相关院校今后可以适当提高推免生的数量和比例。

从学生本科所学专业来看，对外汉语专业与中文专业学生以及其他专业学生的数量2008—2009年均有较大幅度增加，英语和其他语种专业学生比例有所下降。从学生来源来看，应届毕业生比例有较大幅度提高，在职生源比例有一定下降。

从汉语水平要求来看，要求HSK六级以上的占大多数，“985”高校、教育部属院校对外国学生报考本专业硕士的汉语水平要求比其他院校高。

第三节　汉语国际教育专业硕士的培养情况

汉语国际教育专业硕士的培养具有不同于对外汉语教学学术型硕士培养的特色：学制多样，两年学制占大多数，部分院校为两年半，三年制的院校数量最少；汉语国际教育专业硕士的学位论文有严格的要求，许多院校要求论文要经过校内外专家的匿名评审；专业硕士的国内实习主要由导师指导，其次是实习单位安排指导、培养机构集中指导。各院校对在国内进行汉语教学实习的学生均要求有教学评价，其中比例最高的为实习单位评价，其次是指导教师评价，由学生进行评价的最少。

第四节　汉语国际教育专业硕士的海外实习问题

汉语国际教育硕士培养中一个突出的特色是海外实习。绝大多数学校能够为学生提供海外实习机会。在海外教学实习渠道上，校际合作和国家公派是主要方式。海外实习人数有较大幅度增加。在海外实习期间对学生的指导方式上，国内学校与实习单位联合指导是主要方式。在学生海外实习的评价方式上，海外实习单位评价是最主要的方式。

建议在今后的专业硕士海外实习方面，培养院校与国家汉办应共同努力。一方面，继续加大国家公派的力度，在志愿者派出方面对汉语国际教育专业硕士给以大力支持；另一方面，各培养单位也要努力开拓海外实习的途径，通过校际交流等方式，为学生创造更多实习机会。从学生本人来说，也要努力寻找其他途径，设法获得海外实习机会，例如通过交换学生、海外访学等方式，实现海外教学实习与实践。学生在海外实习期间，培养院校应通过多种方式加强对学生的指导，同时也继续探索科学合理的评价方式。

第五节　汉语国际教育专业硕士的就业问题

汉语国际教育专业硕士的就业将是今后需要密切关注的问题。随着今后毕业生的增多，汉语国际教育专业硕士的就业将更加多样化，越来越多的学生赴海外做汉语教师中国志愿者，在国内从事对外汉语教学工作的学生除了进入国内大学外，还可以在国内中小学、国际学校以及一些培训机构教授汉语，或从事与文化传播、文化交流相关的工作。

第八部分

语言学及应用语言学博士培养调研报告

参加此次调查的高校共有341所，其中对外汉语教学机构具有博士点的学校有8所。本部分主要介绍对外汉语教学机构博士点的基本情况，包括语言学及应用语言学博士生招生的基本情况；语言学及应用语言学博士生的学术背景、培养情况及就业情况。

第一章

对外汉语教学机构博士点基本情况

本章重点说明博士点的分布、博士点的学科、开始设立博士点的时间和博士生导师的情况。

第一节　博士点学校的分布

一　博士点学校分布相对集中

此次调查资料显示，有博士点的学校分布相对集中，它们均位于华东、华北和华中地区。其中分布在华东的大学有4所，分布在华北的大学有2所；分布在华中的大学有两所。属于“985”的学校共五所，属于“211”的学校2所，属于非“211”学校一所。从它们隶属的情况来看，教育部所属院校有6所，两所为省属院校（见图JGG－1）。

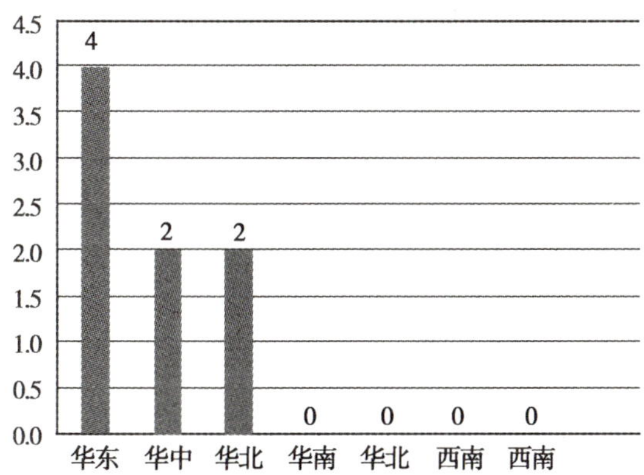

图JGG－1　博士点学校分布图

二　博士点学校相对较少

参加此次调查的对外汉语教学机构共有341个，其中该机构有博士点的学校只有8所，有博士点的学校相对较少，只占参加本次调查学校的2.4%。

第二节　博士点的学科建设

调查数据显示，对外汉语机构中有博士点的学校学科共有两个：语言学及应用语言学、汉语言文字学。[①] 有4所学校拥有语言学及应用语言学和汉语言文字学两个学科。有两所学校只有一个学科为语言学及应用语言学。从以上数据我们可以看出：从全国情况来看，博士点的专业学科相对单一，只有两个专业学科，较之中文学院（中文系）、外文学院的学科设置，对外汉语教学机构的博士专业学科偏少，且偏重语言研究，没有关于文化等其他相关的学科设置。

第三节　博士点招收语言学及应用语言学博士的情况

一　语言学及应用语言学博士点设置较晚

所回收的调查数据显示，我国对外汉语教学机构中最早设置语言学及应用语言学博士点的院校在2000年，以后博士点逐年增加，到了2010年博士点已增加至7个[②]（见图JGG－2）。

二　有语言学及应用语言学博士点的学校中“985”和“211”学校占主体

调查数据显示，现在可招收语言学及应用语言学博士的博士点学校有“985”学校、“211”学校和非“211”学校，但是“985”和“211”学校占优势，占博士点学校的62.5%。

① 在本次调查中，有两个学校所填写的专业学科不在国务院学位办和教育部学科目录中。
② 在填写此调查的8所学校中有一所学校未填写哪年开始设置博士点。

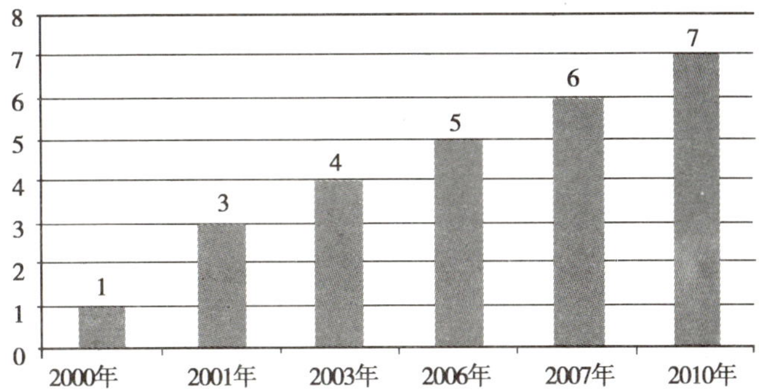

图 JGG－2　博士点学校设置时间与数目

第四节　博士生导师的情况

一　博士生导师人数较少

在所回收的数据中，对外汉语教学机构中共有博士生导师41名，约占所有专职对外汉语教师（2361名[①]）的1.7%，博士生导师的比例偏低（见图JGG－3）。

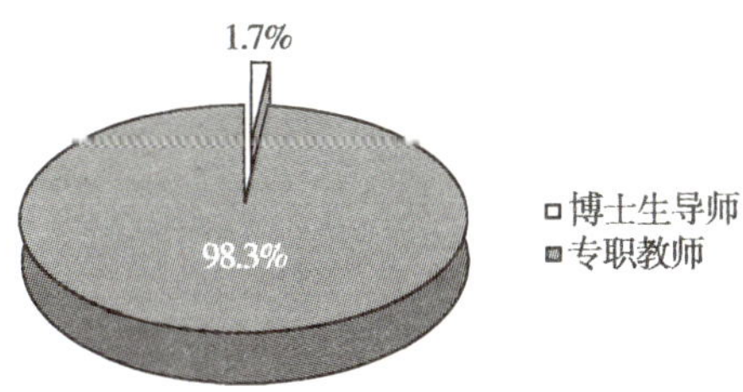

图 JGG－3　博士生导师在专职汉语教师中所占比例图

二　各校博士生导师数目差别较大

调查数据显示，8所学校有博士生导师，其中最多的学校有8位博士生导师，最少的只有一个。导师人数跟学校类别没有直接关系，“985”和

① 本次调查的机构基础信息部分结果显示填写问卷的对外汉语教学机构中共有专职对外汉语教师2361名。

“211”学校平均导师数是5.6个，“211”学校平均导师数为3个，非“211”学校只有1所，导师数为7个。

三　博士生导师的人数跟该校博士点设置时间的长短成正比

各校博士生导师的人数跟该校博士点设置时间的长短成正比，2000—2001年就设置该学科博士点的学校博士生导师均在7个以上。2006—2007年设置该学科博士点的学校，博士生导师为5—6个，2010年设置该学科博士点的学校，博士生导师只有1个。

第二章

语言学及应用语言学
博士生招生的基本情况

我们对 2007 年、2008 年和 2009 年三年中对外汉语教学机构招收语言学及应用语言学中外博士生的人数进行了调查。

第一节　语言学及应用语言学博士生的招生人数有所波动

从 2007 年、2008 年和 2009 年三年各校招生的平均数来看，全国语言学及应用语言学博士生的招生人数呈波动状，但外国博士生总人数呈上升趋势。2007 年、2008 年和 2009 年三年的外国博士生人数分别为 8 人、10 人和 15 人，但从各校三年招收外国博士生的平均数来看也呈波动趋势，三年分别为 2.0 人、1.7 人和 2.1 人（见表 JGG－1）。

表 JGG－1　　招生数量与学生国别

	（人）	学校数	平均数	学生总数	最小值	最大值
2007 年	中国学生	7	4.3	30	1	9
	外国学生	4	2.0	8	0	4
2008 年	中国学生	7	6.3	44	3	14
	外国学生	6	1.7	10	0	4
2009 年	中国学生	7	3.7	26	0	7
	外国学生	7	2.1	15	0	5

第二节　各校招收语言学及应用语言学中国博士生的人数不均衡

调查数据显示，各校所招收的语言学及应用语言学中国博士生的人数不太均衡，2007 年招收最多的学校为 9 名，而最少的学校只有 1 名；2008 年招收最多的学校为 14 名，而最少的学校只有 3 名；2009 年招收最多的学校为 7 名，而最少的学校为 0 名（见图 JGG－4）。

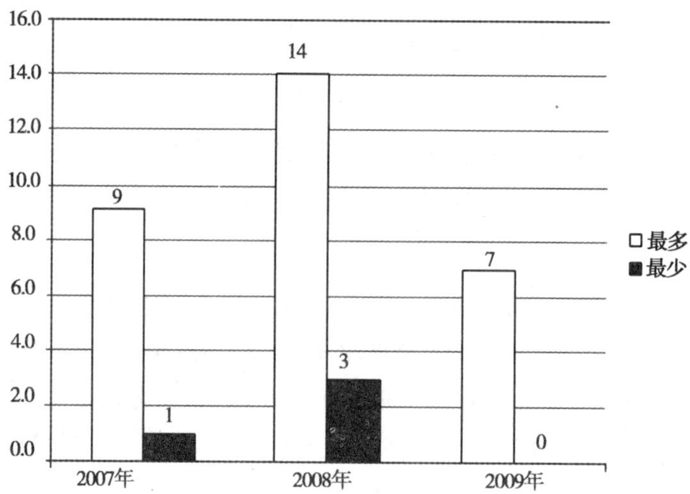

图 JGG－4　招收语言学及应用语言学中国博士生的人数

第三章

语言学及应用语言学博士生的专业背景

我们对2007年、2008年和2009年三年对外汉语教学机构语言学及应用语言学博士生硕士阶段所学专业和学生来源情况进行了调查。

第一节　硕士阶段所学专业

一　硕士阶段所学专业集中在对外汉语和中文

调查数据显示，语言学及应用语言学博士生硕士阶段所学专业集中在对外汉语、中文这两个专业上，硕士背景为这两个专业的学生约占83.7%。

二　硕士阶段所学专业人数最多的为对外汉语

硕士阶段所学专业人数最多的为对外汉语，三年共有45人硕士阶段所学专业是对外汉语，约占45.9%；其次为中文专业，三年共有37人硕士阶段所学专业是中文，约占37.8%；学外语的学生相对较少，三年共有7人硕士阶段所学专业是外语，约占7.1%；约9.2%的学生硕士阶段学习其他专业（见图JGG-5）。

三　硕士阶段所学专业为外语的学生有逐渐增加的趋势

从语言学及应用语言学博士生硕士阶段所学专业的平均人数来看，硕士阶段所学专业为外语的学生有逐渐增多的趋势，三年分别为1.0、1.5和2.0。

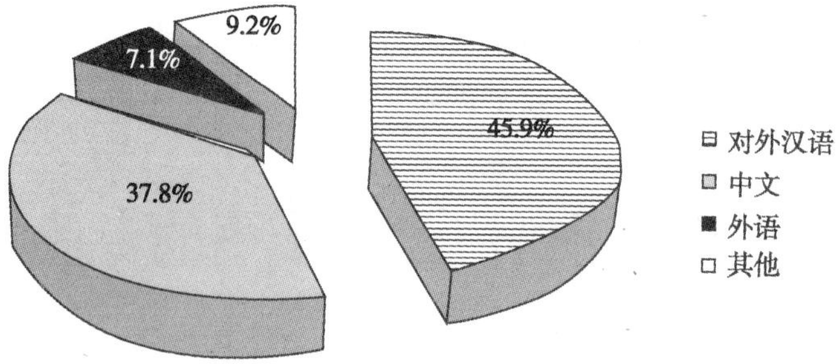

图 JGG－5 硕士阶段所学专业比例

第二节 博士生的来源

我们对考取语言学及应用语言学博士的学生来源进行了调查，发现在2007年、2008年和2009年应届硕士毕业生、往届硕士毕业生、在职教师和在职非教师考取语言学及应用语言学博士的情况呈现下列特点。

一 应届硕士毕业生考取语言学及应用语言学博士的人数呈上升趋势

调查数据显示，2007年、2008年和2009年三年应届硕士毕业生考取语言学及应用语言学博士的总人数呈上升趋势，每年约递增20%。从这三年各校应届硕士毕业生考取语言学及应用语言学博士的平均数值来看，也呈上升趋势，2007年、2008年和2009年三年分别为1.5、2.7和3.3（见图JGG－6）。

二 往届硕士毕业生考取语言学及应用语言学博士的人数超过应届毕业生人数

2007年、2008年和2009年三年往届硕士毕业生考取语言学及应用语言学博士的人数均超过应届毕业生人数，从这三年各校往届硕士毕业生考取语言学及应用语言学博士人数的平均数值来看，也均超过应届毕业生的人数，2007年、2008年和2009年三年为3.5、3.2和3.8（见图JGG－7）。

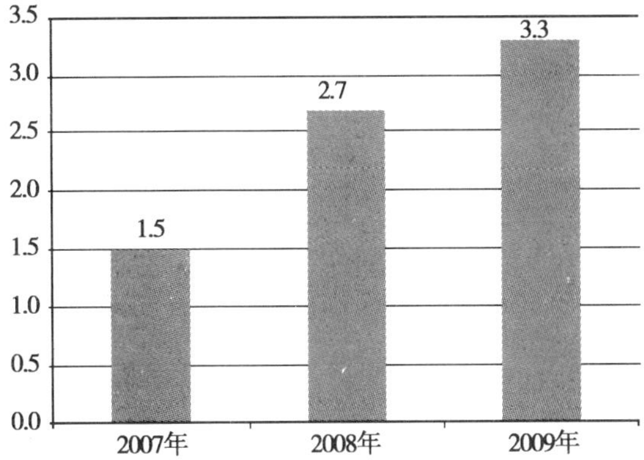

图 JGG－6　应届毕业生考取该专业博士人数的平均数

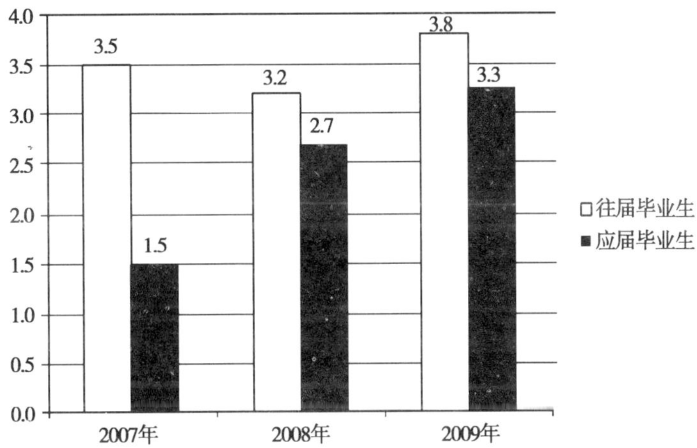

图 JGG－7　应届毕业生和往届毕业生考取该专业博士人数的平均数

三　在职教师考取语言学及应用语言学博士的人数有逐渐减少的趋势

在 2007 年、2008 年和 2009 年三年中，在职教师考取语言学及应用语言学博士的总人数逐渐减少。从这三年各校在职教师考取语言学及应用语言学博士人数的平均数值来看，也呈下降趋势。2007 年、2008 年和 2009 年三年分别为 3.4、2.6 和 1.8（见图 JGG－8）。

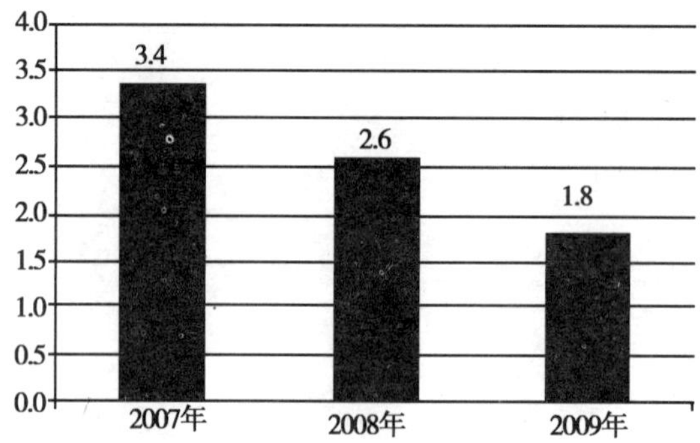

图 JGG-8 在职教师考取该专业博士人数的平均数

四 在职教师和非教师考取语言学及应用语言学博士的人数的比差逐渐缩小

在 2007 年、2008 年和 2009 年三年，在职人员考取语言学及应用语言学博士的人中，在职教师前两年各校平均数均超过非教师，但比差逐渐缩小，最后一年在职非教师的平均数超过了在职教师的人数，2007 年、2008 年和 2009 年三年在职非教师生源平均数分别为 1.3、2.0 和 2.0（见图 JGG-9）。

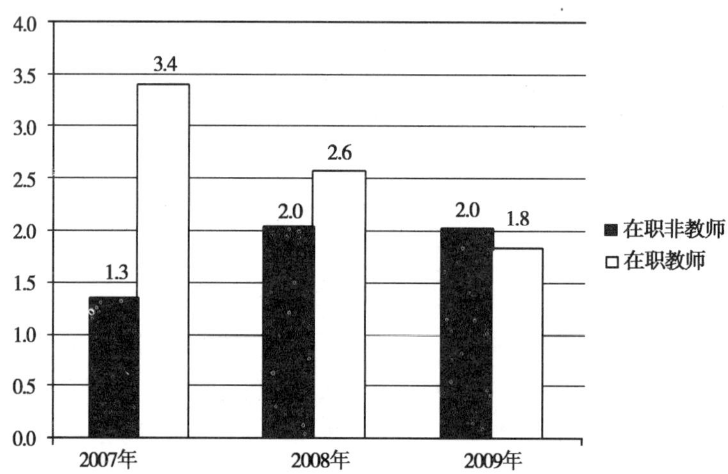

图 JGG-9 在职教师和非教师考取该专业博士人数

五　考取语言学及应用语言学博士生人数最多的是在职人员

此次调查数据显示，在2007年、2008年和2009年三年中，考取语言学及应用语言学博士生人数最多的是在职人员，约占45.1%；往届毕业生次之，约占36.8%；应届毕业生人数较少，仅占18.0%（见图JGG－10）。

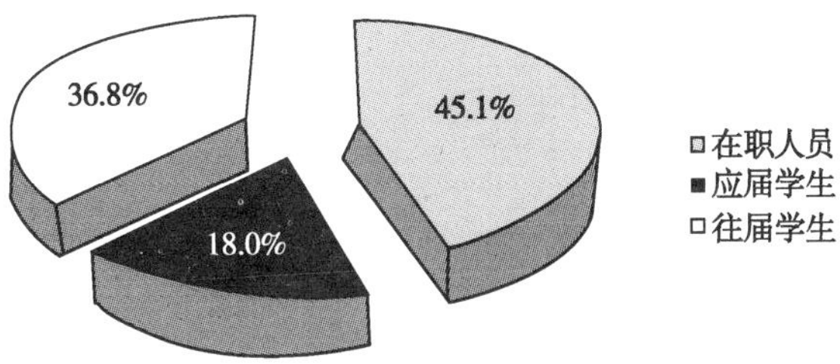

图JGG－10　各类生源考取该专业比例图

第四章

博士生的培养情况

第一节　博士生的学制均为三年

关于语言学及应用语言学博士生的学制，全国各博士点学校要求一致，均为三年。

第二节　对博士生均有发表论文的学术要求

本次调查结果显示，所有的学校都对博士生有在读期间发表学术论文的要求，大部分学校不但要求在读期间发表论文，而且对论文发表刊物的级别也有要求，此类学校占75.0%。有两所大学只要求有论文发表，对刊物的级别没有要求，此类学校占25.0%。论文发表的刊物级别要求与学校的类别（是否“985”、“211”学校等）没有直接关系。

第五章

语言学及应用语言学
博士生毕业后的就业情况

第一节　从事对外汉语教学的毕业生的情况

一　毕业后从事对外汉语教学工作的人数趋于稳定

调查数据显示，2007 年有 18 名语言学及应用语言学博士生毕业后从事对外汉语教学工作。2008 年、2009 年从事对外汉语教学工作的总人数呈下降趋势。可是从 2007 年、2008 年和 2009 年三年各校从事对外汉语教学工作人数的平均值来看，基本趋于稳定，没有明显变化。2007 年、2008 年和 2009 年三年的平均数为 4.5、3.5 和 3.7（见图 JGG－11）。

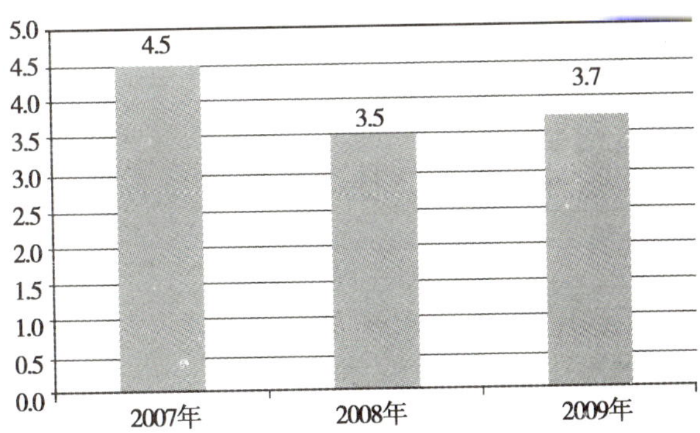

图 JGG－11　从事对外汉语教学的毕业生平均人数

二 从事对外汉语教学工作的毕业生人数各校不均衡

语言学及应用语言学博士生毕业后从事对外汉语教学工作的人数不太均衡，最多的一个学校有 10 名学生毕业后从事对外汉语教学工作，最少的一个学校只有 2 名学生毕业后从事该工作。

三 博士毕业后从事对外汉语教学工作的比例最高

调查数据显示，在 2007 年、2008 年和 2009 年三年中，语言学及应用语言学博士生毕业后从事对外汉语教学工作的人数最多，约占 46.7%，从事其他工作的次之，约占 32.6%。从事其他教学工作的人数最少，约占 20.7%（见图 JGG－12）。

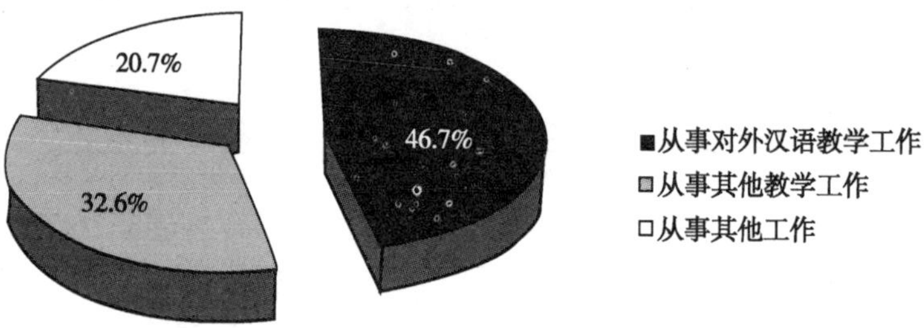

图 JGG－12 博士生毕业后所从事工作类别比例

第二节 从事其他工作的毕业生的情况

一 语言学及应用语言学博士生毕业后从事其他教学工作的人数呈下降趋势

2007 年有 10 名语言学及应用语言学博士生毕业后从事其他教学工作，之后两年从事其他教学工作的总人数呈下降趋势。从这三年各校从事其他教学工作毕业生的平均数值来看，也呈下降趋势。2007 年、2008 年和 2009 年三年分别为 3.3、2.0 和 1.5（见图 JGG－13）。

二 从事其他工作的毕业生人数超过从事其他教学工作的人数

2007 年、2008 年和 2009 年三年各校语言学及应用语言学博士生毕业后

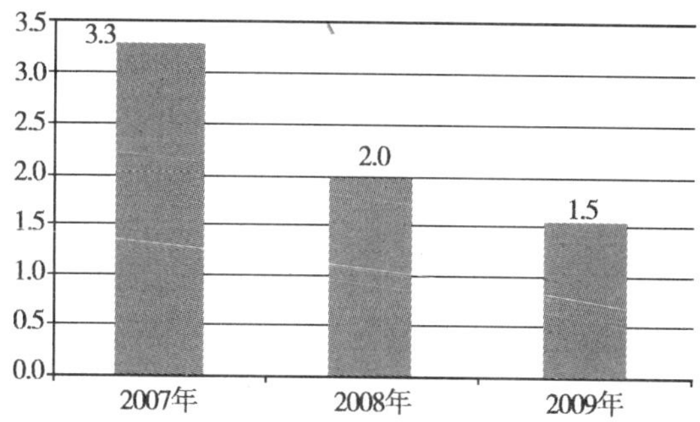

图 JGG－13　毕业生从事其他教学工作的人数平均数

从事其他工作的平均人数超过从事其他教学工作的平均人数。2007 年、2008 年和 2009 年三年从事其他工作毕业生的平均人数分别为 8.0、4.5 和 5.0（见图 JGG－14）。

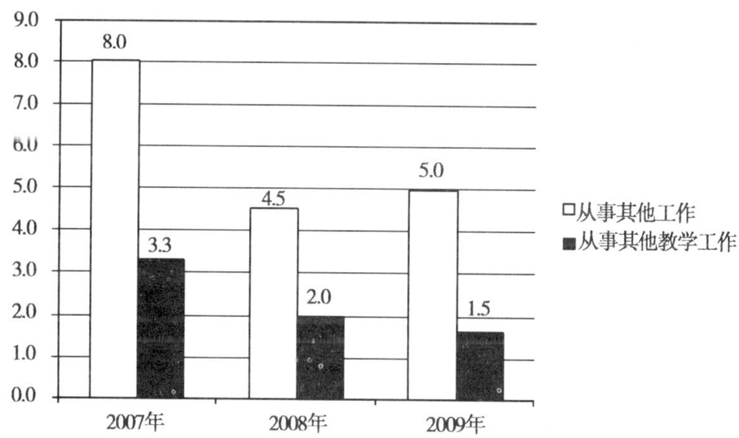

图 JGG－14　从事其他工作和从事其他教学工作的人数平均数

第六章

结论与建议

第一节　结论

（1）在对外汉语教学机构中有博士点的学校分布相对集中，它们均分布在华东、华北和华中地区，且在对外汉语教学机构中有博士点的学校相对较少，只占参加本次调查学校的2.4%。

（2）对外汉语教学机构的博士学科偏少。博士生导师的比例偏低，约占所有专职对外汉语教师人数的1.7%。

（3）在对外汉语教学机构中语言学及应用语言学博士生硕士阶段所学专业集中在对外汉语、中文这两个专业上，硕士阶段学习这两个专业的学生约占83.7%。

（4）应届硕士毕业生考取语言学及应用语言学博士的人数呈上升趋势，但往届硕士毕业生考取语言学及应用语言学博士的总人数超过应届毕业生人数。

（5）考取语言学及应用语言学博士生人数最多的是在职人员，约占45.1%；往届毕业生次之，约占36.8%；应届毕业生人数较少，仅占18.0%。

（6）语言学及应用语言学博士生毕业后从事对外汉语教学工作的人数最多，约占46.7%；从事其他工作的次之，约占32.6%，从事其他教学工作的人数最少，约占20.7%。

第二节　建议

（1）对外汉语教学机构的博士点学科偏少，应适当增加专业学科，使之多样化，以满足对外汉语教学及汉语国际教育人才培养不同方面的需求。

（2）高校对外汉语教学机构具有博士点的数量较少，博士生导师的比例偏低，这意味着对外汉语教学机构学科建设的完善、学术地位的提高都任重而道远，这需要该领域的决策者、研究人员及师生的共同努力，科学规划学科发展，不断积累研究成果，提高该学科的学术地位，从而为汉语国际教育和中华文化传播事业的持续、健康发展提供学术保障。

第九部分

对外汉语专职教师调研报告

本部分是对于全国对外汉语专职教师总体情况的调查。调查分为五个部分：第一部分是全国对外汉语专职教师的基本情况，包括专职教师的职称、学历、专业背景情况，以及性别比例、年龄构成、在不同区域、不同类别院校中的分布等方面的信息；第二部分是关于对外汉语专职教师的职业素养，内容包括专职教师的外语能力、普通话水平、对现代教育技术的掌握情况、海外学习经历、海外汉语教学经验等；第三部分主要涉及对外汉语专职教师的教学相关情况，包括课程类型、教学对象、语言技能课教学以及研究生指导情况等；第四部分是专职教师科研活动，包括对外汉语专职教师的研究领域、科研关注度、研究成果以及科研压力等；第五部分是关于对外汉语专职教师的专业发展，包括工作满意度、专业发展认识、培训现状、培训效果和培训需求等。

此次调查共收到全国 341 个对外汉语教学机构的 2360 位专职教师填写的问卷。这些教师所在机构，参照教育部相关材料分属于“985”高校、“211”高校、非“211”高校；按照所属部门来划分，这些院校则可分为教育部属高校、省属高校、其他部属高校。

在参与调查的教师中，非“211”高校的教师数量最多，有 1662 名，占调查教师总数的 70.4%，“211”高校的教师有 352 名，“985”高校的教师有 346 名，分别占调查教师总数的 14.9% 和 14.7%（见图 ZZ－1）。

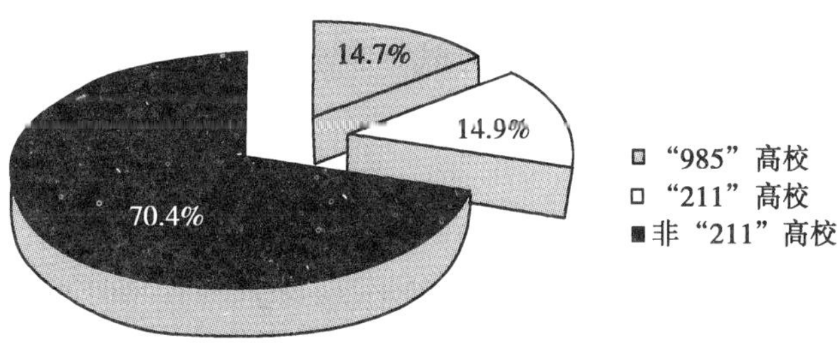

图 ZZ－1　不同类别高校教师的数量

教育部属高校的教师数量为 481 名，占 20.4%；省属高校的教师数量最多，有 1831 位，达 77.6%；其他部属高校的教师有 47 名，占 2.0%（见图 ZZ－2）。

这些高校所处区域分布在全国 28 个省、自治区、直辖市（除青海、西藏、宁夏、香港、澳门、台湾之外），覆盖面比较广，能够比较全面地反映全国对外汉语专职教师的基本情况。

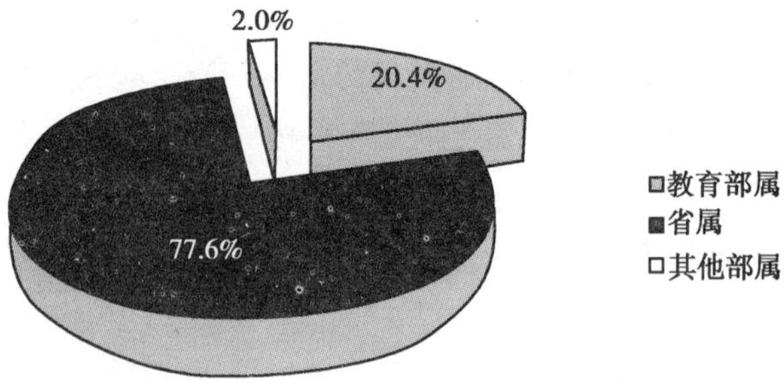

图 ZZ－2　不同类别高校教师的数量

在本次调查中对外汉语专职教师的区域分布情况如下：华东地区的最多，有623位，占26.7%；排在第二位的是华北地区，共有388位教师，占16.6%；西南和西北地区的教师人数比较少，其中西南地区的教师有211位，占9.0%，西北地区的教师人数最少，只有196位，占8.4%（见图ZZ－3）。

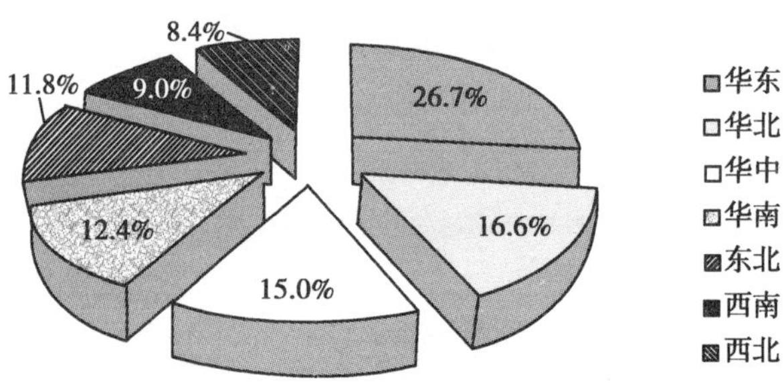

图 ZZ－3　专职教师的区域分布情况

第一章

专职教师的基本情况

第一节　基本情况

我们对分布在七个地理区域内、来自不同类别高校的专职教师进行了调查。在这一部分，主要通过对教师的一般信息的分析了解关于对外汉语专职教师的性别比例、年龄构成、职称、学历以及专业背景的基本情况。

一　不同类别、不同地区高校教师性别比例的差异

数据显示，在专职教师中，女性明显多于男性，女教师有 1770 位，占教师总数的 75.8%，男教师有 565 位，占 24.2%。总体来看在不同类别高校中，女教师的人数多于男教师的情况较为普遍，但性别比例根据院校类别不同略有差异，在“985”高校，男教师所占比例为 26.4%，女教师则占 73.6%。在非“211”高校，男教师只占 23.4%，男女教师性别比例不均衡的情况更为突出（见图 ZZ－4）。

在本次调查中，省属高校的教师最多，共 1831 名，占全体调查教师的 77.6%，其中女教师比例为 76.6%，高于平均值（75.8%）。省属高校的性别比例比教育部属高校更不均衡，女教师更多（见图 ZZ－5）。

女教师占多数，也是不同地区高校一个共同的特点，东北地区的性别比例最不均衡，女教师占 80.4%，男教师仅占 19.6%。华南地区男教师所占比例最高（27.9%），华中地区、西北地区的男教师比例也略高于平均值（24.2%），分别为 26.5%、25.0%。

二　教师的专业背景与性别比例

受整体上女教师数量多的影响，在不同专业背景的教师中女性教师的数量均占优势。在对外汉语、中文、外语、泛文科背景的教师中，女性所占比

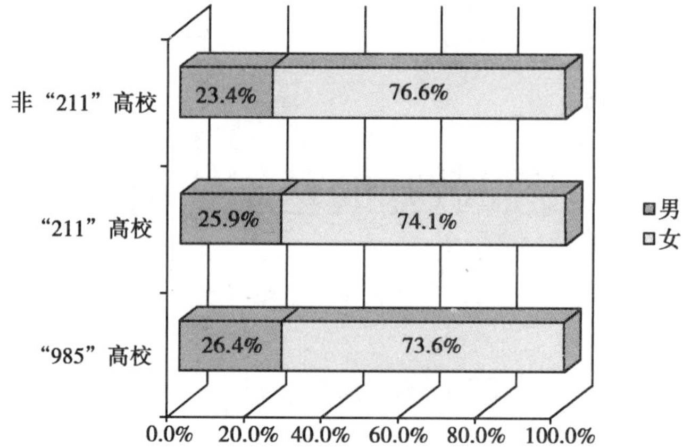

图 ZZ－4　不同类别高校教师的性别比例

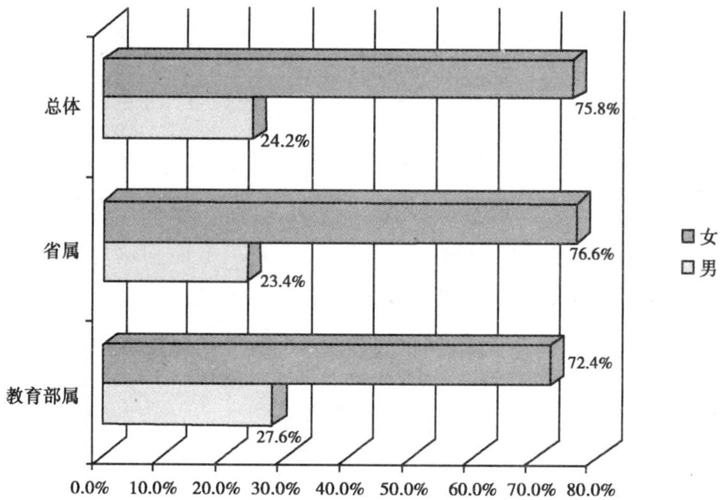

图 ZZ－5　不同归属院校的教师性别比例

例都超过 3/4①。特别值得注意的是，对外汉语专业的女教师比例最高，达 81.5%（见图 ZZ－6）。

三　教师的学位与性别比例

数据显示，在不同的学历层次的教师中，女教师的比例都高于男教师。

① 理工科背景的教师样本数量较小，不进行深入分析。

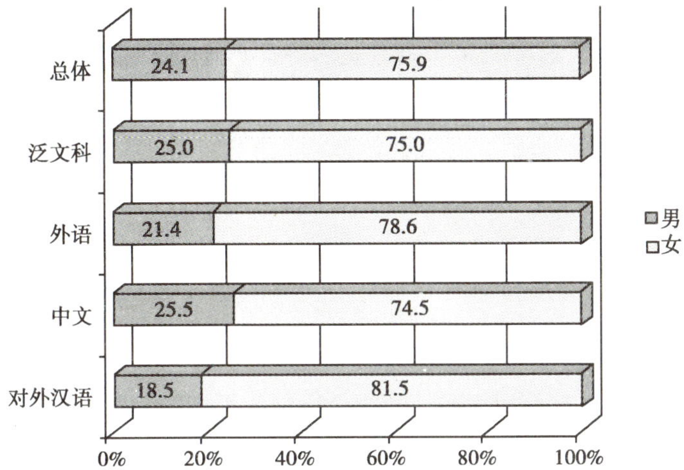

图 ZZ－6　不同专业背景教师的性别比例（%）

在本科学历的教师中，男教师占 28.6%；在获得硕士学位的教师中，性别比例最不均衡，男教师比例为 19.1%，女教师占 80.9%；在取得博士学位的教师中，男教师的比例则显著增加，超过了 1/3，达 34.0%（见图 ZZ－7）。

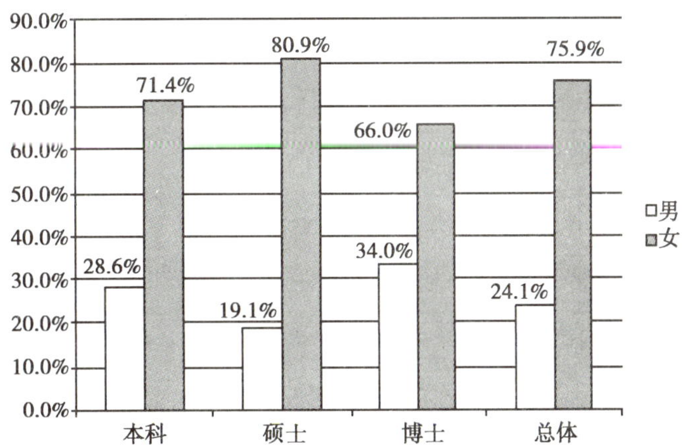

图 ZZ－7　不同学历层次教师的性别比例

第二节 专职教师的年龄构成

在参与本次调查的专职教师中，年龄最小的只有23岁，而年龄最大的73岁，年龄跨度整整50岁。

从教师的年龄构成来看，30岁以下的有627位，占26.7%；年龄在30—40岁的教师最多，有1117位，占47.6%，两者合计，为74.3%；40—49岁的教师有460位，占19.6%；1950—1959年出生的教师有132位，占5.6%；在调查中，1950年以前出生的超过60岁的教师最少，只有13位，占0.6%（见图ZZ-8）。

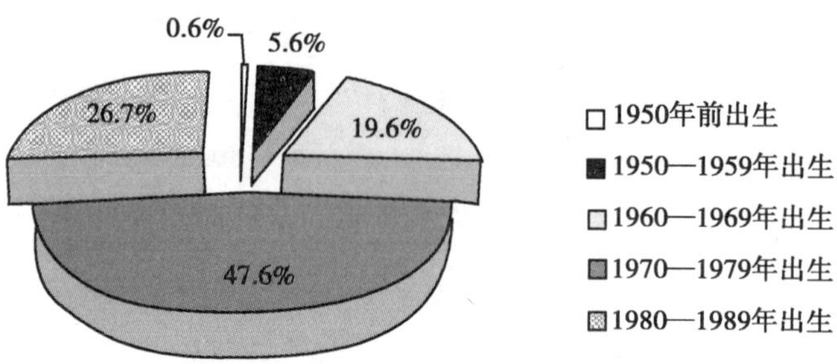

图 ZZ-8 专职教师的年龄构成

一 专职教师的平均年龄

对外汉语专职教师的平均年龄为35岁。在不同类别的高校，专职教师的平均年龄相差不大。“985”高校的教师平均年龄为37岁，“211”高校、非“211”高校教师的平均年龄分别为35岁、34岁（见表ZZ-1）。

表 ZZ-1 不同类别高校教师的平均年龄

	人数	平均年龄	中位数
“985”高校	345	37.9	37.0
“211”高校	351	36.9	35.0
非“211”高校	1652	35.9	34.0

不同地区教师的平均年龄略有差异。华北地区教师的平均年龄为37岁，

华东、华中地区教师的平均年龄为 35 岁，西北、华南、东北地区教师的平均年龄为 34 岁，平均年龄最低的是西南地区的教师，为 32 岁（见图 ZZ－9）。

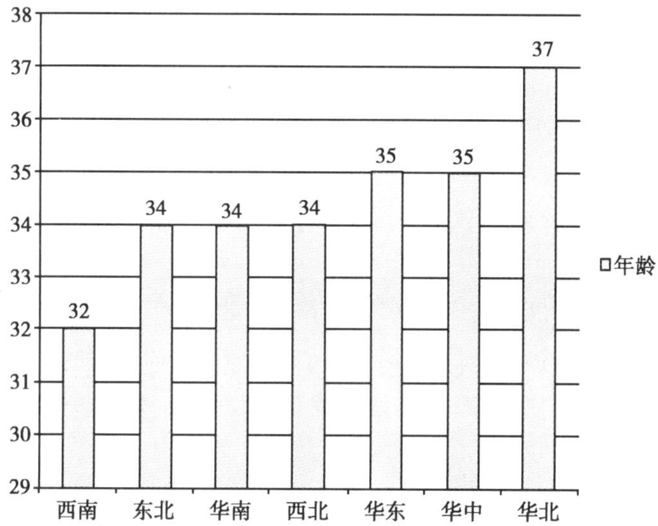

图 ZZ－9 不同区域教师的平均年龄

在不同类别的高校，年龄在 30—39 岁的教师都是最多的，接近半数（见图 ZZ－10）。

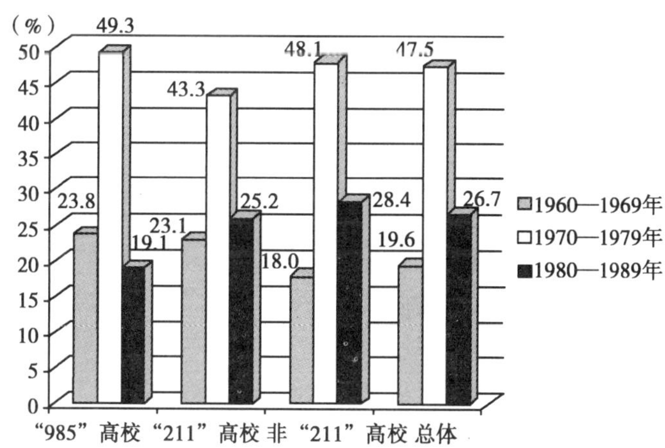

图 ZZ－10 不同类别高校教师的年龄构成

二　对外汉语教师的教龄

在参与本次调查的教师中，教龄最长的为48年。数据显示，专职教师的平均教龄为5年，平均教龄随学校类别的不同略有差异。“985”高校教师为8年，“211”高校教师为6年，非“211”高校教师为5年；教育部属高校教师的平均教龄为7年，省属高校为5年，其他部属高校为8年。①

我们将教龄分为3年以下，3—5年，5—8年，8年以上四组进行对比。教龄在3年以下的占31.6%，教龄在3—5年的占18.4%，两项相加，一半教师的教龄不足5年；教龄在5—8年的占21.5%，教龄在8年以上的占28.5%。

不同类别的高校对外汉语教师的教龄有所不同。“985”高校教师中，教龄在8年以上的比例最高，达48.3%，高于平均值（28.5%），教龄在3年以下占21.6%，低于平均值（31.6%）；而在“211”高校及非“211”高校，教龄在3—8年的教师比例高于教龄3年以下的新手老师和8年以上的经验丰富的老师（见图ZZ－11）。

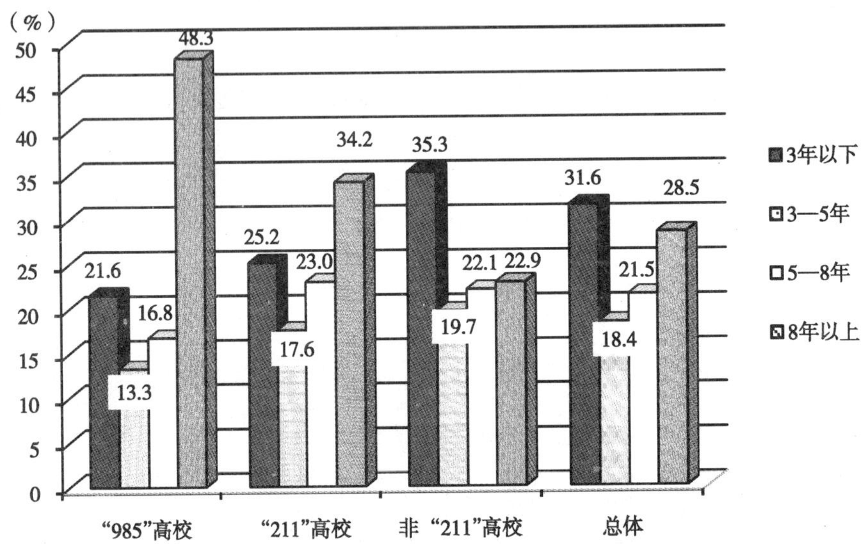

图ZZ－11　不同类别高校教师的教龄

① 本组数据均取中位数。

第三节　专职教师的职称情况

参与本次调查的教师中，16.5% 的教师具有初级职称，52.0% 具有中级职称，26.0% 具有副高职称，具有正高职称的教师比例为 5.6%，将后两项相加，有副高和正高职称的教师比例为 31.6%（见图 ZZ－12）。

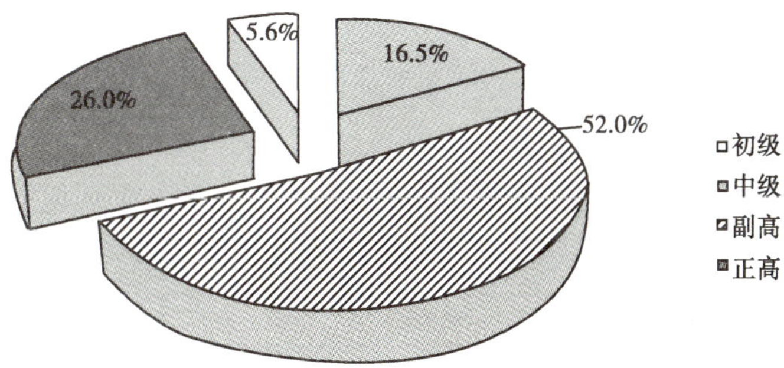

图 ZZ－12　专职教师的职称构成

一　不同类别院校教师的职称构成情况

在不同类别的高校，教师的职称构成呈现大致相同的特点，即具有中级、副高职称的教师所占比例最高，超过了一半，具有高级职称、初级职称的教师相对所占比例较小。

在“985”高校，教师具有高级职称的比例最高，为 8.0%，初级职称的比例相对其他类别的高校较低，为 11.6%；而在非“211”高校，具有高级职称的教师比例低于其他两类院校，具有初级职称的比例相对也要高一些，为 17.6%（见图 ZZ－13）。

二　具有正高职称教师的性别比例

在不同类别的高校，女教师所占比例都高于男教师，在具有初级、中级、副高职称的教师中，女教师都保持着较高的比例，但在具有高级职称的教师中，男教师的比例却明显高于女教师（见图 ZZ－14）。

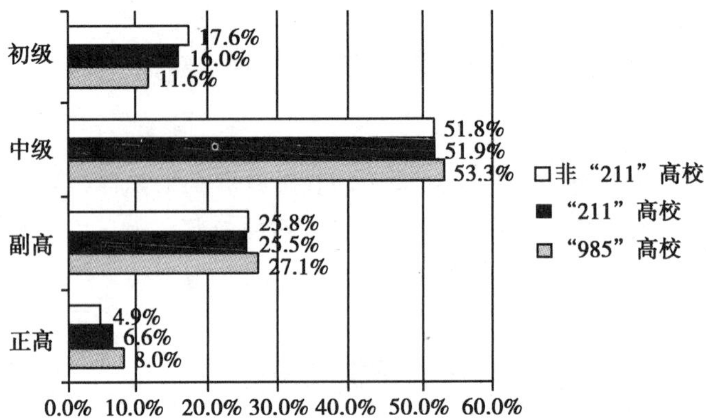

图 ZZ－13 不同类别高校教师职称构成情况

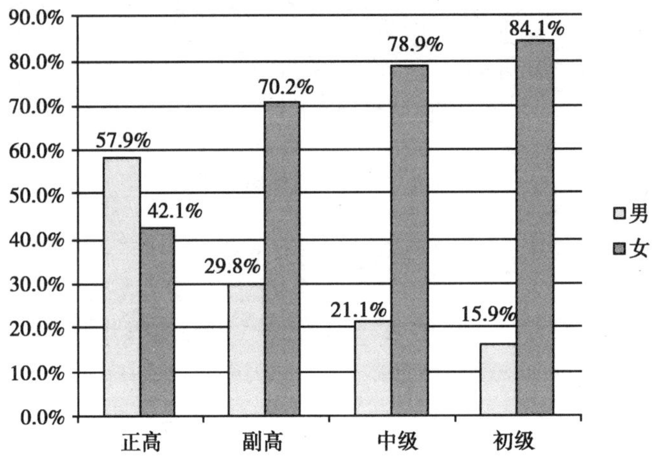

图 ZZ－14 教师的职称构成与性别比例

三 教师的年龄、教龄与职称的关系

教师职称的取得与学历、年龄的情况相关，取得副高及正高职称的教师，主体是1960年以前出生的教师；而初级及中级职称的教师，年龄在40岁以下的占多数。

年龄在30岁以下的教师中，45.0%取得中级职称，54.5%取得初级职称；年龄在30—39岁的教师中，77.7%取得了中级职称，取得副高和高级职称的占22.3%。在职称晋升时，年龄是影响比较大的因素，因为教师的年龄与工作的资历相关联，而工作资历的长短与教师所取得的职称有较大的关系（见图 ZZ－15）。

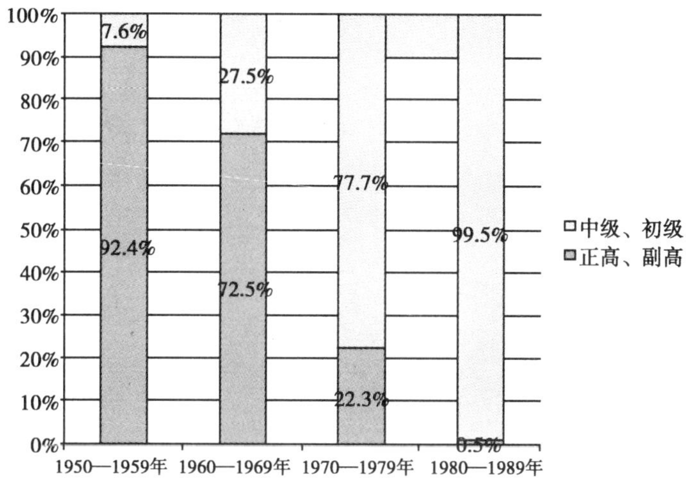

图 ZZ－15　专职教师的年龄与职称

教龄 3 年以下的教师中 37.3% 为初级职称，取得中级职称的占 44.6%，取得副高及以上职称的占 18.1%；在教龄 8 年以上的教师中，初级职称的比例只有 1.0%，具有副高职称的比例大幅增加到 45.1%，具有正高职称的比例也是最高的，达 11.5%（见图 ZZ－16）。

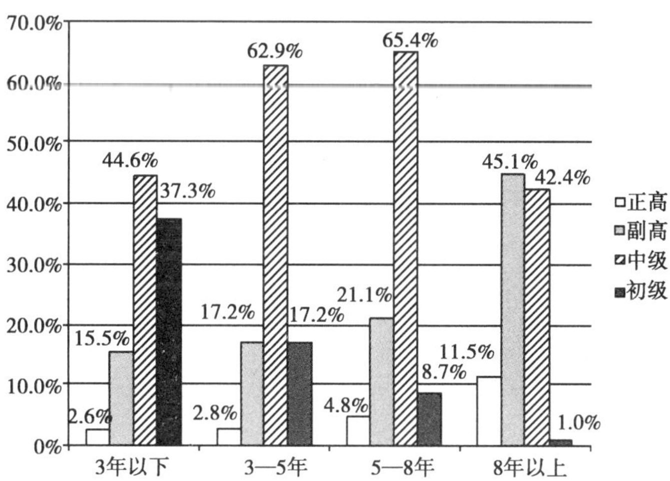

图 ZZ－16　专职教师的职称与教龄

第四节　专职教师的学历情况

在本次参与调查的专职教师中，拥有本科学历的有 332 位，占 14.0%；拥有硕士学位的有 1426 位，占 60.0%；拥有博士学位的有 591 位，占 25.0%。八成以上的教师拥有研究生学历（见图 ZZ－17）。

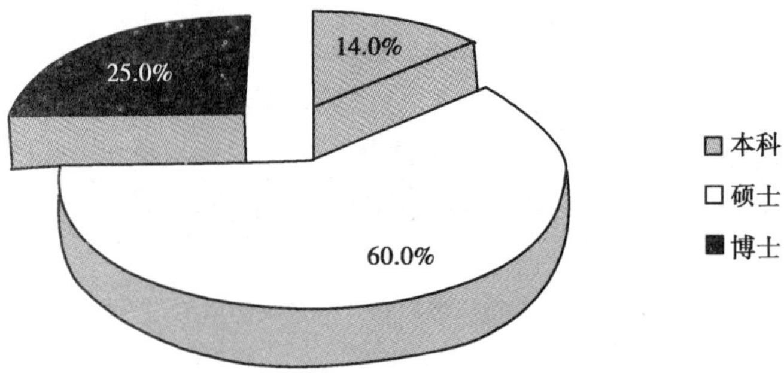

图 ZZ－17　专职教师的学历构成

一　专职教师的学历特点和年龄特点

在不同年龄段的教师中，学历构成有一定的差异。50 岁以上的教师中，学历为本科的最多；而在 49 岁以下的教师中，拥有硕士学位的比例呈现为逐渐增加的趋势，而且越年轻，拥有硕士学位的比例越高，表现出教师年轻化、高学历化的显著特点（见图 ZZ－18）。

二　不同类别高校教师的学历构成

教师的学历构成，与所处高校的类别有一定的关系。

“985”高校教师拥有博士学位的比例达 46.6%，远远超过 25.2% 的平均值，在这类高校中，本科学历的教师只有 6.4%。

“211”高校中本科学历的教师只占 10.2%，拥有硕士学位的教师占 55.8%，拥有博士学位的教师比例也明显高于非“211”高校（见图 ZZ－19）。

三　教师学历构成具有地区差异

获得博士学位的教师所占比例最高的为华北地区，为 32.7%，华东、

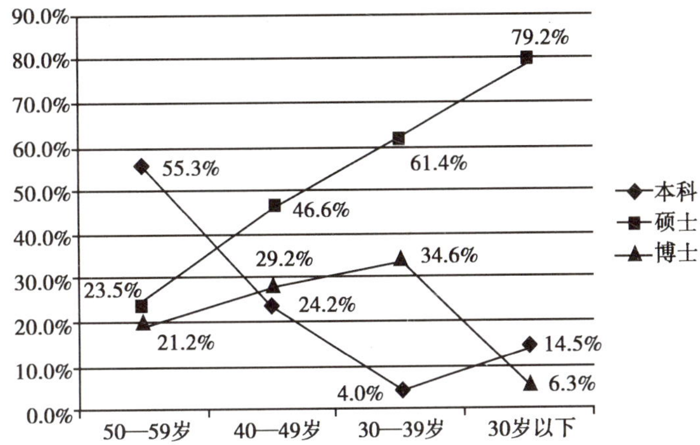

图 ZZ－18　不同年龄段教师的学历构成情况

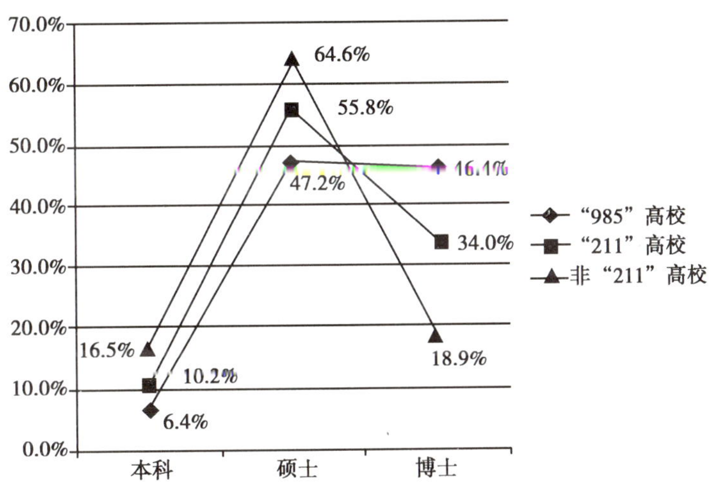

图 ZZ－19　不同类别高校教师的学历构成情况

华南、华中地区的教师博士学位拥有率也比较高，均超过了平均值 25.2%；西南、西北、东北地区的博士学历教师人数相对偏低，最低的是东北地区，为 14.8%。

东北地区的教师，获硕士学位的教师人数比例最高，为 73.6%，远远高于平均值 60.7%；其次是西北和华中地区，分别为 62.6% 和 61.4%；最低的为华南地区，为 55.3%。

本科学历的教师比例最高的是西南地区（25.0%），最低的是华北地区

（10.5%）（见图 ZZ－20）。

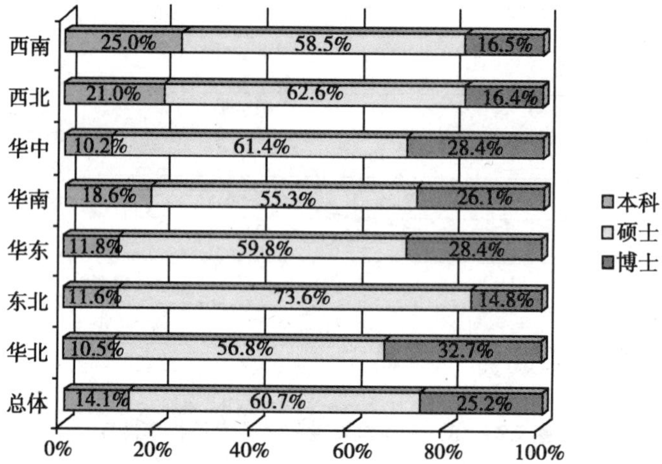

图 ZZ－20　不同区域教师的学历构成情况

第五节　专职教师的专业背景

专职教师的专业背景比较多样化，所学专业包括中文、外语、对外汉语、跨文化交际、翻译、教育学、民族学、哲学、美学、传播学、新闻、历史、戏曲、文献学、心理学、民俗学、社会学、经济学、国际贸易、行政管理、企业管理、政治经济学、中文信息处理、法律、旅游管理、中医学、体育、化学、自动化等三十多个。①

中文专业背景的教师，其绝对数量居首位，有 1568 位，占 67.0%，其次是外语专业，有 389 位，占 16.6%，处于第三位的则是对外汉语专业，有 274 位，占 11.7%，泛文科及理工科背景的教师数量比较少，一共只占 4.7%（见图 ZZ－21）。

一　不同的学历层次与教师的专业背景

从绝对数量来看，在取得博士学位的教师中，专业背景为中文的最多，共 491 名，占 83.0%。

① 根据本次调查中教师所填写的硕士所学专业整理。

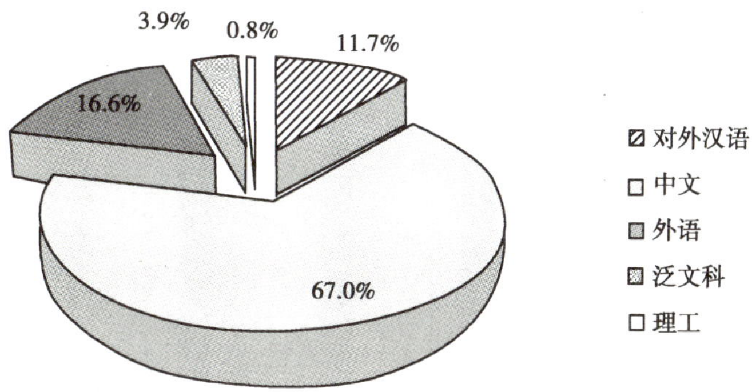

图 ZZ－21　专职教师的专业背景

在取得硕士学位的教师中，中文专业背景的教师也是最多的，有 896 位，占 62.8%；其次是外语专业，有 265 位，占 18.6%；排在第三位的是对外汉语专业，占 14.0%。

在本科学历的教师中，中文专业的教师数量仍排在第一位，有 181 位，占 54.5%；其次是外语专业，有 93 位，占 28.0%；对外汉语专业排在第三位。

在不同专业中，博士比例最高的前三个专业依次是中文专业、泛文科、对外汉语。①

硕士比例最高的依次是对外汉语专业、外语专业和泛文科。

本科比例最高的前三位依次是外语专业、泛文科、对外汉语（见图 ZZ－22）。

二　不同年龄段中文专业的教师比例

在不同年龄段，中文专业的教师所占比例均超过了一半。

在 1980—1989 年出生的教师中，中文专业的教师占 50.5%，其次是对外汉语专业，占 25.4%；排在第三位的是外语专业，占 19.4%。

在 1970—1979 年出生的教师中，中文专业背景的占 71.0%；第二位是外语专业，占 16.1%，对外汉语专业占 8.6%，排在第三位。

在 1960—1969 年出生的教师中，中文专业背景的教师占 77.1%，排在第一位，排在第二位的是外语，占 14.2%，第三位是对外汉语专业，

① 因为数量比较少，所以在比较时不包括理工科背景的教师。

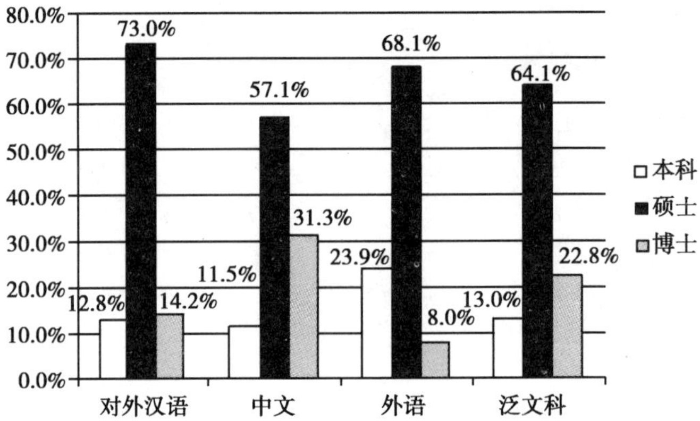

图 ZZ－22　不同专业背景教师的学历构成

占 3.9%。

在 1950—1959 年出生的教师中，中文专业背景的也占多数，在 142 位教师中，有 107 位拥有中文背景（见图 ZZ－23）。

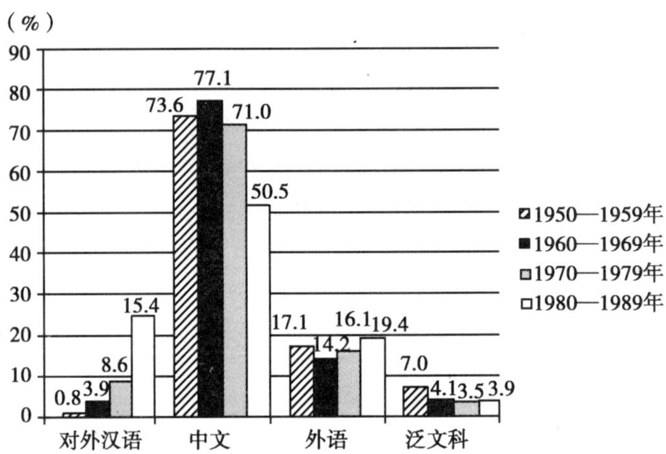

图 ZZ－23　不同年龄段教师的专业背景

以上数据说明中文专业的毕业生一直是对外汉语专职教师的主要来源，但是随着对外汉语专业的发展壮大，对外汉语专业的毕业生在专职教师中的比例提升显著。

第六节　研究总结及相关建议

本部分主要围绕教师的性别比例、年龄构成、学历、专业背景的相关信息展开了分析，以了解不同区域、不同高校对外汉语专职教师的一些基本情况。

一　研究总结

从统计分析结果中，我们可以得到以下几个方面的结论。

（一）性别比例不均衡是目前对外汉语专职教师队伍最鲜明的特征之一

在不同地区、不同类别的高校中，女教师的数量优势非常明显，并且在不同学历层次，女教师都明显多于男教师。虽然在获得博士学位的教师以及具有正高职称的教师中，男教师的比例显著增加，但总体上看，女教师多已成为对外汉语教师的职业标签之一。

（二）近半数专职教师的年龄在30—39岁之间，平均教龄不长

数据显示，在不同类别的院校，30—39岁的教师都占教师总数的近一半。受年龄结构影响，专职教师的平均教龄为5年。对外汉语专职教师呈现年轻化的特点。

（三）近三分之一的专职教师具有副高以上职称，半数专职教师具有中级职称

具有正高职称的教师所占比例为5.6%，“985”高校正高职称比例最高，为8.0%，非“211”学校最低，为4.9%。在专职教师中，半数教师具有中级职称。教师职称晋升受性别、年龄、教龄因素的影响，具有高级职称的女教师比例低于男教师，年轻教师具有高级职称的比例偏低。

（四）对外汉语教师的学历水平普遍较高，超过1/4的教师获得博士学位

总体来看，专职教师普遍学历水平较高，获得博士学位的教师占25.3%。取得硕士、博士学位的教师占教师总数比例因所属院校、地区分布的不同而略有差异，“985”高校、华北地区拥有博士学位的教师比例最高。从年龄阶段来看，在30—39岁的青年教师中，获得博士学位的教师比例最高，为34.6%。

（五）专职教师的专业背景多样化，中文专业背景的教师最多

专职教师的专业背景较为多元，在不同学历层次，不同年龄段，中文专业的教师都具有数量优势，对外汉语专业的教师比例提高显著。

二 相关建议

（一）性别比例不均衡的情况值得关注

在对外汉语教师中，女教师占绝对的数量优势。针对师资队伍的这一显著特征，应该加强这方面的研究，持续关注这一特征对教师自身发展、对教学的影响。

（二）重视对青年教师的培训

专职教师的平均年龄为 35 岁，平均教龄为 5 年。教龄 8 年以上教学经验丰富的教师占教师总数的比例为 28.5%，有 31.6% 的教师教龄在 3 年以下，年轻教师学历高，但相对来说工作资历较短，教学经验不够丰富，针对这种情况，应该适当加强对青年教师的相关培训。

（三）优化教师的职称结构

总体来看，专职教师中具有正高职称的比例与全国高校教师正高职称的比例有较大的差距，从一定程度上反映出对外汉语专职教师在职称晋升当中的困局，教师的职称结构亟待优化。

第二章

对外汉语专职教师的职业素养

关于对外汉语教师的职业素养，此次调查的内容主要包括外语能力（包括第一外语和第二外语）、普通话水平、对现代教育技术的掌握情况、教师的海外学习及教学经历、中华才艺技能等方面的情况。

第一节　专职教师的第一外语能力

在参与调查的专职教师中，只有4位没有外语能力，2318位教师都掌握至少一门外语，占99.6%。

一　专职教师的第一外语

从第一外语的语种构成来看，90.9%的教师以英语为第一外语；日语则排在第二位，但所占比例仅为3.7%，紧随日语排在第三位的是俄语，占3.4%；此外，还有一些教师的第一外语为韩语、法语、德语，但所占比例均不到1%，在参与调查的教师中，还有个别教师以阿拉伯语、西班牙语、越南语、泰语、土耳其语、哈萨克语为第一外语。

二　第一外语语种构成的地区差异

第一外语的语种构成表现出一定的地区差异，地处华东、华南、华中、西南的高校，以英语为第一外语的教师比例都高于平均值（90.9%）。而在东北地区，第一外语为英语的教师比例大大低于平均值，只有77.3%，以俄语为第一外语的教师占12.5%，以日语、韩语为第一外语的教师比例也明显高于其他区域。在华北和西北地区，以俄语为第一外语的教师也明显多于其他地区，分别为5.3%和6.7%。而在东北和华北地区，韩语为第一外语的教师则多于其他地区。

三　专职教师的第一外语水平

36.5%的专职教师认为自己的外语“很好”，42.4%的人认为自己掌握得“较好”，两者相加，占78.9%，认为自己的外语水平“较差”、“差”的只占1.5%（见图ZZ－24）。

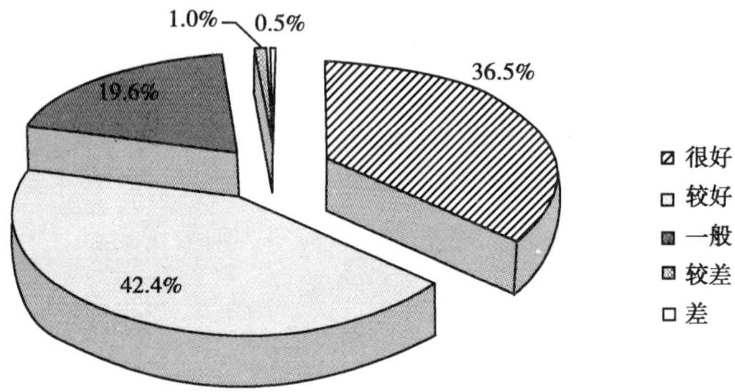

图ZZ－24　专职教师的第一外语水平

第二节　专职教师的第二外语能力

数据显示，掌握第二外语的教师有1282人，占67.5%，与掌握一门外语的教师人数相比，绝对数量和百分比均有一定程度的减少。

一　专职教师的第二外语

就专职教师的第二外语的语种构成来看，日语所占比例最高（25.8%），其次是法语（10.4%），紧随其后的是韩语（9.1%），其次是英语（7.7%）、德语（4.9%）、西班牙语（1.4%）。

教师所掌握的第二外语语种还包括：泰语、越南语、意大利语、印尼语、葡萄牙语、土耳其语、瑞典语、波兰语、芬兰语、老挝语、克罗地亚语、保加利亚语、罗马尼亚语等。

第二外语的语种构成有一定的地域差别，在华北、华东、华南、华中、西南地区，以日语为第二外语的教师所占比例均为最高；在东北地区，则是韩语所占比例最高。

二 专职教师的第二外语能力与其海外学习经历

专职教师的海外学习经历对其第二外语能力有一定影响。总体来看，有海外学习经历的教师对其第二外语水平的评价优于无相关经历的教师，有海外学习经历的教师认为自己的第二外语能力“很好”、“较好”的占28.0%，认为自己的第二外语能力不理想，选择“较差”、“差”的比例则低于那些没有海外学习经历的教师，为21.9%。数据显示，教师对自己第二外语水平的评价随有无海外学习经历而变化（见图ZZ－25）。

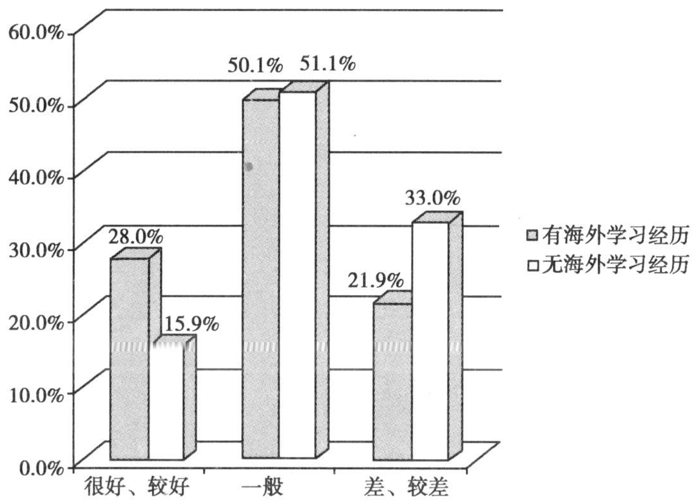

图ZZ 25 专职教师的海外学习经历与第二外语水平

三 专职教师的第二外语掌握程度

在评价自己的第二外语掌握程度时，3.5%的教师选择了“很好”，16.7%选择“较好”，51.2%选择“一般”，选择“较差”、“差”的分别占21.7%、7.0%。认为自己的第二外语水平“很好”、“较好”的教师只占两成。

从以上数据可以看出，专职教师第二外语的掌握情况与第一外语相比有较大差距，有必要根据不同地区的生源特点，提高专职教师的第二外语水平，这将有利于汉语教学。

第三节　专职教师的普通话水平

根据《中华人民共和国国家通用语言文字法》，“凡以普通话为工作语言的岗位，其工作人员应当具备说普通话的能力”。普通话是对外汉语专职教师的教学用语，普通话水平分为一级甲等、一级乙等、二级甲等、二级乙等、三级甲等、三级乙等共六个水平段，达到二级乙等是对教师的基本要求。

一　专职教师的整体普通话水平

在参与调查的专职教师中，有93.6%的教师参加了普通话水平测试，全部达到了二级乙等及以上，符合《中华人民共和国国家通用语言文字法》对教师的基本要求。其中，通过一级甲等测试的教师有84位（3.6%），通过一级乙等测试的教师最多，有1094位（47.4%），通过二级甲等测试的教师有916位（39.7%），通过二级乙等测试的教师有68位（2.9%）（见图ZZ－26）。

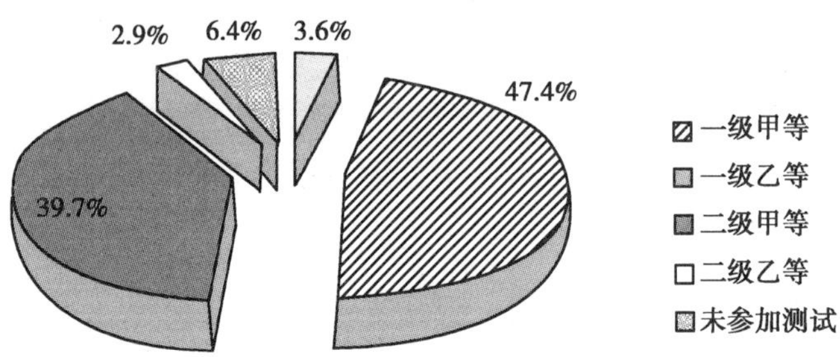

图ZZ－26　教师的普通话水平

二　教师的年龄与普通话水平

1950年以前出生的教师数量较少，我们不予分析，1950—1959年出生的教师中，一级乙等比例是46.0%，未参加测试的比例也相对较高（28.2%）。

数据显示，在50岁以下的教师中，年龄越小，普通话水平越高：通过一级甲等和一级乙等、二级甲等测试的教师，40—49岁的教师占比为

81.5%，在30—39岁的教师中，这一比例升至93.9%，在30岁以下的教师中，这一比例为97.8%；通过二级乙等测试的教师，40—49岁的教师占4.0%，30—39岁的教师中，这一比例降至3.3%，在30岁以下的教师中，这一比例为1.8%（见图ZZ－27）。

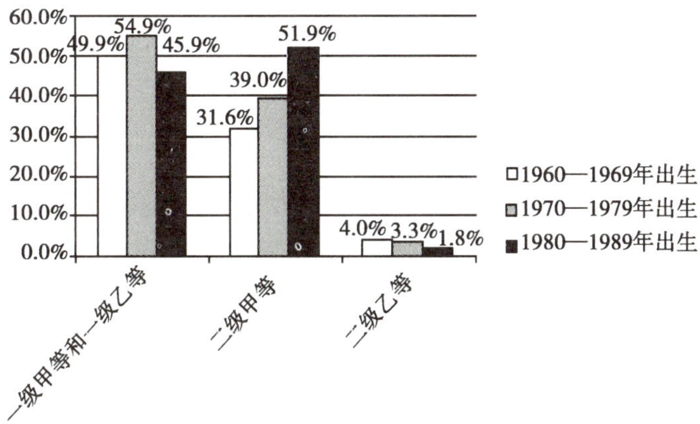

图 ZZ－27　不同年龄段教师的普通话水平

二　教师的性别与普通话水平

调查显示，教师的普通话水平与性别具有一定的相关性。女教师的普通话水平为一级甲等的占3.9%；一级乙等的占51.8%，均高于男教师（见图ZZ－28）。

第四节　专职教师对现代教育技术的掌握情况

就教师对现代教育技术的运用情况（指PPT、幻灯、网络等）来看，对现代教育技术运用“很熟练”的教师有1148位（50.4%），运用“较为熟练”的有931位（40.8%），而运用“一般”和“不太熟练”的教师比例不高，共有202位（8.8%）。共有91.2%的教师对现代教育技术的掌握达到了较为熟练的程度（见图ZZ－29）。

一　教师对现代教育技术的运用与年龄的关系

对现代教育技术的运用情况与教师的年龄有很大的关系。1960—1969

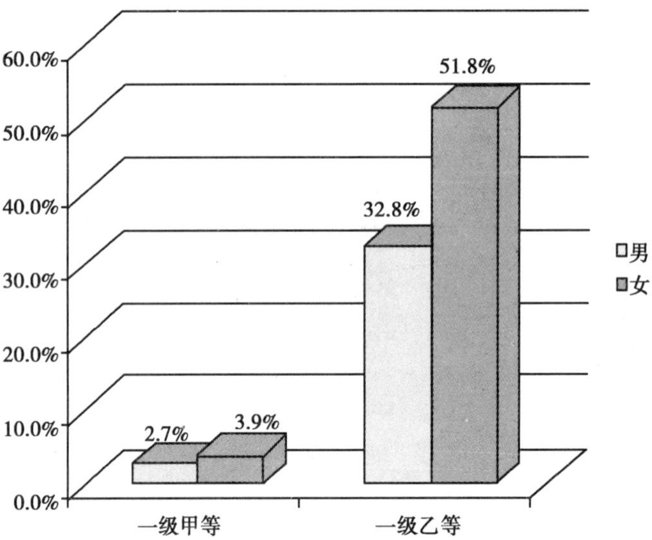

图 ZZ－28　普通话等级的性别比例

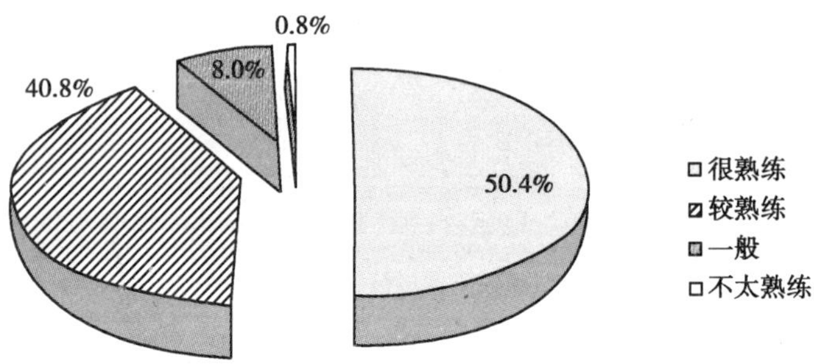

图 ZZ－29　专职教师对现代教育技术的掌握情况

年出生的教师，对现代教育技术的运用“很熟练”的达 43.4%，运用“较熟练”的占 44.3%，共计 87.7%；在 1970—1979 年出生的教师中，认为自己对该技术“很熟练”、“较熟练”的比例分别为 54.3%、38.8%，共计 93.1%；1980 年以后出生的教师，53.1% 选择“很熟练”，42.4% 选择“较熟练”，共计 95.5%。数据显示，教师对现代教育技术的熟练程度与年龄相关，越年轻，对现代教育技术的运用越熟练（见图 ZZ－30）。

二　教师对现代教育技术的运用与学历

教师掌握现代教育技术的情况与学历程度有很大的关系：学历越高，对

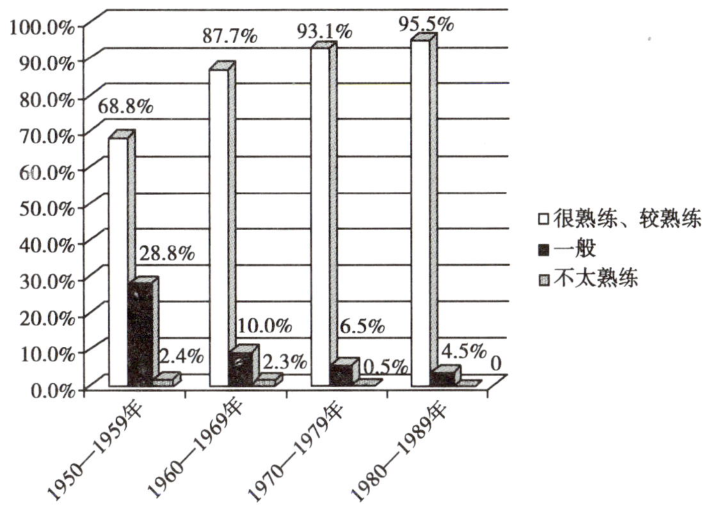

图 ZZ－30　不同年龄段教师对现代教育技术的运用水平

该技术的运用越熟练。拥有硕士、博士学位的教师对现代教育技术的运用“很熟练”和“较熟练”的分别为93.2%、92.8%，而本科学历的教师对现代教育技术的运用“很熟练”和“较熟练”的占78.9%。在选择对现代教育技术的运用“一般”的教师中，本科学历的占19.5%，拥有硕士、博士学位的教师选择“一般”的占6.1%、6.5%。这在一定程度上说明学历越高，在自身学习、教学的过程中需要运用现代教育技术的机会也相对越多，因此，高学历教师的现代教育技术运用水平相对较高（见图ZZ－31）。

第五节　教师的海外学习经历

在参与本次调查的专职教师中，共有618位有海外学习经历（包括留学、长短期进修、培训、访学等），占调查对象的27.5%。

一　不同类别的高校有海外学习经历的教师比例

在不同类别的高校，教师有海外学习经历的比例有一定差异，“985”高校教师有海外学习经历的比例为46.5%，“211”高校、非“211”高校分别为29.9%、23.0%（见图ZZ－32）。

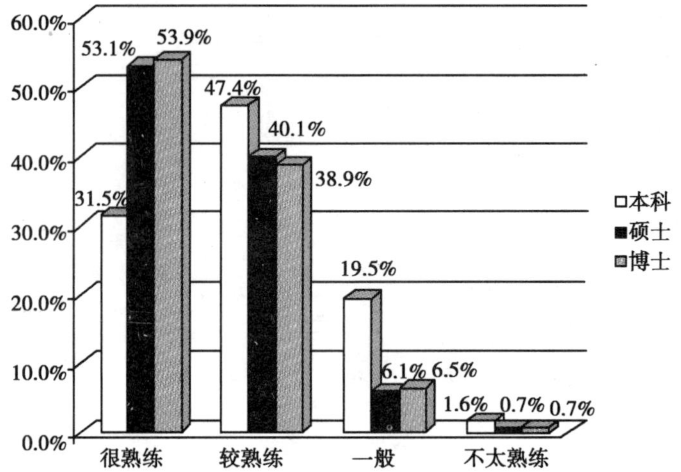

图 ZZ－31　不同学历教师对现代教育技术的运用情况

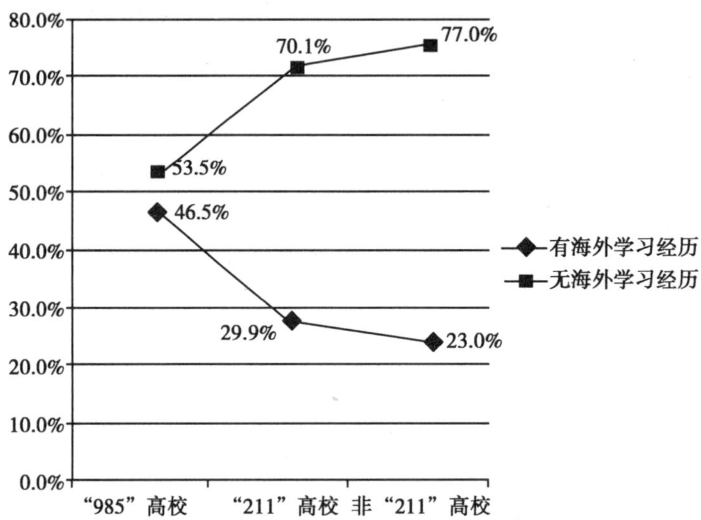

图 ZZ－32　不同类别高校教师的海外学习经历比例

二　海外学习经历与教师的职称和学历

调查显示，职称越高的教师，有海外学习经历的比例越高（见图 ZZ－33）。

从教师的学位来看，拥有博士学位的教师中有留学经历的占 36.0%，高于硕士学位的教师（24.3%）和本科学历的教师（25.2%），拥有硕士学

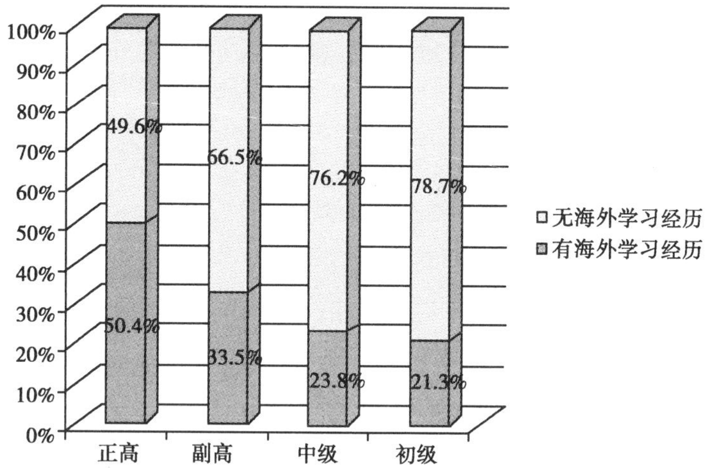

图 ZZ－33 不同职称教师的海外学习经历

位的教师和拥有本科学位的教师在海外学习经历的比例上，相差不大（见图 ZZ－34）。

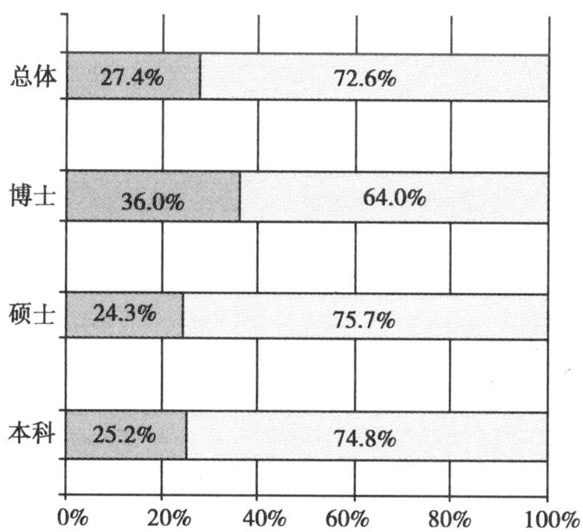

图 ZZ－34 不同学历教师的海外学习经历

从上面的调查可以看出，教师的职称和学历与他们的海外学习经历有一定的相互促进关系，高职称、高学历的教师有海外学习经历的比例较高。

第六节 专职教师的海外汉语教学情况

本部分从专职教师的任教国家、任教机构、任教时间、任教期间的生活和工作困难几个方面反映教师海外汉语教学的情况。

在参与调查的教师中，有 845 位（37.8%）专职教师有海外汉语教学经验。“985”高校教师有海外教学经历所占比例最高，64.1% 的教师有海外汉语教学经验。在“211”高校，这个比例为 45.6%，而非“211”高校只有 30.6% 的教师有相关经验。

从区域分布来看，华北地区的教师有出国教学经历的比例最高，为 53.7%；排在第二位的是华南地区，占 41.4%；第三位是华东地区，占 40.5%。而华中地区和西北地区，教师出国任教的机会相对较少，分别只有 24.2% 和 19.9%（见图 ZZ－35）。

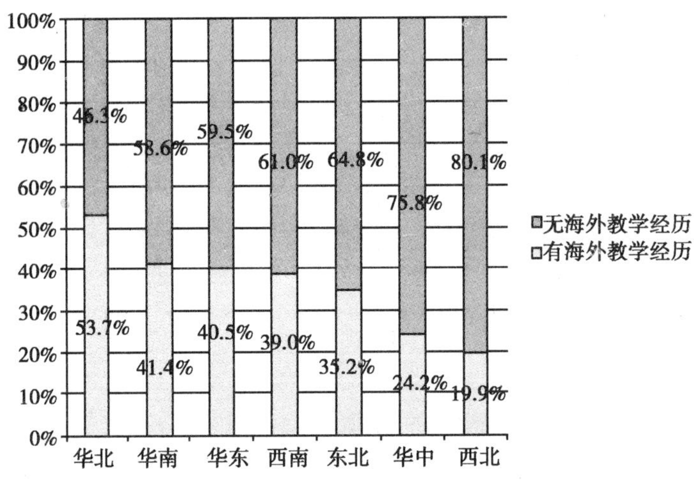

图 ZZ－35 不同区域教师的海外教学情况

海外教学经验的积累与教师的学历、职称、教龄有密切的关系。教师的海外任教经验随学历、职称晋升情况和教龄的增长而丰富。

拥有博士学位的教师 49.0% 有海外教学经验，远高于平均值 37.8%；拥有硕士学位和本科学历的教师所占比例均低于平均值，分别为 33.8% 和 34.4%（见图 ZZ－36）。

从比例来看，在取得正高职称的教师中，58.8% 有海外教学经历，副高

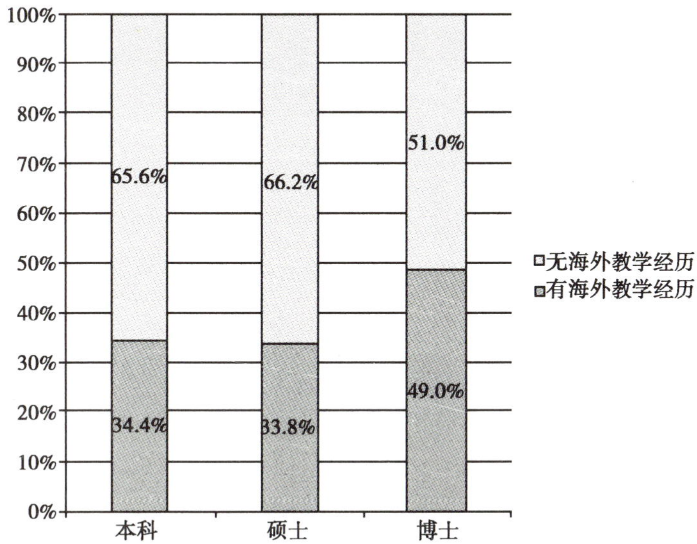

图 ZZ－36　不同学历教师的海外教学经历

职称、中级职称、初级职称教师所占比例分别为 47.3%、33.7%、28.2%（见图 ZZ－37）。

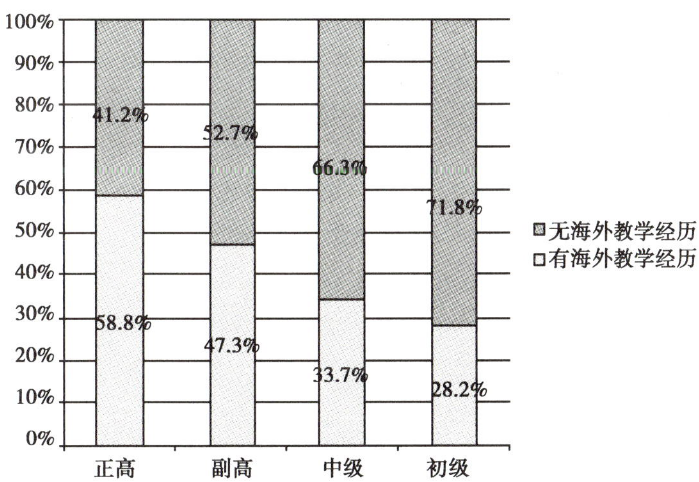

图 ZZ－37　教师的职称与海外教学经历

教龄 8 年以上的教师中，65.4% 具有海外教学经历；教龄 5—8 年的教师，该比例为 42.2%；教龄 3—5 年的教师中，27.9% 的教师有此经历；而教龄 3 年以下的教师，具有海外教学经历的比例最低，为 26.1%（见图

ZZ－38）。

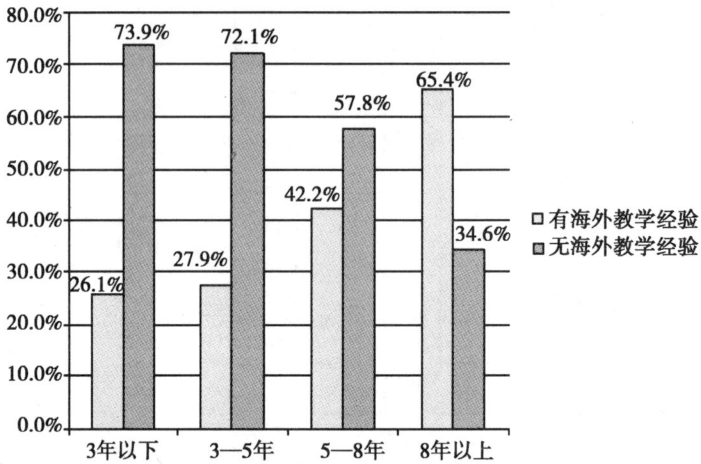

图 ZZ－38　不同教龄教师的海外教学经历

以上调查说明，教师的学历、职称、教龄以及教师所在院校的地区都对教师的海外教学机会有影响。数据显示，教师所处高校的类别也决定着他们海外教学机会的获得。“985”高校教师拥有博士学位的比例（46.6%）远远超过全国高校的平均值（25.2%）；“985”高校教师具有高级职称的比例（8.0%）也高于其他院校，在这类高校的教师获得的海外教学机会也更多。

一　专职教师的海外任教国家、机构和时间

专职教师的任教国家分布广泛，任教机构类型多样，任教时间有长有短，具体情况如下。

（一）专职教师主要任教国家和海外任教经历

调查显示，专职教师的任教国分布较为广泛，他们海外教学的足迹覆盖亚洲、欧洲、美洲、大洋洲和非洲大陆。但是，从绝对数量来看，曾在亚洲国家任教的教师达 643 位（其中日本 101 位，韩国 246 位，东南亚 205 位，亚洲其他国家 91 位），在美洲任教的教师有 185 位（其中美国 152 位，加拿大 21 位，中南美洲 12 位），在欧洲任教的教师有 167 位，赴大洋洲任教的教师有 25 位，赴非洲任教的教师最少，只有 24 位。专职教师赴亚洲国家教学所占的比例最高，达 66.2%。

本次调查分 10 个区域了解专职教师海外任教的情况，分别是日本、韩国、东南亚、亚洲其他国家、欧洲、美国、加拿大、中南美洲、大洋洲、非

洲。根据比例来看，排在第一位的是韩国（29.5%），其次是东南亚（24.6%），排在第三位的是欧洲（20.0%），美国为第四位（18.2%），日本为第五位（12.1%），第六位是亚洲其他国家和地区（10.9%）（见图ZZ-39）。

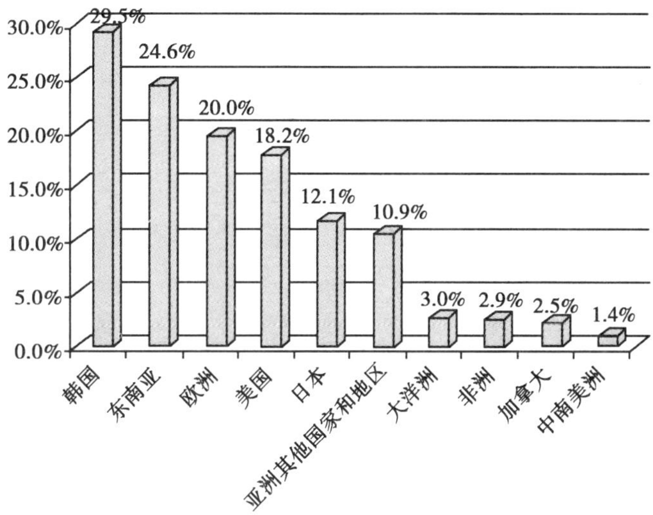

图 ZZ-39 专职教师任教国家情况

说明：调查采用的是多选题，因此以全体教师为参照的百分比加和可能大于100%。

从任教国家数的情况来看，参与本次调查的教师中，81.5%的教师去过一个国家教授汉语，去过2—3个国家或地区的教师有141位，占17.4%，去过4个以上国家的教师寥寥无几。

数据显示，教师的海外任教经验与职称存在着相关关系，职称越高，海外任教经验越丰富（见图ZZ-40）。

（二）教师海外教学任教机构类型

对外汉语教师在国外任教的机构类型，有幼儿园、小学、中学、大学、孔子学院等不同的教学单位。根据本次调查获得的数据，在大学任教的教师人数最多，共610人，占72.4%，在孔子学院或孔子课堂任教的有145位，在中学任教的有143位，各约为17%，在其他机构任教的有136位，约占16.2%，在幼儿园和小学任教的比较少（见图ZZ-41）。

无论是哪一种类别的高校，大学都是教师赴海外任教的主要机构，占绝大多数。“985”高校教师中的75.6%赴大学任教，在“211”高校、非“211”高校这一比例分别为71.8%、71.3%。

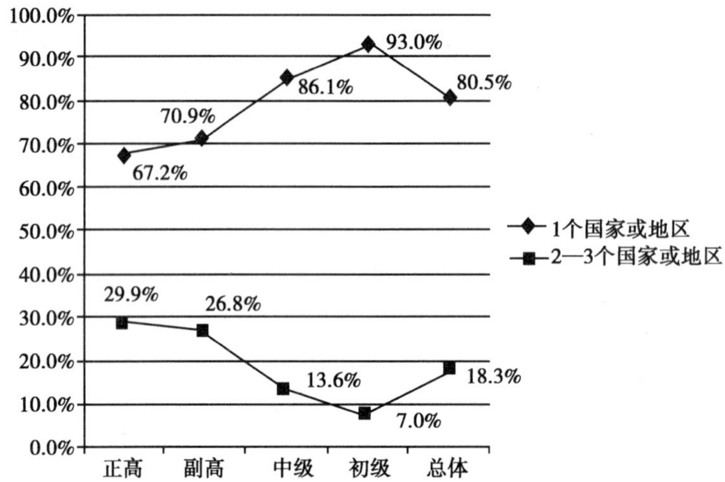

图 ZZ－40　专职教师的职称与海外教学经验

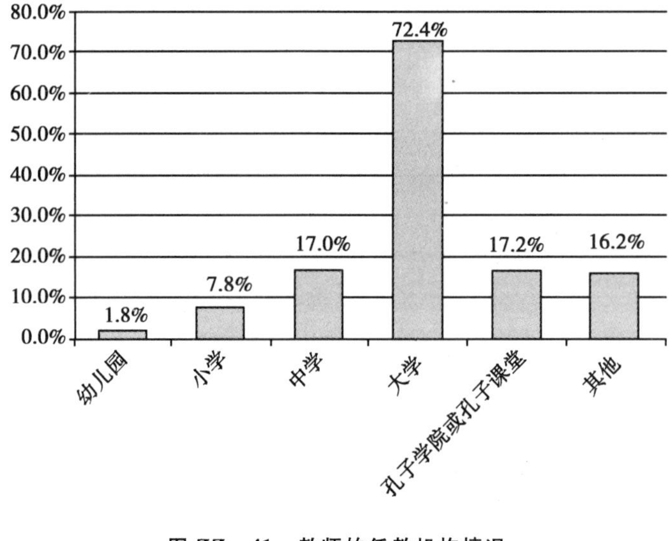

图 ZZ－41　教师的任教机构情况

“985”高校教师承担孔子学院或孔子课堂教学任务所占比例也比其他高校高（见图 ZZ－42）。

（三）专职教师的海外任教时间

专职教师海外任教时间不足 6 个月的有 135 位（16.4%），任教时间在 6 个月到 1 年（含）的最多，有 327 位（39.8%）；两者相加，有 56.2% 的教师出国时间在 1 年以内。任教时间 1 年以上 2 年以内的有 128 位

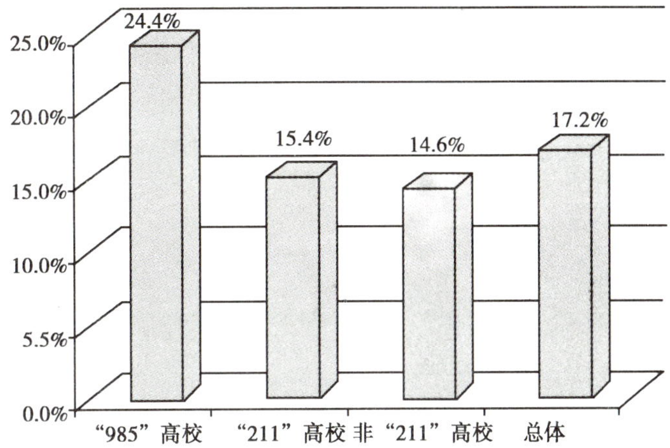

图 ZZ－42　不同类别高校的教师承担孔子学院或孔子课堂教学任务的情况

（15.6%），2 年及以上的教师有 231 位（28.1%）（见图 ZZ－43）。

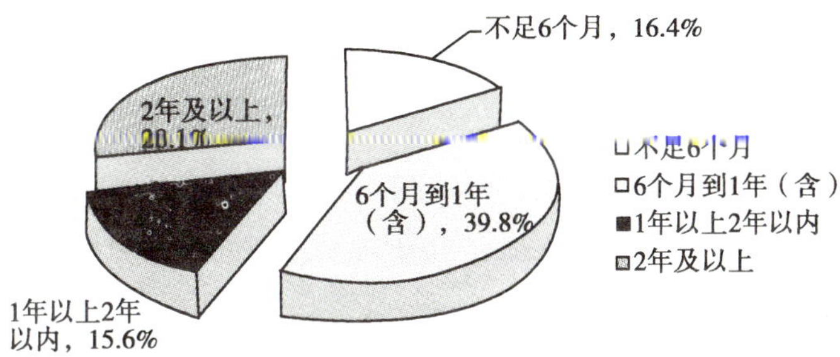

图 ZZ－43　专职教师的海外任教时间

二　教师在海外任教时遇到的生活困难和工作困难

在以多选题的形式回答在海外教学遇到哪些生活与工作困难时，48.2% 的教师表示在海外工作时没有遇到生活方面的困难，有 48.7% 的教师没有遇到工作方面的困难。整体来看，专职教师海外适应能力较强。

（一）海外任教时的生活困难

海外的生活障碍中，语言障碍（21.1%）被专职教师排在第一位，其次是饮食（11.6%），第三位是经济问题（11.4%），第四位是生活琐事（10.8%），第五位是住房（10.7%），此外，由于任教国家、任教机构等诸多差异，有 6.9% 的教师遇到了以上所列情况之外的生活困难，还有 5.4%

的教师认为交友困难是海外生活中的障碍（见图 ZZ－44）。

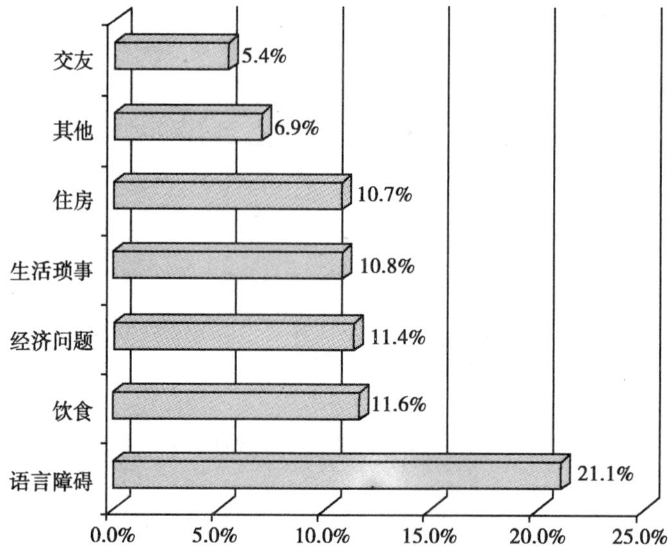

图 ZZ－44 海外生活困难类型

说明：调查采用的是多选题，因此以全体教师为参照的百分比加和可能大于 100%。

任教国家不同，教师感受较为深刻的生活困难类型也有一定的差异。我们分析一下专职教师在主要任教国[1]任教时感受到的生活困难问题的程度差异及类型异同。

在韩国任教的教师对语言障碍感受最为强烈（31.5%），其次是东南亚国家（27.9%），排在第三位的是日本（24.0%），欧洲（19.6%）、亚洲其他国家和地区（16.3%）、美国（11.5%）居次。这与教师的掌握的外语种类有关，由于多数教师的第一外语是英语（90.9%），因此在美国任教的教师的外语障碍感受最不强烈，而教师的第二外语中，会韩语和东南亚国家语言的人数较少，因此在韩国和东南亚国家任教的教师的语言障碍感受较为强烈。根据前文对教师任教国家和地区的统计，任教人数最多的是韩国（29.5%），其次是东南亚（24.6%），可见专职教师在主要任教国家和地区遇到的最大问题是语言障碍。因此，在今后的教师外语培训中应该加强韩语及东南亚各国语言的培训。

① 即专职教师的任教人数和比例居前六位的韩国、东南亚、欧洲、美国、日本、亚洲其他国家和地区。

在饮食方面，教师在日本最容易适应（4.0%），在亚洲其他国家和地区最难以适应（19.8%）。饮食习惯受地区差异、宗教、文化背景的深刻影响，中日、中韩文化交流历史悠久，对赴日韩任教的教师来说，更容易适应。随着对外开放的深入，人们对欧洲和美国的饮食习惯也越来越熟悉，相对来说，东南亚国家和亚洲其他国家的食物口味及饮食习惯更具“异域”色彩而难以适应（见图 ZZ－45）。

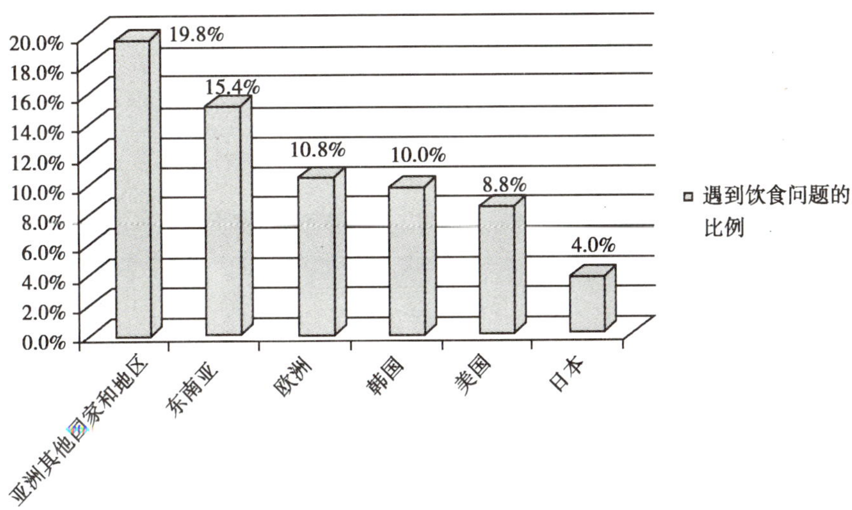

图 ZZ－45　教师在不同国家遇到的“饮食”问题

说明：调查采用的是多选题，因此以全体教师为参照的百分比加和可能大于 100%。

从经济引起的生活困难来看，排在第一位的是欧洲（19.6%），其次是美国（14.9%）、日本（10.0%）、韩国（9.1%）、东南亚（6.0%）。这说明教师的经济承受能力与任教国的经济发达程度有关，在经济发达的国家，教师承受更大的经济压力。

在不同国家和地区，教师感受到的生活困难类型也有差异。在日本、韩国、东南亚，语言障碍占比是最高的；在亚洲其他国家和地区，饮食问题显得较为突出；赴欧洲的教师视住房问题为首要困难（20.3%），而在美国的教师最强烈的感受则是经济的压力（14.9%）。

认为无生活困难的比例随国家、地区的差异而略有不同。日本最高（52%），其次是美国（49.3%）、东南亚（48.3%）、欧洲（47.1%）和韩国（48.1%）、亚洲其他国家和地区（45.3%）（见图 ZZ－46）。

教师在海外遇到生活困难的情况与任教时间有一定关系，任期不足 6 个

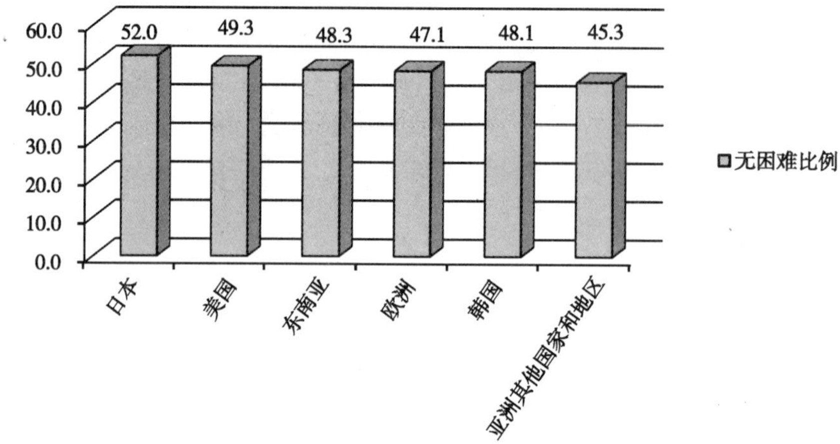

图 ZZ－46 教师感到无工作困难的国别差异

说明：调查采用的是多选题，因此以全体教师为参照的百分比加和可能大于 100%。

月和 2 年及以上的教师，选择在生活方面无困难的比例较高，分别为 56.4%、52.6%，而任期 6 个月到 1 年、任期 1 年以上 2 年以内的教师选择在生活方面无困难的比例分别为 43.1%、44.0%，均低于平均值（48.1%）。可见，教师的海外任教时间越长，生活适应能力越高（见图 ZZ－47）。

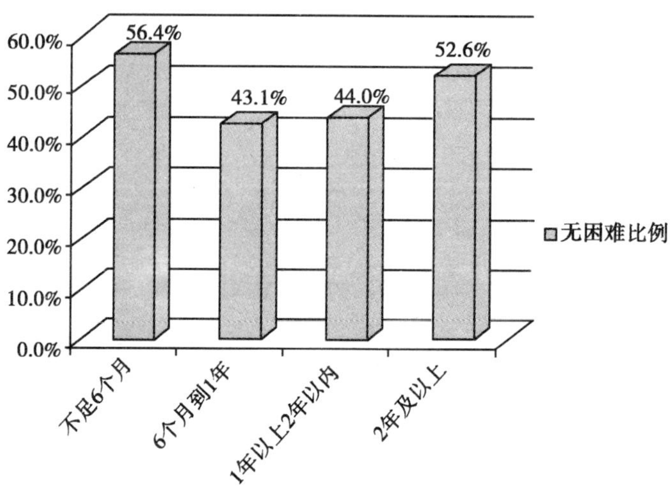

图 ZZ－47 教师在海外的生活困难与任教时间

说明：调查采用的是多选题，因此以全体教师为参照的百分比加和可能大于 100%。

（二）海外任教时的工作困难

在调查中51.3%的教师遇到不同类型的工作困难。我们将困难类型分为“不适应当地教育文化”、“公关、管理能力不足”、“教学任务繁重”、“对教学对象缺乏了解”、“知识储备不足”、“语言障碍”。排在首位的是“教学任务繁重”（19.4%），其他困难占比依次为语言障碍（14.6%）、“对教学对象缺乏了解”（10.7%）、“不适应当地教育文化”（6.5%）、“其他”（6.2%）、“公关、管理能力不足”（6.0%）。源于教师自身能力素养的“知识储备不足”所占比例最低，仅为4.6%。

在不同国家，教师在工作方面遇到的困难各有不同，但从主要任教国家的情况来看，还是集中地表现为“语言障碍”、“工作任务繁重”。

在韩国、日本，语言障碍被视为首要的工作困难，所占比例分别为19.2%、19.0%；在亚洲其他国家和地区、东南亚、欧洲、美国，教师所选首要困难占比最高的均为“教学任务繁重”。可见工作困难主要是语言问题和工作量过大，较少受教师自身的教学能力、个人素养、海外适应能力等因素的制约。结合上一节的调查结果，可以看出，语言障碍不仅影响了专职教师的海外生活，在很大程度上也影响了他们的海外教学工作。如何帮助教师解决语言问题是使教师更好地适应海外生活和提高教学效果的关键问题（见图ZZ－48）。

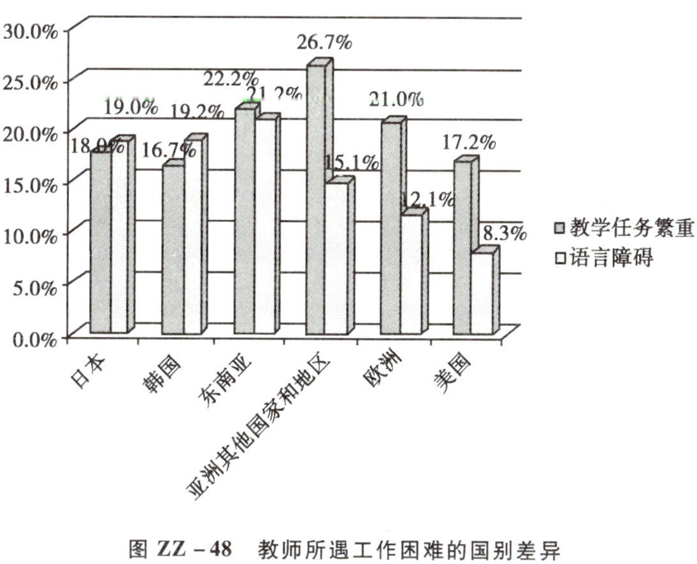

图ZZ－48　教师所遇工作困难的国别差异

说明：调查采用的是多选题，因此以全体教师为参照的百分比加和可能大于100%。

在本次调查中，有339位教师选择在海外教学时无工作方面的困难，占调查对象的48.7%。我们仍以韩国、东南亚、欧洲、美国、日本、亚洲其他国家和地区的情况来看，教师在韩国和日本感到无工作困难的比例非常接近，分别为56.1%和56.0%，其次为美国（49.7%）、欧洲（47.1%）、亚洲其他国家和地区（44.2%）、东南亚（38.4%）（见图ZZ-49）。

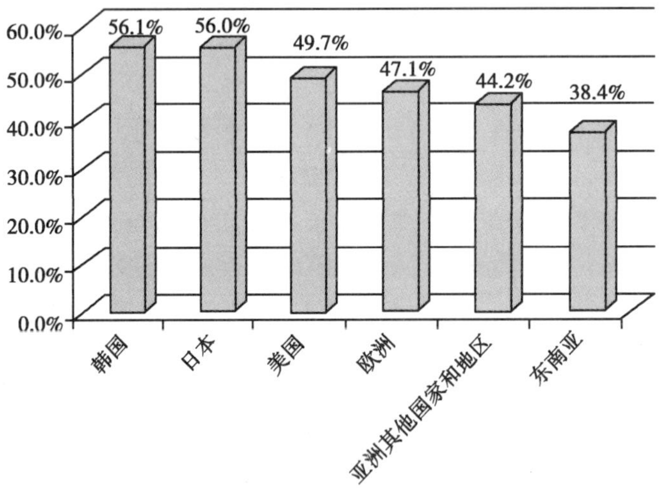

图ZZ-49 教师感到无工作困难的国别差异

说明：调查采用的是多选题，因此以全体教师为参照的百分比加和可能大于100%。

第七节 对外汉语专职教师的中华才艺技能

在调查中，我们划分了十大门类来了解专职教师擅长的中华才艺，包括中国传统乐器、棋牌类、书法与篆刻、中国画、中国歌、民族舞蹈、中国传统曲艺和戏剧、中国传统手工艺、中国武术、烹饪。

调查显示，70.6%的专职教师擅长1—3种才艺，26.3%的教师掌握4—6种才艺，还有3.1%的教师掌握的才艺技能达到7种以上。还有占调查总数3.8%的专职教师没有任何才艺技能。

专职教师最擅长的才艺为唱中国歌（占66.8%）和烹饪（64.0%），第三是棋牌类（47.2%）。然后依次是中国传统手工艺（占25.6%）、书法与篆刻（占22.3%）、中国武术（占18.5%）。之后是民族舞蹈（11.3%）、中国传统乐器（7.6%）、中国画（7.2%）。还有4.7%的教师具有茶艺等其他门类的才艺技能（见图ZZ－50）。

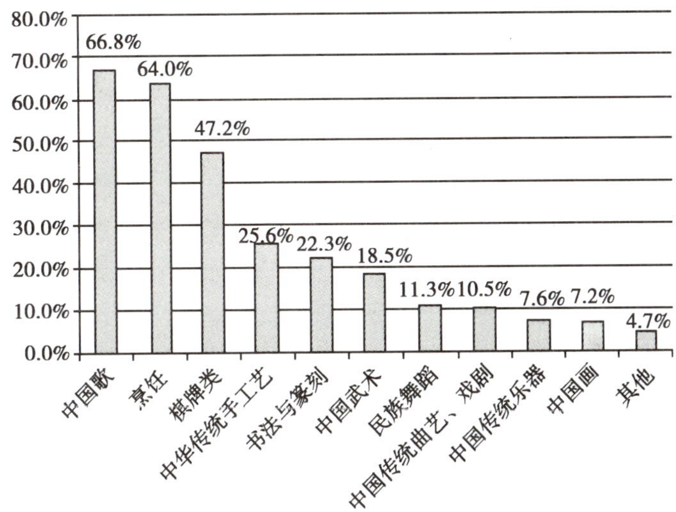

图ZZ－50　专职教师掌握的才艺类别

说明：调查采用的是多选题，因此以全体教师为参照的百分比加和可能大于100%。

第八节　研究总结和相关建议

一　研究总结

对本部分内容我们从以下几个方面进行总结。

（一）九成教师的第一外语为英语，教师的第一外语水平普遍较好，但存在一定的地域差异，同时与教师的个体特征有密切关系

对外汉语专职教师普遍外语能力比较强，九成教师以英语为第一外语。第一外语的语种构成与机构所在区域有一定的关系，东北地区的教师以日语为第一外语的比例高于其他地区；华北和西北地区，俄语具有一定优势。此外，在东北和华北地区，以韩语为第一外语的教师也有一定数量。总体来看，英语在专职教师中具有绝对的优势地位，而且在年轻教师中，这一优势更加明显。

教师掌握第一语言的程度与年龄、教龄相关。数据表明，年龄大的教师对自己的外语水平的自我评价不如年轻的教师。

教师的外语水平还与职称、海外经历等有比较密切的关系，教师职称越高，外语水平也越高。有海外学习和教学经历的教师对自己外语水平的评价普遍好于无相关经历的教师。

教师的第二外语语种构成非常复杂，超过2/3的教师具有第二外语的能力；在不同区域的院校，受地缘因素的影响，教师的第二外语语种有差异。

（二）大部分专职教师通过了一级乙等和二级甲等的水平测试，达到了国家规定的普通话等级要求

90%的专职教师达到了国家规定的普通话等级要求，只有不到一成的教师未参加测试或没有达到二级甲等的水平。总体来看，教师越年轻，普通话水平越好；女教师的普通话水平高于男教师。

（三）绝大部分教师能够在教学中熟练运用现代教育技术

专职教师掌握现代教育技术的情况比较乐观，绝大部分教师能够熟练地掌握现代教育技术并用于教学。分析显示，年龄和学历在教师运用现代教育技术方面是一个不容忽略的影响因素：越是年轻的教师，对该技术的掌握和运用越熟练；学历越高的教师，对该技术的运用越频繁。

（四）教师海外任教主要在亚洲各国，教学对象主要是大学生

超过1/3的教师有海外汉语教学的经验。在不同类别高校，教师的出国教学机会不尽相同。教师海外教学经验的获得还与教师的个人情况有很大关系，受学历、年龄、职称、教龄的影响。

教师海外任教的目的国覆盖范围较广。赴韩国、东南亚国家任教的教师最多，其次是美洲和欧洲。教师在海外教学任务主要在大学的相关机构完成，在孔子学院或孔子课堂任教的教师人数渐多，且承担这类教学任务的教师大多来自“985”高校、“211”高校。教师的海外任教时间多在6个月到1年之间。

（五）唱中国歌和烹饪是教师最擅长的才艺

教师的才艺能力是教师素养的组成部分。专职教师绝大多数掌握一定的才艺。排在首位的是唱中国歌，其次是烹饪，第三是棋牌类。

二 相关建议

（一）加强小语种培训

教师的英语水平比较高，但是小语种人才稀缺。在承担海外教学任务时，语言障碍难以克服，成为教师最突出的生活困难和工作中的障碍，教师的外语能力还需要进一步提高。在小语种培训中，考虑到专职教师在海外任

教时赴韩国和东南亚各国的人数最多，目前最需要加强对专职教师进行培训的是韩语和东南亚各国的语言。

（二）加强现代教育技术在教学中的运用

对现代教育技术的掌握情况已是教师应该具备的职业素养之一，调查显示，虽然大多数教师都觉得自己对现代教育技术的运用较为熟练，但低学历教师、老教师对该技术的运用能力有待提高。

（三）针对教师在发达国家地区感受强烈的经济压力问题，应考虑提高教师出国待遇

教师在经济方面感受到的困难与任教国的经济状况、任教机构的情况有比较密切的关系。在发达国家地区，或者在孔子学院、孔子课堂任教的教师，比较明显地感觉到经济的压力。调查数据显示，在美国执教的教师视经济问题为首要困难，从任教机构来看，在孔子学院或孔子课堂执教的教师则把经济列为第二大生活困难。为了使海外教学工作的顺利展开，提高教师海外工作的待遇是解决之道。

第三章

专职教师教学状况

教学工作是专职教师日常工作的重要内容。本部分主要分析专职教师的主要教学课程，专职教师面对的主要教学对象、所擅长的课型、改进教学的困难因素，以及专职教师对自身教学技能、教学工作表现的评价等问题。

第一节　专职教师的主要教学课程和教学对象

就专职教师的日常教学工作来看，他们承担的教学任务主要包括语言技能类、语言知识类、文学文化类、才艺以及其他相关课程。

一　专职教师教授的主要教学课程

在不同类别的高校，教师承担各类课程的比例略有不同，但总体来看，专职教师主要教授的是语言技能课。

在教师主要教授外国学生的课程类型中，排在第一位的是语言技能课，占 86.1%；语言知识类课程排在第二位，占 79.4%；文学文化类课程为第三位，占 54.3%；才艺课程只占 11.8%（见图 ZZ－51）。

专职教师的授课类型则较为多样化，46.7% 的教师教授过 3 类以上的不同课程，34.4% 的教师教授过 2 类以上的课程，只教过 1 类课程的教师占 16.6%。

教师授课类型是否丰富与教龄相关，在教龄 8 年以上的教师中，54.8% 教授过 3 类以上的课程，比例明显高于教龄 3 年以下的教师（38.3%）；相应地，教龄 3 年以下的教师教授 1 类课程所占比例则是最高的，为 23.1%，高于平均值（16.6%）。

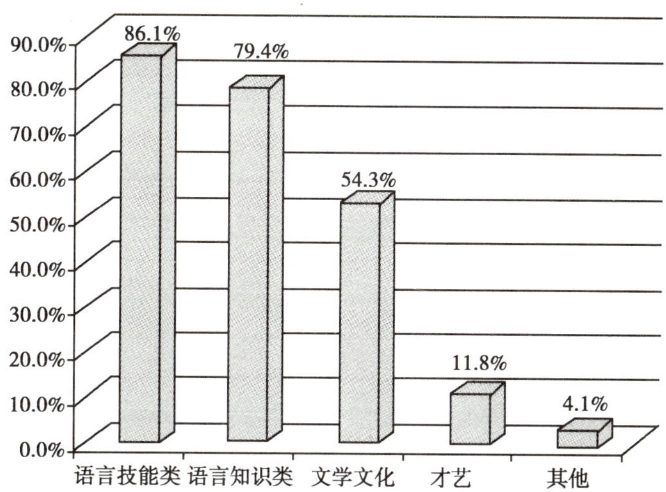

图 ZZ－51 专职教师的授课类型

说明：调查采用的是多选题，因此以全体教师为参照的百分比加和可能大于100%。

二 专职教师的主要教学对象

专职教师的教学对象主要是大学生，授课对象以大学生为主的教师比例平均为92.0%。还有613位教师以中学生为主要教学对象，占教师总数的27.8%。以幼儿园和小学生为主要教学对象的教师比较少，教小学生的比例为9.4%，教幼儿园孩子的比例仅为2.2%。另外，还有589位教师教授不同身份、不同年龄段的外国学生，占教师总数的26.7%（见图ZZ－52）。

如果考虑专职教师的所有教学对象，教学对象只有一种的教师占56.7%，教学对象有两种的教师占29.6%，另有13.7%的教师教学对象在三种以上。总体来看，教学对象类型单一的教师占半数以上。

第二节 语言技能课教学情况

本部分调查了教师最擅长的语言技能课的课型、教师在备课时考虑的因素以及教师对自身教学技能的评价。

一 专职教师最擅长的课型

就教师的语言技能课教学情况来看，总体上专职教师最擅长精读课，选

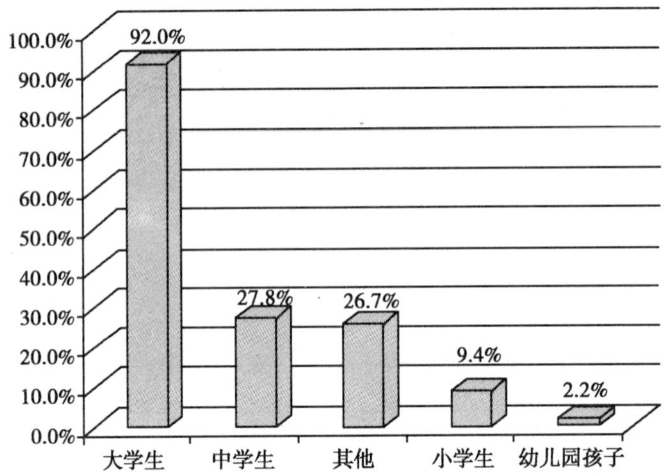

图 ZZ－52 专职教师的主要教学对象

说明：调查采用的是多选题，因此以全体教师为参照的百分比加和可能大于100%。

择该课程为自己擅长的课程的教师达 79.3%；第二位是口语课，共有 1680 位教师选择了口语课，占 72.6%；选择听力课和视听说课的教师所占比例相当，分别是 32.3% 和 31.4%；泛读课排在第五位（24.3%），写作课（17.2%）和报刊课（9.5%）则分别是第六位和第七位。

二 在备课过程中专职教师考虑最多的因素

在准备语言技能课时，教师考虑的因素包括资料准备、课件制作、课堂教学的具体设计等诸多方面。

教师备课时考虑最多的是“对教学策略和方法的选择”，有 1813 位教师以此作为考虑较多的因素，占 78.1%；排在第二位的是“确定教学目标、教学重点和难点”，共有 1548 位教师选择这个答案，占 66.7%；排在第三位的是学生活动的设计，达 61.3%。

教师比较重视的因素还有具体课堂教学中词汇、语法点的讲练（46.6%）；教学课件的制作也受到教师的重视，占 16.2%。

而查找相关资料和设计作业及评估方式，是专职教师考虑较少的因素。所占比例分别为 9.2% 和 8.3%。可见，专职教师最重视课堂教学，而对于课堂教学之前和之后的教学环节考虑较少（见图 ZZ－53）。

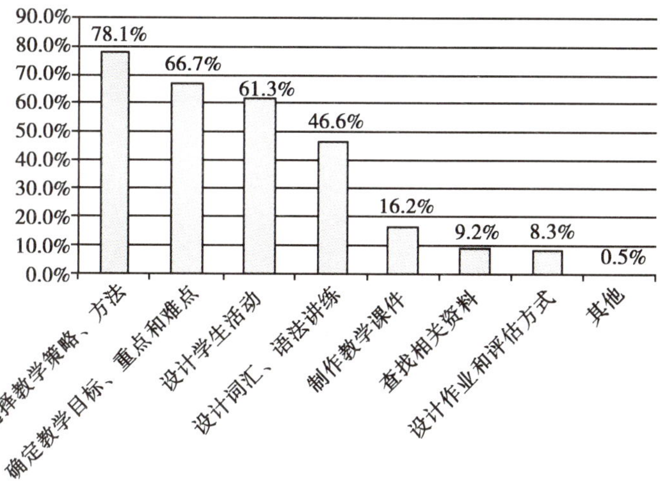

图 ZZ－53　教师备课时考虑的因素

说明：调查采用的是多选题，因此以全体教师为参照的百分比加和可能大于 100%。

三　专职教师改进自身教学的最大障碍

在影响自己教学效果改善的因素中，50.3% 的教师认为改进自身教学的障碍是“学生的水平差异”，选择“教辅材料的缺乏”（41.4%）以及“教材不适用”（38.3%）的所占比例也较大，可见教师认为改进教学的障碍主要来自学生、教材等客观因素。此外，选择“汉语教学理论的欠缺”的有 450 位，占 19.9%；选择“教学经验不足”的有 375 位（16.6%），另有 179 位（7.9%）教师选择“缺乏汉语本体知识”；选择“学生不配合”、“汉语教学能力的欠缺”的分别有 121 人（5.3%）、53 人（2.3%），只有 0.8% 的教师选择“对该工作缺乏热情与兴趣”。

第三节　专职教师对自己教学工作的评价及相关影响因素分析

本部分主要从教师如何评价自己的教学工作入手进行分析，包括教师对自己是否胜任语言技能课教学的评价、对自己的语言技能课教学成功与否的评价，这些评价反映了教师的日常教学工作状况。

一 专职教师对语言技能课教学的兴趣

专职教师普遍对语言技能课教学有强烈的兴趣，选择很有兴趣的教师比例达76.3%，较有兴趣的比例为20.9%。两者合计，百分比为97.2%，只有0.3%的教师对教授语言技能课不太有兴趣。表示对语言技能课教学的兴趣“一般”的教师也很少，只占2.5%，充分说明了对外汉语专职教师对语言技能课的教学有非常强烈的兴趣。

数据显示，年轻教师对语言技能课的教学兴趣更浓厚。在1950—1959年出生的教师中，选择“很有兴趣”、“较有兴趣”的分别占62.6%、32.1%。在1980—1989年出生的教师中，选择“很有兴趣”、“较有兴趣”的分别占81.1%、17.3%（见表ZZ－2）。

表ZZ－2 不同年龄段教师对教授语言技能课的兴趣

年龄	很有兴趣		较有兴趣		一般		不太有兴趣		合计	
	人数	百分比	人数	百分比	人数	百分比	人数	百分比	人数	百分比
1950—1959年出生	82	62.6	42	32.1	6	4.6	1	0.8	131	100.0
1960—1969年出生	340	75.4	93	20.6	15	3.3	3	0.7	451	100.0
1970—1979年出生	835	76.0	237	21.6	25	2.3	1	0.1	1098	100.0
1980—1989年出生	497	81.1	106	17.3	9	1.5	1	0.2	613	100.0

二 教师对于语言技能课胜任度的评价

在调查中，对“您觉得自己是否胜任语言技能课的教学工作”这个问题，有63.8%的教师认为自己“完全胜任”；有33.2%的教师认为自己“较胜任”，两者合计，共有97.0%的教师对自己胜任工作的能力持正面肯定的态度，做出“一般”、“不太胜任”、“不胜任”评价的教师寥寥无几。由此可见，绝大多数的专职教师对于上好语言技能课是充满信心的。

三 教师语言技能课教学成功度的评价

在调查中，37.3%的教师认为自己的语言技能课教学很成功，57.8%的教师认为“较成功”。以上两者合计，在专职教师中共有95.1%的教师认为自己的语言技能课教学“很成功”或“较成功”。

认为自己的语言技能课教学“一般”的教师只有112位，占4.9%。只有两位教师认为自己的语言教学不太成功。

总体来看，专职教师对自己的课堂教学技能比较满意（见图 ZZ－54）。

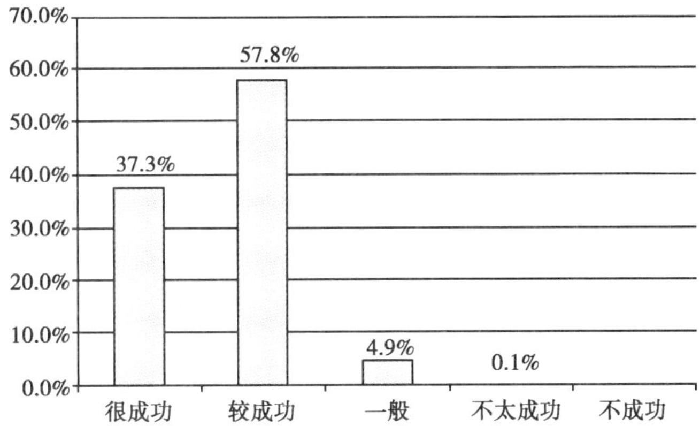

图 ZZ－54　教师对自己的语言技能课评价情况

四　教师的个体特征与教师对自己课堂工作表现的评价

这部分主要讨论性别、学历、专业背景、年龄、教龄、职称等因素，对教师进行教学自我评价的影响。

（一）性别对教师语言技能课教学的自我评价影响

在从事对外汉语教学的教师中，女性占多数，但数据显示，性别因素对教师评价自己是否胜任语言技能课教学、评价自己的教学是否成功均影响不大。36.0% 的男教师、37.5% 女教师认为自己的教学“很成功”；自我评价“较成功”的比例男女相差也很小，男教师为 58.9%，女教师为 57.6%。

（二）学历对教师教学技能自我评价的影响

本科、硕士、博士三个层次教师在本次调查中所占比例分别为 14.5%、60.8%、23.8%。

学历在一定程度上影响教师对自己语言技能课的评价（见表 ZZ－3）。

表 ZZ－3　　不同学历教师胜任语言技能课的教学工作的情况

	完全胜任		较胜任		一般		不太胜任		合计	
学历	n	%	n	%	n	%	n	%	n	%
本科	186	58.3	117	36.7	16	5.0			319	100.0
硕士	890	63.4	478	34.0	35	2.5	1	0.1	1404	100.0
博士	395	67.9	169	29.0	18	3.1			582	100.0
合计	1471	63.8	764	33.1	69	3.0	1	0.0	2305	100.0

在评价自己是否胜任语言技能课的教学时，学历越高的教师对自己是否胜任的评价越高。取得硕士、博士学位的教师对自己的语言技能课教学评价为“完全胜任”的，分别达到63.4%和67.9%，比例明显高于学历为本科的教师（见图ZZ－55）。

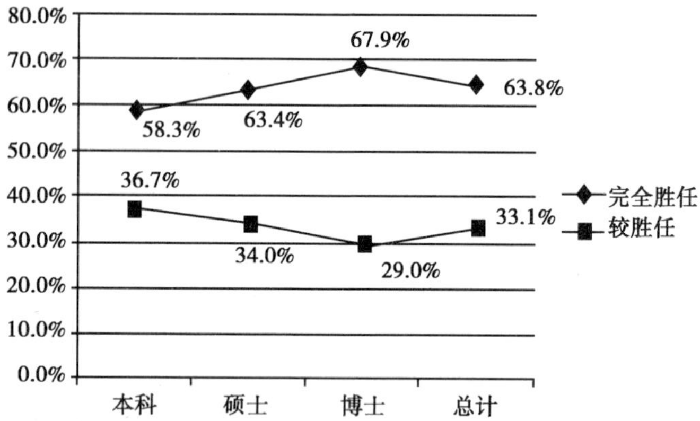

图ZZ－55 不同学历教师对自己是否胜任语言技能课的评价

教师对自己语言技能课教学的评价与教师的学历水平有关系，本科学历的教师认为自己的教学“很成功”的占32.9%，而在取得硕士、博士学位的教师中，这一比例依次上升，分别为36.7%、41.0%。

可见，学历对于提升教师的教学信心有比较大的影响。

（三）专业背景对教师语言技能课教学自我评价的影响

专业背景对教师胜任工作的情况有一定的影响。[①] 对外汉语专业背景的教师对自己的语言课教学最自信，在回答“是否胜任语言技能课的教学工作”这个问题时，选择“完全胜任”的比例为69.6%；排在第二位的是中文专业的教师，比例为65.7%；泛文科背景的教师排在第三位，为58.7%；外语专业的教师为第四位，比例是53.80%。这四个专业背景的教师，选择“较胜任”的比例高低顺序略有差别，外语专业背景的教师排在第一位，为43.1%，其次是泛文科，为39.1%，中文专业排在第三位，占30.9%。如果把不同专业背景的教师选择“完全胜任”和“较胜任”的百分数进行加和，则顺序略有变化，排在第一位的仍是对外汉语专业（98.5%），泛文科为第二位（97.8%），外语为第三位（96.9%），中文为第四位（96.6%）。

① 专业背景为理工科的教师样本数量比较少，在此不作深入分析。

可见，目前对外汉语教学专业的专业培养能够适应教学的需要，可以给毕业生提升自己语言技能课教学的信心和满意度。

（四）教师的年龄、教龄对教师语言技能课自我评价的影响

教师对自己是否胜任语言技能课教学工作的评价有年龄越大、评价越高的倾向。

在五个年龄段的教师中，1980—1989 年出生的教师，在调查样本中所占比例为 26.7%。在这个年龄段的教师中，只有 26.8% 认为自己教学“很成功”。以十岁为一个年龄段，认为自己教学“很成功”的比例随年龄增长依次上升，分别为 38.3%、47.9%。在 1950—1959 年出生的教师中，这一比例为 42.6%，也高于 1980—1989 年出生和 1970—1979 年出生的教师。

教师对自己教学成功度的评价与教龄存在相关关系。从不同教龄教师对自己语言技能课教学的评价来看：27.4% 教龄 3 年以下的教师、31.5% 教龄 3—5 年的教师、41.7% 教龄 5—8 年的教师、54.2% 教龄 8 年以上的教师，认为自己的语言技能课教学“很成功”。教师对自己语言技能课教学的评价表现出随教龄增长而满意度提高的趋势。

可见教龄的增加和教学经验的积累对于提升教师的教学信心有很大的影响。

（五）职称对教师语言技能课自我评价的影响

调查表明，不同职称教师间的教学效能感存在差异：教师的职称越高，教学效能感也越高。

初级职称的教师中，只有 27.0% 的教师觉得自己的语言技能课教学“很成功”，中级职称的教师这一比例为 36.6%，而副高职称和正高职称教师则分别有 44.1% 和 45.9% 的教师认为自己的语言技能课“很成功”，这表明教师的教学效能感有随着职称的提高而上升的趋势。

第四节　研究生指导

研究生指导是对外汉语专职教师教学工作重要的一部分，本次调查主要涉及对外汉语专职教师在研究生指导方面的一些基本情况。

一　研究生导师比例和主体

在接受调查的 2171 名教师中，有 290 人为研究生导师，占教师总数的

13.4%，比例不高。在“985”高校、“211”高校和非“211”高校三类高校中，“985”高校研究生导师占全体教师数量的比例最高，为29.2%；非“211”高校导师人数最多，但占比例最低，为7.8%（见图ZZ-56）。

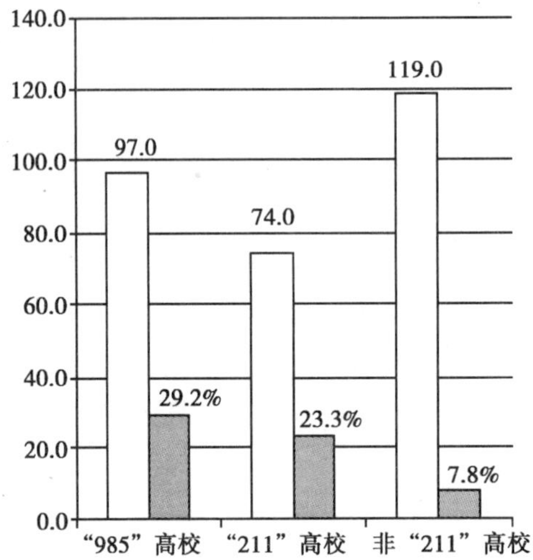

图 ZZ-56 不同类别高校研究生导师数量与比例（1）

在教育部属、省属和其他部属三类高校中，教育部属高校导师占全体教师数量的比例最高，为27.9%；省属高校导师人数最多，但占比最低，为9.4%（见图ZZ-57）。

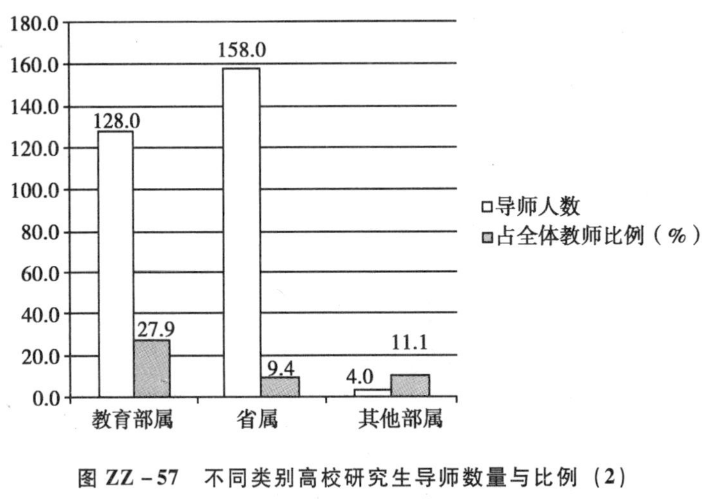

图 ZZ-57 不同类别高校研究生导师数量与比例（2）

在性别比例上，在总计289名导师中，男性占40.5%，女性占59.5%，女性导师比例较大。但在男性教师中，研究生导师比例为22.8%，高于女性导师的10.4%。

从导师的年龄分布看，30—50岁的中青年教师占主体，其中1970—1979年出生的教师占导师总数的43%，1960—1969年出生的教师占导师总数的39%，接受调查的教师中没有1980年后出生的导师（见图ZZ－58）。

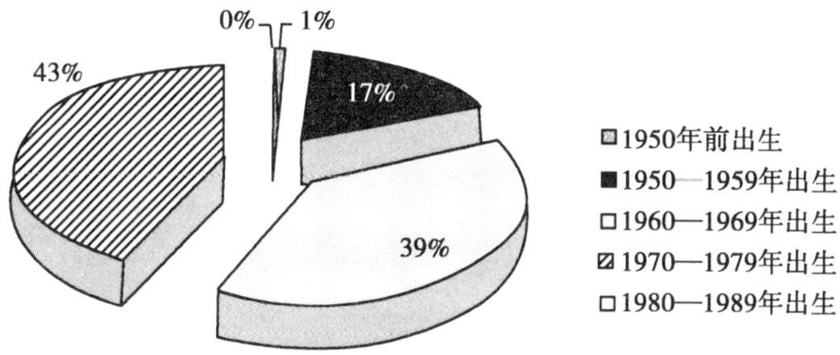

图ZZ－58　研究生导师年龄分布情况

从导师的职称情况看，研究生导师主体为副高职称教师，占导师总数的60%；以下依次为正高职称28%，中级职称11%，初级职称1%[①]（见图ZZ－59）。

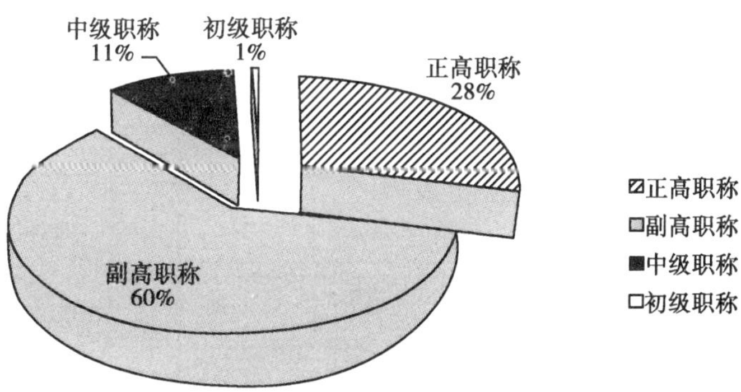

图ZZ－59　研究生导师职称分布情况

二　研究生导师指导研究生的数量呈逐年递增之势

我们对研究生导师从2007年到2009年三年间指导研究生的情况进行了

① 调查中有两位导师所填职称为初级，具体情况不明。

调查。不同职称教师指导学生数量差异显著，正高、副高和中级职称教师三年内人均指导学生数量为14.3名、7.2名和6名。

导师人均指导学生人数呈逐年递增之势，且增速较快。2007年人均指导2.2名研究生，最多的指导15名；2008年人均指导3.2名研究生，最多的指导18名；2009年人均指导5.1名，最多的指导29名（见表ZZ-4）。

表ZZ-4　　研究生导师指导研究生数量

	均值	中间值	标准差	最小值	最大值
2007年指导学生数量	2.2	1.0	3.1	0.0	15
2008年指导学生数量	3.2	2.0	5.0	0.0	18
2009年指导学生数量	5.1	3.0	7.7	0.0	29

不同类别和不同归属的高校导师人均指导对外汉语教学学术型硕士数量的变化趋势存在差异。“985”高校、“211”高校以及教育部属高校总体上表现出数量减少的趋势；非“211”高校和省属院校则表现出逐年增加的趋势，至2009年非“211”高校和省属高校的导师人均指导学术型硕士数量达到3.0人和2.4人，分居第一位和第二位（见图ZZ-60）。

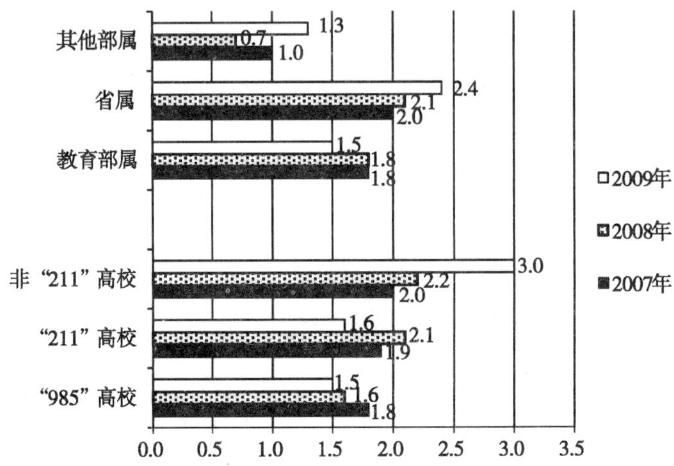

图ZZ-60　不同归属和不同类别高校导师指导对外汉语教学学术型硕士情况

三年间，导师人均指导的汉语国际教育专业硕士人数在各类高校中均表现出逐年增加的趋势，尤其是从类别上划分的非“211”高校、从归属上划分的省属和其他部属高校增加速度很快，非“211”高校由人均指导0.3名硕士增加到4.0名，位居各类高校第一，省属高校由人均指导0.3名硕士增加到3.6名，位居第二（见图ZZ－61）。

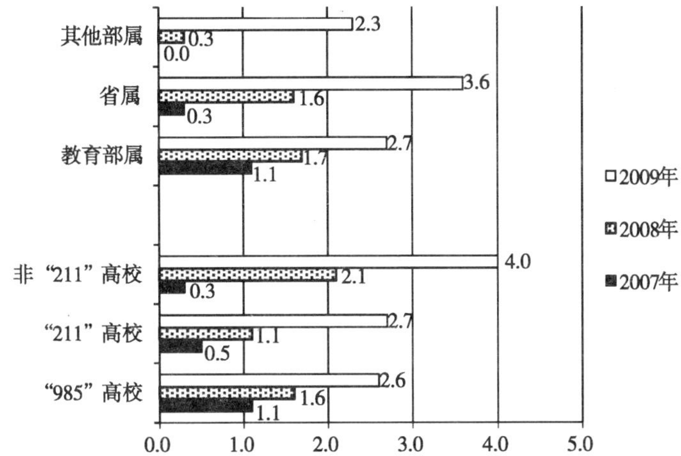

图ZZ－61　不同归属和不同类别高校导师指导汉语国际教育专业硕士情况

指导博士的导师相对集中于从类别上划分的"985"高校、"211"高校和从归属上划分的教育部属高校。各类院校的博士生导师人均指导博士生数量在2007年都达到最高，其后出现下降（见图ZZ－62）。

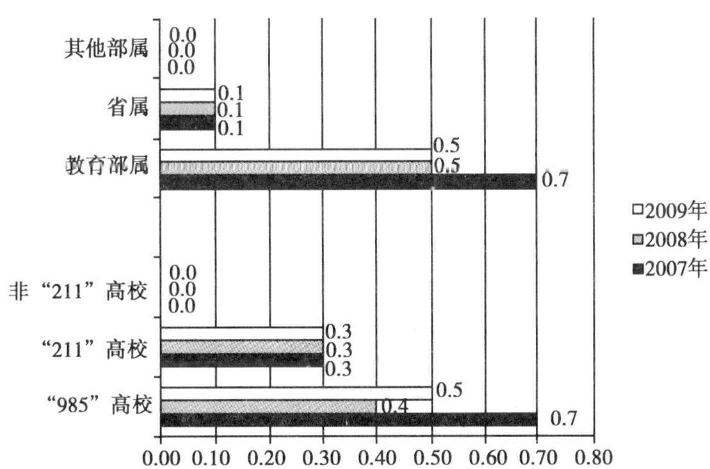

图ZZ－62　不同归属和不同类别高校导师指导博士情况

三　导师在指导研究生时最大的困难

大部分导师在指导研究生时感受到各种困扰，在总计247位接受调查的研究生导师中，认为指导工作中无困难的仅占7.3%。导师在指导研究生时感觉困难最大的是“学生科研能力不足”和“学生基础知识和专业知识不足”，分别有56.9%和56.2%的导师选择了这两项。“自身时间有限”也是一大问题，有30.7%的导师选择了这一项。下面依次是“学生学习不够努力、积极”、“学生兴趣和自己专长不一致”和“自身知识和能力有限”（见图ZZ-63）。

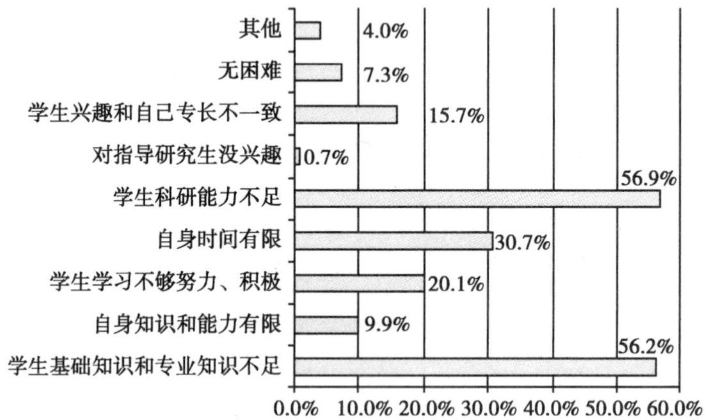

图ZZ-63　导师在指导研究生中遇到困扰的情况

第五节　结论和建议

一　研究结论

（一）专职教师的语言技能课教学

专职教师的教学以对大学生的语言技能课为主，课型以传统的精读、会话、听力课为主。

在语言技能课的教学上，教学方法和策略受到专职教师的普遍重视，以学生为主体的教学观念已经被普遍接受。调查显示，在专职教师的备课方式方面，考虑最多的因素是“对教学策略和方法的选择”、“确定教学目标、教学重点和难点”以及“学生活动的设计”。

专职教师的教学效能感总体水平较高，教学热情较高。调查显示绝大多数的专职教师对自己胜任工作的能力持正面肯定的态度，认为自己的语言技能课教学很成功或较成功，也表示对教学很有兴趣或较有兴趣。教师越年轻，对语言技能课的教学兴趣越浓厚。职称越低，对语言技能的教学兴趣越浓厚。

在教学反思反面，多数教师倾向于从客观方面寻找改善教学效果的障碍。专职教师的教学反思多着眼于学生、教材等客观方面的因素。

（二）专职教师的研究生指导

调查显示，在接受调查的全体专职教师中研究生导师整体比例不高，从类别上划分的“985”高校、“211”高校和从归属上划分的教育部属高校比例相对较高。研究生导师主体为30—50岁的中青年教师、副高职称教师。在所有研究生导师中，女性比例高于男性；但男性教师中研究生导师的比例高于女性教师中研究生导师的比例。

导师指导学生的工作量负担较大，不同职称教师指导学生数量差异显著，正高职称教师指导学生负担更重。

导师人均指导学生人数呈逐年递增之势，不同类型高校导师人均指导对外汉语教学学术型硕士数量的发展趋势存在差异。从类别上划分的“985”高校、“211”高校以及从归属上划分的教育部属高校总体上表现出数量减少的趋势；非“211”高校和省属院校则表现出逐年增加的趋势。

导师人均指导的汉语国际教育专业硕士人数在各类高校中均表现出逐年增加的趋势，尤其是从类别上划分的非“211”高校和从归属上划分的省属、其他部属高校增加速度是跨越式的。

大部分导师在指导研究生时感受到各种困扰。导师在指导研究生时感觉困难最大的是“学生科研能力不足”和“学生基础知识和专业知识不足”。

二　对策建议

（一）在重视发展和改善教学的同时注重帮助和指导教师的专业化发展，提高教师的教学反思力

调查反映出高学历的教师中，对外汉语专业的教师对于教学的胜任度和效能感高于其他教师，因此，我们建议相关部门在重视发展和改善教学的同时，注意帮助和指导教师的专业化发展。

调查还显示，教师的教学反思不够全面，教师多从客观方面找原因，很少从自身因素反思自己的教学。出现这样的问题原因可能在于教师更多地专注于对教学方法、内容等方面的研究，而对于自身的专业化发展，对于教学反思这样的专业化发展的重要方式缺乏深刻的理解。因此我们建议相关部门在教师培训时增加指导教师进行教学反思的相应培训内容，在反思的方法和

方向等问题上对教师进行切实的指导。

（二）在汉语国际教育专业硕士的发展上，在重视规模的同时也要考虑师资等客观条件

在汉语国际教育专业硕士的发展上，规模、数量方面的成绩已经很明显，但师资队伍的扩大显然并不是同步的，这导致了导师指导学生数量的急剧增加，也使得招收的学生出现了科研能力不足以及基础知识和专业知识不足的情况，对于教师的研究生指导工作带来了很多困难。建议相关部门在重视规模的同时，逐步研究建立科学合理的师生比例，无论是对于专业硕士的培养质量，还是对于本学科的健康发展都至关重要。

第四章

专职教师科研活动

对外汉语教学作为一个学科，从形成到现在不过几十年。在这几十年里，尤其是近年来，对外汉语教学这门学科的建设取得了巨大发展，从理论到实践的多方面研究都不断深入，取得了不少引人注目的成果，对实际的教学工作的指导作用也日益彰显。作为科研和教学活动的主体的专职教师参与科研活动的具体情况如何呢？下面我们将从专职教师研究领域、研究成果、科研压力、对科研的关注度等几个方面进行分析。

第一节　研究领域

与对外汉语教学有关的科研涵括了语言本体、教学法、语言习得、文学文化、教材分析与编写等不同领域，专职教师在这些研究领域中会有所侧重。

一　专职教师关注最多的研究领域

在参与调查的 2298 位教师中，研究范围包括教学法的最多，为 1244 人，占 54.1%；其次为语言本体，为 1068 人，占 46.5%；以下依次为文学文化 979 人，占 42.6%；语言习得 904 人，占 39.3%；教材编写与分析 406 人，占 17.7%；其他领域 120 人，占 5.2%（见图 ZZ－64）。

不同类型高校教师的研究领域的分布情况如表 ZZ－5 所示，各类高校间差别不大。只有“教材分析与编写”这一领域，从类别上划分的“985”高校以及从归属上划分的教育部属高校涉及这一领域研究的教师比例明显较高，分别为 34.8% 和 33.4%。说明这两类高校教师更注重这一领域的研究。

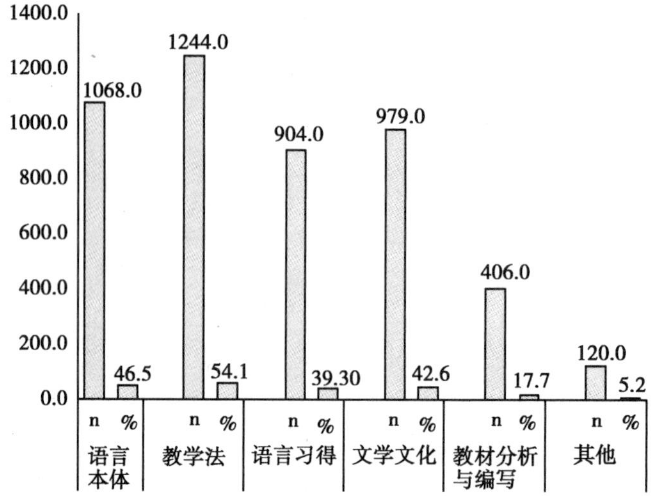

图 ZZ－64　对外汉语专职教师研究领域的一般情况

说明：研究领域调查采用的是最多选 3 项的多选题，因此以全体教师为参照的百分比加和可能大于 100%。

表 ZZ－5　　　　　　不同类型高校教师研究领域分布情况

	语言本体		教学法		语言习得		文学文化		教材分析与编写		其他	
	n	%	n	%	n	%	n	%	n	%	n	%
“985”高校	162	47.4	199	58.2	129	37.7	126	36.8	119	34.8	21	6.1
“211”高校	157	46.4	187	55.3	110	32.5	124	36.7	81	24.0	21	6.2
非“211”高校	749	46.3	858	53.0	665	41.1	729	45.1	206	12.7	78	4.8
教育部属	219	46.6	275	58.5	179	38.1	165	35.1	157	33.4	31	6.6
省属	830	46.5	942	52.8	706	39.6	800	44.8	239	13.4	87	4.9
其他部属	19	43.2	27	61.4	19	43.2	14	31.8	10	22.7	2	4.5
合计	1068	46.5	1244	54.1	904	39.3	979	42.6	406	17.7	120	5.2

二　各研究领域内的教师主体

不同职称教师对各研究领域都有涉及。从绝对人数看，在总计 2207 名教师中，各研究领域内都是中级职称教师人数最多，其次为副高职称教师。从比例看，值得注意的是：正高职称教师中研究领域包括“语言本体”和

“教材分析与编写”的比例相对其他职称教师最高，分别有 54.5% 和 20.3% 的正高职称教师把这两方面作为其研究领域；初级职称教师中涉及这两个研究领域的人数比例则相对最低，分别为 43% 和 14.3%。“教学法”和“语言习得”两个领域的情况则相反，分别有 45.5% 和 32.5% 的正高职称教师把这两方面作为其研究领域，相对其他职称教师比例最低；初级职称教师的比例则为 53.7% 和 39.5%，相对其他职称教师比例最高（见图 ZZ－65）。

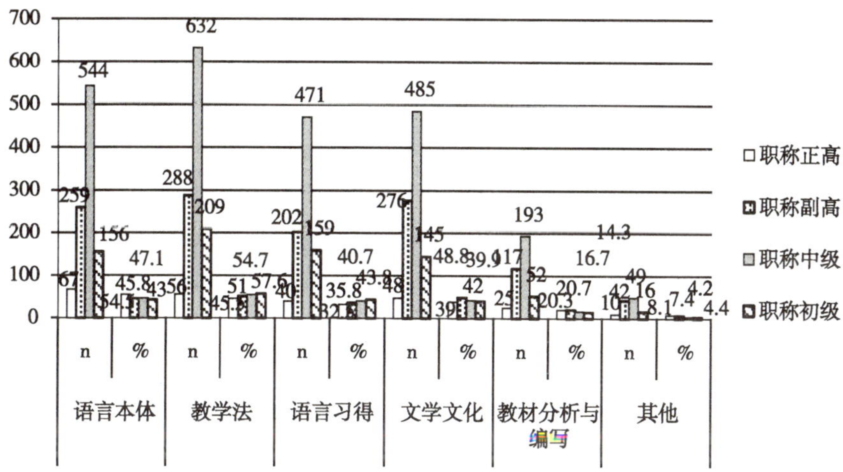

图 ZZ－65　不同职称教师研究领域分布情况

从教师年龄角度看，在全部 2288 名参与调查的教师中，各研究领域内都是 1970—1979 年出生的教师人数最多，其次为 1980—1989 年出生的教师，然后依次为 1960—1969 年出生、1950—1959 年出生、1950 年前出生的教师。从人数看，各领域内研究人员都是 1960 年后出生的教师占绝对多数。各年龄段教师在不同研究领域的比例分布无明显规律（见图 ZZ－66）。

第二节　研究成果

为了了解专职教师的科研情况，我们调查了专职教师近三年发表学术论文、主编或撰写的学术著作、主编或独立编写教材、主持科研课题、参加科研课题的情况。

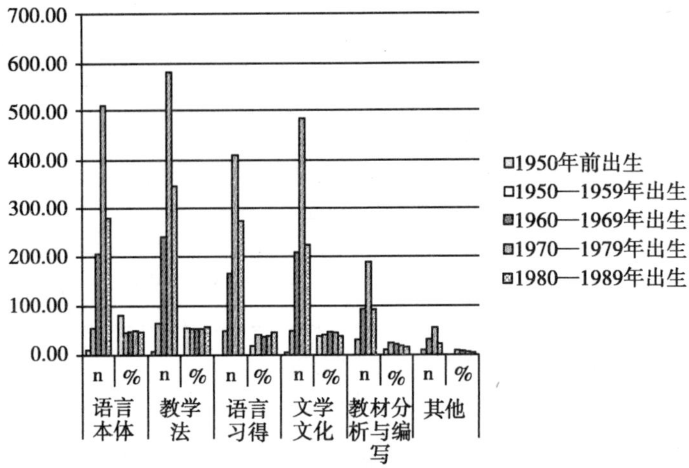

图 ZZ－66　不同年龄段教师研究领域分布情况

一　专职教师发表学术论文情况

调查发现：总计 1929 名被调查教师最近三年平均发表论文 4.0 篇，最少的为 0 篇，最多的为 30 篇，差异很大。

不同职称教师在发表论文方面存在非常显著的差异，且正高职称教师平均发表论文 7.1 篇，最多 30 篇；初级职称教师平均发表论文数 2.0 篇。最多 12 篇；均值有随职称的升高而升高的趋势，显示职称越高发表论文数量越多（见表 ZZ－6）。

表 ZZ－6　　不同职称教师发表文章数量

职称	人数	均值	中间值	标准差	最小值	最大值
正高	119	7.1	6.0	5.4	0	30
副高	513	5.6	5.0	4.4	0	30
中级	1017	3.5	3.0	2.8	0	19
初级	280	2.1	2.0	1.8	0	12
合计	1929	4.1	3.0	3.7	0	30

不同年龄组教师在发表论文方面存在非常显著的差异，1960—1969 年出生的教师平均发表论文 5.2 篇；1980—1989 年出生的教师平均发表论文 2.6 篇（见表 ZZ－7）。

表 ZZ－7　　不同年龄组教师发表文章数量

年龄	人数	均值	中间值	标准差	最小值	最大值
1950 年（不含）前出生	10	4.1	3.5	2.4	1	10
1950—1959 年出生	98	4.7	3.0	4.6	0	25
1960—1969 年出生	389	5.2	4.0	4.7	0	30
1970—1979 年出生	980	4.2	3.0	3.5	0	25
1980—1989 年出生	505	2.6	2.0	2.2	0	16
合计	1982	4.0	3.0	3.7	0	30

不同类别高校教师在发表论文方面，“985”高校、“211”高校和非“211”高校之间存在非常显著的差异，三类高校教师人均发表论文数量由高到低排列是：非“211”高校（M＝4.2）、“211”高校（M＝3.7）、“985”高校（M＝3.2）。教育部属、省属和其他部属院校教师之间也存在非常显著的差异（$F=5.0$，$p<0.01$），3 类高校教师人均发表论文数量由高到低排列是：省属（M＝4.1）、教育部属（M＝3.6）、其他部属（M＝2.8）（见表 ZZ－8）。

表 ZZ－8　　不同类别高校教师发表论文数量

单位	人数	均值	中间值	标准差	最小值	最大值
“985”高校	288	3.2	3.0	3.0	0	21
“211”高校	300	3.7	3.0	3.9	0	25
非“211”高校	1405	4.3	3.0	3.7	0	30
教育部属	410	3.6	3.0	3.6	0	25
省属	1551	4.1	3.0	3.7	0	30
其他部属	32	2.8	3.0	2.0	0	9
合计	1993	4.0	3.0	3.7	0	30

二　发表论文数量与教师科研兴趣度的关系

教师发表论文的数量与其对对外汉语教学的最新研究动态的关注程度是否存在关联呢？统计发现对最新研究动态关注程度不同的教师在发表论文数量方面存在非常显著的差异。如果剔除样本数量过少的对科研动态“从不关注”的教师，经常关注的教师人均发表论文数最多（M=4.3）；很少关注的教师人均发表论文数量最少（M=3.3）；均值有随关注度的降低而下降的趋势，显示越关注科研动态的教师发表论文数量越多（见表 ZZ-9）。

表 ZZ-9 对最新研究动态关注程度不同的教师与发表论文数量

对最新研究动态关注度	人数	均值	中间值	标准差	最小值	最大值
经常	1226	4.3	3.0	3.6	0	25
一般	678	3.6	3.0	3.7	0	30
很少	69	3.3	2.0	4.0	0	16
从不	2	3.5	3.5	0.7	3	4
合计	1975	4.0	3.7	0.1	0	30

教师发表论文的数量与其科研兴趣是否存在关联呢？统计发现对科研兴趣不同的教师在发表论文数量存在非常显著的差异。如果剔除样本数量过少的对科研“没有兴趣”的教师，对科研很有兴趣的教师平均发表论文 5.0 篇；对科研不太有兴趣的教师平均发表论文 1.8 篇；均值有随兴趣度的降低而下降的趋势，显示对科研兴趣度越高的教师发表论文数量越多（见表 ZZ-10）。

表 ZZ-10 科研兴趣不同的教师发表论文数量

科研兴趣	人数	均值	中间值	标准差	最小值	最大值
很有兴趣	795	5.0	4.0	4.2	0	30
较有兴趣	867	3.6	3.0	3.2	0	30
一般	268	3.0	2.0	2.8	0	16
不太有兴趣	36	1.8	2.0	1.5	0	4
没有兴趣	4	2.8	3.0	2.1	0	5
合计	1970	4.0	3.0	3.7	0	30

三 专职教师主编或撰写学术著作的情况

调查发现：总计 952 名被调查教师最近三年内平均主编或撰写学术著作 0.6 部，最少的为 0 部，最多的为 6 部。

不同类别高校教师在主编或撰写学术著作方面，“985”高校、“211”高校和非“211”高校之间存在较显著的差异，三类高校教师平均主编或撰写学术著作的数量由高到低的排列是："985" 高校平均 0.7 部、"211" 高校平均 0.6 部、非 "211" 高校平均 0.5 部。教育部属、省属和其他部属院校教师之间存在非常显著的差异，教师平均主编或撰写学术著作的数量由高到低的排列是：教育部属高校平均 0.8 部、省属高校人均 0.5 部、其他部属高校人均 0.4 部（见表 ZZ－11）。

表 ZZ－11　　不同类别高校教师主编或撰写学术著作数量

单位	人数	均值	中间值	标准差	最小值	最大值
"985" 高校	137	0.7	1.0	0.7	0	3
"211" 高校	148	0.6	0.0	0.8	0	3
非 "211" 高校	667	0.5	0.0	0.8	0	5
教育部属	191	0.8	1.0	0.8	0	3
省属	743	0.5	0.0	0.8	0	5
其他部属	18	0.4	0.0	0.7	0	2
合计	952	0.6	0.0	0.8	0	5

不同职称教师在主编或撰写学术著作方面存在非常显著的差异。正高职称教师人均 1.4 部；初级职称教师人均 0.1 部。均值有随职称的升高而升高的趋势，显示教师职称越高主编或撰写学术著作的数量越多（见表 ZZ－12）。

表 ZZ－12　　不同职称的教师主编或撰写的学术著作数量

职称	人数	均值	中间值	标准差	最小值	最大值
正高	84	1.4	1.0	1.0	0	5
副高	244	0.8	1.0	0.8	0	6
中级	413	0.2	0.0	0.5	0	3
初级	137	0.1	0.0	0.2	0	1
合计	878	0.4	0.0	0.8	0	6

四　专职教师之间主编或独立编写教材数量的差异

调查发现：总计 914 名被调查教师最近三年内平均主编或独立编写教材 0.4 部，最少的为 0 部，最多的为 7 部。

不同高校类别教师在主编或独立编写教材方面，"985" 高校、"211"

高校和非"211"高校之间存在非常显著的差异。三类高校教师的人均主编或独立编写教材数量由高到低排列是："985"高校人均0.9部、"211"高校人均0.5部、非"211"高校人均0.3部。教育部属、省属和其他部属院校教师之间存在非常显著的差异，三类高校教师的人均主编或独立编写教材数量由高到低排列是：教育部属高校人均0.8部、其他部属高校人均0.6部、省属高校人均0.3部（见表ZZ－13）。

表ZZ－13 近三年不同高校类别教师主编或独立编写教材数量

单位	人数	均值	中间值	标准差	最小值	最大值
"985"高校	141	0.9	1.0	1.1	0	7
"211"高校	136	0.5	0.0	0.8	0	5
非"211"高校	637	0.3	0.0	0.7	0	7
教育部属	189	0.8	1.0	0.9	0	5
省属	703	0.3	0.0	0.7	0	7
其他部属	22	0.6	0.0	1.5	0	7
合计	914	0.4	0.0	0.8	0	7

不同职称教师在主编或独立编写教材方面存在非常显著的差异。正高职称教师人均发表1.0部；初级职称教师人均发表0.1部。均值有随职称的升高而升高的趋势，显示职称越高主编或独立编写教材越多（见表ZZ－14）。

表ZZ－14 不同职称的教师主编或独立编写教材数量

职称	人数	均值	中间值	标准差	最小值	最大值
正高	65	1.0	1.0	0.9	0	5
副高	228	0.8	0.0	1.1	0	7
中级	446	0.3	0.0	0.6	0	4
初级	143	0.1	0.0	0.4	0	2
合计	882	0.4	0.0	0.8	0	7

五 专职教师职称与主持课题的数量

调查发现：总计1225名被调查教师最近三年内平均主持课题1.2个，最少的为0个，最多的为12个。

不同类别高校教师在主持课题方面，“985”高校、“211”高校和非“211”高校教师之间差异并不明显。教育部属、省属和其他部属院校教师之间差异也不明显（见表 ZZ-15）。

表 ZZ-15　不同类别高校教师主持课题数量

单位	人数	均值	中间值	标准差	最小值	最大值
“985”高校	154	1.2	1.0	1.4	0	8
“211”高校	165	1.2	1.0	1.3	0	6
非“211”高校	906	1.3	1.0	1.3	0	12
教育部属	210	1.2	1.0	1.4	0	8
省属	995	1.2	1.0	1.3	0	12
其他部属	20	1.1	1.0	1.4	0	5
合计	1225	1.2	1.0	1.3	0	12

不同职称教师在主持课题方面存在非常显著的差异。正高职称教师人均主持 2.5 项；初级职称教师人均主持 0.3 项。均值有随职称的升高而升高的趋势，显示职称越高主持项目数量越多（见表 ZZ-16）。

表 ZZ-16　不同职称的教师主持课题数量

职称	人数	均值	中间值	标准差	最小值	最大值
正高	104	2.5	2.0	1.5	0	7
副高	348	1.8	1.0	1.5	0	12
中级	590	1.0	1.0	1.0	0	7
初级	147	0.3	0.0	0.7	0	5
正高	1189	1.3	1.0	1.3	0	12

在主持省部级以上课题方面，总计 934 名被调查教师最近三年内平均主持省部级以上课题 0.6 个，最少的为 0 个，最多的为 10 个。

不同类别高校教师在主持省部级以上课题方面，“985”高校、“211”高校和非“211”高校教师之间存在较显著的差异，三类高校教师的均值由高到低排列是：“985”高校人均 0.8 项、“211”高校人均 0.7 项、非“211”高校人均 0.6 项。教育部属、省属和其他部属院校教师之间不存在显著的差异（见表 ZZ-17）。

表 ZZ－17　　不同类别高校教师主持省部级以上课题数量

单位	人数	均值	中间值	标准差	最小值	最大值
“985”高校	123	0.8	1.0	0.9	0	5
“211”高校	128	0.7	0.0	1.2	0	10
非“211”高校	683	0.6	0.0	0.8	0	5
教育部属	164	0.7	0.0	0.9	0	5
省属	755	0.6	0.0	0.9	0	10
其他部属	15	0.5	0.0	0.9	0	3
合计	934	0.6	0.0	0.9	0	10

不同职称教师在主持省部级以上课题方面存在非常显著的差异。正高职称教师人均主持1.6项；初级职称教师人均主持0.1项。均值有随职称的升高而升高的趋势，显示职称越高主持省部级以上课题数量越多（见表ZZ－18）。

表 ZZ－18　　不同职称教师的主持省部级以上课题数量

职称	人数	均值	中间值	标准差	最小值	最大值	F检验
正高	87	1.6	1.0	1.4	0	10	107.94***
副高	268	0.0	1.0	0.9	0	5	
中级	415	0.3	0.0	0.6	0	4	
初级	132	0.1	0.0	0.3	0	2	
合计	902	0.6	0.0	0.9	0	10	

第三节　科研压力

本节主要讨论科研工作给对外汉语专职教师带来的压力情况。

一　对外汉语专职教师对科研压力的普遍感觉

我们在调查中发现，在总共2293名教师中，有1613人认为工作中最大的压力来自科研，占70.3%；46%的教师认为压力来自职称晋升，居第二位；17.6%的教师认为压力来自教学，居第三位；分别有8.5%和4.6%教师认为压力来自其他和指导学生，比例上居于最后两位（见图ZZ－67）。

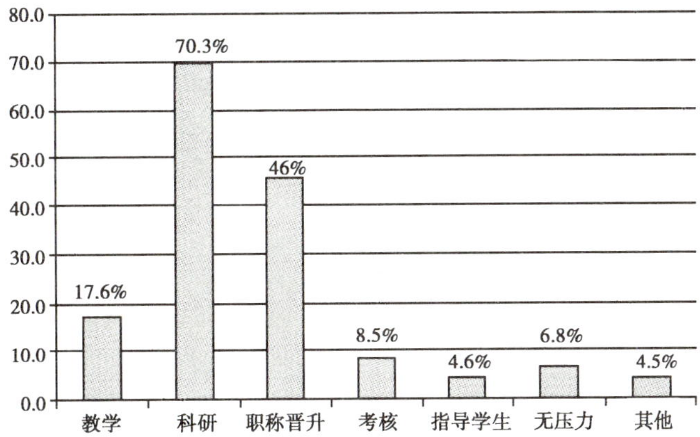

图 ZZ－67　专职教师压力来源情况

说明：调查采用的是最多选 3 项的多选题，因此以全体教师为参照的百分比加和可能大于 100%。

二　专职教师科研压力产生的主要原因

对专职教师科研压力产生的原因我们也进行了调查。在对总计 2275 名教师的调查中发现：居于前三位的原因是论文发表难、科研项目与课题申请难、科研时间不够，分别有 50.9%、47.9% 和 47.3% 的教师选择了这三项；居于末位的原因则是“科研成果不被认可”，只有 1.6% 的教师选择了此项；选择“无压力”的教师占 2.5%，比例不大（见图 ZZ－68）。

对不同类型高校教师的调查分析显示：“985”高校、“211”高校和非“211”高校的教师把科研压力归因于论文发表难、科研项目与课题申请难、科研时间不够三项的比例最多，但位序稍有不同。“985”高校选择“科研时间不够”的教师最多，占 61.2%；其次为“论文发表难”和“科研项目与课题申请难”，分别占 55.6% 和 45%。“211”高校则是选择“论文发表难”的教师最多，占 49.7%；其次为“科研时间不够”和“科研项目与课题申请难”，分别占 49.1% 和 38.9%。非“211”高校教师选择最多的三项依次是“科研项目与课题申请难”、“论文发表难”和“科研时间不够”，分别占 50.3%、50.2%、44%（见图 ZZ－69）。

从教育部属、省属、其他部属三类高校看，也是把科研压力归因于论文发表难、科研项目与课题申请难、科研时间不够三项的教师比例最多。但各类高校间位序稍有不同。教育部属高校选择“科研时间不够”的教师最多，

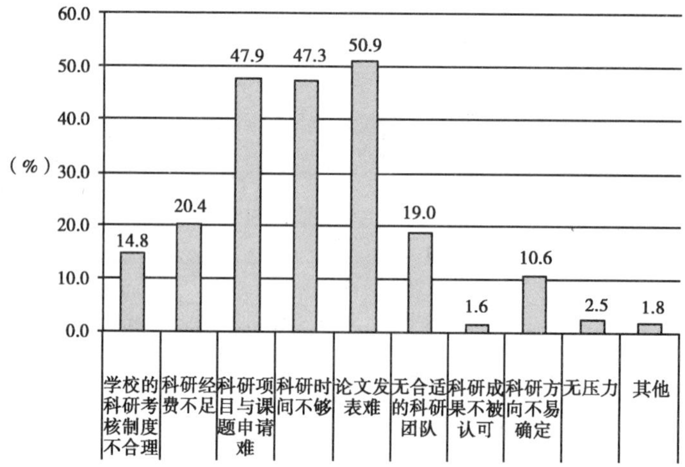

图 ZZ－68　专职教师科研压力产生原因

说明：调查采用的是最多选 3 项的多选题，因此以全体教师为参照的百分比加和可能大于 100%。

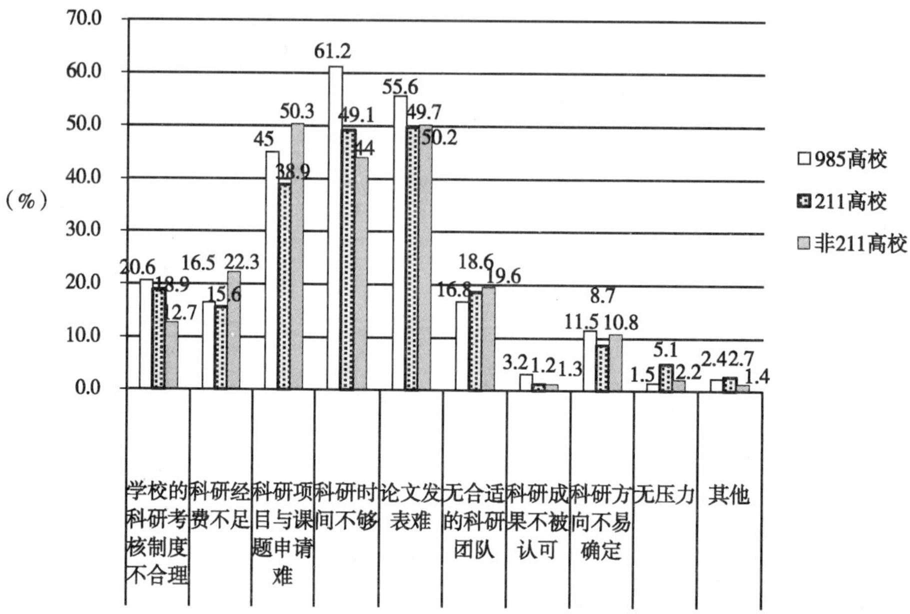

图 ZZ－69　"985" 高校、"211" 高校和非 "211" 高校专职教师科研压力产生原因

说明：调查采用的是最多选 3 项的多选题，因此以全体教师为参照的百分比加和可能大于 100%。

占 59.8%；其次为“论文发表难”和“科研项目与课题申请难”，分别占 55.9% 和 41.5%。省属高校则是选择“论文发表难”的教师最多，占 49.7%；其次为“科研项目与课题申请难”和“科研时间不够”，分别占 49.6% 和 44%。其他部属高校教师选择最多的三项依次是“科研时间不够”、“论文发表难”和“科研项目与课题申请难”，分别占 48.9%、46.8%、44.7%。值得注意的是其他部属高校选择“无合适的科研团队”一项的教师比例相对其他类型院校高出 10 个百分点以上，占 31.9%（见图 ZZ－70）。

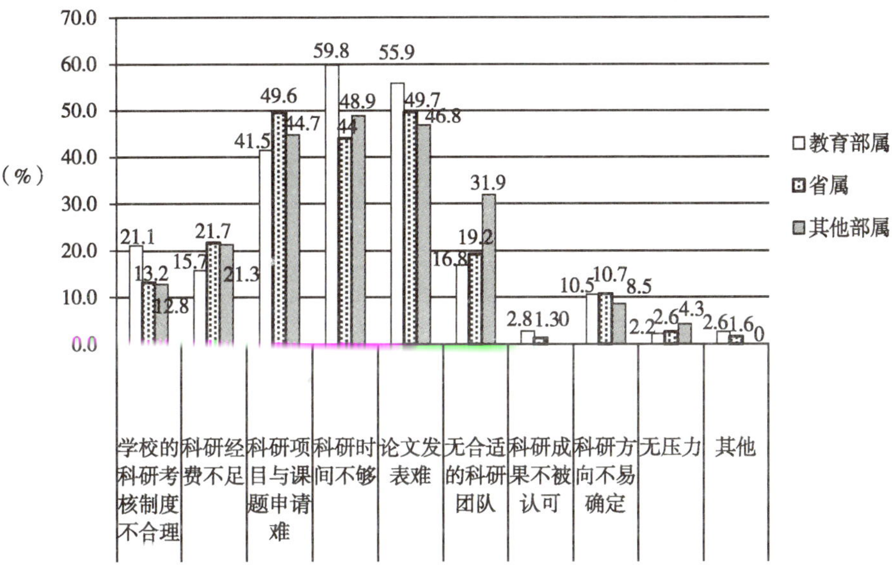

图 ZZ－70　教育部属、省属、其他部属高校专职教师科研压力产生原因

说明：调查采用的是最多选 3 项的多选题，因此以全体教师为参照的百分比加和可能大于 100%。

不同职称的教师在科研压力归因方面，选择主要集中在“科研时间不够”、“论文发表难”和“科研项目与课题申请难”三方面，在副高职称、中级职称、初级职称教师中这三项都处于前三位。只有正高职称教师选择“科研经费不足”的列第三位，有 37.9% 的正高职称教师选择了这一项，比例相对其他职称教师差异明显。副高职称教师对“论文发表难”和“科研项目与课题申请难”感受强烈，分别有 56.2% 和 55.1% 的副高职称教师选择了这两项。中级职称教师选择的“论文发表难”的最多，为 55.8%。初级职称教师选择比例最高的是“科研时间不够”，为 50%；另外初级职称教师选择“无合适的科研团队”和“科研方向不易确定”的比例也相对其他职称教师较高分别为 25.3% 和 17.3%（见图 ZZ－71）。

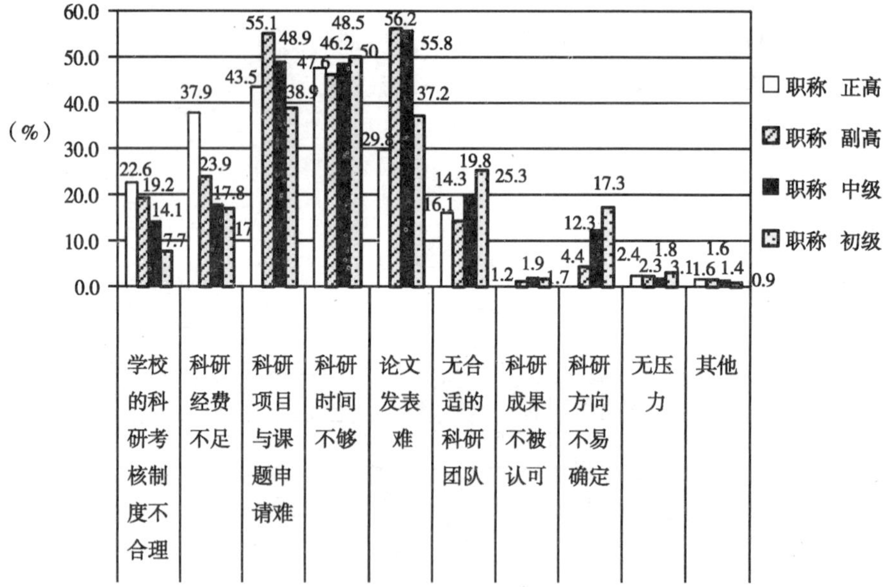

图 ZZ－71 不同职称专职教师科研压力产生原因

说明：调查采用的是最多选 3 项的多选题，因此以全体教师为参照的百分比加和可能大于 100%。

第四节 专职教师对科研活动的兴趣和关注度

兴趣和关注度体现了教师对科研的态度，与教师的科研活动密切相关，对外汉语专职教师对科研的兴趣和关注度如何呢？

一 专职教师对科研的总体关注度

在所有接受调查的教师中，大多数教师经常关注对外汉语教学研究的最新动态，只有极少部分教师不太关注。在总计 2318 名接受调查的教师中，1397 人表示经常关注对外汉语教学方面最新研究动态，占总数的 60.3%；表示关注情况一般的为 830 人，占 35.8%；表示很少或从不关注的分别为 89 人、2 人，占 3.8% 和 0.1%（见图 ZZ－72）。

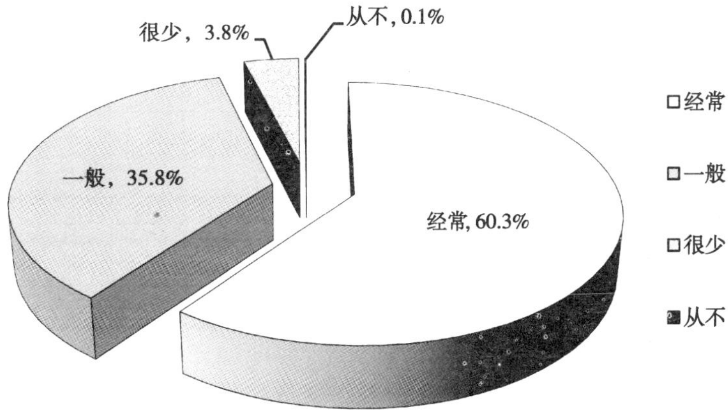

图 ZZ－72　专职教师对对外汉语教学研究的最新动态的关注情况

二　不同群体教师对科研动态的关注度

在整个专职教师群体中，不同类别院校的专职教师对科研活动的关注度差异不显著，如表 ZZ－19 所示。仅“其他部属院校”教师的数据差异较大，但我们认为原因可能是其样本数量相差较大。

表 ZZ－19　　不同类别院校的专职教师对科研活动的关注度

	经常		一般		很少		从不		合计	
	n	%	n	%	n	%	n	%	n	%
“985”高校	201	58.6	132	38.5	10	2.9			343	100.0
“211”高校	206	60.8	124	36.6	9	2.7			339	100.0
非“211”高校	990	60.5	574	35.1	70	4.3	2	0.1	1636	100.0
教育部属	290	60.9	171	35.9	15	3.2			476	100.0
省属	1081	59.8	653	36.1	73	4.0	2	0.1	1809	100.0
其他部属	26	78.8	6	18.2	1	3.0			33	100.0
合计	1397	60.3	830	35.8	89	3.8	2	0.1	2318	100.0

在整个专职教师群体中，正高、副高、中级和初级四种不同职称教师对对外汉语教学的最新研究动态的关注情况如表 ZZ－20 所示。不同职称教师“经常”、“一般”、“很少”、“从不”关注最新科研动态的人数比例存在差异。以经常关注的教师比例为例，正高职称教师最高，为 74.2%；副高职称教师为 62.3%；中级职称教师最低，为 58.6%；初级职称教师为 59.1%。

表 ZZ－20　不同职称教师关注对外汉语教学的最新研究动态的情况

职称	经常		一般		很少		从不		合计	
	n	%	n	%	n	%	n	%	n	%
正高	92	74.2	29	23.4	3	2.4			124	100.0
副高	358	62.3	194	33.7	23	4.0			575	100.0
中级	680	58.6	438	37.8	40	3.4	2	0.2	1160	100.0
初级	218	59.1	134	36.3	17	4.6			369	100.0
合计	1348	60.5	795	35.7	83	3.7	2	0.1	2228	100.0

不同年龄段专职教师对对外汉语教学的最新研究动态的关注情况的差异不大（见表 ZZ－21）。

表 ZZ－21　不同年龄的教师对对外汉语教学的最新研究动态的关注程度情况

年龄	经常		一般		很少		从不		合计	
	n	%	n	%	n	%	n	%	n	%
1950 年前出生	6	60.0	3	30.0	1	10.0			10	100.0
1950—1959 年出生	75	59.1	46	36.2	6	4.7			127	100.0
1960—1969 年出生	282	62.5	149	33.0	20	4.4			451	100.0
1970—1979 年出生	666	60.2	409	37.0	30	2.7	1	0.1	1106	100.0
1980—1989 年出生	360	58.8	220	35.9	31	5.1	1	0.2	612	100.0
合计	1389	60.2	827	35.9	88	3.8	2	0.1	2306	100.0

三　专职教师不关注最新研究动态的主要原因

在不关注最新研究动态的原因方面，专职教师主要是出于客观方面的原因。在总共 1250 名教师中，分别有 45.6% 和 44.1% 的教师认为“没有时间”和“最新研究动态不易获得”是他们不关注科研动态的原因。另有 16.5% 和 11.8% 的教师是把原因归为“没有太多有价值的科研成果”以及“不太需要”（见图 ZZ－73）。

四　专职教师对科研的总体兴趣度

调查表明，在所有接受调查的教师中，对科研很有兴趣或较有兴趣的教师占大多数。在总计 2303 名接受调查的教师中，分别有 879 人和 1012 人表示很有兴趣和较有兴趣，分别占总数的 38.2% 和 43.9%。表示“一般”的

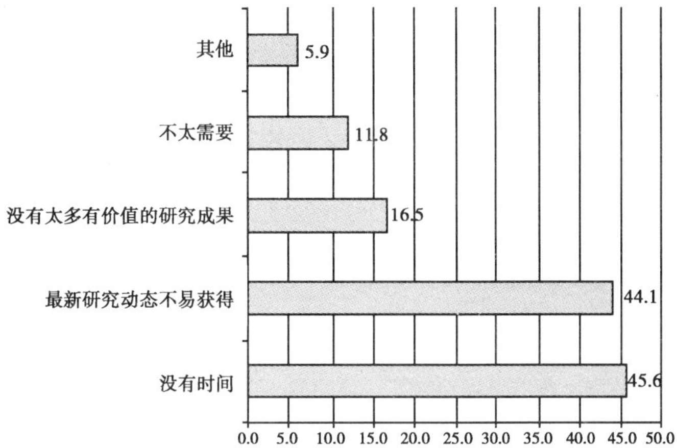

图 ZZ－73　专职教师对科研动态不关注原因（%）

说明：专职教师对科研动态不关注原因调查采用的是最多选 3 项的多项选择题，因此以全体教师为参照的百分比加和大于 100%。

为 360 人，占 15.6%；表示不太有兴趣或没有兴趣的分别为 47 人和 5 人，占 2.0% 和 0.2%（见图 ZZ－74）。

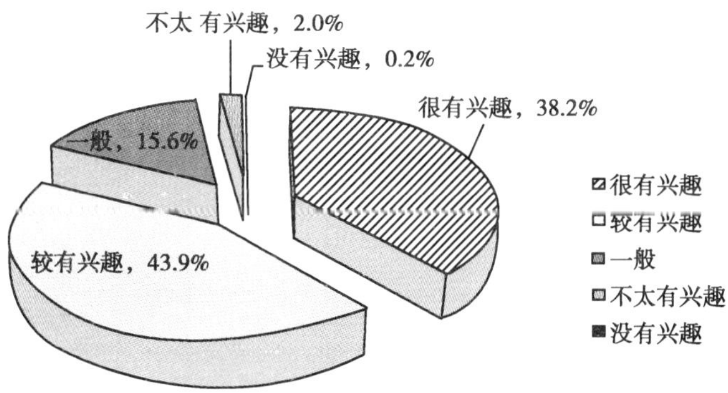

图 ZZ－74　专职教师对科研的兴趣

在整个专职教师群体中，不同类别院校的专职教师对科研活动的兴趣差异不显著，对科研"很有兴趣"和"较有兴趣"的教师均占大多数（图 ZZ－75）。

在整个专职教师群体中，正高、副高、中级和初级四种不同职称教师对科研的兴趣存在显著差异。以"对科研很有兴趣"的教师比例为例，正高职称教师最高，为 60.8%；副高职称教师次之，为 42.8%；中级职称和初

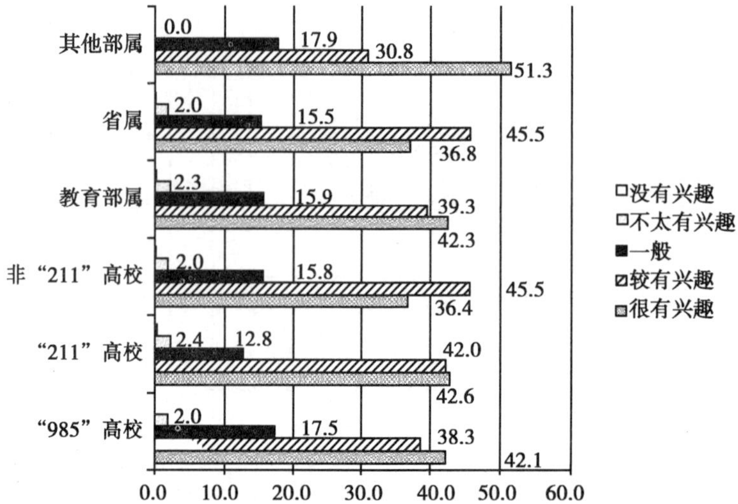

图 ZZ－75　不同类别高校和不同归属高校专职教师对科研的兴趣（%）

级职称教师人数比例则相对较低（见图 ZZ－76）。

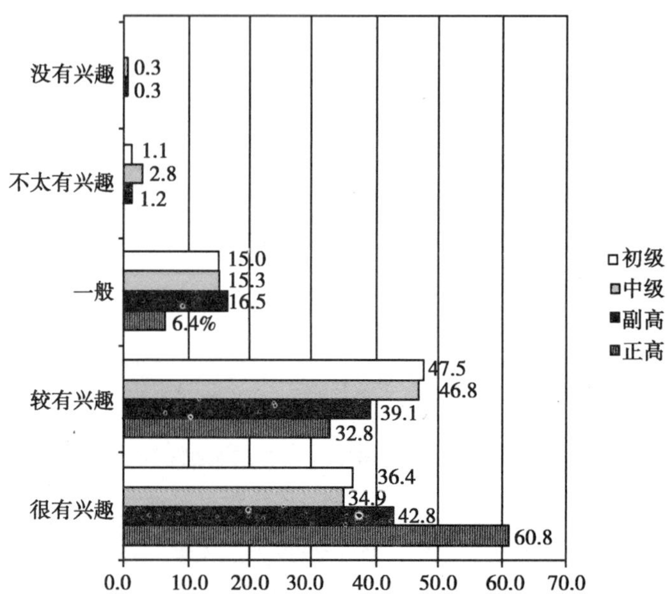

图 ZZ－76　不同职称专职教师对科研的兴趣（%）

对不同教龄与科研兴趣的相关分析表明：从事对外汉语教学 3 年以下、3—5 年、5—8 年以及 8 年以上的四类教师在科研兴趣方面差异不显著。

第五节　结论和建议

一　研究结论

（一）教师对各相关领域研究的关注与分布

通过调查发现：对外汉语教学研究的几个重要领域语言本体、教学法、语言习得、文学文化、教材分析与编写等都受到了专职教师的重视。尤其是教学法成为当前的研究热点，超过半数的教师都把教学法纳入了自己的研究领域，这也体现了本学科与教学实践关系密切的特点。不同高校类别的教师在研究领域上差别不大。“985”高校以及教育部属高校教师表现出对“教材分析与编写”更为重视，关注这一领域的人更多。从不同职称的教师角度看，正高职称教师中重视“语言本体”和“教材分析与编写”的比例相对更高，初级职称教师中重视“教学法”和“语言习得”的比例则相对较高。

（二）科研成果的数量与教师个体群体的差异

专职教师的科研成果从数量上可以说成果较多，但个体和群体间差异较大。

不同职称教师在发表论文方面差异显著，发表论文的数量有随职称的升高而升高的趋势。60年代出生的中年教师论文产量最多，“80后”的年轻教师发表论文量相对较少。从类别上划分的“985”高校和从归属上划分的其他部属高校教师平均发表论文数最少，非“211”高校和省属高校教师平均发表论文数最多。教师论文发表数量与其对科研动态的关注度和对科研的兴趣相关，论文数量少的教师兴趣度和关注度都较低，反之亦然。

在主持或撰写学术著作方面，“985”高校以及教育部属高校教师人均成果最多，非“211”高校和其他部属高校教师成果最少；同时，职称高的教师成果较多，职称越低则成果越少。

在主编或独立编写教材方面，“985”高校以及教育部属高校教师人均成果最多，非“211”高校和省属高校教师成果最少；同时，职称高的教师编写教材较多，职称越低则编写教材越少。

在主持科研课题方面，不同类别高校教师之间不存在显著差异。但不同职称教师间差异显著，职称越高主持课题数量越多。在主持省部级以上课题方面，“985”高校表现出一定的优势，非“211”高校教师则课题最少。同时，职称高的教师主持课题较多，职称越低则主持课题越少。

（三）专职教师工作中最大的压力及原因

调查显示有超过七成的教师认为工作中最大的压力来自科研，科研压力以及与之相关的职称晋升的压力是困扰大部分专职教师的主要问题。

原因方面，有超过或接近一半的教师认为论文发表难、科研项目与课题申请难以及科研时间不够是造成科研压力大的原因。从类别上划分的“985”高校、从归属上划分的教育部属高校和其他部属高校教师面临的最大困难是科研时间不够，“211”高校和省属高校教师认为是论文发表难，非“211”高校教师选择“科研项目和课题申请难”的比例最大。“无合适的科研团队”是困扰其他部属高校教师的一个相对特殊的问题。

不同职称教师对科研压力的看法基本趋同，正高职称教师对科研经费不足的感受比其他职称教师强烈，显示其对科研经费的需求更高；同时调查还显示初级职称教师更易遇到“无合适的科研团队”、“科研方向不易确定”的问题。

（四）专职教师的科研兴趣和关注度

通过本次调查分析可以看出，不同类别高校，不同年龄、职称、专业背景的教师普遍对对外汉语教学研究的最新动态较为关注。客观因素对教师关注对外汉语教学最新动态的影响最大。科研以外的工作或生活压力较大导致没有时间，以及获取科研信息渠道不畅通是影响教师关注科研动态的主要负面因素。也有部分教师在主观方面对对外汉语学科研究成果的价值及实用性不认可，因而不关注最新科研成果。

调查表明绝大多数专职教师对科研有兴趣，不同院校和不同教龄的教师在这方面没有明显差异，但高级职称的教师在这方面兴趣更强烈。

二　对策建议

在各相关研究领域研究力量较为均衡、合理，研究具有一定基础的情况下，应着力进行整体科研规划，围绕重点、急需的课题、方向配置研究力量。引导科研工作更注重学术性和实用性，从而进一步提高本学科的学术地位和实践价值。

针对教师科研现状个体、群体间差异大的现状，应采取建立各类课题组，鼓励引导教师间、院校间横向纵向合作研究等方式鼓励共同研究、合作研究。

改善教师的科研环境，合理调整专职教师教学及其他方面的工作量，使教师有更多的时间和精力从事科研工作。为教师提供更多发表、交流学术成果的渠道和平台，更多的科研课题和项目方面的支持。重视为不同教师群体提供适合其科研和专业发展需要的帮助，例如为初级职称教师以及非教育部属院校教师提供在科研团队方面的支持。

第五章

专职教师培训与专业发展

对外汉语教学事业的发展、教学质量的提高，其重要基础是教师专业能力的发展，而在职培训是教师专业能力发展的重要途径之一。本调查设计的一系列问题，主要的关注点在于对外汉语教师的职业满意度、他们对专业发展的认识，以及培训的需求、现状和效果。

第一节　专职教师的职业满意度

对外汉语教师的职业满意度直接关系到他们的工作态度、工作效能、身心健康，关系到他们是否会产生职业倦怠、离职倾向等问题。下面我们首先将分析专职教师职业满意度的基本情况，然后从语言技能课教学情况、本学科学术地位两个方面分析影响专职教师职业满意度的主要因素。

一　专职教师的总体职业满意度和群体差异

调查中，我们分很满意、较满意、一般、不太满意、不满意五个等级对对外汉语专职教师的职业满意度进行了调查。在总计2330名接受调查的教师中，表示很满意的1181人，占50.7%；较满意的1004人，占43.1%；表示“一般”和不太满意的分别占6.0%和0.3%；没有人表示不满意。表示很满意或比较满意的教师所占比例为93.8%，显示专职教师的职业满意度总体较高（见图ZZ－77）。

不同类别高校的教师职业满意度的差异不显著，各类高校均有超过90%的教师表示很满意或较满意；但在从类别上划分的“985”高校和从归属上划分的教育部属高校教师中，表示很满意的教师比例相对较低，分别占44.8%和45.8%。

不同职称的教师职业满意度的差异不显著，正高、副高、中级、初级四

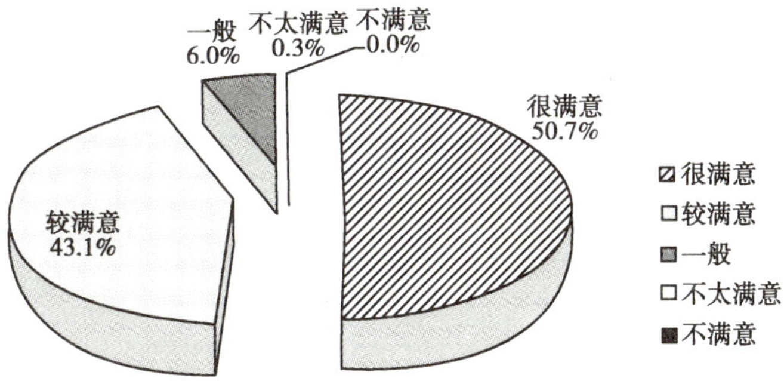

图 ZZ－77　对外汉语专职教师的职业满意度

种职称教师表示很满意或较满意的均超过 90%。但是正高职称教师中表示很满意的比例相对较高，为 57.9%；中级职称教师表示很满意的比例最低，为 48.5%。

在不同年龄段的教师间，1980—1989 年出生的教师有 95.1% 表示很满意或较满意，比例最高；1950—1959 年出生的教师有 89.9% 表示很满意或较满意，比例最低；其他三个年龄段［1950 年（不含）前出生、1960—1969 年出生、1970—1979 年出生］的教师差异不显著，均为 90% 以上。

教师的教龄不同，满意度存在差异，但差异不大。从表示很满意或较满意的教师比例看：工作 3 年以下（含 3 年）的教师，比例为 93.7%；工作 3—5 年的教师，比例为 96.5%；工作 5—8 年的教师，比例为 94.6%；工作 8 年以上（不含 8 年）的教师，比例为 92.2%。从趋势看，专职教师开始工作后对职业的满意比例逐渐升高，在 3—5 年比例达到最高值，其后则逐渐下降（见图 ZZ－78）。

男女教师职业满意度存在较显著差异，表示对职业很满意或较满意的女性教师比例为 94.2%，男性教师这一比例为 92.2%。表示很满意的比例男女教师差异更明显，52.4% 的女性教师表示很满意，高于男性教师的 45.3%。这说明女性教师总体职业满意度高于男性（见图 ZZ－79）。

二　语言技能课教学情况与职业满意度

我们从三个方面对 2304 名接受调查的专职教师作了语言技能课教学情况与职业满意度的相关分析。

分析显示：教师教授语言技能课的兴趣与职业满意度存在相关关系。在表示对语言课教学“很有兴趣”、“较有兴趣”、“一般”、“不太有兴趣”的

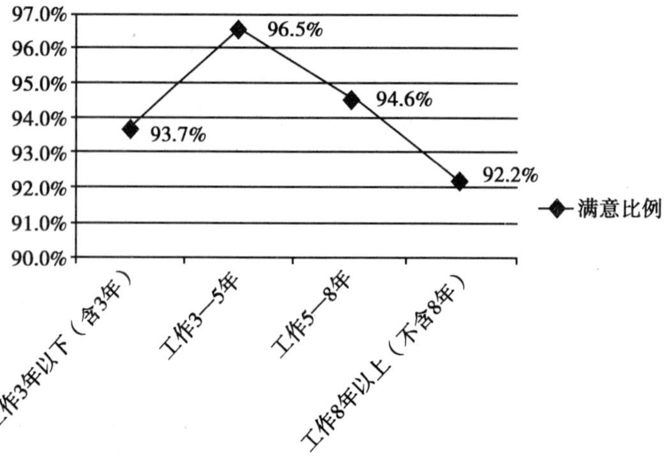

图 ZZ－78 教师教龄和职业满意度

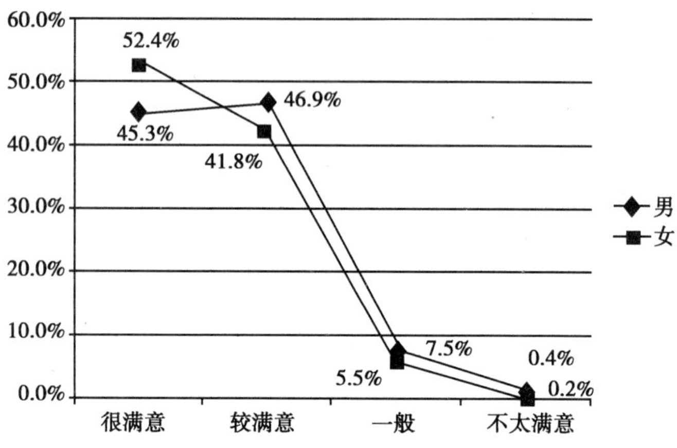

图 ZZ－79 男女教师职业满意度情况

四部分教师中，对教授语言课很有兴趣的教师表示对职业满意或较满意的高达 96.6%；对教授语言课不太有兴趣的教师对职业很满意或较满意的只有 16.7%，职业满意度随教学兴趣下降而下降的趋势明显（见图 ZZ－80）。

教师教学自评胜任度与职业满意度存在相关关系。在自评对教学工作“完全胜任”、“较胜任”、“一般”、“不太胜任”的四部分教师中，除去自评不太胜任的教师因样本太少（仅 1 人）而不予考虑外，自评完全胜任教学的教师表示对职业满意或较满意的高达 96.1%；自评较胜任的教师表示

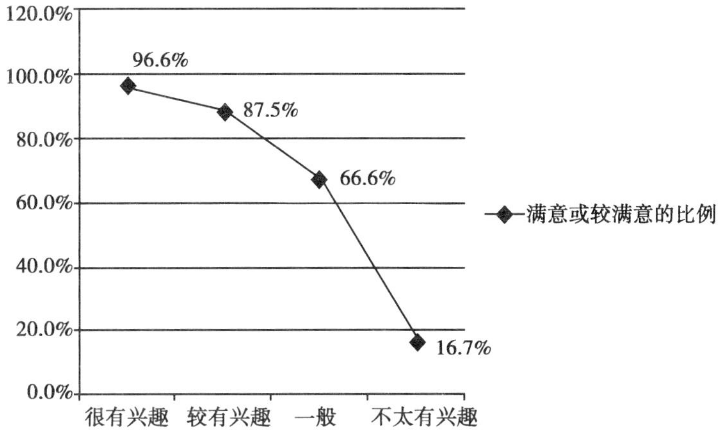

图 ZZ－80　教授语言技能课的兴趣与职业满意度

很满意或较满意的为 91.0%；自评胜任度一般的教师对职业很满意或较满意的为 85.3%，职业满意度有随自评胜任度下降而下降的趋势（见图 ZZ－81）。

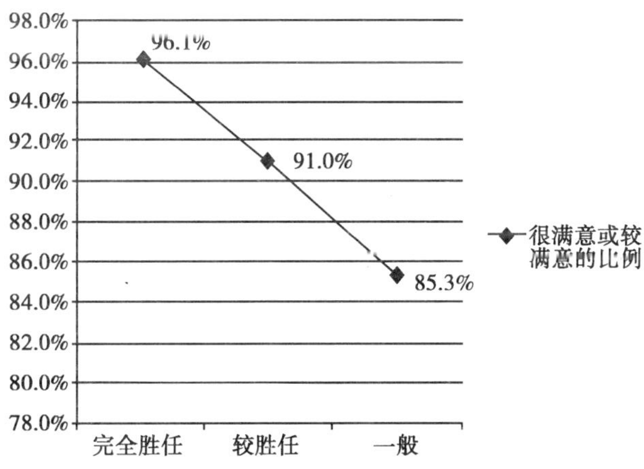

图 ZZ－81　教师自评教学胜任度与职业满意度

教师语言技能课的教学效能感与工作满意度存在相关关系。在对语言技能课自评“很成功”、“较成功”、“一般”、“不太成功”的四部分教师中，除去自评不太成功的教师因样本太少（仅 2 人）而不予考虑外，自评为语言技能课很成功的教师表示对职业很满意或较满意的高达 97.2%；自评胜任度一般的教师对职业很满意或较满意的为 83.0%，职业满意度有随教学效能感下降而下降的趋势（见图 ZZ－82）。

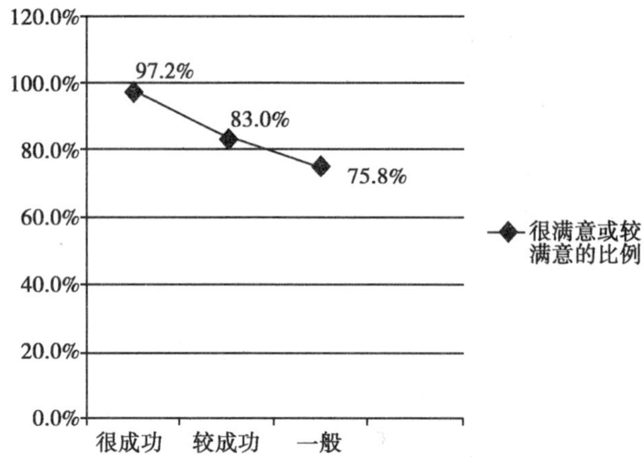

图 ZZ－82　教师语言技能课的教学效能感与工作满意度

以上三方面的分析说明对外汉语专职教师语言技能课的教学情况与其职业满意度高度相关，对语言技能课越有兴趣、自评胜任度越高、教学效能感越强的教师越可能有较高的职业满意度。这一结果也许可以说明语言技能课教学在对外汉语专职教师的工作和职业认同中占据重要地位。

三　专职教师对本学科学术地位的认识与职业满意度

学术研究是高校教师职业生涯非常重要的一部分，对外汉语专职教师对对外汉语教学这一学科的认识也是其职业认识非常重要的一部分。本小节讨论专职教师对本学科学术地位的看法对其职业满意度是否存在影响。

（一）专职教师对本学科学术地位的认识

我们在问卷中设了“很高”、“较高”、“一般”、“较低”、“很低”五度，调查专职教师对本学科学术地位的看法。在接受调查的2306名教师中，对对外汉语教学这一学科的学术地位的认识分歧明显：认为本学科学术地位很高或较高的教师占50.6%；另外也有41.2%的教师认为本学科学术地位一般，分别有6.3%和2%的教师认为本学科学术地位较低或很低（见图 ZZ－83）。

对学术地位看法上的分歧明显存在于不同类别和不同归属高校的教师间，虽然各类高校都是认为本学科学术地位一般的教师比例最高，但是“985”高校和教育部属高校认为本学科学术地位较高或很高的教师比例最低，分别为34%和34.1%；非“211”高校和省属高校这一比例则较高，分

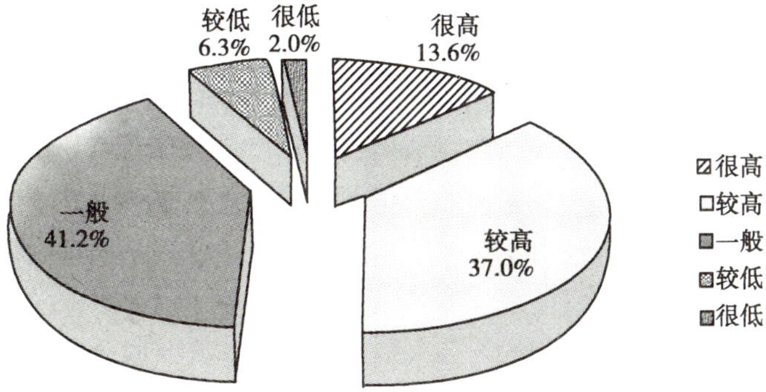

图 ZZ－83　专职教师对本学科学术地位的看法

别为55%和54.9%。而“985”高校和教育部属高校认为本学科学术地位较低或很低的分别占18.6%和15.6%；非“211”高校、省属和其他部属高校认为本学科学术地位较低或很低的分别占5.9%、6.5%和5.1%（见图ZZ－84）。

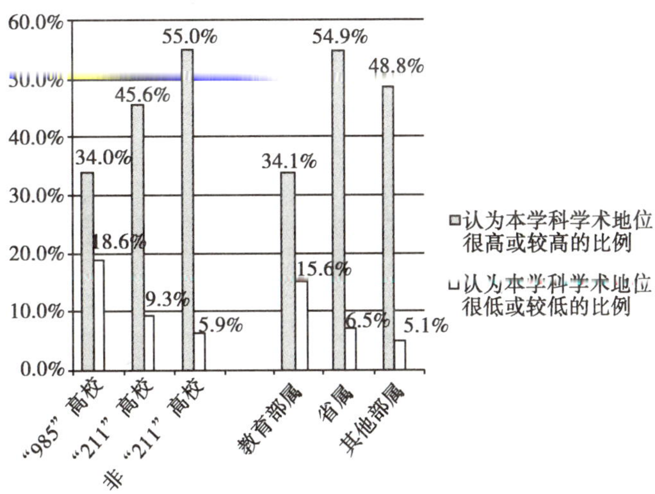

图 ZZ－84　不同类别和不同归属高校教师对本学科学术地位的看法

不同职称教师间对本学科学术地位的看法存在差异，正高、副高、中级和初级职称教师认为本学科学术地位很高或较高的比例分别为46.0%、44.2%、48.9%和54.2%。总体上看，职称较低的教师认为本学科学术地位很高或较高的比例更高，比例较高的高级职称教师对本学科的学术地位持保留态度。

在1950年前出生、1950—1959年出生、1960—1969年出生、1970—1979年出生、1980—1989年出生的五个年龄段的教师中，认为本学科学术地位很高或较高的比例分别为69.5%、37.9%、42.9%、48.1%和52.7%。1950年前出生的教师比例最高，但样本数仅为9，与其他年龄段的样本数差距较大。其他四个年龄段的教师比例表现出明显的年龄越低对本学科学术地位持肯定态度的比例越高的趋势，显示出年轻教师更认可本学科的学术地位。

在教龄8年以上、5—8年、3—5年和3年以下的四部分教师中，认为本学科学术地位很高或较高的比例分别为38.6%、50.9%、56.9%和58.8%，表现出认为本学科学术地位很高或较高的比例随教龄的延长而降低的趋势，教龄越短的教师认为本学科学术地位很高或较高的比例越高，这说明较多工作时间不长的教师认可本学科的学术地位，较多的资深教师不认可。

由以上分析我们似乎可以得出以下结论：专职教师职称、年龄、教龄与其对本学科学术地位的看法存在相关性，总体上职称越高、年龄越大、教龄越长对本学科学术地位持保留态度的比例越高（见图ZZ－85）。

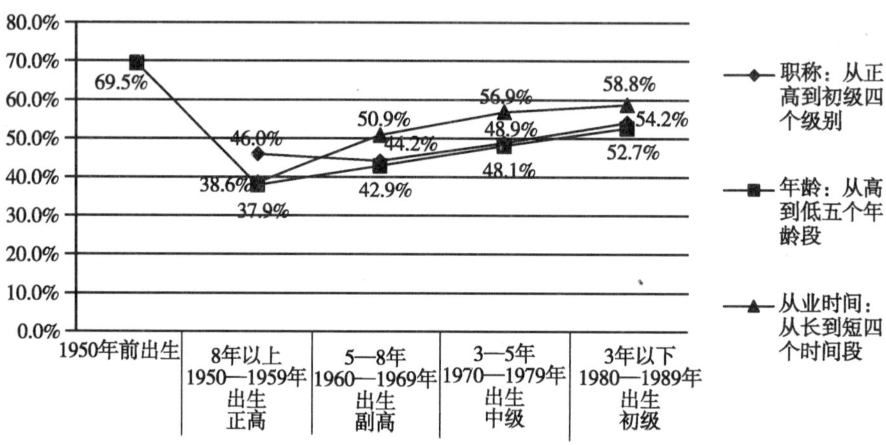

图ZZ－85　不同职称、年龄段、教龄的教师认为本学科学术地位很高或较高的比例

（二）对本学科学术地位评价与职业满意度的关系

调查显示对本学科学术地位的评价和专职教师的职业满意度之间存在相关关系。认为学术地位很高、较高、一般、较低、很低的五部分教师中，对职业很满意或较满意的教师比例分别为100.0%、98.1%、90.0%、84.9%和75.6%。对职业满意的教师比例随其对本学科学术地位评价的降低而降

低的趋势十分明显，对本学科学术地位的评价越低，对职业满意的比例就越低（见图 ZZ－86）。

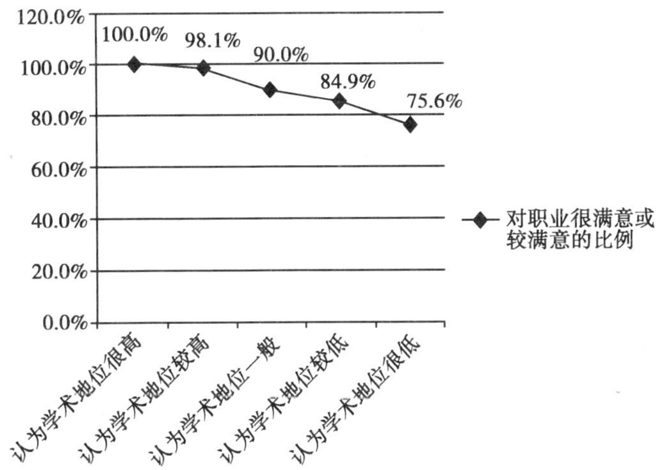

图 ZZ－86　对本学科学术地位的评价不同的教师对职业很满意或较满意的比例

在高校高度重视学术研究的大背景下，这一现象不难理解。这说明了对外汉语专职教师在职业认同中对本学科学术地位的重视，说明对外汉语教学这一学科的学术地位的提高对教师专业发展、对稳定和发展高校专职教师队伍有着非常重要的意义。

第二节　专职教师工作中的困难

为了了解专职教师工作中的困难，我们在问卷中设计了十选三的问题，选项为“职称问题难解决”、“科研压力大”、“课时太多”、“付出与经济收入不相符”、“教学评估压力大”、“没有成就感”、“教学工作与个人研究脱节”、“本专业不受重视”、“无困难”、“其他” 十个，总共 2259 名专职教师回答了这一问题。

一　专职教师工作中的困难主要集中在三个方面

调查显示：居于前 3 位的困难是“科研压力大”、“职称问题难解决”和“课时太多”，在 2259 名教师中分别有 36.9%、29.7% 和 26.1% 的人选择了这三项。其他教师认同比例较高的还有“本专业不受重视”25.5%、“教学工作与个人研究脱节”23.2%、“付出与经济收入不符”23.2%。选择余下几项的教师比例均不超过10%，认为无困难的教师比例为8.7%（见图ZZ－87）。

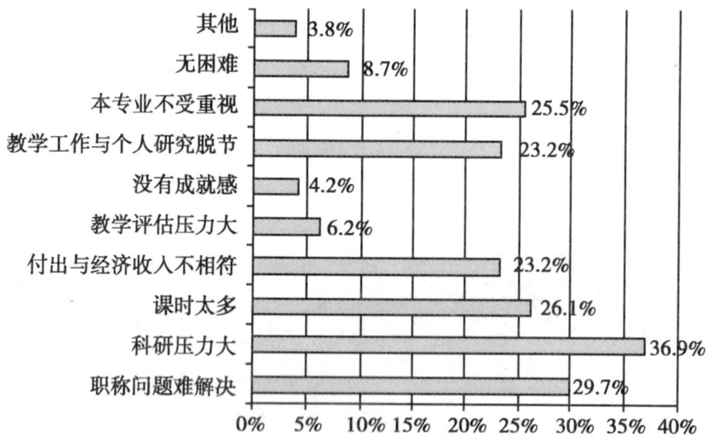

图ZZ－87　专职教师工作困难情况

综合分析调查结果可以发现：专职教师工作困难主要集中在科研压力、教学工作量和职称问题三个方面，而这三个方面实际上又是互相联系的。

二　专职教师在具体的工作困难上存在差异

调查显示，在具体的工作困难上，不同类别高校教师存在差异。

在职称问题上，“985”高校和教育部属高校教师压力较大，分别有43.6%和44.1%的教师认为职称问题难解决；而非“211”高校、省属和其他部属高校，这一比例分别为25.6%、26.1%和23.9%，显示这些高校职称方面的压力相对较小。

在科研压力方面，虽然是“985”高校和教育部属高校教师感受最强烈，分别有43%和41.7%的教师认为科研压力大，但其他类别高校教师认为科研压力大的比例也与此接近，显示科研压力大的问题在各类高校中普遍存在，各类高校对教师在科研上的要求都较高。

在课时太多的问题上，感受最强烈的是“985”高校、教育部属高校以及其他部属高校教师，分别有45.4%、43.9%和47.8%的教师认为存在这方面的困难，显示这几类高校可能存在教师教学工作量大的问题。非

“211”高校和省属高校教师这一比例分别为20.7%和20.8%，显示这两类高校教师教学工作量可能相对较小。

在经济收入方面，各类高校的教师中认为付出与经济收入不符的教师比例差异不大，最高的是“211”高校，为24.1%；最低的是其他部属高校，为19.6%，显示不同类别高校教师对经济收入水平的满意度趋同，经济收入不构成专职教师工作中的主要困难。

各类高校中在教学评估方面感觉压力大的教师比例均不高，最高的其他部属高校为8.7%，最低的“985”高校为3%，显示教学评估方面的压力总体较小。

在各类高校中，把没有成就感作为主要困难之一的教师比例普遍较低，最高的非“211”高校为4.8%，最低的“211”高校为1.5%。

在其他部属高校和“211”高校教师中，把教学工作与个人研究脱节列为主要困难之一的比例相对较高，分别为28.3%和27.4%；在“985”高校教师中比例最低，为20.6%，这说明在其他部属高校和“211”高校教师中教学和科研分离的情况更普遍。

各类高校教师中，把本专业不受重视列为主要困难之一的比例差异很小，各类高校均有差不多1/4的教师选择了此项，说明本专业不受重视是各类高校中的普遍现象。

不同职称的教师中，职称越低的教师对付出与经济收入不符的感受越普遍，有25.4%的初级职称教师把这一项列为主要的困难之一。职称越高的教师对本专业不受重视的感受越普遍，有30%的正高职教师把这一项列为主要困难之一。中级职称教师对科研压力大和职称问题难解决感受最强烈，把这两项列入主要困难的分别有41.4%和36%，高于其他职称教师。副高职称教师对课时太多的感受较其他职称教师强烈，有31.8%的教师把此项列入主要困难。

男女教师在科研压力、对经济收入的满意程度以及成就感三方面差异显著。女教师对科研压力大的感受比男性教师更普遍，男女教师中分别有29.9%和39.2%把此项列入主要困难。男教师对付出与经济收入不相符以及没有成就感的感受则比女教师普遍。27%的男性教师把付出与经济收入不符列入主要困难，高于女性教师的21.9%；另外有9.3%的男性教师把没有成就感列入主要困难，高于女性教师的2.6%。结果说明女教师科研压力大于男教师，男教师在经济收入和成就感方面有更高的要求。

各年龄段的教师中，1970—1979年出生的教师对职称问题难解决和科研压力大感受更普遍，这一年龄段教师把职称问题难解决和科研压力大列为主要困难的比例分别为32.8%和39.5%，高于其他年龄段教师。

不同教龄的教师中，教龄越长的教师对职称问题难解决、课时太多和教学工作与个人研究脱节感受越普遍。

综合以上调查结果我们可以得出以下结论：科研压力大是不同类别高校教师们的普遍感受，女性教师的压力大于男性教师，中级职称教师、1970—1979年出生的教师这方面的压力大于其他教师。科研方面的具体困难还有本专业不受重视和教学工作与个人研究脱节，前一个问题是各类高校中的普遍现象，实际上这也从一个侧面反映了在高校中本学科学术地位不高；后一个问题在其他部属高校和“211”高校问题更严重，高级职称教师对此感受更强烈。

教学方面的最大困难是教学工作量太大，在“985”高校、教育部属高校以及其他部属高校这一困难对教师形成了较大压力，副高职称教师、教龄长的教师对这一困难感受更强烈。教学评估方面的压力则普遍不大。

专职教师在职称和经济待遇方面存在较为普遍的不满。职称问题上，“985”高校和教育部属高校教师感觉困难程度最高，中级职称教师、1970—1979年出生的教师这方面的压力大于其他教师。职称较低的教师、男性教师对经济待遇的不满相对更普遍。

第三节　专职教师在专业发展上的认识

教师对专业发展的认识影响到他们专业发展的途径和结果。我们从教学和科研两方面调查了对外汉语教师对自身专业发展的看法。

一　专职教师普遍认同的提高自身汉语教学水平的方式

调查设计了六种提高汉语教学水平的方式供教师选择，接受调查者最多选三项。接受调查的2332名教师选择最多的三项是观摩优秀教师的课、参加培训和参加学术活动或研讨会，比例分别为70.7%、56.6%和51.2%，远高于其他选项（见图ZZ－88）。这显示专职教师倾向于通过观摩、培训、研讨等合作形式提高自身汉语教学水平。

不同类别高校教师在这一问题上的差异不显著，各类高校的教师均是选择观摩优秀教师的课、参加培训和参加学术活动或研讨会三项的比例最高。

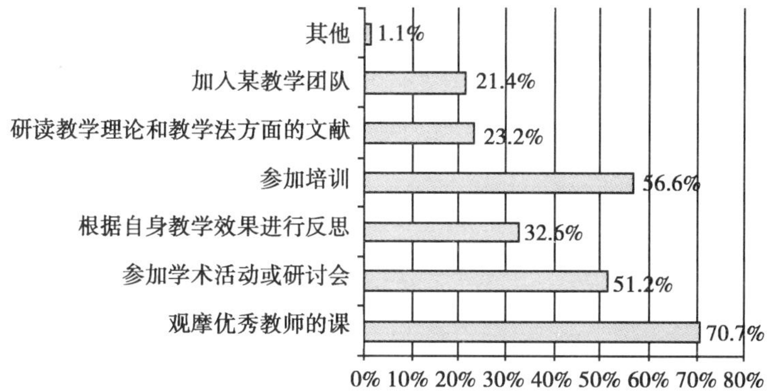

图 ZZ－88 教师认为有助于提高汉语教学水平的途径

不同职称的教师在对“观摩优秀教师的课”和“参加培训”两种方式的看法上存在较明显的差异，职称越低的教师越倾向于选择观摩优秀教师的课、参加培训；分别有78.0%和61.1%的初级职称教师倾向于选择这两种方式；倾向于选择这两种方式的正高职称教师比例则分别为50.4%和35.0%。职称越高的教师越倾向于选择参加学术活动或研讨会、研读教学理论和教学法方面的文献，但比例差别不大（见图ZZ－89）。

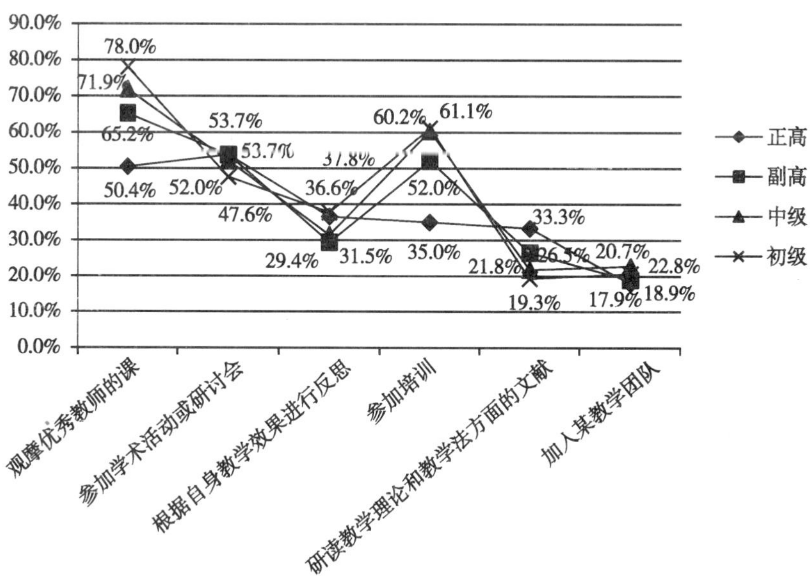

图 ZZ－89 不同职称教师倾向于选择的提高汉语教学水平的方式

四个不同年龄段的教师（1950 年以前出生的教师数据因样本数量过少被排除）在观摩优秀教师的课、参加培训和参加学术活动或研讨会三个方面趋势明显：年龄越低的教师越倾向于选择观摩优秀教师的课、参加培训，年龄越高的教师越倾向于选择参加学术活动或研讨会（见图 ZZ－90）。

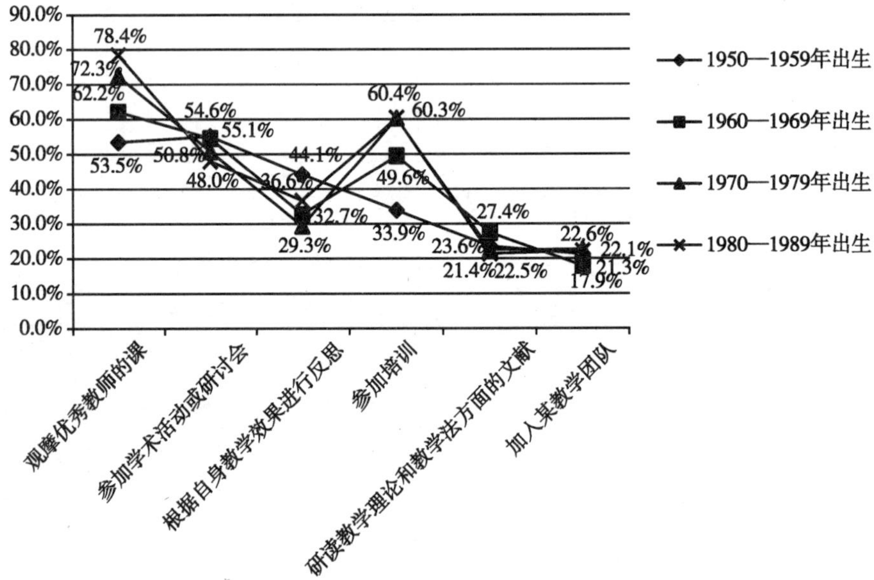

图 ZZ－90　不同年龄教师倾向于选择的提高汉语教学水平的方式

不同教龄的教师间存在差异，教龄越短的教师越倾向于选择观摩优秀教师的课、参加培训、根据自身教学进行反思，教龄越长的教师越倾向于选择参加学术活动或研讨会、研读教学理论和教学法方面的文献（见图 ZZ－91）。

男女教师间差异显著，女性教师更倾向于选择观摩优秀教师的课、参加培训、参加学术活动或研讨会、加入教学团队等集体活动提高汉语教学水平，男性教师则更倾向于选择研读教学理论和教学法方面的文献、根据自身教学进行反思等个体行为。

二　专职教师最希望所在单位为教学所做的事情

调查设计了七个选项供教师选择最希望所在单位为教师在教学方面做的事情。在接受调查的 2329 名教师中，78.9% 的人希望多提供培训机会，比例最高；54.8% 的人希望多组织教学观摩，位居第二。以下依次为多组织教

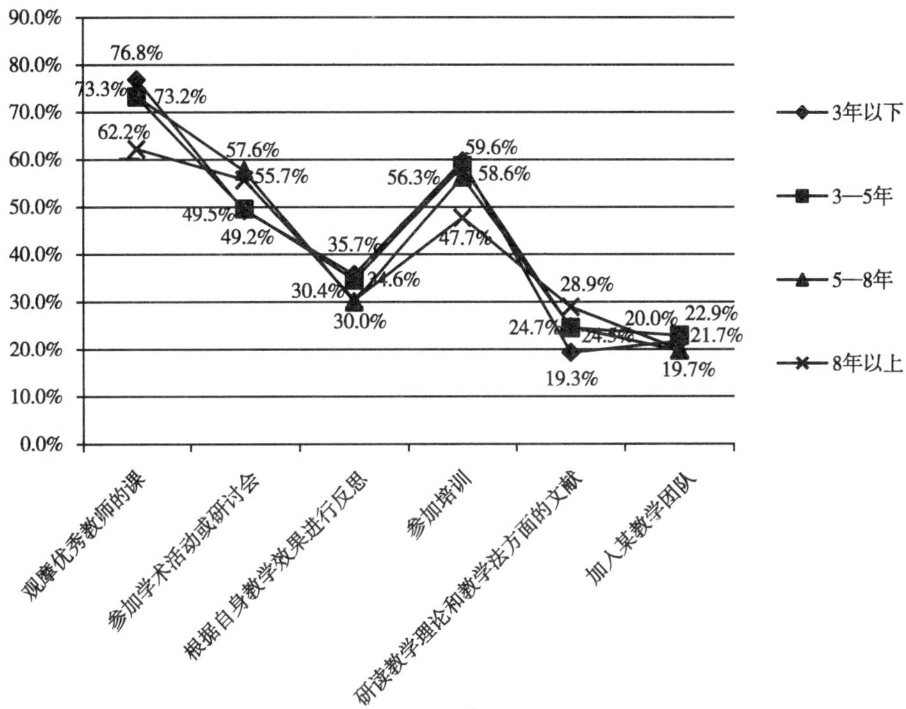

图 ZZ－91　不同教龄教师倾向于选择的提高汉语教学水平的方式

学理论和方法的讲座，34%；多组织同行讨论，32.7%；组建教学团队，28.9%（见图 ZZ－92）。

不同类别高校的教师在这方面的希望存在差异。在非“211”高校和其他部属高校希望多提供培训机会的教师比例分别高达 82.3% 和 83%，高于“985”高校和教育部属高校的 69.6% 和 68.2%，说明前两类高校专职教师培训方面的需求更强烈。同时在非“211”高校和其他部属高校希望组建教学团队的教师比例分别为 30.3% 和 44.7%，明显高于其他类别高校（见图 ZZ－93）。

三　专职教师最希望所在单位为科研所做的事情

调查设计了七个选项供教师选择最希望所在单位为教师在科研方面做的事情，受调查者最多选三项。在接受调查的 2306 名教师中，分别有 56.9%、52.5% 和 47.8% 的教师选择了“提供资金支持”、“提供科研时间”和“组建科研团队”，列前三位。希望进行科研指导和安排学术带头人的分

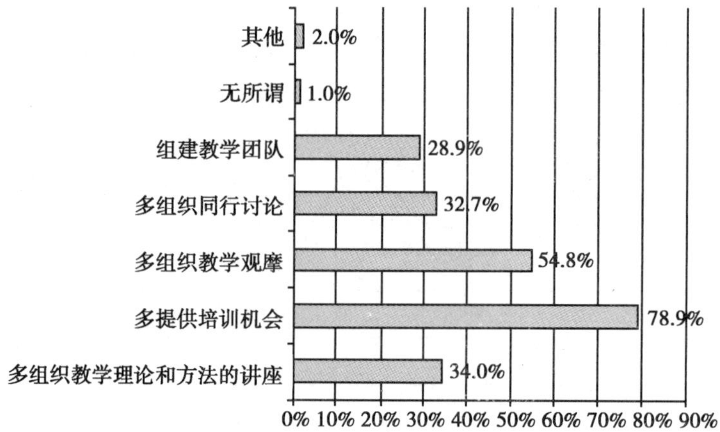

图 ZZ-92 专职教师最希望所在单位为教师做的事情

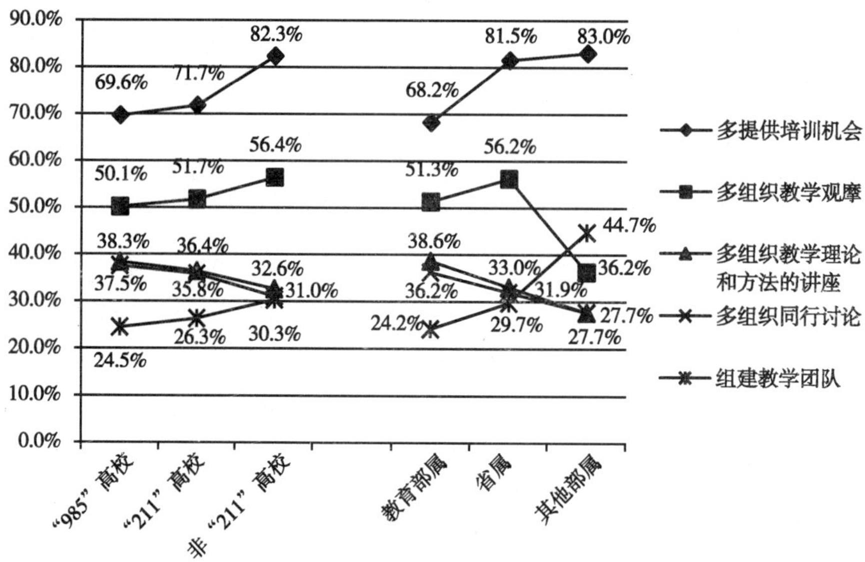

图 ZZ-93 不同类别高校教师最希望所在单位在教学方面为教师做的事情

别为 37% 和 25.1%。1.7% 的教师表示无所谓（见图 ZZ-94）。

不同类别和不同归属的高校教师间，在这一问题上的看法存在一些差异。"985" 高校和教育部属高校在科研时间方面的要求显得更迫切，两类高校分别有 62.4% 和 62.1% 的教师最希望所在单位提供科研时间，明显高于其他各类高校。这可能说明这两类高校教学工作量过大的问题更普遍。

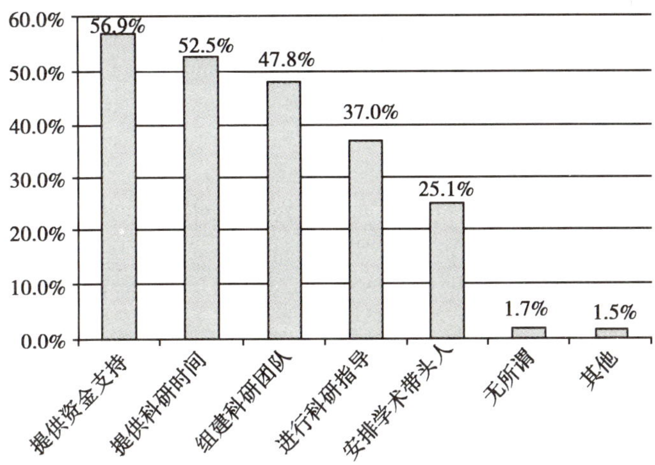

图 ZZ－94　专职教师最希望所在单位在科研上为教师做的事情

55.3%的其他部属高校教师最希望单位帮助组建科研团队，比例明显高于其他类别高校。非“211”高校和省属高校教师都有38.7%的教师表示希望单位进行科研指导，高于其他类别高校，显示这两类高校教师希望得到科研指导的希望更强烈（见图ZZ－95）。

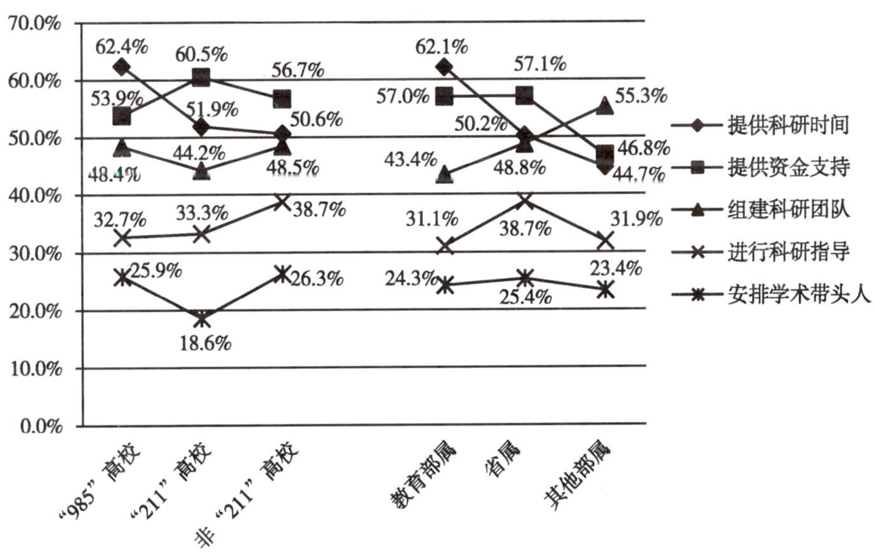

图 ZZ－95　不同类别和不同归属高校教师最希望所在单位在科研方面为教师做的事情

第四节　专职教师的培训

在职培训是教师发展和提高专业能力的重要途径之一，在改善教师教学质量方面有着不容忽视的作用。本次调查针对对外汉语专职教师培训方面的情况设计了一系列的问题，内容涉及专职教师接受培训的现状、效果和需求等方面的情况。

一　专职教师培训的基本情况

多年来，国家汉办、各类高校等机构组织了大量的对对外汉语专职教师的在职培训，下面我们将根据教师所填写的问卷分析这些在职培训的现状。

（一）专职教师接受过培训的比例

总计 2237 名教师接受了我们的调查，其中接受培训的为 818 人，占 36.6%；没接受培训的为 1419 人，占 63.4%。在接受培训的教师中，得到权威性证书的教师比例为 43.2%，不到被调查人数的一半。这一数据显示，专职教师接受培训的比例不高，通过培训得到权威性证书的比例不到一半。

在不同类别和归属的高校间，受培训的教师比例差别不大，“211”高校和其他部属高校的比例最高，分别为 44.2% 和 43.9%；非“211”高校和省属高校接受过培训的教师比例相对较低，分别为 34.7% 和 35.2%（见图 ZZ－96）。

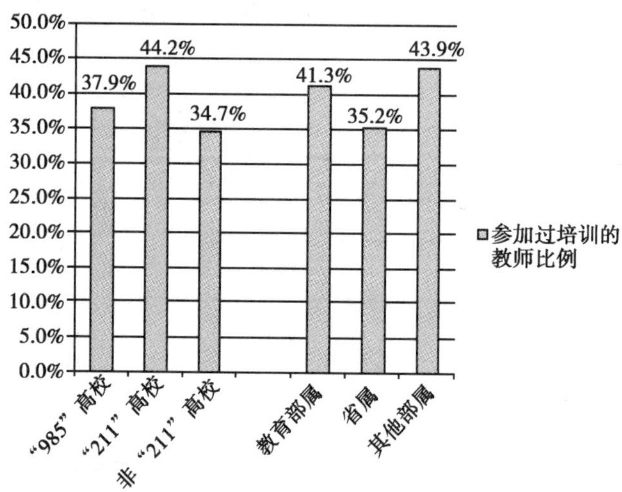

图 ZZ－96　不同类别和不同归属高校参加过培训的教师比例

在不同职称的教师间，正高职称教师接受过培训的比例最低，为 28.1%；副高职称教师接受过培训的比例最高，为 39.8%（见图 ZZ－97）。

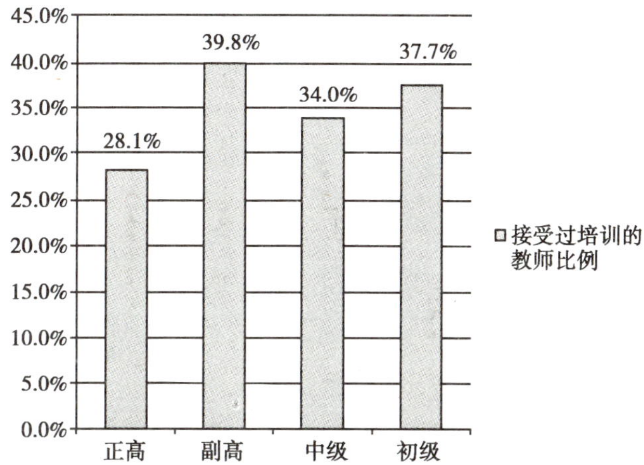

图 ZZ－97　不同职称教师接受过培训的比例

不同年龄、性别的教师参加培训的情况差异不显著。但教师教龄越长，接受培训的比例就越高。从教 8 年以上的教师接受培训的比例最高，为 46.4%（见图 ZZ－98）。

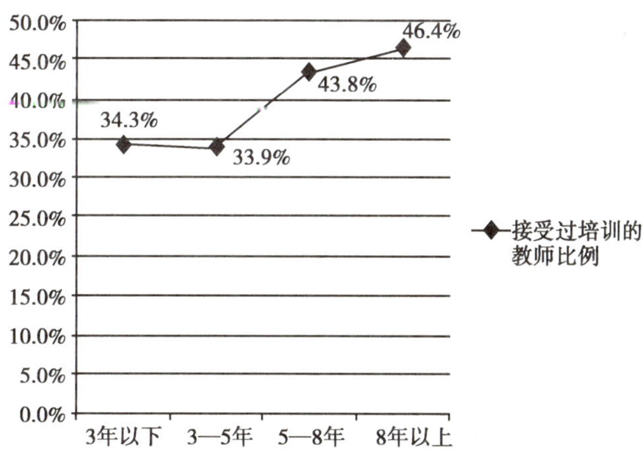

图 ZZ－98　不同教龄教师接受培训的比例

海外汉语教学经历与教师是否参加过培训相关，有海外教学经历的教师 50.9% 都参加过相关培训，没有海外汉语教学经历的教师则只有 27.9% 参加过培训。

不同地区高校教师是否参加培训情况差异也很显著，华北地区高校参加过培训的教师比例最高，为45.5%；华中地区参加过培训的教师比例最低，为29%（见图ZZ－99）。这可能说明华北地区高校教师培训机会更多，该地区的高校和教师对培训也更重视。

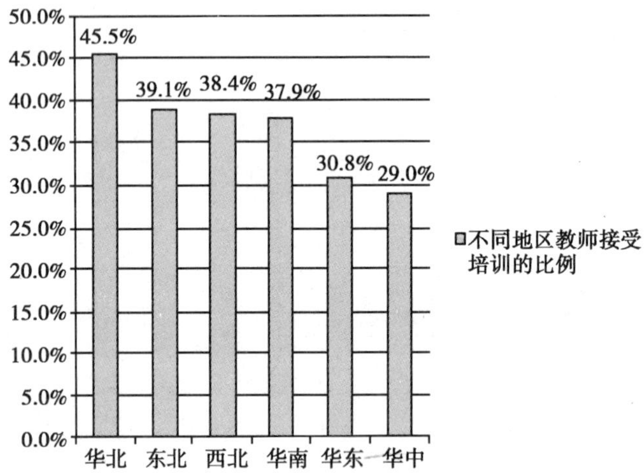

图ZZ－99　不同地区高校教师参加培训情况

（二）专职教师接受培训的内容

在参加过培训的805名教师中，接受过语言教学法类培训的教师比例最高，为79.8%；其次为语言本体类和语言习得类，分别有44.7%和40.4%的教师接受过这两类培训。本次调查显示专职教师接受的培训内容以语言教学为主，接受过外语类培训的比例最低，为15.4%（见图ZZ－100）。

不同职称的教师接受培训情况存在差异，正高职称教师接受语言本体类、语言习得类、跨文化交际类培训的比例相对较低，分别为25.8%、25.8%和19.4%。副高和中级职称教师接受过外语类培训的比例相对较低，分别为13.7%和12.2%。

不同教龄的教师在接受培训方面总的差异不大，教龄在5—8年的教师接受语言习得类培训的比例相对较低，为32.2%；教龄在3年以下的教师接受中华才艺类培训的比例相对较高，为28.4%。

在不同区域高校间，华北地区高校教师接受过语言习得类培训的教师比例相对较低，为31.7%；华南地区教师接受过中华才艺类培训的教师比例相对较高，为29.8%；东北地区教师接受过外语类培训的教师比例相对较低，为8.6%。

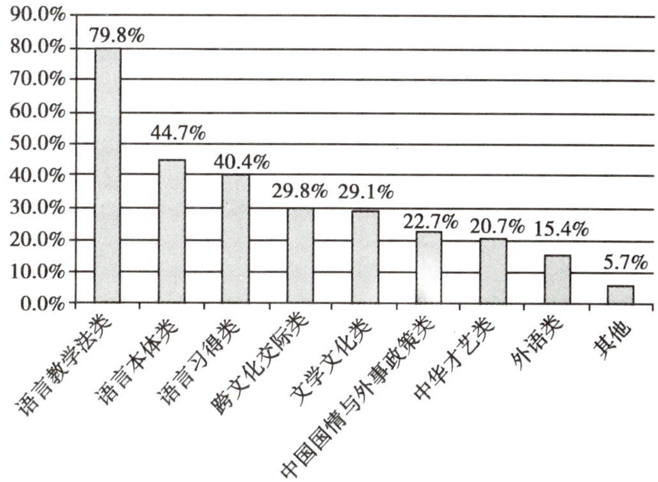

图 ZZ－100　专职教师接受培训的内容情况

（三）专职教师接受的培训时长

在培训时长方面，63.4%的教师接受的培训在100课时以内，41.2%的教师接受的培训时长在50课时以下，另有22.2%的教师接受的培训时长是51—100课时，接受过长期培训（301课时以上）的教师占11.8%（见图ZZ－101）。

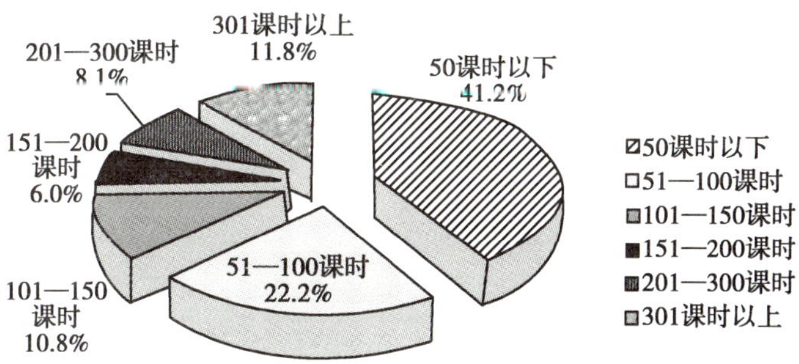

图 ZZ－101　专职教师接受培训时长情况

（四）培训专职教师的组织单位

在接受过培训的787名教师中，86.5%的教师接受的是国内机构的培训，其中有51.0%的教师接受的是国内其他机构的培训，35.5%接受的是本机构的培训，接受国内外联合和海外机构培训的分别为8.1%和5.5%（见图ZZ－102）。

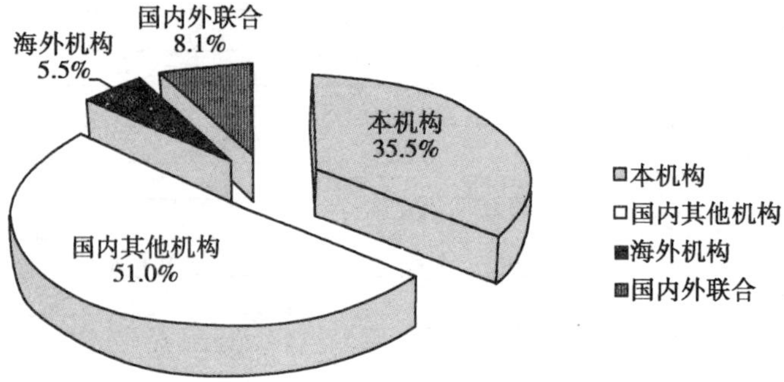

图 ZZ－102 组织培训的机构情况

二 专职教师培训的效果

（一）专职教师对培训效果的认可度

在参加过培训的 801 名教师中，绝大多数教师对培训效果表示认可，分别有 42.7% 和 44.6% 的教师表示培训很有收获和较有收获，对培训效果表示认可的教师比例为 87.3%（见图 ZZ－103）。

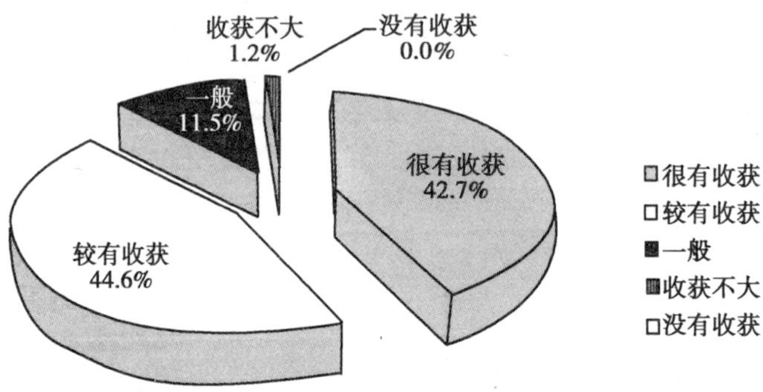

图 ZZ－103 专职教师对培训效果的看法

（二）影响培训效果的相关因素

调查显示：培训时长、培训机构、培训是否有权威证书等因素与教师任课培训效果相关。

不同培训时长的培训效果有一定差异，对 50 课时以下的培训，认为培训很有收获或较有收获的教师比例最低，为 80.3%；对 201—300 课时的培训，有 96.9% 的教师认为很有收获或较有收获，满意率最高（见图 ZZ－104）。

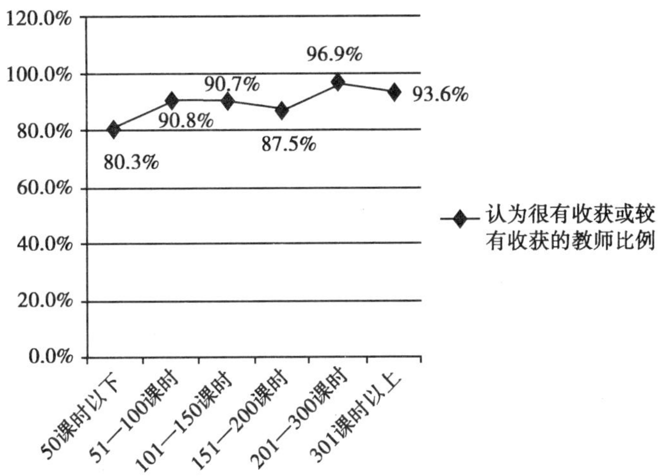

图 ZZ－104　培训时长与教师满意度

调查显示，培训时间与教师的满意度总体正相关，培训时间越长，认为培训很有收获的教师比例越高。有 70.2% 接受过 301 课时以上培训的教师认为很有收获；接受过 50 课时以下培训的教师这一比例只有 30.9%。这一结果说明：培训时间越长，教师的收获可能越大（见图 ZZ－105）。

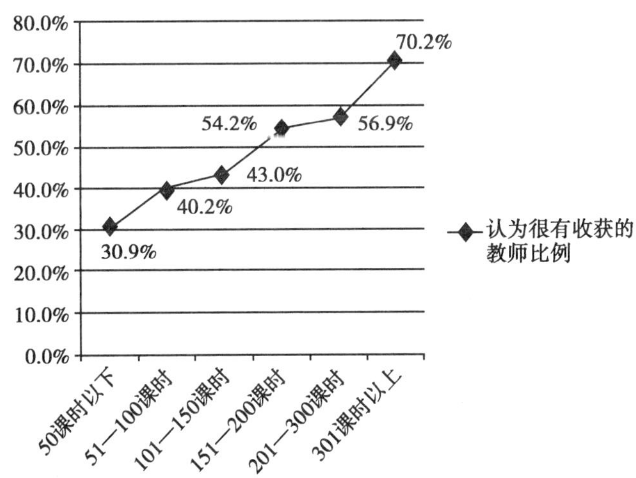

图 ZZ－105　认为不同时长培训很有收获的教师比例

教师对不同机构组织的培训的满意率存在差异，从认为培训很有收获或较有收获的教师比例看，四类培训部门培训效果由高到低排列依次是海外机构、国内外联合、本机构、国内其他机构。对海外机构的培训表示很有收获或较有收获的，占受培训教师的95.3%（见图ZZ－106）。

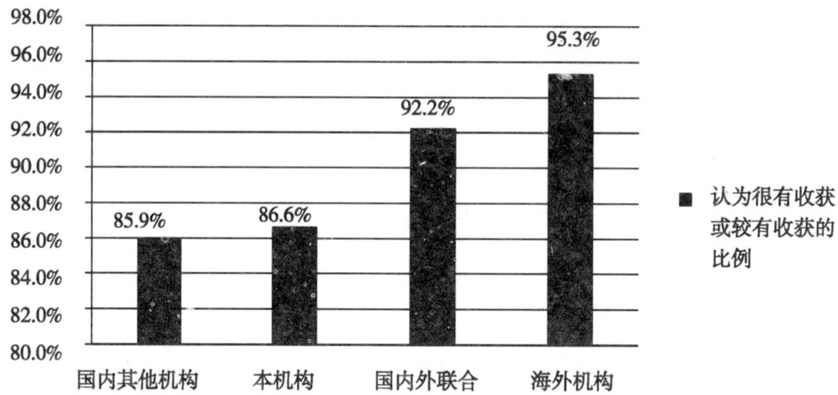

图ZZ－106　对不同机构组织的培训的满意率

培训是否有权威性证书与培训效果高度相关，有92.5%的教师认为有权威证书的培训很有收获或较有收获，没有权威证书的培训这一比例只有82.9%，显示教师接受培训时较为看重培训证书。但是否有权威性的证书与培训时长是密切相关的，培训时间越长，授予权威证书的比例越高。培训时间在50课时以下的，授予权威证书的只有17.1%；培训时间在301课时以上的，授予权威证书的则有77.5%。

（三）专职教师参加培训遇到的困难

对于专职教师在培训中遇到的困难，我们在调查中设计了九个选项，接受调查者最多选三项。总计2047名接受调查的教师回答了此问题，选择“缺少经费”、“缺少适合自己需求的培训项目”和“培训时间不合适”三项的教师比例最高，分别为35.6%、28.2%和25.5%；质疑培训机构的权威性的比例最低，为5.9%；也有10.3%的教师表示无困难。调查结果说明从教师的角度看：目前培训的经费、时间和针对性方面问题较大（见图ZZ－107）。

在不同类别和不同归属的高校教师间，存在差异。缺少经费的问题在非“211”高校、省属和其他部属教师中反应更强烈，这些高校教师中约有40%认为存在经费困难。在“缺少适合自己的培训项目”、“培训时间不合适”“培训缺乏实用性”和“培训课程设置不合理”这几方面则是“985”高校和教育部属高校教师认同的比例较高（见表ZZ－22）。

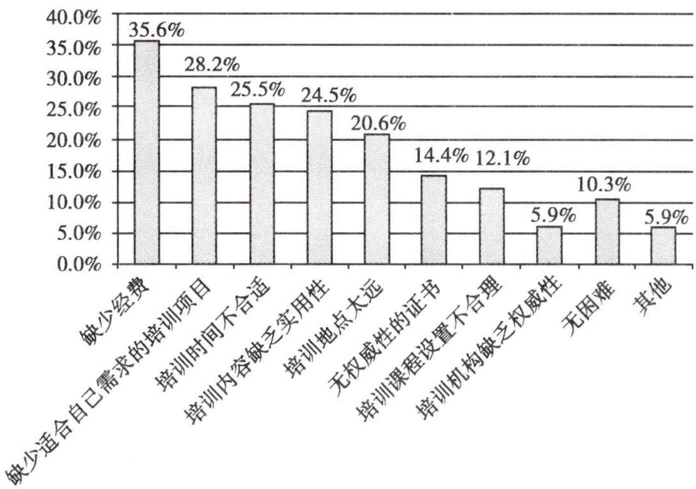

图 ZZ－107　专职教师参加培训遇到的困难情况

表 ZZ－22　不同类别和不同归属高校教师参加培训困难情况　（%）

	缺少经费	缺少适合自己需求的培训项目	培训时间不合适	培训内容缺乏实用性	培训地点太远	无权威性的证书	培训课程设置不合理	培训机构缺乏权威性	无困难	其他
"985"高校	21.0	33.3	27.8	30.6	18.6	9.6	19.9	3.8	12.4	6.9
"211"高校	27.8	31.2	22.0	26.1	16.6	14.6	9.8	4.4	11.2	5.1
非"211"高校	40.0	26.6	25.7	22.9	21.8	15.3	11.0	6.6	9.7	5.9
教育部属	21.5	34.0	27.0	30.3	18.5	11.3	18.3	4.3	12.5	6.8
省属	39.0	26.7	25.3	23.1	21.4	15.3	10.6	6.3	9.7	5.8
其他部属	36.6	31.7	17.1	22.0	12.2	9.8	9.8	4.9	12.2	2.4
合计	35.6	28.2	25.5	24.5	20.6	14.4	12.1	5.9	10.3	5.9

（四）专职教师认为目前的培训的问题

为了了解在专职教师看来目前培训中存在的问题主要是什么，我们设计了六个选项，接受调查者最多选三项。总计 2083 名接受调查的教师回答了此问题，选择"培训计划缺乏针对性，对学员培训需求的多样性考虑不足"、"培训内容缺乏实用性，课程设置不够合理"和"培训师资队伍参差不齐"三项的教师比例最高，分别为 57.9%、43.6% 和 32.1%；对培训的管理和硬件方面表示不满的比例最低，为 7.8%。调查结果说明从教师的角度看：目前培训在针对性、实用性和师资队伍方面问题较大（见图ZZ－108）。

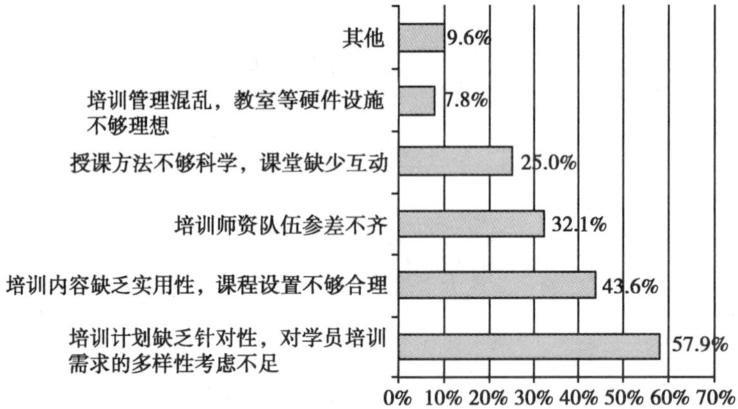

图 ZZ－108　专职教师培训中存在的问题

三　专职教师的培训需求

本次调查从培训内容和培训方式两方面调查了专职教师的培训需求。

（一）专职教师所希望的培训内容

为了了解专职教师希望在培训中学习什么样的内容，我们设计了一道八选三的问题。总计2297名接受调查的教师回答了此问题，选择“汉语课堂教学策略”、“汉语教学法”和“汉语教学的研究方法”三项的教师比例最高，分别为67.5%、42.7%和33.4%；希望学习“汉语教学理念”的教师比例也达到33.0%。希望学习“汉语语音、语法、词汇等专业知识”的比例最低，为17.7%。本次调查显示专职教师希望培训内容以课堂教学的策略和方法为主，注重课堂教学的理论和实践（见图ZZ－109）。

不同职称的教师对“汉语课堂教学策略”、“汉语教学法”、“汉语课堂管理策略”、“汉语语音、语法、词汇等专业知识”四方面培训内容的看法存在差异：职称越低的教师越倾向于选择这四方面内容，初级职称教师选择这四方面内容的比例分别为73.8%、48.2%、32.4%和23.4%；正高职称教师则为49.2%、32.2%、18.6%、和11%（见图ZZ－110）。

不同年龄段、不同教龄的教师对“汉语课堂教学策略”、“汉语教学法”、“汉语课堂管理策略”、“汉语语音、语法、词汇等专业知识”四个方面培训内容的看法也存在类似差异：年龄越低、教龄越短的教师越倾向于选

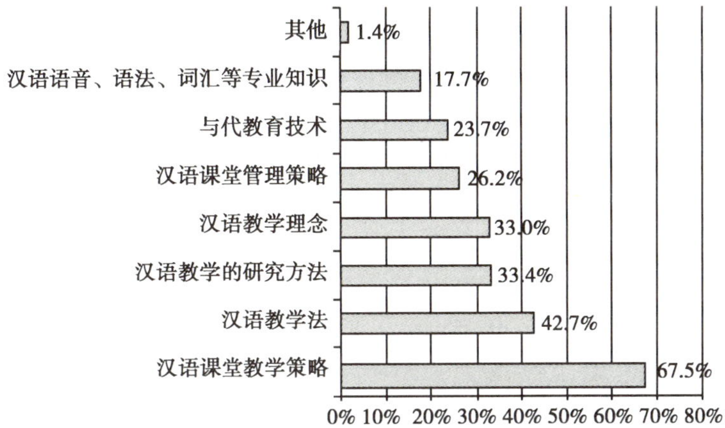

图 ZZ－109　专职教师希望在培训中学习的内容

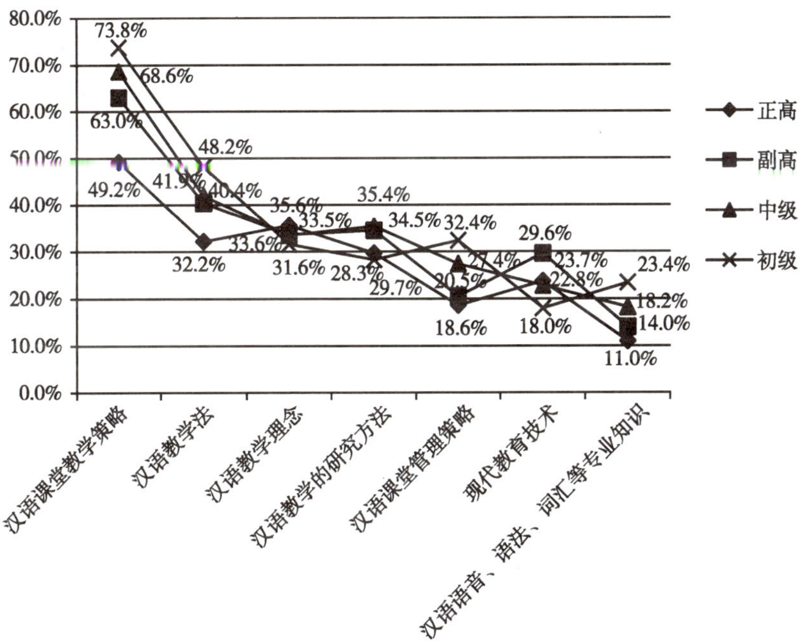

图 ZZ－110　不同职称教师希望培训的内容

择这四个方面内容。这些调查结果显示：职称越低、越年轻、教龄越短的教师对于课堂教学实践和汉语本体知识方面的培训需求越强烈。

（二）专职教师赴海外任教前最希望接受三个方面的培训

接受海外教学任务是对外汉语专职教师工作中非常重要的一部分，在教师们赴海外任教以前进行培训是十分必要的。我们因此调查了专职教师希望在赴海外任教前的培训中除了汉语教学外还学习哪些内容。调查设计了一个七选三的问题，共有 2313 名教师回答了这一问题。排在前三位的是“当地教育文化”、“跨文化交际能力”和“中华文化知识与传播能力”，选择这三项的分别占被调查教师总人数的 79.9%、58.5% 和 42.5%（见图 ZZ－111）。

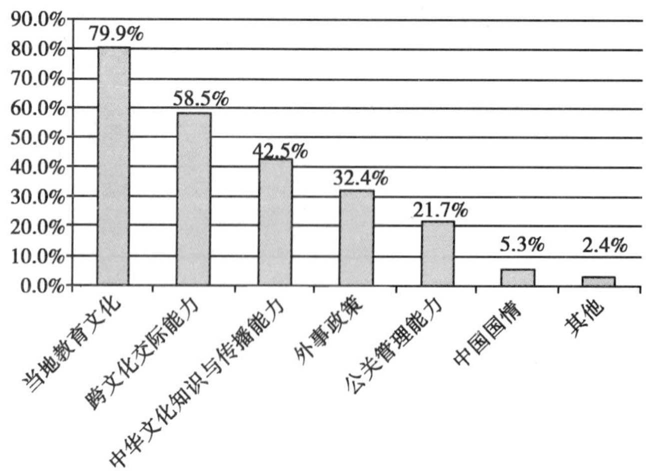

图 ZZ－111　专职教师赴海外任教前希望培训的内容

不同职称的教师在这一问题上的看法差异主要在“跨文化交际能力”、“中华文化知识与传播能力”和“公关管理能力”三个方面。有 63.8% 的初级职称教师希望培训“跨文化交际能力”，正高职称教师这一比例为 50.0%；有 53.2% 的初级职称教师希望培训“中华文化知识与传播能力”，正高职称教师这一比例为 29.2%；26.8% 的初级职称教师希望培训“公关管理能力”，正高职称教师仅为 13.3%。本次调查显示职称越低的教师越希望培训这三个方面的内容（见图 ZZ－112）。

在不同年龄组教师间也存在类似差异，除 1950 年前出生的教师因样本数量太少不考虑外，1980—1989 年出生的教师中有 61.6% 希望培训“跨文化交际能力”，1950—1959 年出生的教师这一比例为 52.1%；1980—1989 年出生的教师中有 51.1% 希望培训“中华文化知识与传播能力”，1950—1959 年出生的教师这一比例为 28.6%；1980—1989 年出生的教师中有

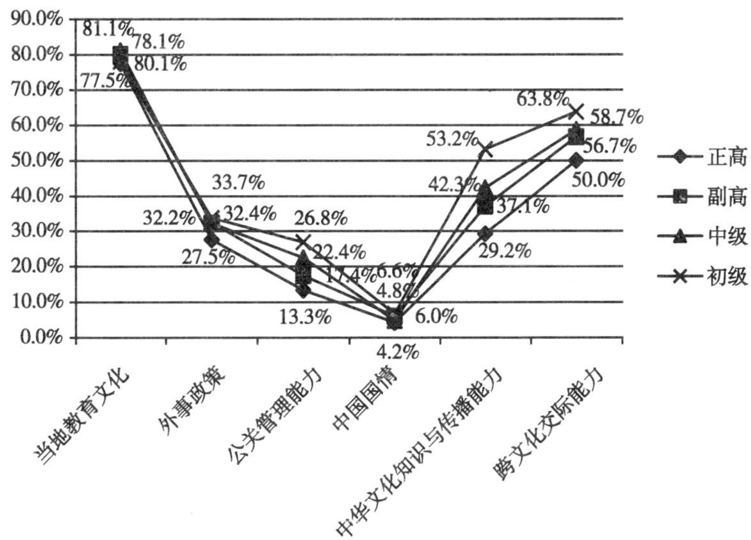

图 ZZ－112　不同职称教师赴海外任教前希望培训内容

26.7%希望培训“公关管理能力”，1950—1959 年出生的教师这一比例为 10.9%。本次调查显示年龄越低的教师越希望培训这三方面的内容。

有过海外教学经历的教师和没有海外教学经历的教师在“外事政策”和“跨文化交际能力”两项内容上看法存在差异，有过海外教学经历的教师中分别有 25.8%和 47.8%的人希望培训这两项内容，而没有海外教学经历的教师则分别有 36.1%和 64.7%希望培训这两项内容。显示海外教学经历会让教师在这两方面积累经验，增加信心。

（三）专职教师所希望的培训方式

为了了解专职教师认为有效的培训方式是什么，我们设计了一道七选三的问题。总计 2273 名接受调查的教师回答了此问题，选择“观摩学习”、“案例分析”和“课堂模拟教学等实践活动”三项的教师比例最高，分别为 63.9%、57.2%和 55.3%；希望培训以“系统讲授”方式进行的比例最低，为 19.6%。本次调查显示专职教师更希望培训能突出实践性，注重培训与教学实践相结合（见图 ZZ－113）。

不同职称的教师对“观摩学习”、“课堂模拟教学等实践活动”和“专题报告与讲座”三种方式的看法存在差异：职称越低的教师越倾向于选择“观摩学习”、“课堂模拟教学等实践活动”，初级职称教师选择这两种方式的比例分别为 69.1%和 66.6%，正高职称教师则为 48.7%和 43.5%；职称

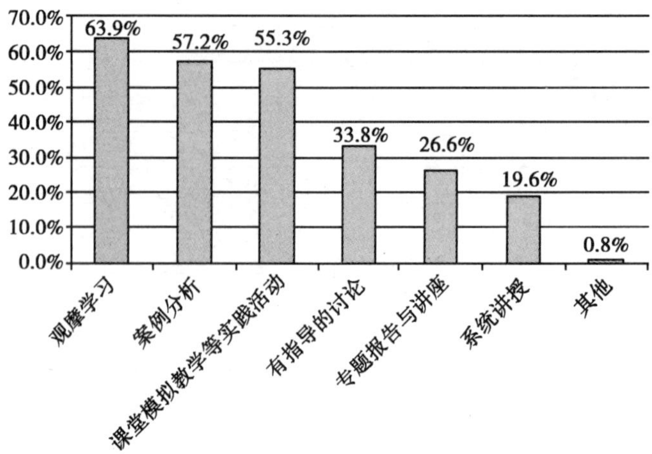

图 ZZ－113　专职教师认为有效的培训方式

越高的教师越倾向于选择“专题报告与讲座”的方式，正高职称教师选择这一方式的比例为 33.9%，高于初级职称教师的 20.4%（见图 ZZ－114）。

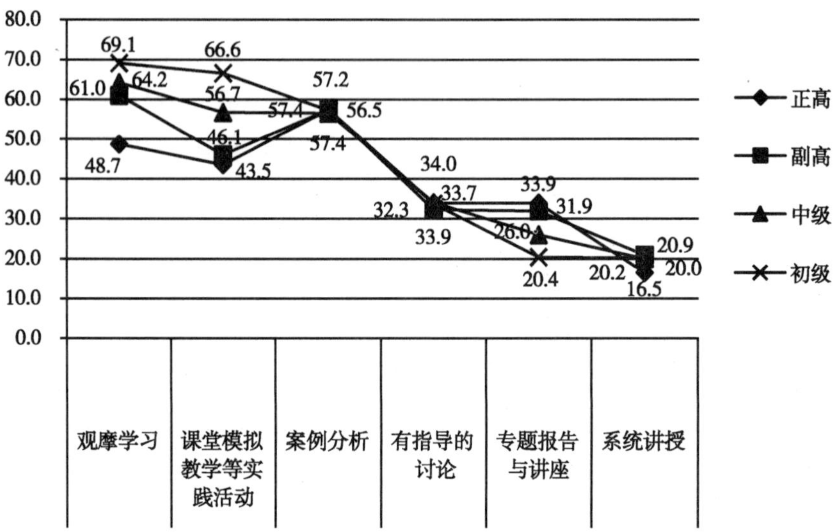

图 ZZ－114　不同职称教师认为有效的培训方式（%）

1950 年以前出生的教师由于样本数量过少，因此不予统计。其他不同年龄段的教师对“观摩学习”、“课堂模拟教学等实践活动”和“专题报告与讲座”三种方式的看法存在差异：总体上看，越年轻的教师越倾向于选择“观摩学习”、“课堂模拟教学等实践活动”，1980—1989 年出生的教师选择这两种方式的比例分别为 68.1% 和 66.6%，1950—1959 年出生教师则为 50.9% 和 42.9%；年龄越大的教师越倾向于选择“专题报告与讲座”的方式，1950—1959 年出生的教师选择这一方式的比例为 33.9%，高于 1980—1989 年出生教师的 18.9%（见图 ZZ－115）。

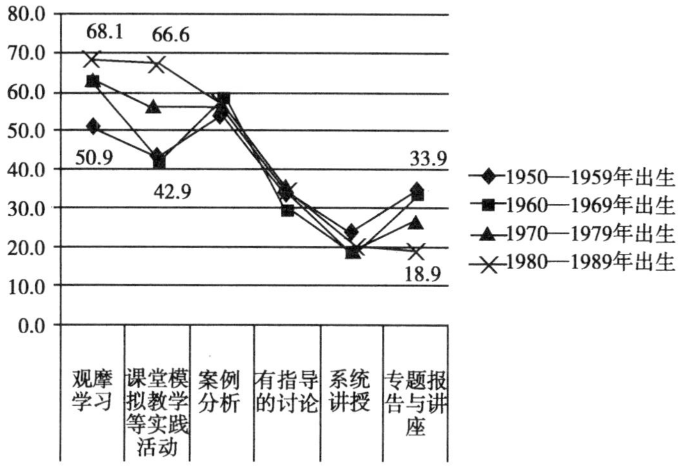

图 ZZ－115　不同年龄段教师认为有效的培训方式（%）

不同教龄的教师对“观摩学习”、“课堂模拟教学等实践活动”和“专题报告与讲座”三种方式的看法也存在类似差异：教龄越短的教师越倾向于选择“观摩学习”、“课堂模拟教学等实践活动”，教龄 3 年以下的教师选择这两种方式的比例分别为 68.8% 和 64%，教龄 8 年以上的教师则为 54.1% 和 42.2%；教龄越长的教师越倾向于选择“专题报告与讲座”的方式，教龄 8 年以上的教师选择这一方式的比例为 33.3%，高于教龄 3 年以下的教师的 20.5%。

（四）专职教师认为目前培训内容存在的问题

为了了解专职教师认为目前的培训工作中存在的最大问题是什么，我们设计了一道 6 选 3 的问题。总计 2083 名接受调查的教师回答了此问题，选择“培训计划缺乏针对性，对学员培训需求的多样性考虑不足”、“培训内容缺乏实用性，课程设置不够合理”和“培训师资队伍参差不齐”3 项的教师比例最高，分别为 57.9%、43.6% 和 32.1%；认为“培训管理混乱，教室等硬件设施不够理想”的比例最低，为 7.8%。显示目前培训内容存在针对性、实用性不足，以及培训师资水平亟待提高的问题（见图 ZZ－116）。

不同类型的高校教师在这一问题上的看法存在一些差异。在“培训内

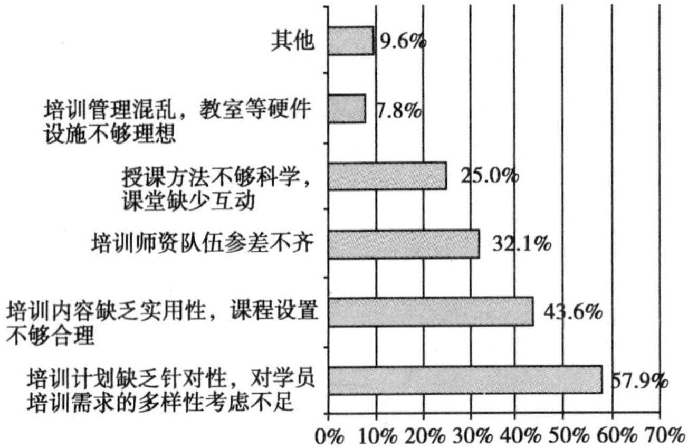

图 ZZ－116　专职教师认为目前的培训工作中存在的最大问题

容缺乏实用性，课程设置不够合理”这一点上“985”高校和教育部属高校教师反应更强烈，两类高校分别有 50.7% 和 51.1% 的教师认为这是最大问题，高于非“211”高校的 41.6% 以及省属高校的 34.9%，显示“985”高校和教育部属高校教师对培训的实用性和培训课程的合理性期待值更高。其他部属高校教师则对培训授课的具体方法给予了更多的重视，有 34.9% 的其他部属高校教师认为最大的困难是“授课方法不科学，课堂缺少互动”，比例高于教育部属高校的 21.2%（见图 ZZ－117）。

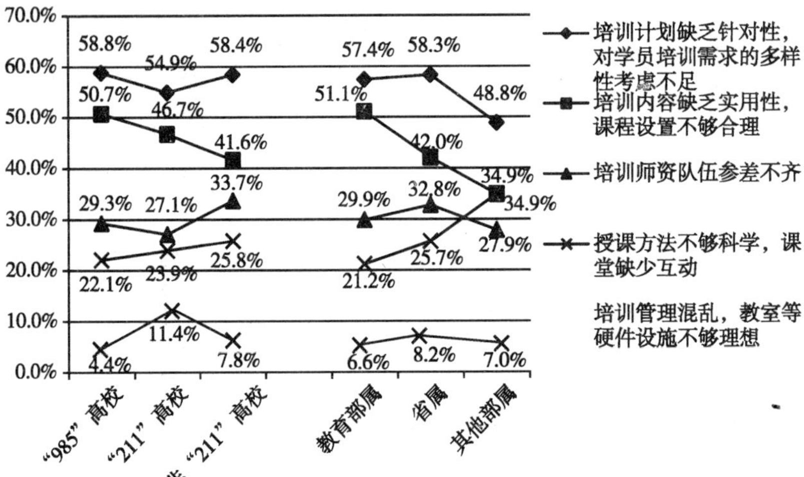

图 ZZ－117　不同高校教师对培训工作中存在问题的看法

第五节　结论和建议

一　研究结论

（一）专职教师的职业满意度以及对本学科学术地位的认识

九成以上的专职教师对对外汉语教师的职业表示很满意或比较满意，显示专职教师的职业满意度总体较高。在不同类别高校的教师间，在“985”高校和教育部属高校教师中，表示很满意的教师比例相对较低。在不同职称的教师间，正高职称教师中表示很满意的比例相对较高，中级职称教师表示很满意的比例最低。在不同年龄段的教师间，1950—1959 年出生的教师表示很满意或较满意的比例最低。专职教师开始工作后对职业的满意比例逐渐升高，在 3—5 年比例达到最高值，其后则逐渐下降。女性教师总体职业满意度高于男性。

专职教师职业满意度与语言技能课教学情况高度相关，专职教师职业满意度随语言技能课教学兴趣、教学效能感以及自评胜任度的下降而下降的趋势明显。

专职教师中对本学科学术地位持肯定态度和持保留态度的各占一半左右。认为本学科学术地位“一般”的教师比例最高。“985”高校和教育部属高校认为本学科学术地位较高或很高的教师比例最低。专职教师职称、年龄、教龄与其对本学科学术地位的看法存在相关性。总体上职称越高、年龄越大、教龄越长对本学科学术地位持保留态度的比例越高。

（二）专职教师工作中的困难

专职教师工作困难主要集中在科研压力、教学工作量和职称问题互相联系的三个方面。在高校中，职称和教师的职业地位、前景、社会地位和经济收入都有关联，受到教师重视是理所当然的。在目前中国高校管理体制的大背景下，科研压力和职称问题关系密切，科研方面没有竞争实力，职称问题往往难以解决。由于对外汉语教学这一职业和学科的特点，围绕职称和科研产生了一系列的矛盾。例如，一方面，由于本学科发展历史相对较短、学术地位并未得到广泛承认，会带来本专业在高校或学术界不受重视、教学工作和个人研究脱节等问题，而这类问题都会使科研压力放大。另一方面，由于对外汉语教学事业的迅速发展会使教师不得不承受较大的教学工作量，过大的教学工作量又会严重挤压科研时间和精力，进一步加大科研压力。

科研压力大是不同类别高校教师们的普遍感受，女性教师的压力大于男性教师，中级职称教师、1970—1979 年出生的教师这方面的压力大于其他教师。科研方面的具体困难还有本专业不受重视和教学工作与个人研究脱节，前一个问题是各类高校中的普遍现象，实际上这也从一个侧面的反映了在高校中本学科学术地位不高；后一个问题在其他部属高校和“211”高校问题更严重，高级职称教师对此感受更强烈。

教学方面的最大困难是教学工作量太大，在“985”高校、教育部属高校以及其他部属高校这一困难对教师形成了较大压力，副高职称教师、教龄长的教师对这一困难感受更强烈。教学评估方面的压力则普遍不大。

专职教师在职称和经济待遇方面存在较为普遍的不满。职称问题上，“985”高校和教育部属高校教师感觉困难程度最高，中级职称教师、1970—1979 年出生的教师这方面的压力大于其他教师。职称较低的教师、男性教师对经济待遇的不满相对更普遍。

（三）专职教师所认同的提高自身汉语教学水平的方式

不同群体的专职教师均倾向于通过“观摩优秀教师的课”、“参加培训”和“参加学术活动或研讨会”等合作形式提高自身汉语教学水平。因此在单位支持方面，他们也希望所在单位提供培训机会、组织教学观摩，在科研上提供资金、时间和科研团队等方面的支持。

职称、年龄、教龄越低的教师越倾向于选择通过观摩优秀教师的课、参加培训等合作性的方式提高汉语教学水平；教师职称、年龄、教龄越高则越倾向于选择参加学术活动或研讨会、研读教学理论和教学法方面的文献等个人性色彩较强的方式。

非“211”高校和其他部属高校专职教师在培训以及组建教学团队方面的需求更强烈。“985”高校和教育部属高校在科研时间方面的要求显得更迫切，这可能说明这两类高校教学工作量过大的问题更普遍。非“211”高校和省属高校教师得到科研指导的希望更强烈。

（四）关于专职教师的培训

专职教师接受的多是国内机构组织的 100 课时以内的中短期培训。专职教师中有超过 60% 的人没接受过培训。非“211”高校和省属高校接受过培训的教师比例相对较低。正高职称教师接受过培训的比例最低，副高职称教师接受过培训的比例最高。教师教龄越长，接受过培训的比例就越高。有海外教学经历的教师半数以上都参加过相关培训，高于没有海外汉语教学经历的教师。华北地区高校参加过培训的教师比例最高，华中地区参加过培训的教师比例最低。

专职教师中接受过语言教学法类培训的教师比例最高，其次为语言本体类和语言习得类，受过这些培训的教师超过40%。接受过外语类培训的比例最低，而语言困难是专职教师海外任教时最大的生活困难，也应该成为教师培训中的重要内容，目前的培训显然与教师的需求存在一定的矛盾。

（五）专职教师对培训的评价与期望

参加过培训的教师，绝大部分对培训效果表示认可。培训时间越长，教师的收获越大，满意率越高。海外机构组织的培训满意度相对较高。教师接受培训时较为看重是否有权威证书。

专职教师在培训中遇到的困难主要是"缺少经费"、"缺少适合自己的培训项目"和"培训时间不合适"。从教师的角度看：目前培训的经费、时间和针对性方面问题较大。培训师资队伍参差不齐也是反映较多的一个问题。缺少经费的问题在非"211"高校、省属和其他部属教师中反应更强烈。"985"高校和教育部属高校有较多的教师在培训的针对性、实用性以及培训课程设置方面不甚满意。

专职教师最希望在培训中学习"汉语课堂教学策略"、"汉语教学法"、"汉语教学的研究方法"和"汉语教学理念"等课堂教学的理论和实践方面的内容，希望学习"汉语语音、语法、词汇等专业知识"的比例最低。职称越低、越年轻、教龄越短的教师对于课堂教学实践和汉语本体知识方面的培训需求相对强烈。

专职教师赴海外任教前最希望培训"当地教育文化"、"跨文化交际能力"和"中华文化知识与传播能力"。

二　对策建议

（一）支持和鼓励对外汉语教学学科的发展，提高本学科的学术地位

只有提高本学科的科研水平以及学术地位，才能使对外汉语教学和汉语国际推广事业健康快速地发展，才能使专职教师在高校中看到更好的职业发展前景，在专业发展之路上走得更高更远。因此应该加大政策支持力度，加大投入，做好科研规划，鼓励教师进行科研。在本学科得到良性发展的基础上通过政策支持和舆论宣传，逐步提高本学科的学术地位。

（二）关注并切实解决对外汉语教师的实际问题

对于对外汉语教学这样一个相对特殊的专业、学科，又处在目前这样一个发展的特殊时期，应考虑在政策上对对外汉语教师的职称、科研、教学以及经济待遇等方面采取一定的倾斜措施，培育这一学科、专业的发展。

（三）鼓励专职教师通过各种合作形式提高自身汉语教学水平，并提供支持

从汉办到各级对外汉语教学机构都有必要大力提倡，并尝试性地建立一些规章制度，提供较好的软硬件支持，引导教师更注重通过合作提高汉语教学水平。

（四）加大专职教师培训力度，深入进行培训调研，使培训更加制度化、科学化

在专职教师来源多样、教学任务多样、教学环境多样、学科发展时间相对较短的背景下，加大教师培训力度非常有必要。在加大培训力度的同时应对培训进行多方面深入细致的研究，学习国外及国内其他专业成功的培训经验，不断改进培训内容和方式，并加强对培训师资的培养。

第十部分

对外汉语兼职教师调研报告

第一章

调查报告总体介绍

第一节　调查报告基本内容

对外汉语兼职教师情况调查报告分为四个部分。

第一部分介绍全国对外汉语兼职教师的基本情况，包括性别、年龄、受教育程度、职业身份等基本身份信息，外语水平、普通话水平、多媒体运用能力及中华才艺等基本技能掌握情况，海外学习与教学经历及困难等海外生活工作情况。

第二部分通过数据统计分析兼职教师目前的教学情况，包括教师教龄、主要教学对象及教学课型基本情况介绍，语言技能课教学的擅长课型、备课重点与教学困难等专业素养分析，以及对语言课教学的兴趣、能力和效果的自我评价。

第三部分通过数据统计分析兼职教师职业发展现状。主要涉及兼职教师对汉语教学工作以及学科的整体认识、兼职原因及工作满意度、兼职中碰到的主要困难以及培训现状、培训需求、培训途径。

第四部分是本调查报告的总结，包括总体分析结果和相关建议。

第二节　调查报告问卷数量及统计说明

本调查共收回来自全国324所高等院校的336个对外汉语教学机构的兼职教师问卷1423份，其中包括华北地区48个（332份），东北地区50个（162份），华东地区94个（328份），华南地区34个（194份），华中地区38个（102份），西北地区35个（144份），西南地区37个（161份）。由于部分问卷未填写完整，以下调查均基于各题的实际答题数进行统计和分析，未填此项视为缺省，因此各题的总和不尽相同。

第二章

全国对外汉语兼职教师概况

第一节　师资基本情况

本节主要概述我国对外汉语兼职教师师资基本状况，重点说明师资队伍在性别、年龄、专业、受教育程度及目前身份等方面的基本构成。调查数据显示，目前在我国从事对外汉语工作的兼职教师从总体看呈现以下几个特点。

一　教师性别比例

根据统计，兼职教师中的女性占全部人数的 83.5%，远多于男性的 16.5%。这一倾向在不同类别的高校中表现略有差异："985" 高校中女教师比例最高，达 89.7%，"211" 高校次之，女教师占全部兼职教师的 84.1%，而非 "211" 高校的女教师则占 81.4%，相对最低（见图 JZ－1）。

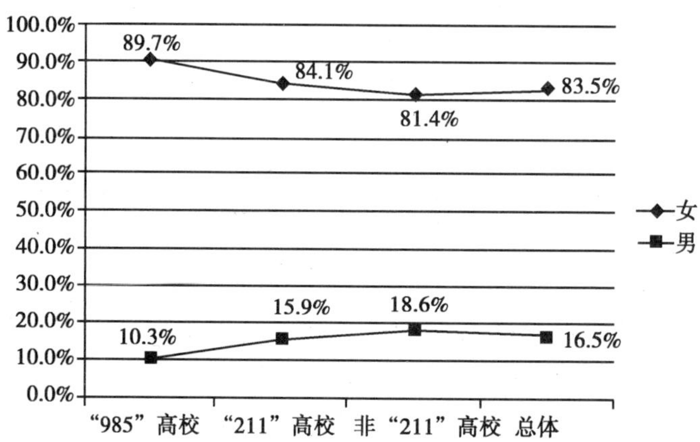

图 JZ－1　各类别高校兼职教师性别比

由于女性教师在绝对和相对数量上都远远多于男性教师，因此各年龄层次中男女教师性别比表现出与总体大致相同的倾向，但年龄越长，男性教师的比例相对越高（见图 JZ－2）。

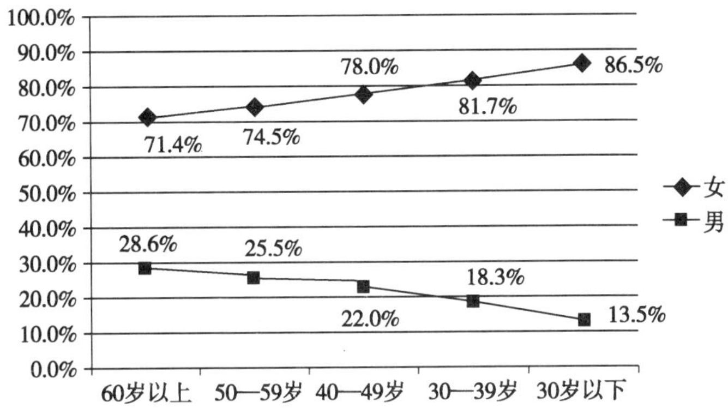

图 JZ－2　各年龄段兼职教师性别比

从学历层次看，最终学历越高，男性教师的比例相对越大，具有或正在攻读博士学位的教师中，男性比例达 33.4%，高于具有或正在攻读硕士学位的男教师比例（14.8%）和具有本科学历的男教师比例（13.8%）（见图 JZ－3）。

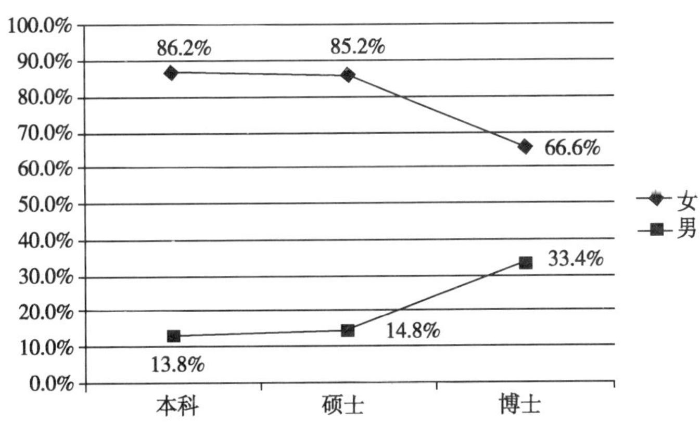

图 JZ－3　不同学历的兼职教师性别比

说明：本图中的“硕士”含“在读硕士生”，“博士”含“在读博士生”，下同。

二　年龄跨度

调查显示，目前兼职教师年龄最小的 21 岁，最大的 67 岁，在 20 岁到 60 岁的每个年龄层次均有分布，具有年龄跨度大的特点。

从年龄构成来看，30 岁以下的教师占全部人数的 59.6%，30—39 岁的占 26.1%，40—49 岁的占 9.9%，50—59 岁的占 3.3%，60 岁以上的占 0.1%（见图 JZ-4）。

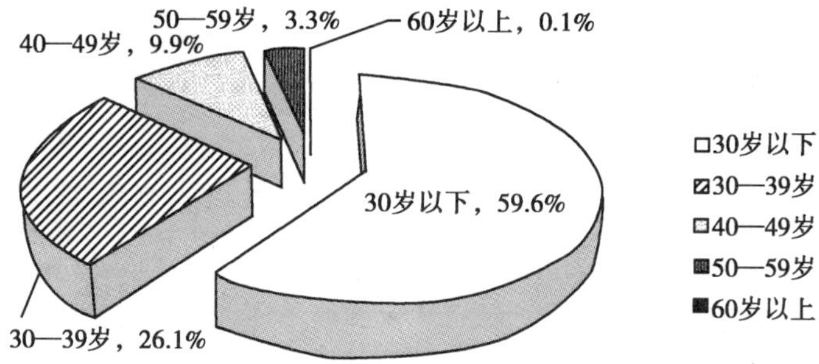

图 JZ-4　兼职教师年龄构成

1970 年以后出生的教师占教师总量的 80% 以上，全部教师的平均年龄为 32 岁，说明目前的兼职教师队伍主体非常年轻。

三　教师受教育程度及专业背景

从本次调查结果看，17.7% 的兼职教师具有本科学历，73.1% 的兼职教师具有或正在攻读硕士学位，具有或正在攻读博士学位的教师为 7.8%，三者占全部被调查教师人数的 98.6%，其中拥有或正在攻读硕士及以上学位的高学历教师占 80%。可见兼职教师普遍接受过高层次的学校教育（见图 JZ-5）。

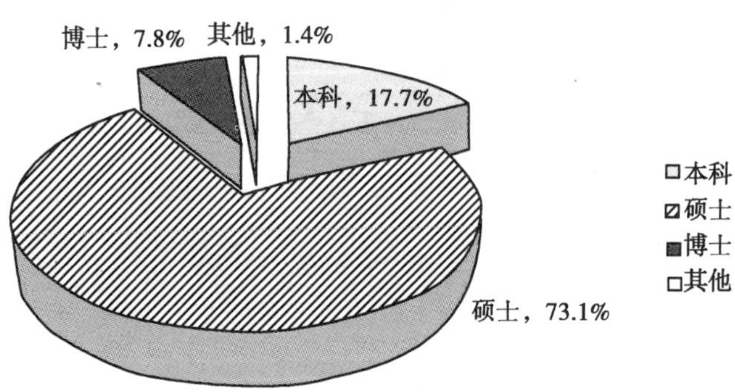

图 JZ-5　兼职教师学历构成

兼职教师的专业背景较为多元，所学专业涉及中文、对外汉语、新闻、外语、历史、社会学、影视、经济、管理、生物、物理、电子、自动化、信息工程、化学等十几个门类。不过，中文和对外汉语专业的毕业生仍然是对外汉语教学的主力，专业为中文的兼职教师占全部人数的43.9%，专业为对外汉语的兼职教师占25.6%，两者加起来占总人数的69.5%，其他依次为外语（20.2%），泛文科（8.3%）[①]，理工（2.0%）。可见，目前对外汉语兼职教师队伍主要由具有文科背景的教师组成，理工科专业背景的教师较少（见图JZ－6）。

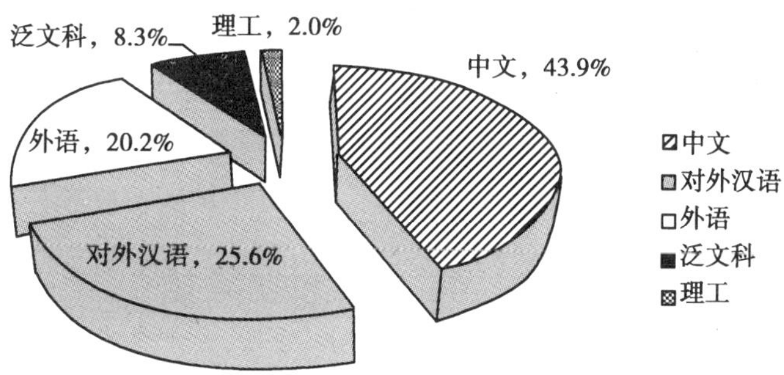

图JZ－6　兼职教师的专业分布

在中文专业的教师中，84.5%拥有或正在攻读硕士及以上学位，对外汉语专业的教师中则92.2%拥有或正在攻读硕士及以上学位，均高于兼职教师学历分布的一般水平。

四　兼职教师的主要构成

从兼职教师原本的职业身份来看，其他机构专职对外汉语教师8.1%，语文教师11.3%，外语教师14.1%，其他学科教师12.7%，加起来占总数的46.2%，因此总体来看，各类教师是目前高校兼职对外汉语教师队伍的主要成员。此外有35.7%的兼职教师由在读学生担任，也占有较大的比重。

但是在不同类型的院校中，学生教师的比重有明显不同。在“985”高校中，62.4%的兼职教师由在读学生担任，“211”高校里是50%，而非“211”高校里这一比例则下降到23.1%（见图JZ－7）。这可能是由于“985”或者“211”高校中招收更多对外汉语专业的学生，他们均有实习要求，因此这类学校中更多地由在读学生担任兼职教师。

① 本报告中的“泛文科”特指对外汉语、中文和外语专业之外的其他文科专业。

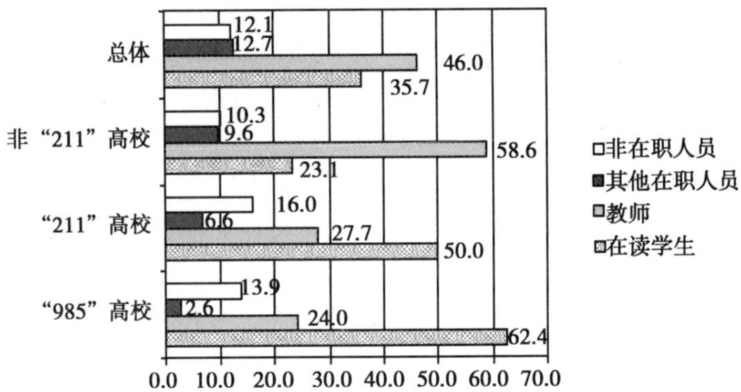

图 JZ－7 各类别学校的兼职教师身份分布（%）

第二节 基本技能掌握情况

本节主要介绍兼职教师掌握外语的语种及相关能力，普通话水平、运用教育技术辅导教学的能力以及掌握何种才艺。

一 外语的掌握情况

根据调查，兼职教师掌握的第一外语类型按照人数多少依次为英语（93.5%）、日语（2.8%）、俄语（2.7%）、韩语（0.4%）、法语、德语、西班牙语和其他各0.1%，没有人以阿拉伯语为第一外语，另有2人没有第一外语，占0.1%。

兼职教师掌握的第二外语类型按照人数多少则是日语（27.0%）、法语（12.2%）、韩语（9.7%）、英语（5.7%）、俄语（4.5%）、德语（3.7%）、西班牙语（2.5%）、阿拉伯语（0.2%），另有少量以印尼语、泰语、越南语等为第二语言的教师，占6.4%①，还有28.0%的兼职教师没有第二外语（见图 JZ－8）。

关于第一外语的掌握程度，37.9%的教师认为自己的第一外语掌握得很好，45.0%的人认为自己的第一外语掌握得较好，总数占全部调查人数的82.9%，只有0.9%和0.3%的被调查者认为自己的第一外语掌握得较差或

① 在图 JZ－8 中标为其他。

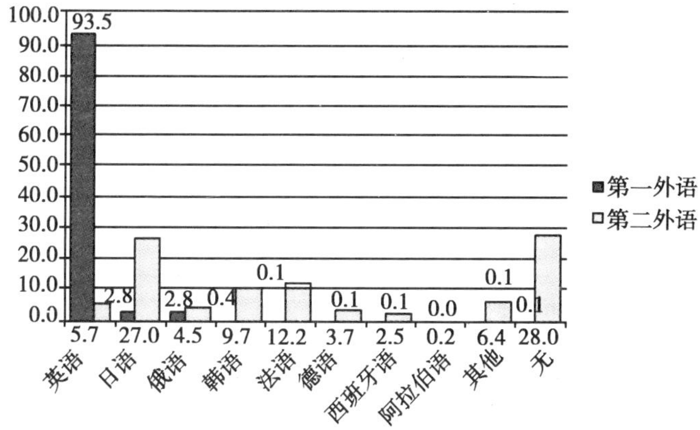

图 JZ－8　兼职教师第一、二外语语种（%）

差，仅占全部调查人数的 1.2%（见图 JZ－9）。

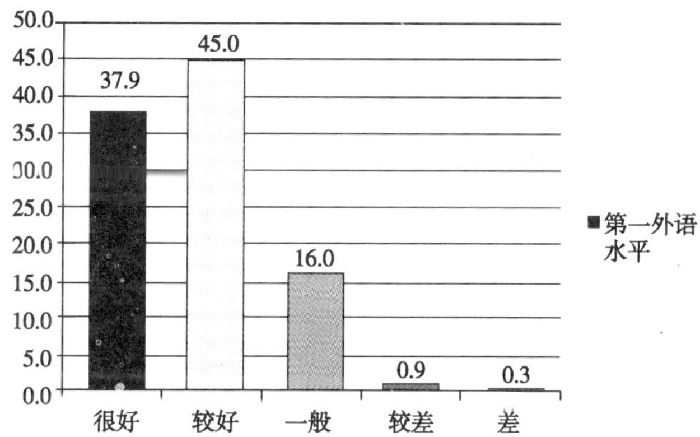

图 JZ－9　兼职教师第一外语水平分布（%）

但是第二外语的掌握程度远没有第一外语高，57.7% 的教师认为自己的第二外语水平一般，认为很好的占 4.4%，较好的占 14.4%，另有 17.3% 的教师认为自己的第二外语较差，认为差的占 6.2%（见图 JZ－10）。

综合以上数据来看，能够熟练掌握英语的教师数量比较多，而掌握其他语言，特别是俄语、德语、西班牙语、阿拉伯语等语种的兼职教师不多，高水平人才更少。

二　教师的普通话水平

除 85 位（6.0%）未参加过测试的兼职教师外，其他 1321 位填写了此

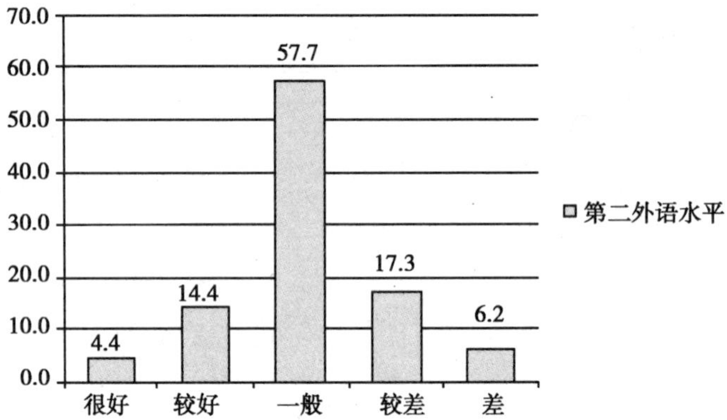

图 JZ－10　兼职教师第二外语水平分布（%）

项信息的兼职教师中获得一级甲等证书的有 40 人，占全部兼职教师人数的 2.8%；一级乙等 544 人，占 38.7%；二级甲等 673 人，占 47.9%。按照我国目前对教师的普通话要求，共有 89.4% 的教师达到文科类教师的普通话等级要求。另有 59 人普通话为二级乙等，占 4.2%；二级乙等以下的 5 人，占 0.4%，他们未能达到文科类教师的普通话等级要求（见图 JZ－11）。

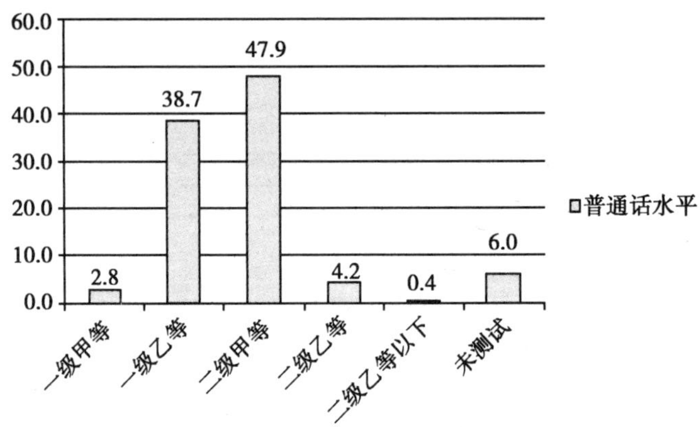

图 JZ－11　兼职教师普通话水平分布（%）

从专业上看，中文和对外汉语专业背景的教师普通话水平普遍较高，在二级乙等及以下的比例分别只有 2.3% 和 3.0%，外语、泛文科和理工科背景的教师中普通话二级乙等及以下的比例则为 8.6%、8.7% 和 14.8%，相对高一些（见图 JZ－12）。

从地域上看，华北地区和东北地区的兼职教师相对普通话水平更高一

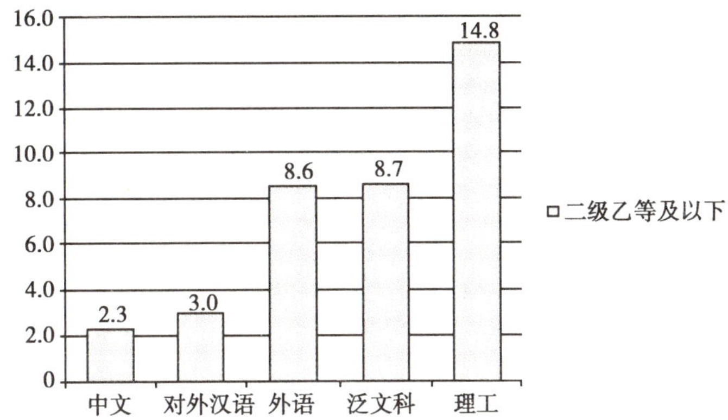

图 JZ－12　普通话水平二级乙等及以下的专业分布（%）

些，二级乙等及以下的教师比例分别只有 2.1% 和 0.7%，西北地区是 4.2%，华中地区 5.4%，华东地区 6.2%，华南地区 6.5%，西南地区 7.5%。这种差异大概与方言影响有关（见图 JZ－13）。

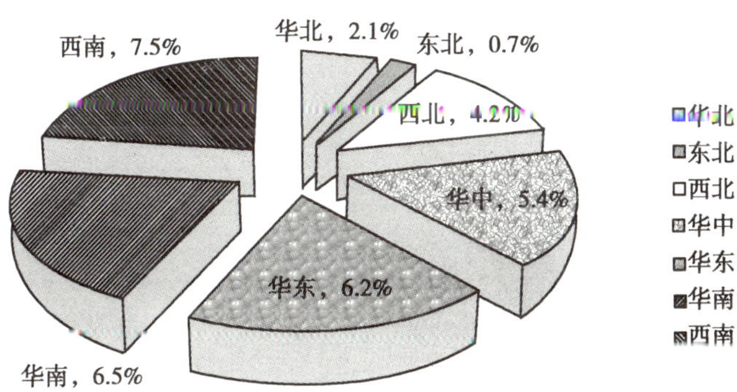

图 JZ－13　普通话水平二级乙等及以下的地区分布

三　教师运用现代教育技术的情况

在统计中，有 664 人认为自己能够很熟练地运用现代教育技术，占教师总数的 47.2%；另有 44.3% 的教师对现代教育技术的运用较为熟练；认为自己对现代教育技术掌握程度一般的有 110 人，占 7.8%；不太熟练的 7 人，占 0.5%；不熟练的 2 人，占 0.1%（见图 JZ－14）。

四　教师掌握的中华才艺

兼职教师能够教授给外国人的中华才艺有中国歌（1004 人，73.7%），

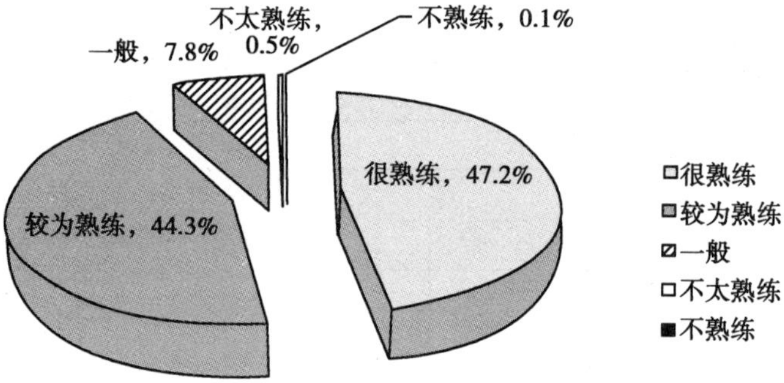

图 JZ-14　兼职教师现代教育技术掌握程度

烹饪（913 人，64.6%），棋牌类（726 人，51.3%），中华传统手工艺（509 人，36.0%），书法与篆刻（336 人，23.8%），中国武术（300 人，21.2%），民族舞蹈（233 人，16.5%），中国传统曲艺和戏剧（175 人，12.4%），中国画（164 人，11.6%），中国传统乐器（126 人，8.9%），其他（45 人，3.2%），另有 28 人（2.0%）无才艺可教授。从数量上来看，中国歌和烹饪是最常见的能够教授给外国人的中华才艺（见图 JZ-15）。

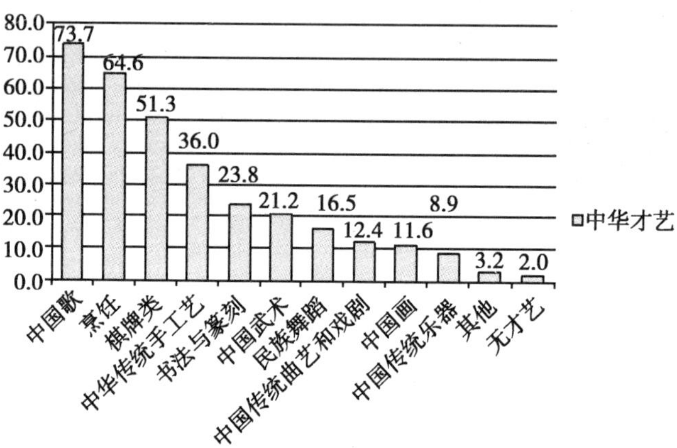

图 JZ-15　兼职教师可教授的中华才艺（%）

从统计还可以看出兼职教师的才艺类型与年龄具有一定关系。30 岁以下和 50—60 岁的教师具有中国传统乐器、书法与篆刻、中国画、民族舞蹈等方面才艺的比例明显高于 30—50 岁的教师；50—60 岁的教师具有中国传统曲艺戏剧等方面才艺的比例也高于其他年龄段的教师；而中华传统手工艺和中国武术方面则正好相反，30 岁以下的教师具有此才艺的比例最高。

第三节　海外经历

本节介绍对外汉语兼职教师的海外经历的调查结果，主要分为海外学习经历和海外教学经历两部分。本调查中所说的海外学习经历既包括短期学习、进修，也包括长期学习，但在具体调查中对学习类型不作区分；海外教学部分则重点调查了有海外教学经历教师的任教国家、任教机构、任教的合计时间、所教授的学生类型及授课方式。同时调查教师在海外任教过程中所遇到的工作困难及生活困难类型。

一　海外学习经历

在接受此项调查的1371人中，共有255人有过或长或短的海外学习经历，占全部被调查人数的18.5%。从学校类型来看，"985"高校中有过海外学习经历的兼职教师比例略高于"211"高校和非"211"高校，但这种差异并不显著。

有海外学习经历的兼职教师在年龄、学历和地域分布上表现为以下几个特点。

（一）留学经历比例与年龄段的关系

根据统计，有96名30—39岁的兼职教师和93名30岁以下的兼职教师有过海外留学经历，分别占有留学经历兼职教师总数的38.1%和36.9%。此外40—49岁的兼职教师有41人，占16.3%；50—59岁的15人，占6.0%；60—69岁的7人，占2.8%（见图JZ－16）。由此可见，40岁以下的青年教师是这部分教师中的主体。但是相比全部兼职教师中高达85.7%的青年教师比例而言，有海外学习经历的青年教师并不算很高。

从有海外学习经历的兼职教师人数在各年龄组内部的占比来看，年龄越大相应的留学人数比例也越高。在20—29岁组中，有海外学习经历的教师占该年龄组全部教师的12.9%；而30—39岁组中，这一比例则有22.4%；40—49岁组中相应比例是25.8%；50—59岁组为31.9%；60—69岁组最高，占50.0%（见图JZ－17）。

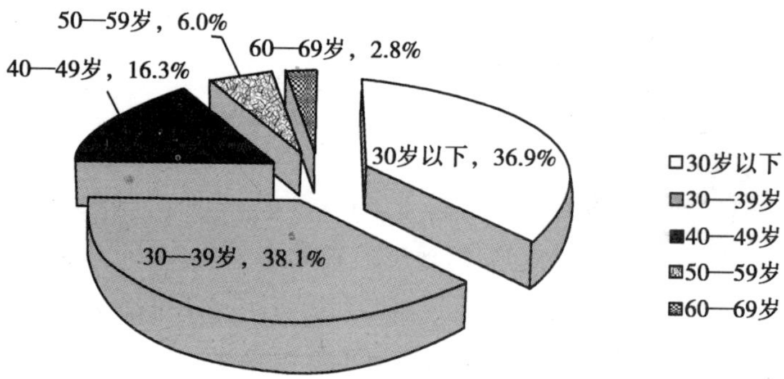

图 JZ－16　有海外学习经历兼职教师的年龄分布

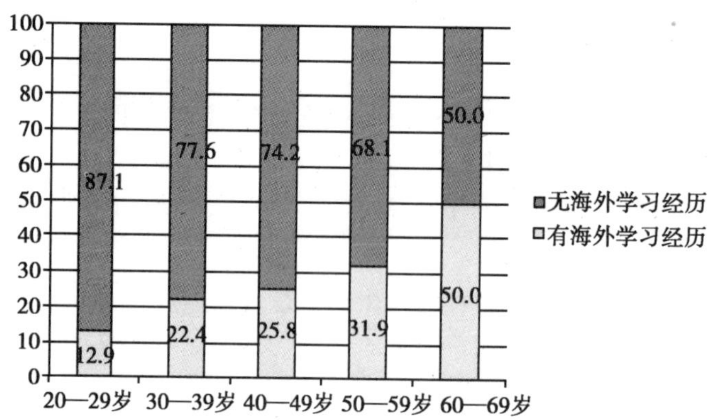

图 JZ－17　各年龄段是否有海外学习经历人数对比（%）

（二）教师留学经历与教师学历的关系

从受教育程度看，有过留学经历的兼职教师中，具有硕士学位[①]的（含正在攻读的）共166人，占65.9%；具有本科学历者65人，占25.8%；另有博士（含在读博士生）21人，占8.3%（见图JZ－18）。硕士（含在读硕士生）仍在绝对数量上最大，这与兼职教师总体的学历分布状况一致。

但是从他们在各学历层次内部的占比来看，本科学历的兼职教师中有留学经历的比例最高，达到27.4%；其次是博士（含在读博士生），占20.4%，硕士（含在读硕士生）中有留学经历者只占全部硕士（含在读硕士生）的16.2%（见图JZ－19）。

① 此处所指的学历不区分在国内获得还是在海外获得。

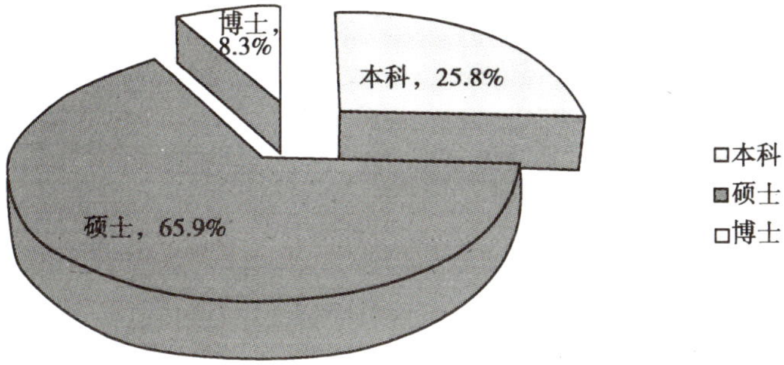

图 JZ－18　有留学经历兼职教师的学历分布

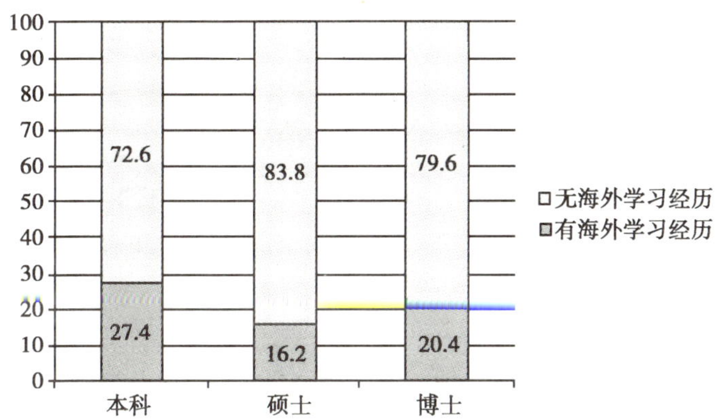

图 JZ－19　各学历层次兼职教师中有无海外学习经历人数对比（%）

（三）海外学习经历与地区的关系

从地域上看，有海外学习经历的兼职教师的数量由多到少分别为华北地区 68 人（26.8%），西南地区 42 人（16.5%），华东地区 41 人（16.4%），华南地区 40 人（15.7%），东北地区 29 人（11.4%），华中地区 17 人（6.7%），西北地区 17 人（6.7%），可见华北地区有过海外学习经历的兼职教师在绝对数量上占有优势（见图 JZ－20）。

但考虑到各地区参与问卷的兼职教师人数并不相同，从各地区内部来看，西南地区兼职教师中有过海外学习经历者比例最高，达到该地区被调查兼职教师数量的 26.8%，其他依次是华南地区 22.6%，华北地区 21.4%，东北地区 19.5%，华中地区 14.9%，华东地区 13.0%，西北地区 12.4%（见图 JZ－21）。

从上面的统计还可发现，无论是绝对数量上，还是本地区占比上，西北

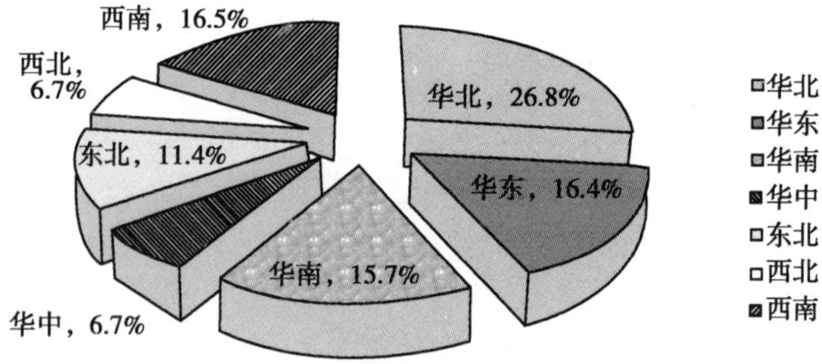

图 JZ－20　有海外留学经历兼职教师的地区分布

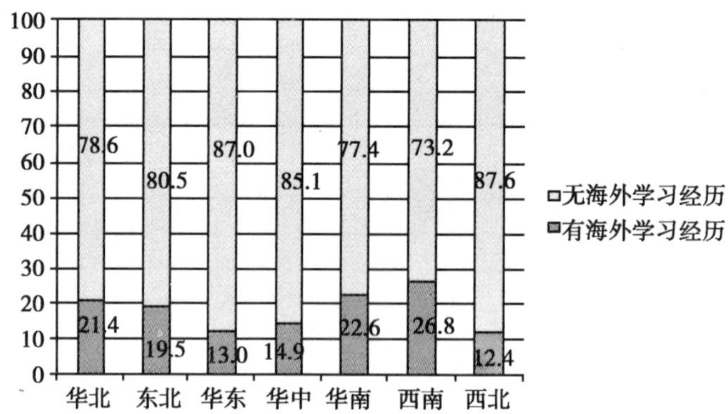

图 JZ－21　各地区兼职教师有无海外学习经历的人数对比（%）

地区的兼职教师中有过海外学习经历者都最少。

二　海外教学概况

本节从任教的国家、机构类型、任教时间、学生类型、授课方式等方面概述兼职教师海外任教的基本情况。参与该项调查的1314位兼职教师中有246人有过海外教学经历，占全部被调查人数的18.7%。从调查情况看，兼职教师海外任教基本呈现以下特点。

（一）任教国家和任教经历

根据我们的统计，兼职教师的海外任教国家主要分布在亚洲，其中东南亚国家33.1%，韩国17.1%，亚洲其他国家和地区16.3%，日本6.9%，共73.4%。此外欧洲18.0%，美国15.1%，加拿大和大洋洲都是2.5%，非洲1.9%，中南美洲1.3%（见图JZ－22）。

从任教国家的数量来看，91.8%的教师只去过一个国家教授汉语，去过

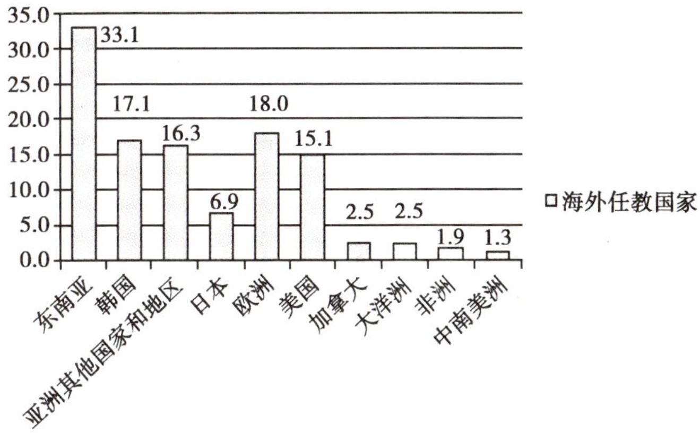

图 JZ－22　兼职教师海外任教的国家分布（%）

2—3 个国家的占 6.5%，去过 4—6 个国家的仅占 1.6%。由此看来，大部分教师的海外教学经历比较单一。

（二）主要海外任教机构

兼职教师赴海外任教的机构类型按照人数的多少依次为大学 133 人（55.2%），中学 84 人（34.9%），社会语言培训机构 46 人（19.1%），小学 33 人（13.7%），其他类 19 人（7.9%），幼儿园 7 人（2.9%）（见图 JZ－23）。

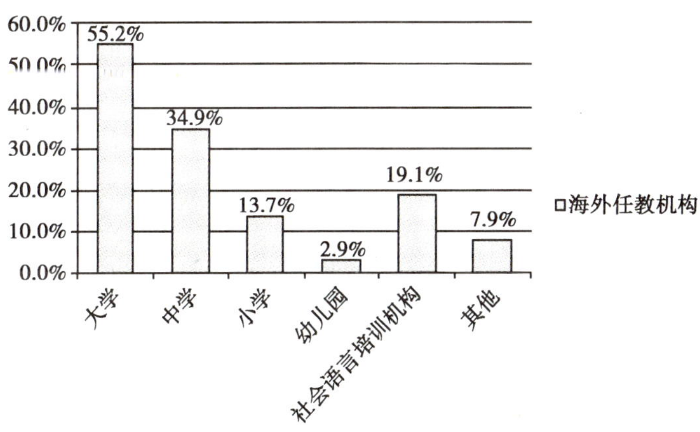

图 JZ－23　兼职教师海外任教的机构类型分布

说明：此题为多选题，因此百分比加和可能超过 100%。

从各年龄组来看，人数排在前两位的任教机构都是大学和中学，但是

30 岁以下的教师有更多去中学任教的经历，占 43.4%，去大学的有 34.9%，30 岁以上的教师则主要在大学任教，30—39 岁的教师中 65.8% 有在大学任教的经历，40—49 岁组的这一比例达到 76.3%，50—59 岁组则达到 81.3%。可见年龄大的兼职教师有更多去大学任教的经历（见图 JZ－24）。

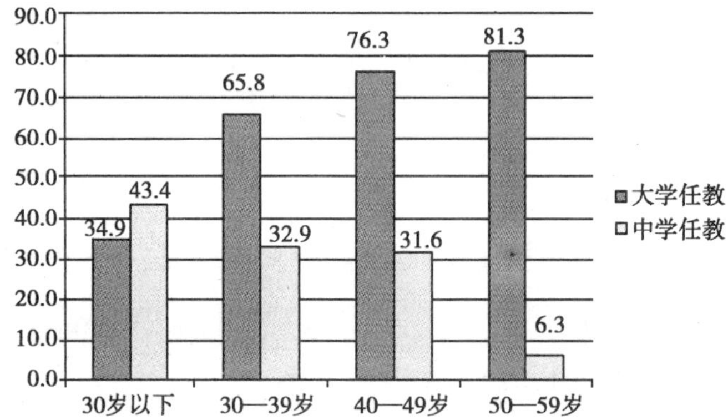

图 JZ－24　各年龄段兼职教师在海外中学和大学任教的人数对比（%）

说明：此题为多选题，因此百分比加和可能超过 100%。

（三）海外任教时间

根据调查，17.6% 的教师只有不足 6 个月的海外任教时间，另有 45.8% 的教师海外任教时间在 6 个月到 1 年，也就是说 62.8% 的教师海外任教时间在 1 年以内，海外任教 1—2 年或者 2 年以上的均为 18.4%（见图 JZ－25）。

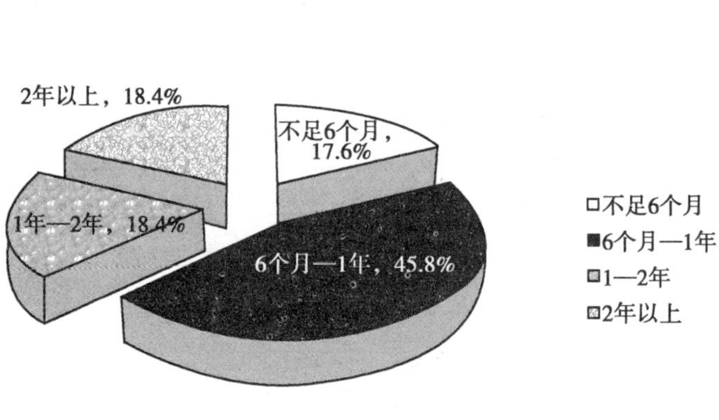

图 JZ－25　兼职教师海外任教累计时长分布

（四）海外主要任教方式

在海外任教方式上，有 89.4% 的教师采用班级授课的任教方式，传统的班级授课的方式仍然是主导，这与教师赴海外任教主要在大中小学工作有关。此外 37.3% 的教师参与过个别辅导类的汉语教学，可见个别辅导方式的汉语教学已经在海外汉语教学中占有相当大的比重。仅有 4.5% 的教师参与过网络教学工作，可见网络教学尚未成为海外教学中的常见形式（见图 JZ-26）。

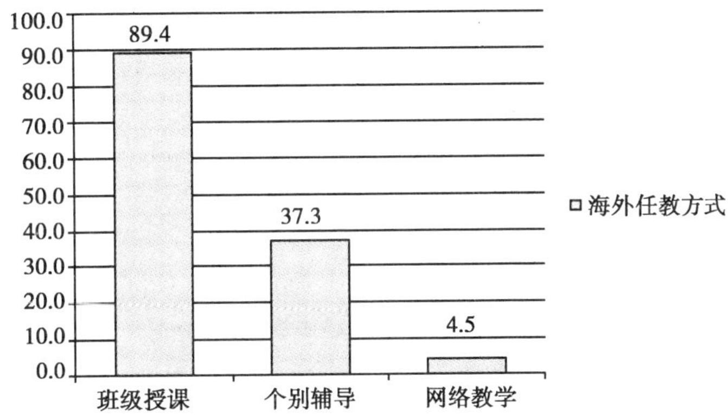

图 JZ-26　兼职教师海外任教方式分布（%）

说明：此题为多选题，因此百分比加和可能超过 100%。

三　海外教学困难分析

我们以多项选择的形式调查了兼职教师海外任教期间在生活和工作上是否存在困难，以及主要存在哪些困难。调查显示 46.9% 的教师认为自己在海外任教期间没有生活方面的困难，认为自己在海外任教期间没有工作方面困难的教师也占 41.8%。可见这些教师的海外适应能力还是较强的。

根据调查，他们在海外生活和工作中遇到的困难主要表现在以下几个方面。

（一）外语能力与生活困难

兼职教师海外任教期间遇到的最大生活障碍依次为语言障碍（17.6%），住房（14.6%），生活琐事（11.7%），经济问题（11.3%），饮食（10.9%），交友（3.8%），其他（6.3%）。

不过任教国家不同，生活上的首要困难也不尽相同。语言障碍在除日本以外的亚洲国家显得较为突出，而在日本和欧美执教的教师语言障碍较少，经济、住房和饮食是更重要的问题。该统计同时显示在日本和欧洲执教的兼职教师无困难的比例最高（见表 JZ-1）。

表 JZ－1　主要任教国家生活首要困难与无困难比例

任教国家	首要困难		无困难
	类型	比例（%）	比例（%）
日本	经济问题	13.3%	60.0%
韩国	语言障碍	38.1%	42.9%
东南亚	语言障碍/住房	17.7%/17.7%	45.6%
亚洲其他国家和地区	语言障碍	25.6%	38.5%
欧洲	经济问题/饮食	16.3%/16.3%	58.1%
美国	住房	19.4%	50.0%

我们的调查还表明外语能力的高低与海外生活的适应能力有相关性。外语能力一般的教师有 37.5% 认为无困难，外语能力较好的教师中 41.8% 认为无困难，外语能力很好的教师中则 56.4% 认为无困难。外语能力越好其海外生活无困难的比例越高，可见提高外语能力对于教师的海外生存具有重要意义。

从这个数据还可以看出，虽然 82.9% 的教师认为自己具有较好的第一外语水平，但语言不通仍然是在海外生活中最大的困难。这大概是因为目前第一外语主要是英语，而海外任教的国家更多是在亚洲国家，由此可见加强小语种培训，对提高赴海外任教教师的适应能力十分必要。

（二）工作中的语言障碍

教师海外任教期间在工作中遇到的困难依次是：语言障碍（21.5%），对教学对象缺乏了解（16.5%），教学任务繁重（13.5%），知识储备不足（11.0%），不适应当地教育文化（5.1%），公关、管理能力不足（4.6%），其他（5.5%）。语言障碍再次成为工作中的最大困难。

不过在不同国家任教，问题也不尽相同。在欧美任教的教师往往语言障碍不大，他们面临的最大问题是教学任务繁重。去日本的教师则认为知识储备不足是最大问题，语言障碍也不大（见表 JZ－2）。

表 JZ－2　主要任教国家工作首要困难与无困难比例

任教国家	首要困难		无困难
	类型	比例（%）	比例（%）
日本	知识储备不足	17.6%	70.6%
韩国	语言障碍	29.3%	51.2%

续表

任教国家	首要困难		无困难
	类型	比例（%）	比例（%）
东南亚	语言障碍	30.0%	33.8%
亚洲其他国家和地区	对教学对象缺乏了解	33.3%	20.5%
欧洲	教学任务繁重	12.2%	65.9%
美国	教学任务繁重	17.6%	61.8%

（三）困难多寡与执教国家的关系

数据显示，执教日本的教师中70.6%认为工作上无困难，而在日、韩、东南亚以外亚洲国家任教的教师工作无困难的比例则仅为20.5%，也就是说在这些地区任教的教师可能遇到的困难更多，其中最大的困难就是对教学对象缺乏了解（见表JZ－2）。

（四）海外任教时间与教师工作困难的关系

海外任教2年及以上的教师中有65.9%认为工作无困难，65.9%认为生活无困难；1—2年的教师有53.7%认为工作无困难，46.5%认为生活无困难；任教6个月—1年的教师36.6%认为工作无困难，44.0%认为生活无困难；任教不足6个月的教师只有23.1%认为工作无困难，认为生活无困难的是41.5%（见图JZ－27）。可见海外任教时间越长，对海外工作和生活环境越能适应。

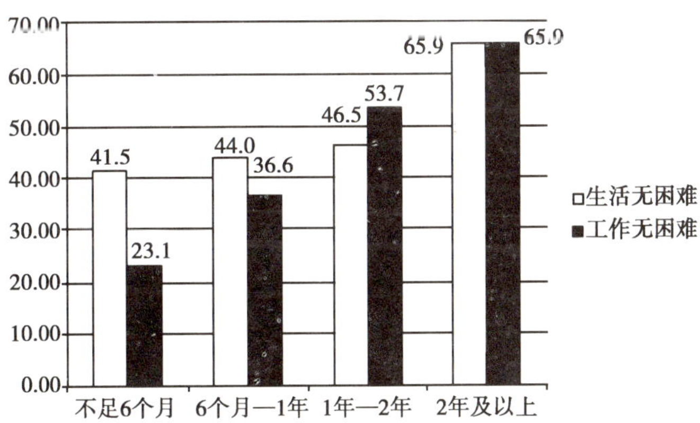

图JZ－27　兼职教师任教时间与生活、工作无困难的比例（%）

但是对于任教6个月到2年的教师而言，语言障碍仍是他们工作中的首要困难，其中任教 6 个月到 1 年的教师中 21.4% 认为在工作中有语言障碍，任教 1—2 年的教师中这一比例达 31.7%。此外 6 个月以内的短期工作还会有对教学对象缺乏了解（28.2%）和知识储备不足（23.1%）的困难。而在生活上，海外任教 6 个月以内或 2 年以上的教师中最大问题是住房，分别占各自教师人数的 17.1% 和 12.2%。

第三章

兼职教师教学生存现状

第一节　教学情况概貌

这一节根据调查结果介绍兼职教师的教龄、学生类型以及主要授课课型的基本情况，以及与上述三项相关的因素。具体情况如下：

一　兼职教师平均教龄及其与学校类型的关系

从调查统计上看，从事对外汉语教学时间最长的教师已有 36 年教龄，而最短的还不足 1 年。兼职教师的平均教龄为 5.0 年，学校类型与平均教龄有一定的关系："985" 高校兼职教师的平均教龄是 3.6 年，"211" 高校是 4.4 年，非 "211" 高校则是 5.5 年，这可能与 "985"、"211" 高校招收了更多相关专业研究生，而这些研究生需要安排实习有关（见图 JZ－28）。

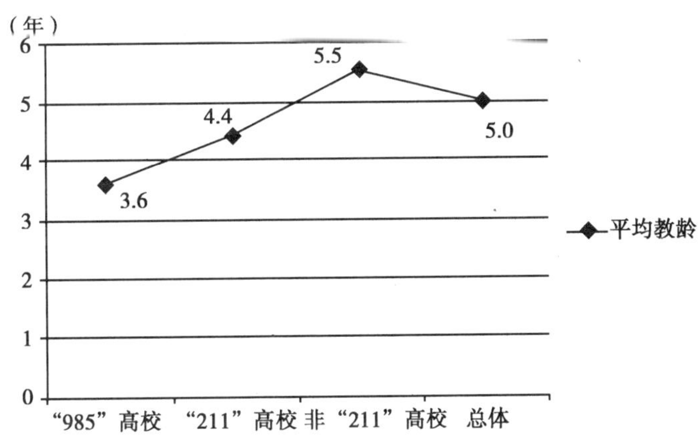

图 JZ－28　各类型学校的兼职教师平均教龄

二　教学对象的类型

根据调查，兼职教师教授的外国学生类型是大学生（91.1%），中学生（29.0%），小学生（13.6%），幼儿园孩子（4.9%），其他（16.7%）（见图 JZ－29）。可见，大学生是兼职教师最主要的教学对象。

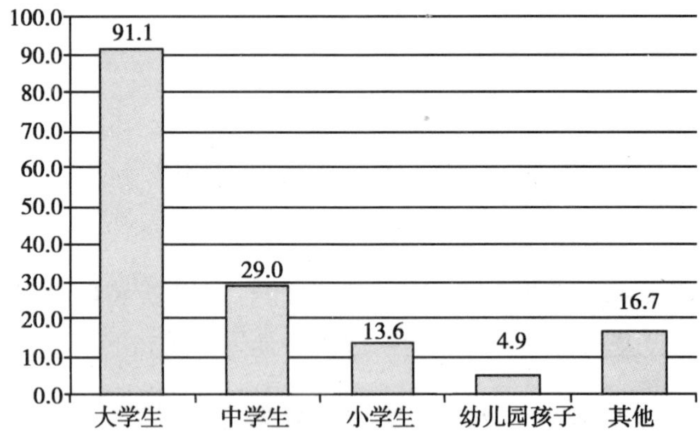

图 JZ－29　兼职教师教学对象分布（%）

说明：此题为多选题，因此百分比加和超过 100%。

从教学对象的类型多样性来看，有 62.3% 的兼职教师只给一类学生上过课，给两类学生上过课的占 25.2%，另有 12.5% 的教师给三种及以上类型的学生上过汉语课。大部分教师的教学对象比较单一（见图 JZ－30）。

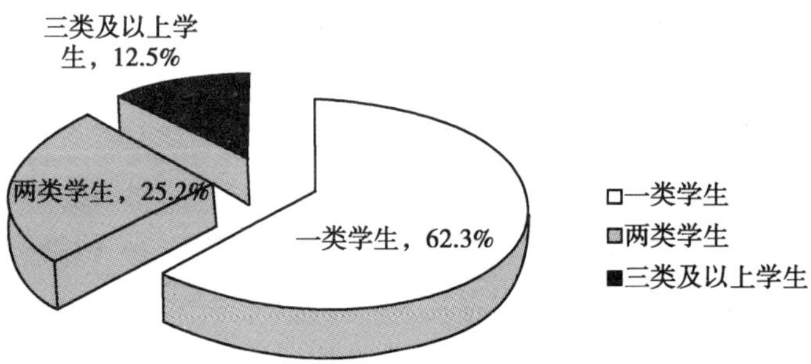

图 JZ－30　兼职教师教学对象类型数量比

三　主要授课类型

按照人数多少，兼职教师教授的课程类型依次为语言技能课（84.7%），语言知识课（74.1%），文学文化课（42.3%），才艺课（11.3%），其他课程（1.8%）（见图 JZ－31）。语言技能课和语言知识课是对外汉语教学的主要课程，因此教授过此类课程的教师也相对较多。

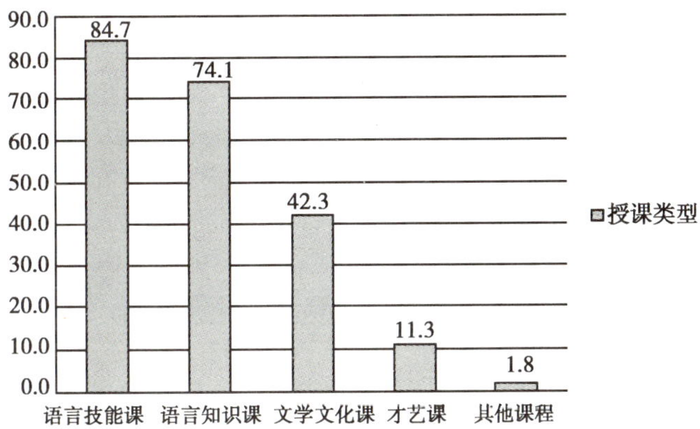

图 JZ－31　兼职教师授课类型分布（%）

说明：此题为多选题，因此百分比加和超过 100%。

另据统计，有 35% 的兼职教师上过三种及以上课型，上过两种课型的教师有 37.8%，仅 27.2% 的教师只上过一类课程。可见兼职教师授课的类型比较多样（见图 JZ－32）。

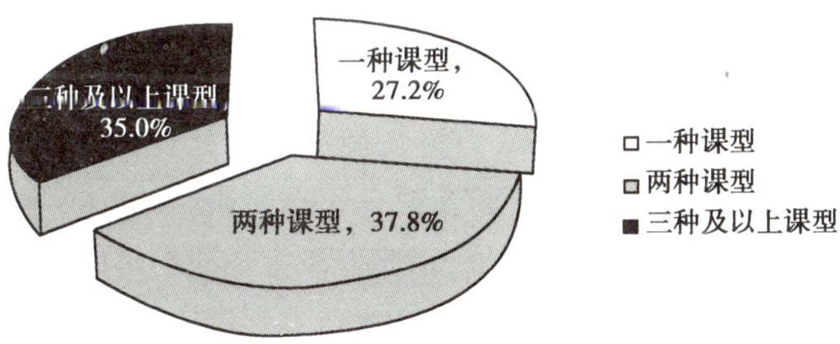

图 JZ－32　兼职教师授课类型数量比

四　教师专业与授课类型的关系

通过调查我们发现，48.9% 的中文专业的兼职教师教授过文学文化类课程，是这类课程中比例最高的，而理工科背景的教师教授文学文化类课程的比例最低，仅 12.0%；同时统计显示，91.0% 具有对外汉语专业背景的兼职教师教授过语言技能类课程，相比其他专业背景的教师而言是最高的。由此可见教师的专业背景与授课类型存在一定的相关性。

但是这种相关性是十分有限的。以专业性要求较高的语言知识类课程为例，教授此类课程的不同专业背景教师在各自专业教师中所占比例分别为中文76.6%，外语75.3%，对外汉语71.3%，泛文科69.3%，理工64%。比例最高的中文与比例最低的理工之间也不过相差12.6个百分点，且占比都在60%以上，也就是说无论什么专业背景，都有60%以上的教师教授过语言知识类课程。

第二节　教师在语言教学方面的整体专业素养

本节介绍教学相关情况调查中的三项内容：兼职教师擅长的语言技能课类型，兼职教师在准备语言技能课时考虑较多的问题，以及兼职教师认为进一步改善教学效果的最大障碍。

调查数据分为两部分分别介绍：第一部分是对三项内容的基本统计数据进行展示与分析；第二部分是对上述三项内容与对外汉语教学的教龄、兼职教师的专业背景、授课对象等其他因素之间的相关性分析。

一　基本数据分析

（一）兼职教师最擅长的课型

按照人数多少，兼职教师认为擅长的语言技能课课型依次为口语课（会话课）（1078人，76.3%）、精读课（综合课）（930人，65.8%）、听力课（497人，35.2%）、视听说课（视听课/听说课）（440人，31.1%）、泛读课（325人，23.0%）、写作课（205人，14.5%）、报刊课（125人，8.8%），其他（29人，2.1%）（见图JZ-33）[①]。

（二）教师备课时最优先考虑的问题

在准备语言技能课时兼职教师考虑较多的问题依次是：选择教学策略和教学方法（1080人，76.2%）、确定教学目标和教学重点与难点（884人，

① 不同学校开设的语言技能课不尽相同，有些学校并未开设上述列表中的全部课程，可能会影响此项调查的某些结果，但口语、精读、听力三类课程是对外汉语教学的基础课程，因此图JZ-33中只展示这三类课型的数据对比。

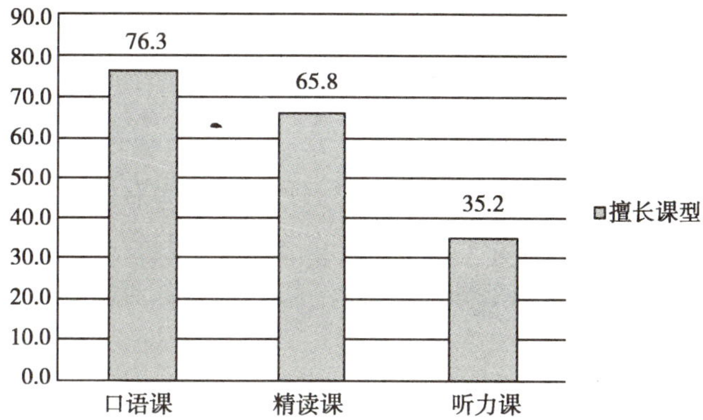

图 JZ－33　兼职教师擅长的基本课型比（%）

说明：此题为多选题，因此百分比加和超过 100%。

62.4%）、设计学生活动（873 人，61.6%）、设计具体词汇和语法点的讲练（688 人，48.6%）、制作教学课件（234 人，16.5%）、查找相关资料（203 人，14.3%）、设计作业和评估方式（98 人，6.9%）、其他（3 人，0.2%）。调查显示，兼职教师在语言技能课的备课过程中，对教学策略与方法的选择最为重视（见图 JZ－34）。

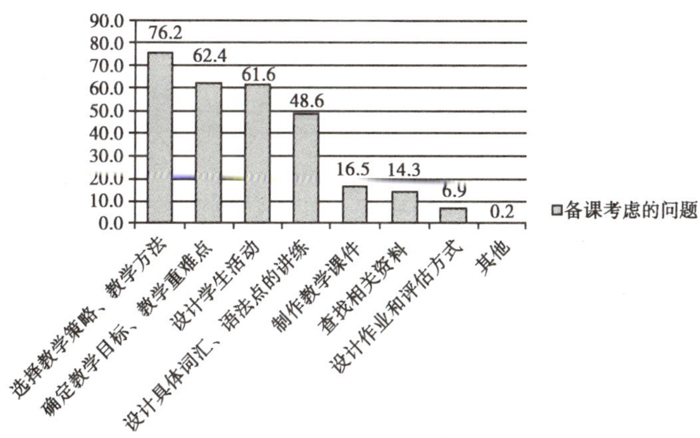

图 JZ－34　兼职教师备课时考虑较多的问题（%）

说明：此题为多选题，因此百分比加和超过 100%。

（三）影响教学效果进一步提升的主要因素

影响兼职教师教学效果提升的因素分别是：学生水平差异太大（628 人，44.9%）、教辅材料匮乏（553 人，39.5%）、教学经验不足（438 人，

31.3%)、教材不适用(435 人，31.1%)、汉语教学理论欠缺(322 人，23.0%)、汉语本体知识欠缺(157 人，11.2%)、学生不配合(92 人，6.6%)、汉语教学能力欠缺(77 人，5.5%)、上课缺乏激情(19 人，1.4%)、其他(27 人，1.9%)(见图 JZ－35)。有接近半数的教师认为学生水平参差不齐影响了教学效果的改善，此外教辅材料匮乏、教材不适用等客观原因都排在前列，说明教师更多认为学生、教材等客观因素制约了教学效果的提高。这样的归因结果也显示兼职教师教学反思的意愿和能力都有待加强。

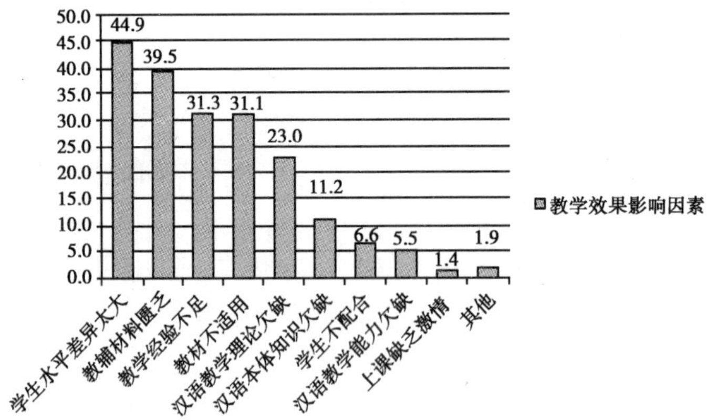

图 JZ－35　影响教学效果提升的因素(%)

说明：此题为多选题，因此百分比加和超过 100%。

二　相关因素分析

(一) 对精读课教学的自信度与教师专业背景及从教时间的关系

虽然精读课在教师认为最擅长的课型总体排名中位列第二，但不同专业背景的兼职教师对此认识并不一致。对外汉语专业的教师有 70.2% 认为自己擅长精读课教学，中文专业教师这一数据是 68.4%，外语是 64.6%，泛文科是 48.7%，理工背景的教师则仅有 33.3% 认为自己擅长精读课教学，远低于此项调查的平均值 65.8%。可见教师的专业背景与对外汉语教学关联度越大，教师对精读课教学越有自信。

从事对外汉语教学的时间长短也对精读课教学的自信度有影响。从教 1—2 年的兼职教师中 58.2% 认为自己擅长精读课教学，从教 3—5 年的则有 66.9%，6—10 年的有 70.1%，10 年以上的则达到 73.3%。统计说明对外汉语教学教龄越长的教师对精读课教学越有自信。

（二）学生类型对教师备课时考虑的问题的影响

虽然从总体上看，教师在备课时考虑较多的问题依次是教学策略、方法的选择；确定教学目标、教学重点、难点以及设计学生活动。但教学对象是小学生时，设计学生活动会被更多的教师考虑（见表 JZ－3）。

表 JZ－3　面对各类型学生备课时考虑的主要问题　（%）

	选择教学策略、教学方法	确定教学目标、教学重点、难点	设计学生活动
幼儿园孩子	77.9	63.2	63.2
小学生	79.9	65.1	66.1
中学生	78.9	64.4	64.2
大学生	76.2	61.8	61.1
其他	74.1	64.7	62.9
总体	76.2	62.4	61.6

（三）不同教龄的教师对影响教学效果的因素看法不同

从教时间 1—2 年的教师认为影响教学效果提高的最大障碍首先是自身因素，即教学经验不足，其次是学生水平差异太大，最后是教辅材料匮乏。而从教时间在 3 年及以上的教师排在前三位的都是客观因素：学生水平差异太大、教辅材料匮乏、教材不适用。可见教龄低的教师教学反思的意愿要高于教龄高的教师。

第三节　教师对教学的自我认知

本节主要调查兼职教师对教学情况的自我评价情况，包括是否对教学有兴趣（简称“兴趣度”）、是否认为自己胜任教学工作（简称“胜任度”）以及是否认为自己的教学成功（简称“成功度”）。统计分析分为两个部分：第一部分介绍基本数据，第二部分分析年龄、学历、专业、从业时间等因素与教学自我评价的相关性。

一　基本数据分析

（一）教师对教授语言技能课的兴趣度

我们将对语言技能课教学的兴趣度分为 5 度，1 为没兴趣，2 为不太有兴趣，3 为一般，4 为较有兴趣，5 为很有兴趣，调查者中有 77.2% 的兼职教师表示对语言技能课教学很有兴趣，21.3% 较有兴趣，加起来占全部的 98.5%。表示兴趣一般的占 1.4%，只有 0.1% 的兼职教师选择没有兴趣（见图 JZ-36）。平均兴趣度高达 4.8。从这个统计可以看出教师对自己目前从事的教学工作普遍表现出较高的兴趣。

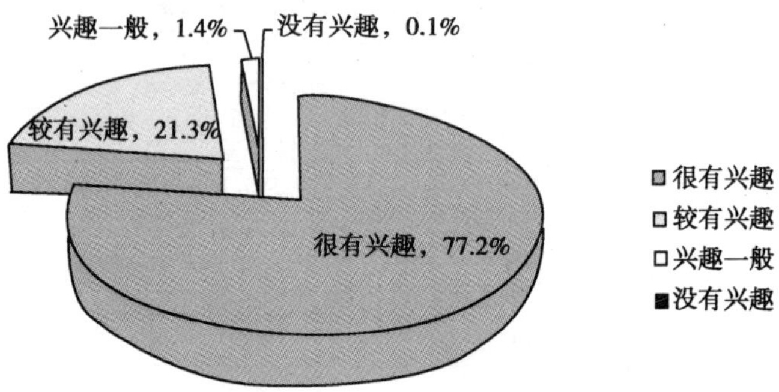

图 JZ-36　兼职教师对语言技能课教学的兴趣度

（二）教师语言技能课的胜任度

在这项调查中，没有教师认为自己不胜任或者不太胜任语言技能课的教学工作。50.6% 的兼职教师认为自己完全胜任语言技能课教学，认为自己较胜任的占 46.6%，另有 2.8% 的兼职教师选择一般（见图 JZ-37）。由此看来，兼职教师对自己从事语言技能课教学的胜任度评价很高。

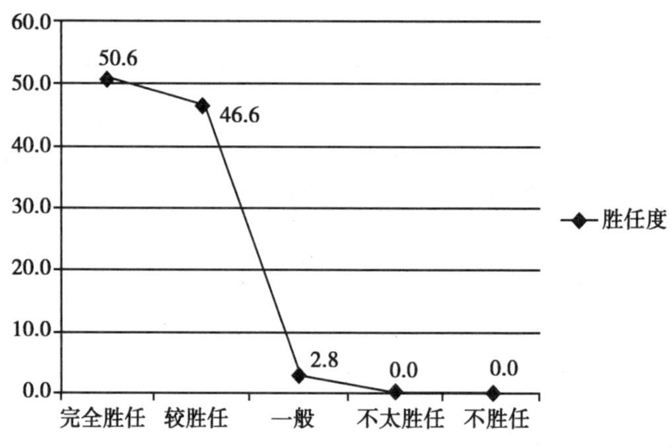

图 JZ-37　兼职教师语言技能课教学的胜任度评价（%）

（三）教师语言技能课的成功度

有 24.6% 的兼职教师认为自己的语言技能课教学很成功，68.9% 的兼职教师认为教学比较成功，认为一般的有 6.5%，认为不太成功仅 0.1%，没有人认为自己的教学不成功，全体教师的平均成功度为 4.2（见图 JZ－38）。可见兼职教师对自己的教学效果普遍较为认可。

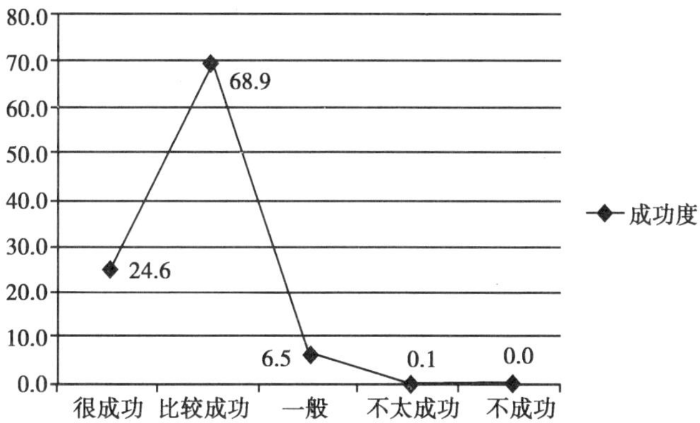

图 JZ－38　兼职教师语言技能课教学的成功度评价（%）

二　影响因素分析

（一）外语水平与教学兴趣度以及普通话水平与教学成功度的关系

虽然总体而言兼职教师对语言技能课教学的兴趣度都较高，但仍可看出第一外语水平高的教师对语言技能课教学的兴趣度也相对更高。据统计，第一外语能力差的教师对语言技能课教学的平均兴趣度为 4.5，外语能力较差的教师平均兴趣度为 4.6，外语能力一般的教师平均兴趣度为 4.6，外语能力较好的教师平均兴趣度为 4.7，这四类教师的平均兴趣度均低于全体教师的兴趣度平均值为 4.8，而外语能力很好的教师平均兴趣度为 4.9，高于全体教师的平均值为 4.8（见图 JZ－39）。

我们将语言技能课教学的成功度也分为共 5 级，1 为不成功，5 为很成功。全体教师的平均成功度为 4.2，即大部分认为自己的语言技能课教学较为成功。但普通话水平二级乙等以下的教师的成功度平均值仅有 3.4，二级乙等的教师平均成功度为 4.1，均低于 4.2 的平均值，二级甲等、一级乙等的教师为 4.2，一级甲等教师的平均成功度为 4.3（见图 JZ－40）。可见普通话水平的高低影响了教师对自身教学效果的评价，普通话水平相对较低的

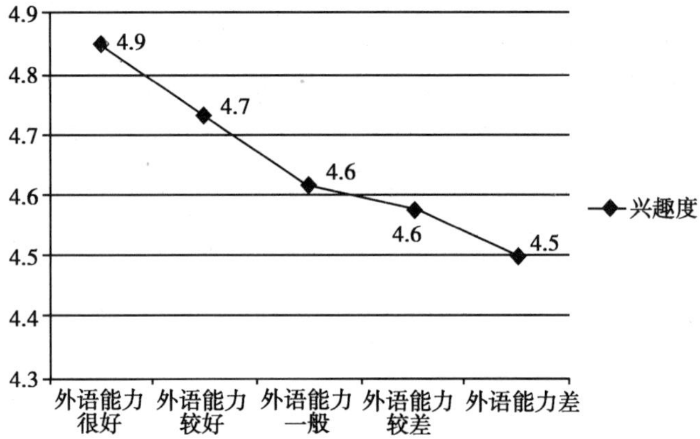

图 JZ－39　兼职教师外语能力与教学兴趣度

教师对自身教学成功度的评价也较低。

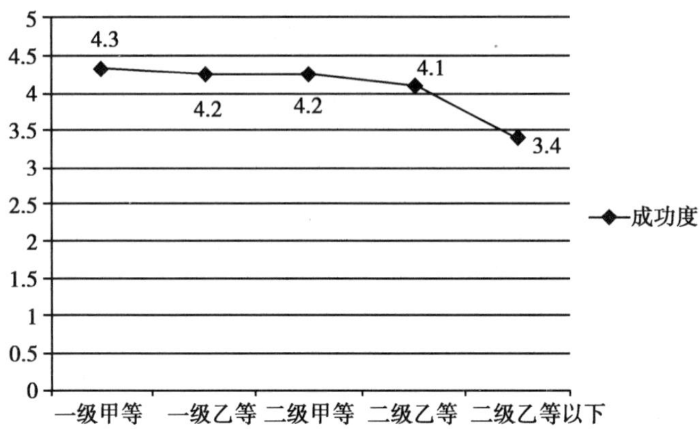

图 JZ－40　兼职教师普通话水平与教学成功度

（二）性别对教学的兴趣度和成功度的影响

性别对语言技能课教学的兴趣度、胜任度和成功度均有所影响，虽然这个影响看起来并不十分显著。从调查来看，女性教师对教学的兴趣度平均值为 4.80，略高于男性教师的 4.70，且 1162 名女性教师中没有一人认为自己对语言技能课教学不感兴趣。

从成功度来看，男性教师对自己语言技能课教学的成功度评价稍高于女性教师。首先是男性教师的成功度平均值为 4.20，略高于女性教师的 4.18；其次表现在没有男性教师认为自己的教学不成功或不太成功，而女性教师中却有人认为自己的教学不太成功。

不过从数据上看，教师性别与教学兴趣度和成功度的关系并不大（见图 JZ－41）。

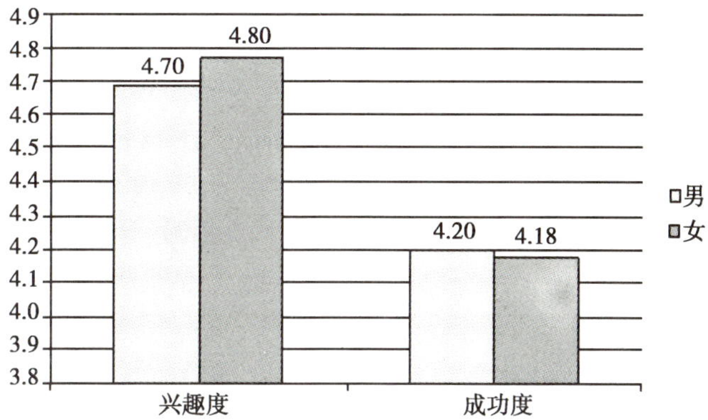

图 JZ－41　兼职教师的兴趣度与成功度的性别对比

（三）学历与教学兴趣度

关于兴趣度的调查也发现，学历越高的兼职教师对语言技能课教学的兴趣度相应越低，本科和硕士（含在读硕士生）的平均兴趣度为 4.78 和 4.77，相差不大，而博士（含在读博士生）平均兴趣度仅为 4.6，低于前两者，也低于全体兼职教师的平均值为 4.8（见图 JZ－42）。这一数据提醒我们对语言技能课教学教师的学历水平要求应该重新定位。

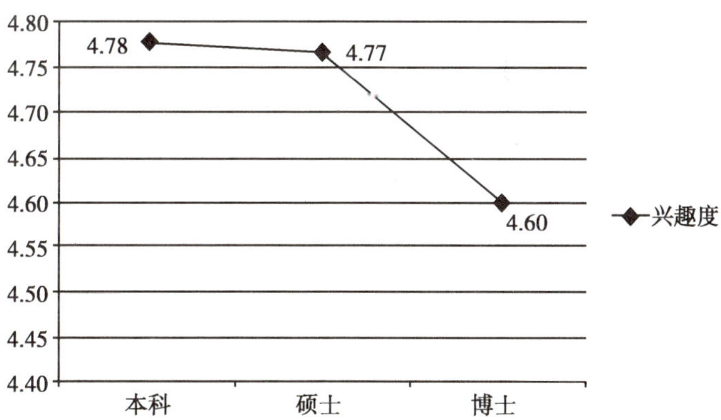

图 JZ－42　各学历兼职教师与教学兴趣度

（四）教学兴趣度与职业满意度和教学胜任度、成功度的关系

我们将兼职教师对所从事的对外汉语教学职业是否满意（简称“满意度”）划为 1—5 五档，1 为不满意，5 为很满意。对语言技能课教学兴趣一

般的教师，其职业满意度平均值为3.5，介于一般和比较满意之间；对教学较有兴趣者，其职业满意度平均值为4.0，为比较满意；对教学很有兴趣的教师职业满意度平均值达到4.5。

同时，对语言技能课教学兴趣一般的教师胜任度为3.6，介于一般和比较胜任之间，其成功度为3.5，也介于一般和比较成功之间；对教学较有兴趣的教师胜任度平均值为4.1，属于比较胜任，其成功度平均值为3.9，接近比较成功；对教学很有兴趣的教师胜任度平均值为4.6，其成功度平均值为4.3，高于此项的全体教师平均值为4.2（见图JZ-43）。

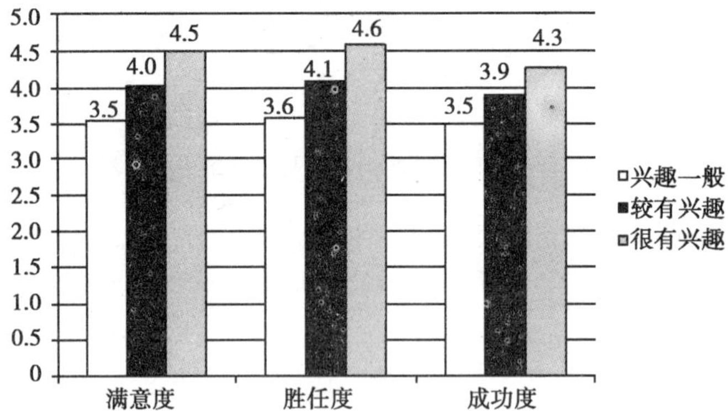

图JZ-43　兼职教师对语言技能课的兴趣度与满意度、胜任度、成功度的关系

（五）从教时间与兴趣度、胜任度和成功度的关系

从事对外汉语教学工作时间1—2年的兼职教师对语言技能课教学的平均兴趣度为4.7，教龄3—5年者为4.8，6—10年者为4.8，从教10年以上的教师平均兴趣度为4.7，从数据可以看出刚进入这一领域的新教师和从教10年以上的老教师对语言技能课教学的兴趣度相对较低，但从教时间的长短对兴趣度的影响不十分明显。

调查还显示，教龄1—2年的教师胜任度平均值为4.3，成功度平均值为4.0，两项数据均低于相应的全体教师平均值为4.2；3—5年的教师胜任度平均值为4.5，成功度平均值为4.2，两项数据都正好与相应的全体教师平均值持平；6—10年的教师胜任度平均值为4.6，成功度平均值为4.3；有10年以上教龄的教师胜任度平均值为4.7，成功度平均值为4.4。因此可以认为，从业时间越长，胜任度与成功度也越高（见图JZ-44）。

（六）参加培训与教学兴趣度、胜任度、成功度的关系

调查显示，参加过对外汉语教学培训的兼职教师在语言技能课教学的兴

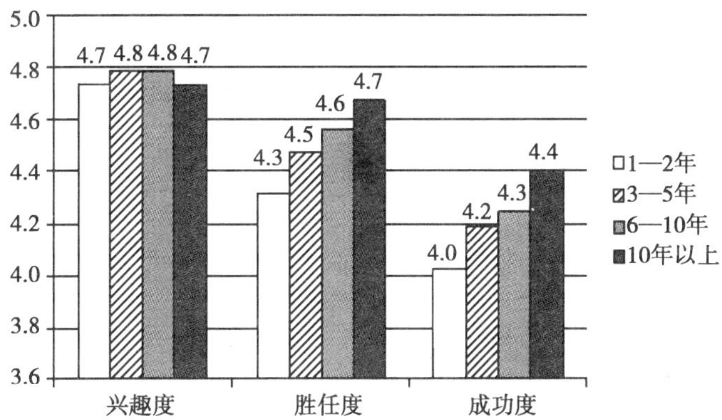

图 JZ－44　各教龄兼职教师的教学兴趣度、胜任度与成功度

趣度、胜任度和成功度的平均值分别为 4.8、4.5 和 4.2，均高于相应的全体兼职教师平均值，而未参加过培训的教师的兴趣度、胜任度和成功度的平均值则分别是 4.7、4.4 和 4.1，都低于相应的全体兼职教师平均值（见图 JZ－45）。但是根据目前的调查还无法确定参加培训与兴趣度、胜任度和成功度之间孰为因果。

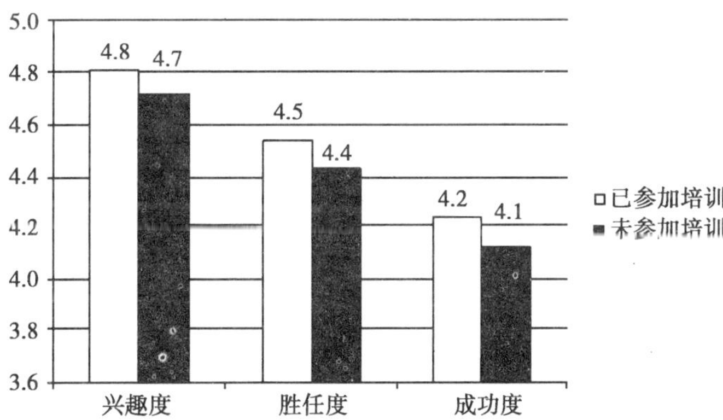

图 JZ－45　参加教学培训与否和教师的教学兴趣度、胜任度与成功度

第四章

兼职教师职业发展与培训需求及途径

第一节　兼职教师对其兼职工作发展的认知度

一　基本数据及特点

本节主要调查兼职教师对汉语教学工作的整体认识，重点说明兼职教师从事汉语教学的原因、对汉语教学该学科学术地位的判断、工作的满意度以及碰到的主要困难。

（一）兼职教师对汉语教学工作总体满意度

在接受调查的1406名兼职教师中，对汉语教学该职业的满意度非常高。其中很满意者高达627人（44.6%），较满意者有683人（48.6%），二者相加高达93.2%。仅有4人（0.3%）选择不太满意，2人（0.1%）不满意（见图JZ-46）。值得注意的是，该6人中5人兼职的机构为非“211”高校。

从任教年限来看，10年以上的教师对工作的满意度最高，超过半数的人（54.0%）选择了“很满意”。相反，工作年限为6—10年的教师该比例只占39.4%，但若考虑选择“很满意”和“较满意”两项的总和，则区别不大。可见兼职教师对汉语教学工作的总体满意度是很高的。具体数据见图JZ-47。

（二）对汉语教学学术地位的认同度

接受本次调查的1406名兼职教师中，317人认为汉语教学的地位很高，占比22.5%，604人认为较高，占比43.0%，选择一般的有422人，占比30.0%，另有3.8%的人（54人）选择较低，0.6%（9人）认为地位很低（见图JZ-48）。这些数据说明兼职教师对汉语教学学术地位的认同度普遍较高。

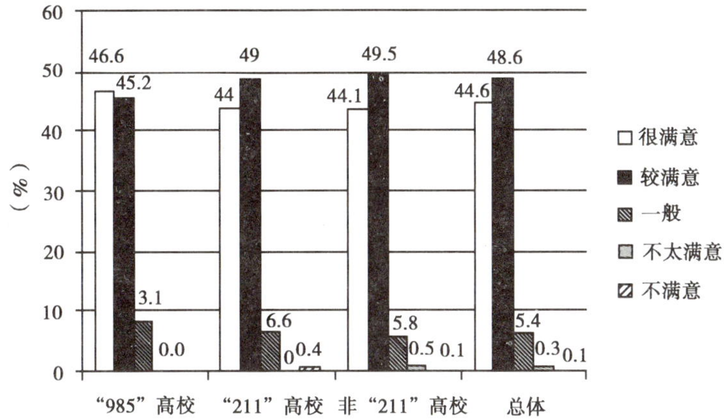

图 JZ－46　兼职教师对兼职工作的满意度

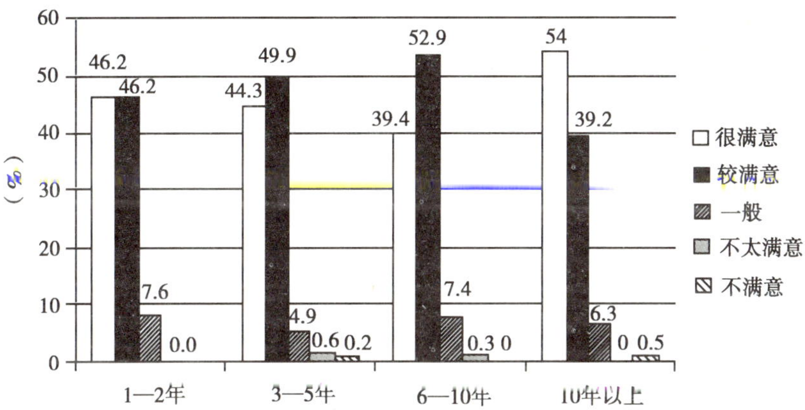

图 JZ－47　各教龄兼职教师对工作的满意度

调查还显示，在“985”高校中兼职的教师在汉语教学学术地位的认同度上选择很高的比例仅有 18.3%，要低于“211”高校的 24.3% 和非“211”高校的 23.4%，而选择一般和较低的则高于后两者，但没有人选择很低。总体来看，在“985”高校兼职的教师对汉语教学的学术地位的认同度要略低于“211”高校和非“211”高校的兼职教师（见图 JZ－49）。

（三）选择汉语教学作为兼职工作的原因

兼职教师选择汉语教学作为兼职工作的原因多种多样。其中，位居兼职原因前三位的分别是：对该项工作有兴趣（80.5%）；这是一项可以促进文化交流的有意义的工作（64.1%）；与自己所学专业相关（39.6%）。且前

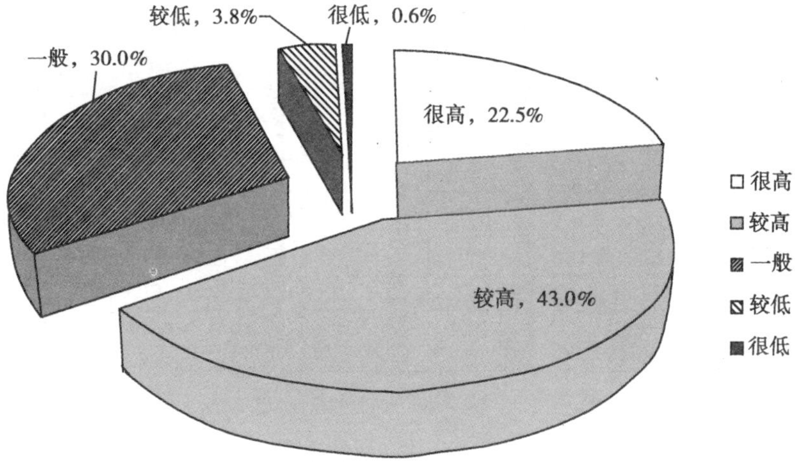

图 JZ－48　兼职教师对汉语教学学术地位的认同度

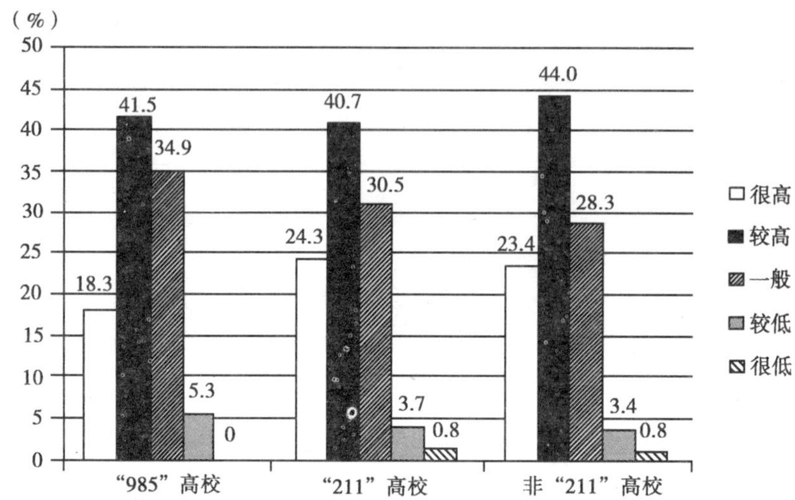

图 JZ－49　各类院校兼职教师对汉语教学学术地位的认同度

二者的比例远远高于第三位。之后分别是：自己能胜任（36.5%）；希望有机会出国从事汉语教学（27.4%）；可以了解多种不同文化（25.9%）；时间比较自由（5.8%）；经济原因（2.4%）；这是一个就业途径（2.1%）；其他（0.9%）。调查数据表明，兴趣和对汉语教学事业的认同感是绝大多数兼职教师选择该项工作的出发点，而经济原因和就业途径则基本没纳入兼职教师的考虑范畴。总体数据见图 JZ－50。

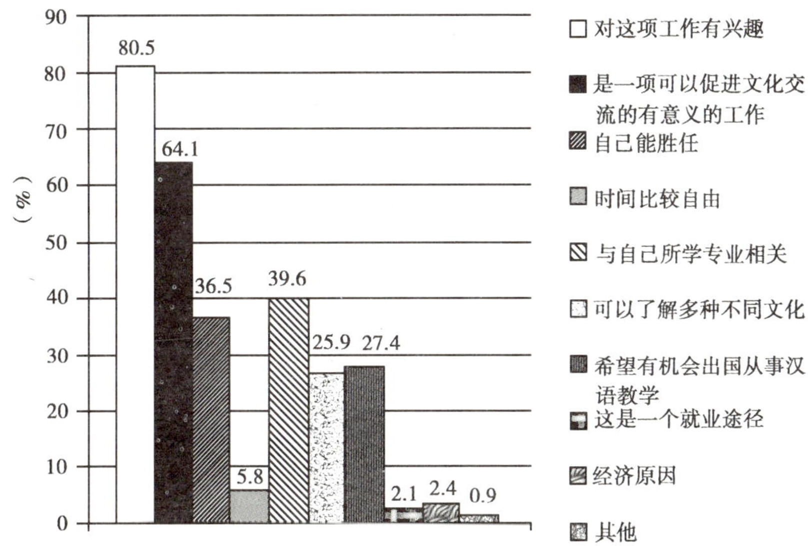

图 JZ－50　兼职教师的兼职原因

（四）汉语教学工作的困难

位居汉语教学工作中的困难前两位的分别是：外语水平不足（27.5%）和收入与付出不符（25.2%）。无困难（17.4%）在九项困难指标中位居第四，说明总体来看兼职教师对自己的任教能力基本认可。其他选项占比分别是：对中国文化的了解不足（18.5%），汉语知识比较欠缺（14.7%），教学能力不足（13.6%），缺乏成就感（10.0%），课时太多（7.3%），其他（6.4%）。这些数据反映了兼职教师在教学工作中遇到的困难呈现多样化趋势，其中外语水平不够、收入与付出不符是他们最普遍的两大困难。这与兼职教师选择汉语教学作为兼职工作时基本不考虑经济原因的调查结果有矛盾。造成这一矛盾的原因还有待进一步的调查和分析。具体数据如图 JZ－51所示。

需要指出的是，调查结果显示，除了上述困难外，兼职教师还存在以下四方面的困难：（1）教学经验的缺乏；（2）班级里学生水平的参差不齐；（3）教材及相关参考资料的匮乏；（4）培训、交流以及深造机会的欠缺。可见，兼职教师在教学工作中还存在很多工作的障碍和困难，需要教学机构认真考虑，协调解决。

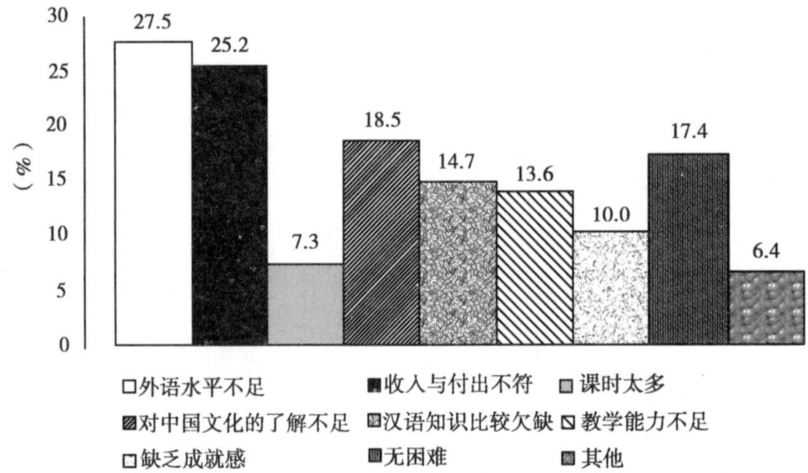

图 JZ－51　兼职教师在汉语教学中的困难

二　满意度的相关因素分析

（一）满意度与学术地位认同度的关系

本次调查数据显示，兼职教师对该职业的满意度越高，对汉语教学学术地位的评价也越高。这说明，兼职教师对工作的认同度越高，对职业越满意。提高兼职教师的职业满意度与提高汉语教学的学术地位是密不可分的。具体数据如图 JZ－52 所示。

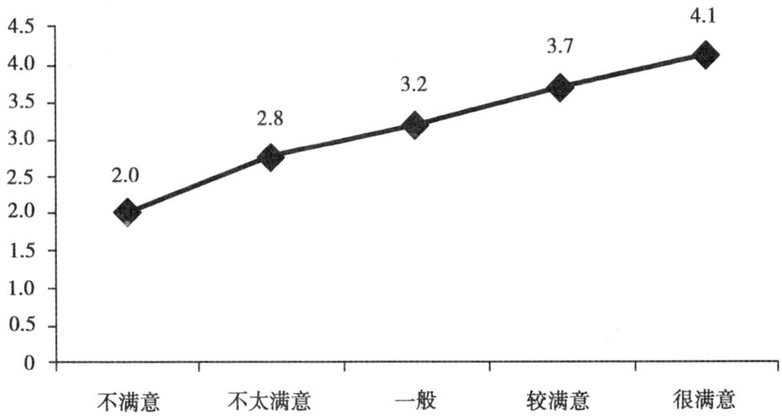

图 JZ－52　满意度与学术地位认同度的关系

（二）满意度与教师其他自身因素的关系

教师的职业满意度与教龄有一定关系，但任教年龄 10 年以上的教师选择很满意的比例最高，而 6—10 年的教师选择很满意的比例最低。这说明 6—10 年是兼职教师的一个职业倦怠期。

在目前身份上，其他机构的专职汉语教师的满意度最高，其他学科教师与非在职人员的满意度相对较低，这说明汉语专职教师对该职业的热爱要超过跨学科的兼职教师。

（三）满意度有一定的地区差异

数据显示，华东、华中和西南地区位列满意度最高的地区。华东地区有 96% 的兼职教师选择了很满意和较满意，而华中和西南地区该比例也高达 95.6%，满意度相对较低的是西北（88.8%）和华北（90.4%），另外华南地区为 92.9%，东北地区为 94%。其中东北（50.3%）和西南（50.0%）地区有半数的教师选择了很满意，超过华北地区的 40.2%。如图 JZ－53 所示。

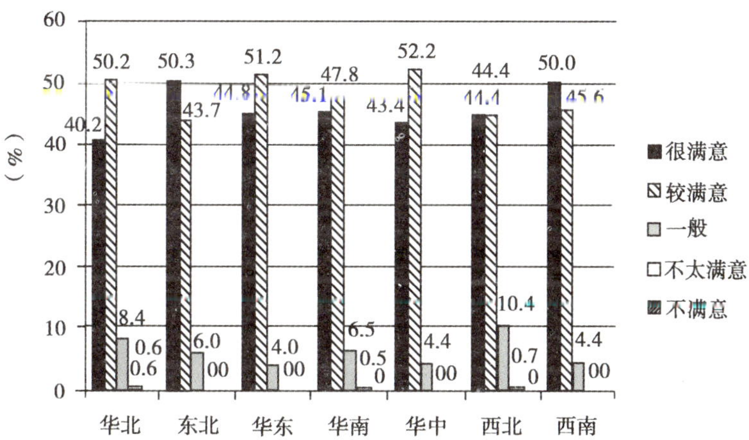

图 JZ－53　兼职教师对汉语教学满意度的地区差异

三　学术地位的相关因素分析

（一）学术地位与从业时间

兼职教师对汉语教学学术地位的认同度与从业时间呈负相关：兼职教师的从业时间越长，对学术地位的评价越低。反之，从业时间越短，学术地位的评价越高。从业时间在 1—2 年的教师认为学术地位很高的占 29.9%，较高的有41.0%，二者相加占70.9%；从业时间在3—5年和6—10年的教师差别不大，认同较高和很高的比例分别为64.3%和62.2%；而从业时间在10年以上的教师仅有11.3%认同很高，45.2%认为较高，二者相加也仅有56.5%，低于1—2年兼职教师的70.9%的比例。如图JZ-54所示。

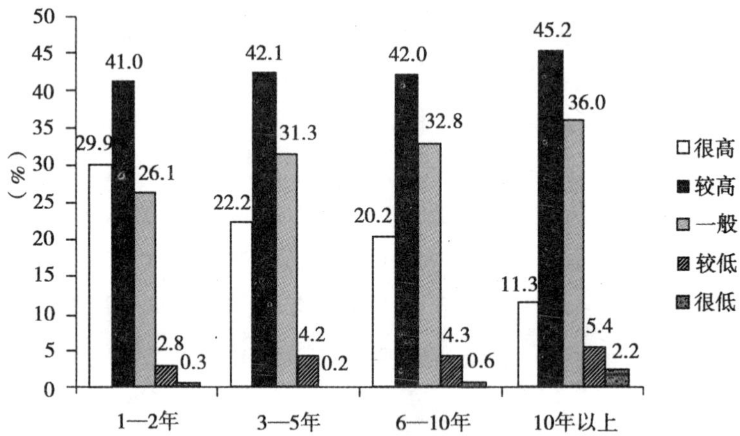

图 JZ-54　兼职教师从业时间与对学术地位认同的关系

（二）对学术地位的认同与教师的自身因素有一定关系

兼职教师的学历与他们对汉语教学学术地位的认同度的关系如下：本科学历的教师分别有19.9%和44.3%认为学术地位很高和较高（合计为64.2%），硕士学历的教师是23.8%和43.0%（合计为66.8%），而博士学历的教师这两项的数值只有17.3%和39.4%（合计为56.7%），明显低于前二者（见图JZ-55）。

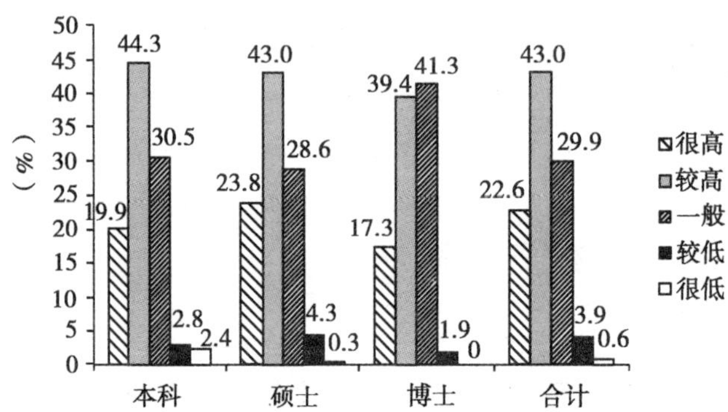

图 JZ-55　不同学历兼职教师对汉语教学学术地位的认同度

在目前身份中，在读学生对学术地位的认同度最高，以最低值1分，最高值5分计算，平均值为4.1，其次为外语教师（3.9）和其他机构的专职对外汉语教师（3.8），而身份为其他学科教师的该数值为最低，仅有3.6，低于所有教师3.8的平均值。如图JZ－56所示。

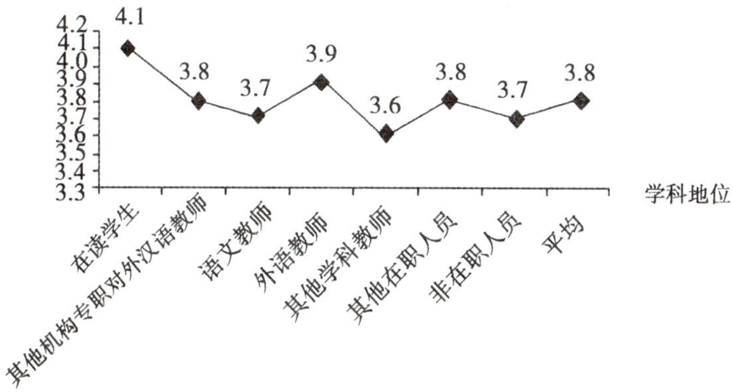

图 JZ－56 兼职教师身份与对学术地位的认同度

综合上面的两组数据，我们可以看出其他学科的教师和高学历教师对于汉语教学的学术地位的认可程度较低。

四 兼职原因的相关因素分析

（一）兼职原因与年龄、身份的关系

在兼职教师从事汉语教学的原因中，个人兴趣和事业的意义是兼职最主要的两大因素。但兴趣与年龄反相关，20—29岁的教师有83.4%认同兼职的原因在于兴趣，30—39岁的为78.9%，40—49岁的为74.5%，50—59岁的为76.9%，而60岁以上的则为64.3%。

相反，对该事业意义的认同则与年龄正相关，胜任度也与年龄正相关。对汉语教学的胜任度与该事业意义的认同在20—39岁之间没有明显差异，40岁以后则随着年龄的增长而提高。20—29岁的胜任度为34.1%，30—39岁为33.6%，40—49岁为44.8%，50—59岁的为59.6%，而60岁以上的则高达78.6%。如图JZ－57所示。

值得注意的是，兼职教师的目前身份与兼职原因有一定关系。除了前两位的原因完全一致，位列第三的原因则因身份不同而出现差异。在读学生、语文教师和其他在职人员为“与自己所学专业相关”，外语教师则为“希望有机会出国从事汉语教学”，而其他机构的专职对外汉语教师、其他学科教

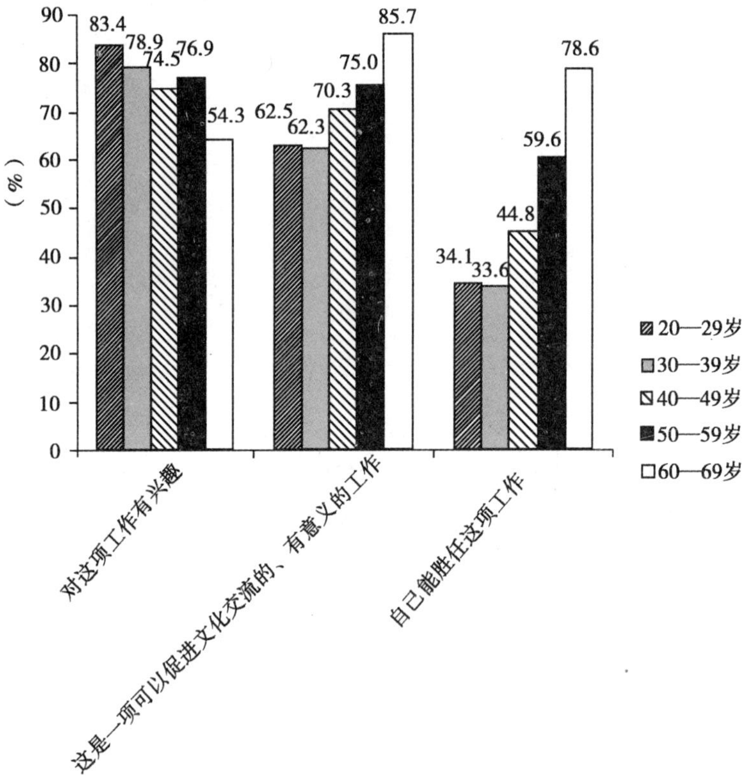

图 JZ－57　不同年龄兼职教师的兼职原因

师与非在职人员则是“自己能胜任这项工作”。

（二）兼职原因的地区差异

华北、东北、华东三大地区兼职教师在“兴趣度”上明显高于“对工作意义的认同”，而华南、华中、西北和西南四大地区的兼职教师二者比例相差无几。另外，只有华中地区的兼职教师对意义的认同要略高于兴趣度。如图 JZ－58 所示。

（三）兼职原因有明显的从业时间差异

数据说明，从事汉语教学工作在 5 年之内的教师因为兴趣而兼职的比例要高于 5 年以上的教师，两年之内的新教师因为胜任力而选择兼职的比例较低，而任教年限 3—5 年的教师与 5—10 年的教师几乎没有差别，10 年以上的教师因为胜任力的原因选择兼职的比例要明显高于 10 年以下的教师。如图 JZ－59 所示。

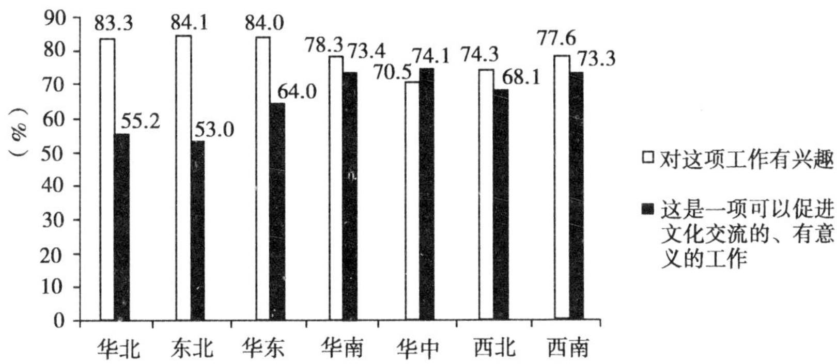

图 JZ－58　兼职原因的地区差异

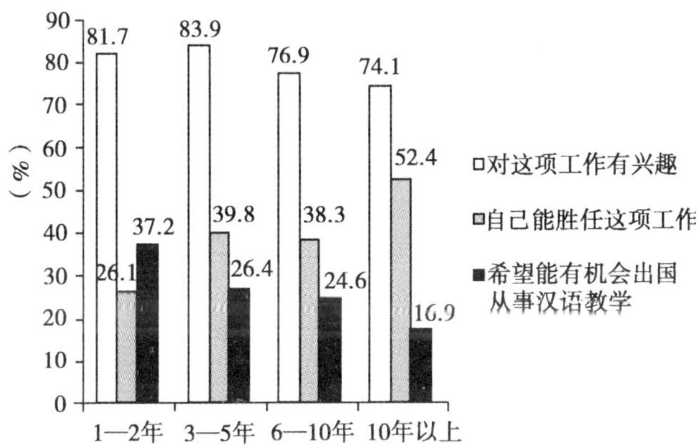

图 JZ－59　兼职原因的从业时间差异

五　工作困难的相关因素分析

（一）兼职工作中的困难与专业背景的关系

以最大困难为例，对外汉语专业出身的教师位列第一的困难是“付出与经济收入不符”（30.0%），“无困难”（11.2%）是所有专业中占比最小的。与此不同，外语出身的教师的最大困难是“对中国文化的了解不足”（30.9%），“无困难”占比高达23.0%，是所有专业中占比最高的。中文（37.3%）、泛文科（27.4%）以及理工（36.0%）专业出身的教师则不约而同将“外语水平的不足”列为工作困难之首。如图 JZ－60 所示。

（二）工作困难与任教时间长短的关系

本次调查数据显示：从教时间不同，其在汉语教学中遇到的主要困难也

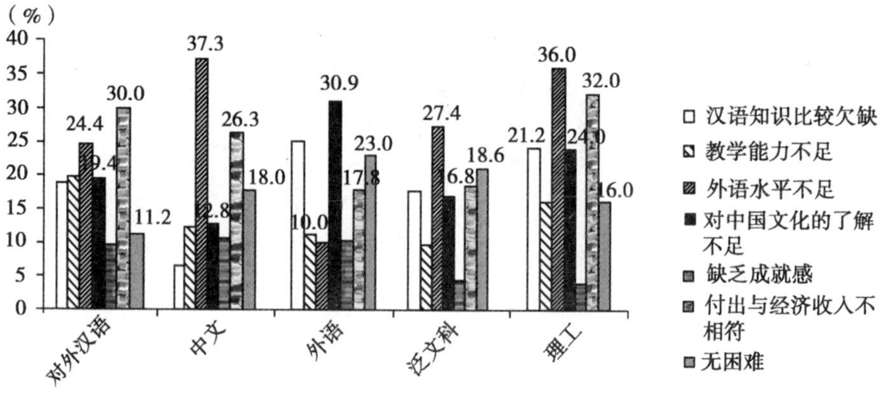

图 JZ－60　兼职中的困难的专业差异

有不同。

从教时间 1—2 年的教师困难依次是：外语水平不足，教学能力不足，汉语知识比较欠缺。

从教时间 3—5 年的教师困难依次为：付出与经济收入不符，外语水平不足，对中国文化了解不足。

从教时间 6—10 年的教师困难依次为：付出与经济收入不符，外语水平不足，无困难。

从教时间 10 年以上的教师困难依次为：外语水平不足与无困难并列第一，付出与经济收入不符列第二位。如图 JZ－61 所示。

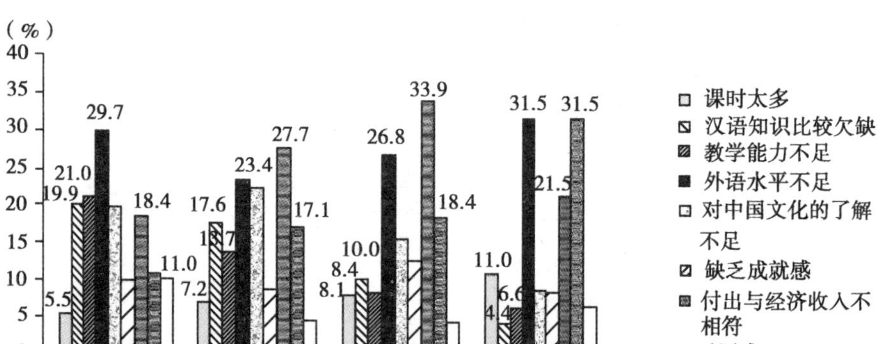

图 JZ－61　兼职中的困难与从业时间的关系（一）

以上数据说明外语水平是制约兼职教师职业发展的一大难点；从教两年是兼职教师教学能力的一大分水岭，而从教 3 年以上的教师普遍认为所给报酬过低；另外从教 6 年以上的教师相对而言认为“无困难”的比例较高。

调查数据还显示，从业时间与课时压力、无困难的认同反相关，与汉语知识的掌握、教学能力的认同正相关。即从业时间越长，越觉得课时太多，也越觉得无困难；相反，从业时间越短，汉语知识越欠缺，教学能力越不足。如图 JZ－62 所示。

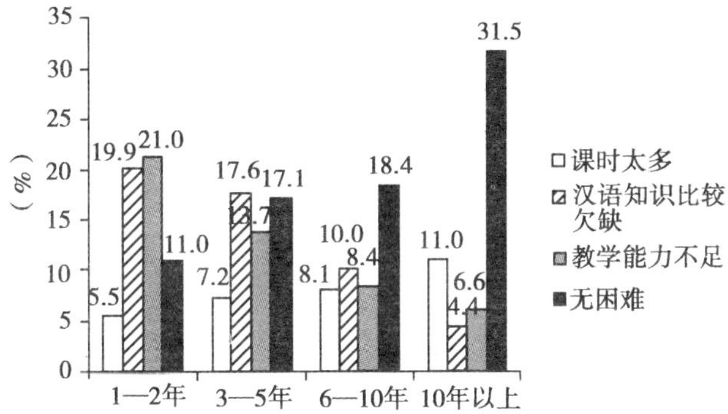

图 JZ－62　兼职中的困难与从业时间的关系（二）

（三）工作困难与不同年龄的关系

不同的工作困难有一定的年龄特点：

（1）20—39 岁的教师，遇到的主要困难依次为：外语水平不足，付出与经济收入不符，对中国文化了解不足。

（2）40—59 岁的教师，遇到的主要困难依次为：外语水平不足，无困难，付出与经济收入不符。

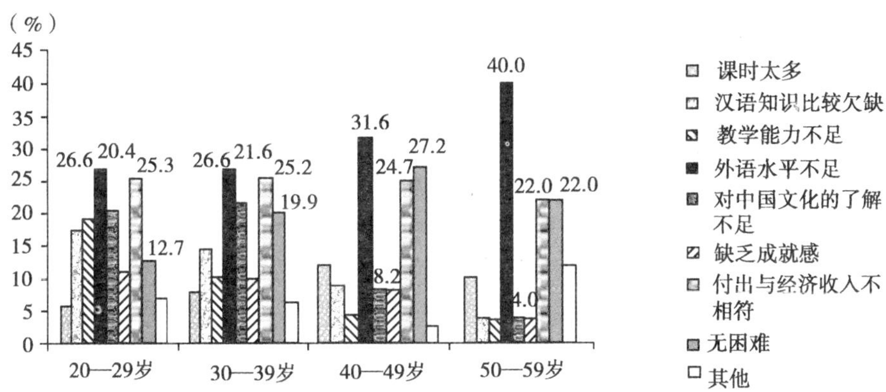

图 JZ－63　兼职中的困难的年龄差异

上述数据说明，40 岁是兼职教师困难的一个分水岭。40 岁以下的教师超过20%认为自己对中国文化的了解不足，而40岁以上的教师这一选项分别只有8.2%和4%，远低于前者。同样，40岁以下的教师遇到的困难多种多样，而40岁以上的教师无困难位列第二，也充分说明这些教师对自己兼职工作的认同。

另外，调查数据还显示：年龄越大，汉语知识掌握越好，教学能力越强，对中国文化的了解越多，成就感也越强，但同时越感觉到报酬低，外语水平越差。

（四）工作困难的地区差异

华北与东北地区突出的问题是报酬过低，而华东、华南、西北和西南地区最突出的问题是外语水平不足，其中尤以西北地区最显著，该数据高达38.5%，高于27.5%的平均值。而华中地区的最大困难则是教学能力的不足，其30.5%的数据也远远高出13.9%的平均值。如图JZ－64所示。

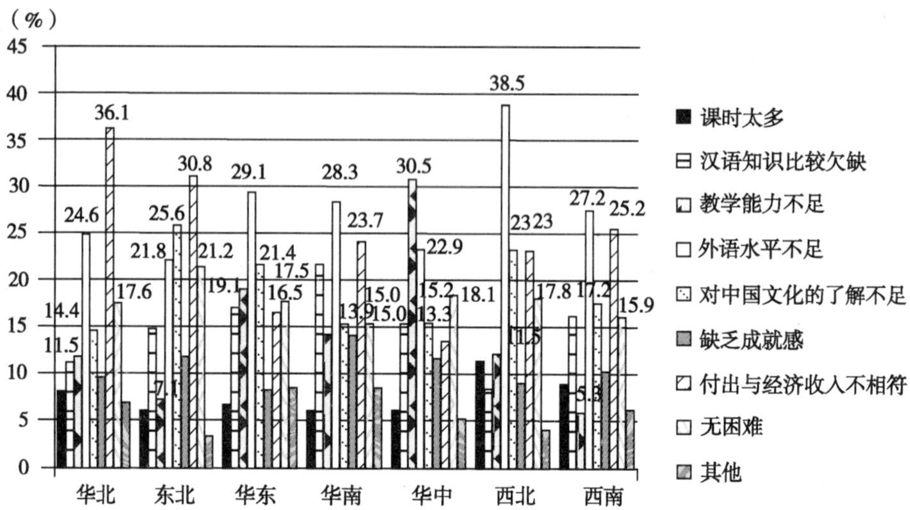

图 JZ－64　兼职中的困难的地区差异

第二节　兼职教师的职业环境

本节主要调查兼职教师对其兼职机构的期望以及融入度。

一　兼职教师对兼职机构的期望主要体现在两个方面

兼职教师对兼职机构有多种期望。其中，半数以上兼职教师希望兼职机构能有帮助自己提高汉语教学水平的举措。1408 名兼职教师中，有 749 人（53.2%）希望能举办实用的教学培训班，同时，有 710 人（50.4%）希望能指定有经验的教师帮助自己提高教学水平。这些数据说明兼职教师对兼职机构的期望主要集中在如何提高自身的教学业务水平上，希望兼职机构能够给他们提供互相交流以及深造的机会。

将近一半的人希望提高课时收入。1408 名兼职教师中，有 652 人（46.3%）希望能提高课时收入。具体数据如图 JZ－65 所示。

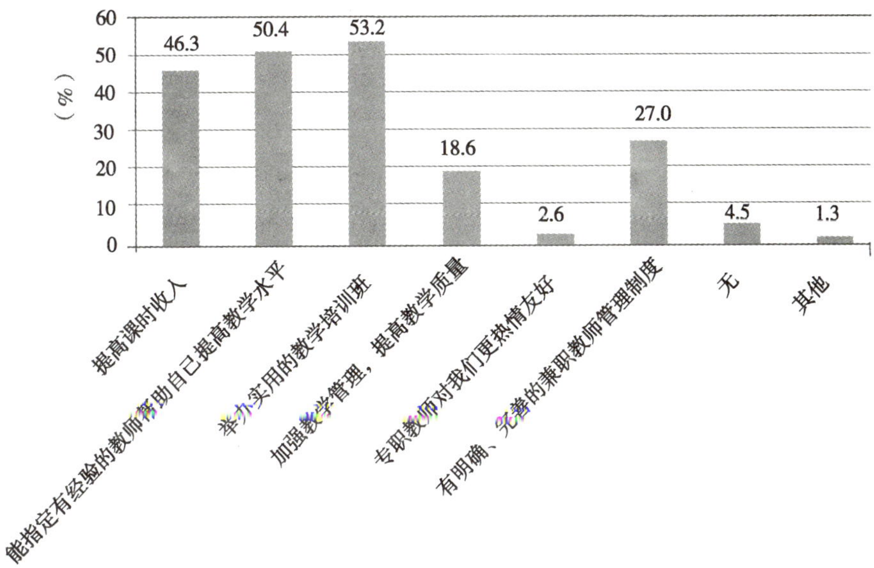

图 JZ－65　兼职教师对兼职机构的期望

二　年龄、专业、从业时间与对兼职机构的期望

从年龄段区分，40 岁以下的教师对机构的期望集中在提高教学水平和课时收入，较少关注教学管理制度。而 40 岁以上的教师除了提高教学水平和课时收入的诉求外，更为关注教学培训班、对兼职教师的教学管理和制度建设等。而 50—59 岁的教师在提高课时收入、对兼职教师的教学管理和制度建设上的期望均高于其他年龄阶段的教师。如图 JZ－66 所示。

从专业来看，对外汉语出身的教师最为希望的是能有专门教师帮助自己提高教学水平，而其他专业的教师则无一例外把“举办实用的教学培训班”纳入自己提高教学水平的首选。如图 JZ－67 所示。

从任教时间来看，任教 1—5 年的教师最首要的期望是提高教学水平，

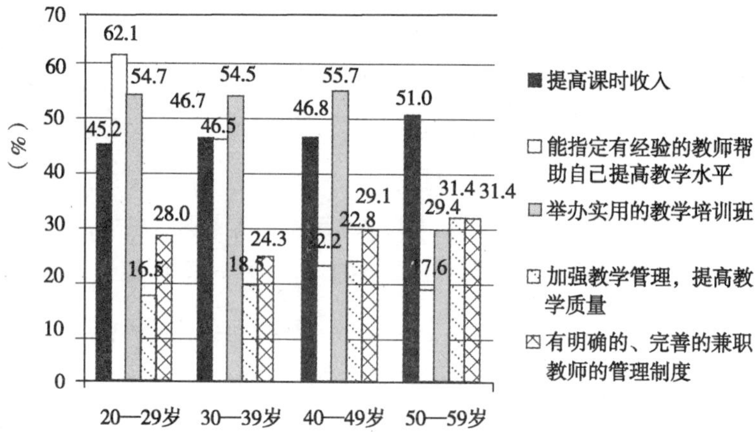

图 JZ－66　兼职教师对兼职机构的期望的年龄差异

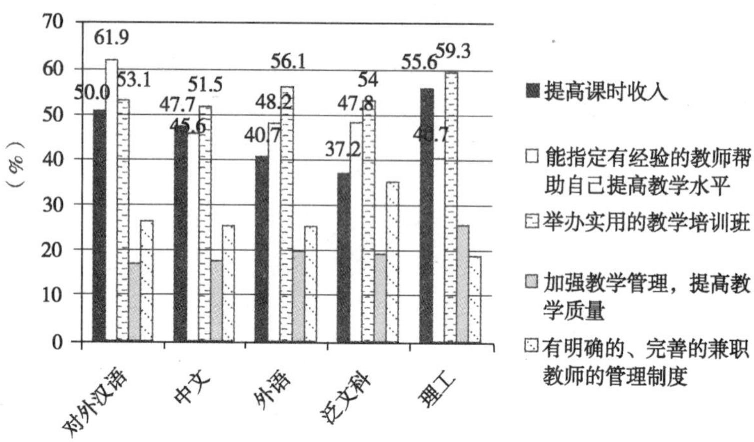

图 JZ－67　兼职教师对兼职机构的期望的专业差异

而 5 年以上的教师则把提高课时收入放在了提高业务能力之前。如图 JZ－68 所示。

从地区差异来看，只有华北地区的第一期望是"提高课时收入"，其他地区均为"提高教学水平"，但提高的途径有差异。另外数据还表明，各地区存在相同的两大期望，但比重存在明显的地区差异，差距最大的是华中地区，其对"提高教学水平"的要求最强烈，高达 61.6%，高于 50% 的平均值，同样，"提高课时收入"的比例最小，只有 29.5%，远低于 46.3% 的平均值。如图 JZ－69 所示。

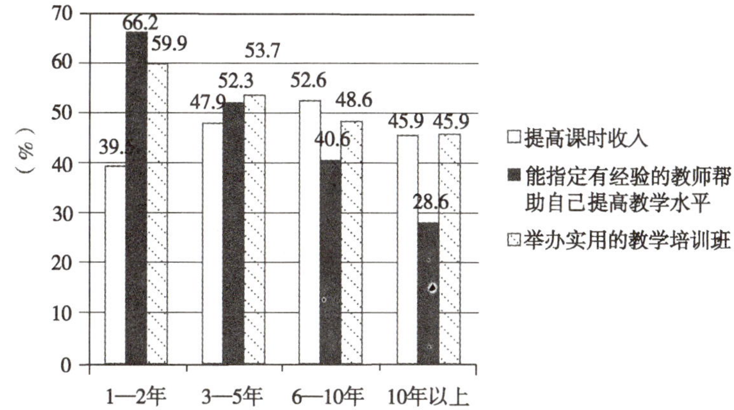

图 JZ-68　兼职教师对兼职机构的期望的从业时间差异

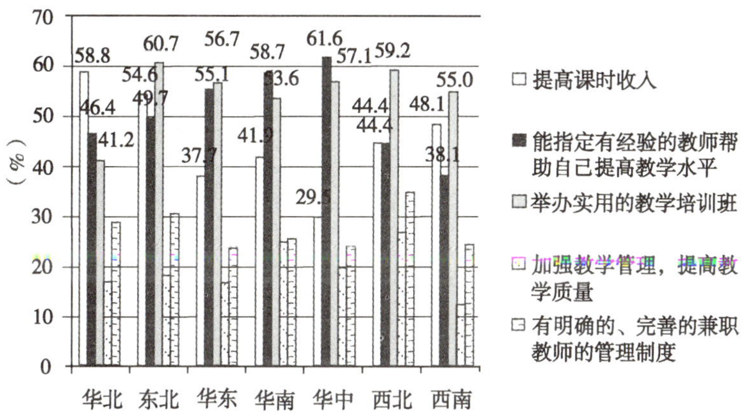

图 JZ-69　兼职教师对兼职机构的期望的地区差异

三　兼职教师融入所兼职机构的程度较高

调查发现，兼职教师认为自己融入所兼职机构的程度很高的占调查人数的 26.8%，较高的占 53.3%，两者相加为 80.1%，一般的为 19.0%，较低的为 0.8%，很低为 0.1%。985 高校、211 高校、非 211 高校的兼职教师没有明显差异。由此可见，兼职教师对兼职机构是比较认同的，其融入度较高。如图 JZ-70 所示。

四　融入程度与职业满意度、年龄、专业、从业时间和地区差异

调查显示，兼职教师对汉语教学工作满意度越高，其对兼职机构的融入

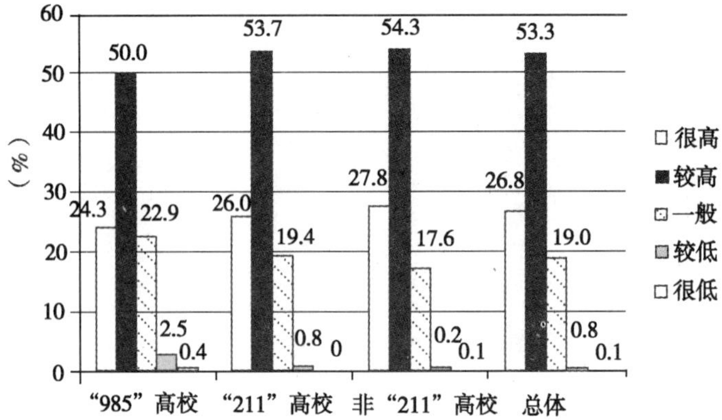

图 JZ－70 兼职教师在兼职机构的融入度

度也越高。如图 JZ－71 所示。

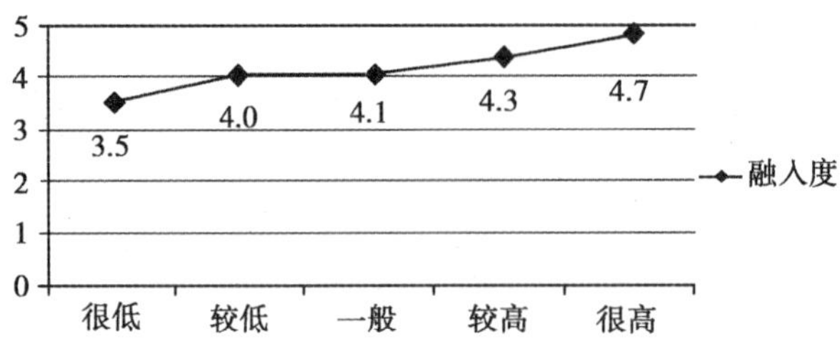

图 JZ－71 融入度与满意度的关系

从年龄来区分，40—49 岁的教师融入度最高，50—59 岁的最低。

从地区来看，东北地区的教师融入度最高，而华南地区的教师相对融入度较低。如图 JZ－72 所示。

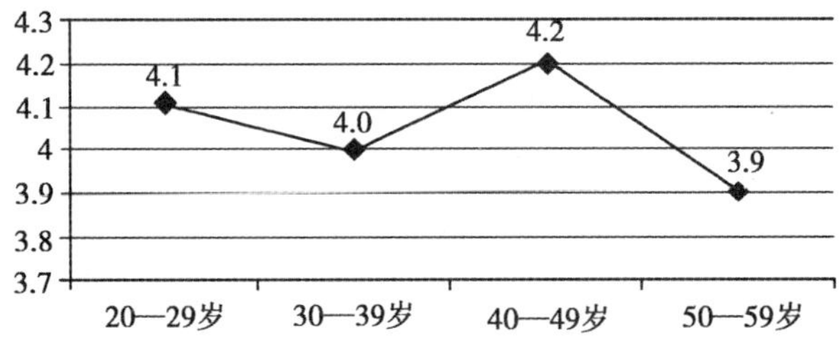

图 JZ－72 融入度的年龄差异

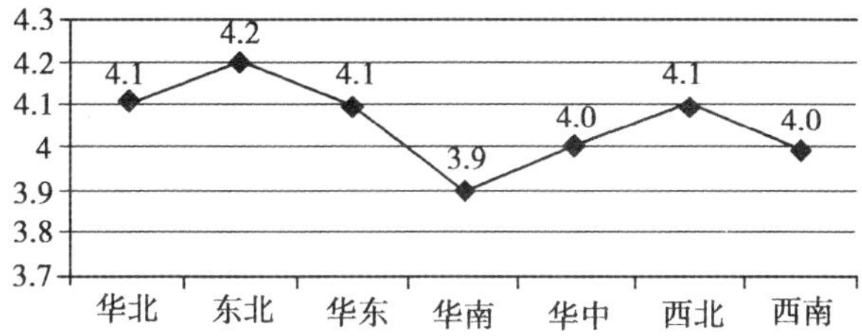

图 JZ－73　融入度的地区差异

第三节　兼职教师的职业培训经历

本节主要调查兼职教师所接受的汉语教学培训基本情况。重点说明兼职师资队伍在培训人数比例、专业、年龄、性别等的构成，以及现有师资培训的基本状况。

一　基本数据（培训人数及相关的专业、年龄、性别、地区比）

（一）培训人数

总体来看，参与调查的兼职教师中，未受训即上岗的教师超过半数（54.4%）。其中非“211”学校的情况最严重，该比例高达 60.4%。兼职教师的培训现状并不理想。如图 JZ－74 所示。

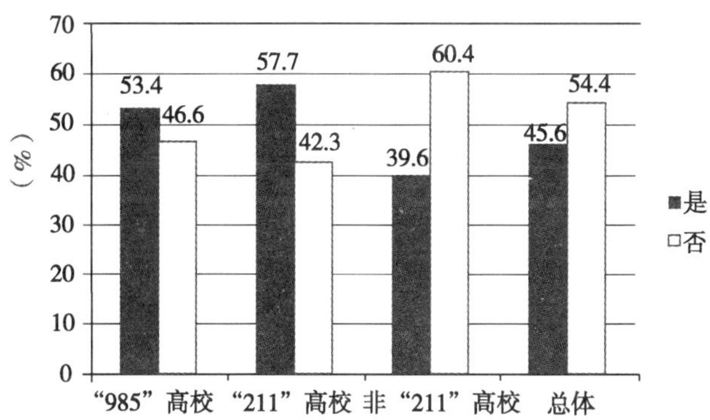

图 JZ－74　兼职教师上岗前后接受相关培训情况

（二）教师的专业背景与培训情况

接受培训比例最高的是对外汉语专业出身的教师，超过半数（51.9%）接受过培训，而理工专业出身的最需要培训的教师只有30.8%接受过相关培训。这说明很多机构的教师培训对象并不明确，针对性不强。具体数据如图JZ－75所示。

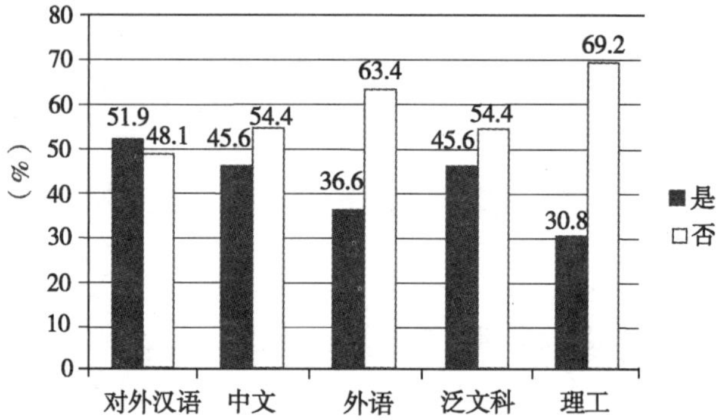

图JZ－75　兼职教师培训情况的专业差异

（三）年龄与兼职教师培训

接受培训的人数比例从多到少依次为：50—59岁超过半数（53.2%），20—29岁将近半数（49.0%），30—39岁和40—49岁分别为41.4%和41.5%。整体呈现两头大、中间小的特点，对青年和老年教师的培训有待加强。如图JZ－76所示。

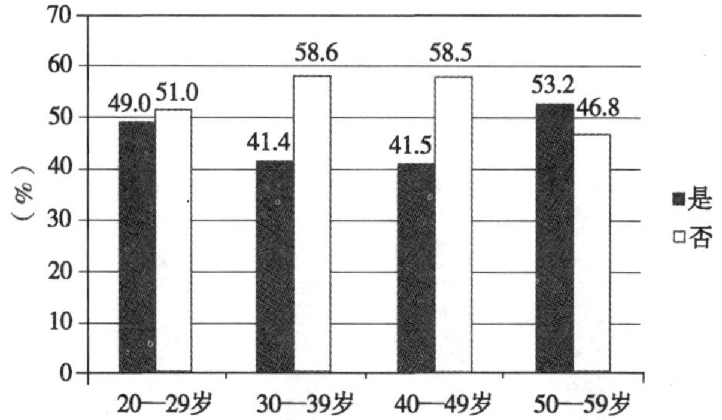

图JZ－76　兼职教师培训情况的年龄差异

（四）地区分布与培训情况

从地区分布来看，华北地区接受过培训的教师无论是绝对数量（196

人）还是相对比重（61.8%）都远高于全国45.5%的平均值。从人数看，位列第二的是华东地区，有135人接受过培训，但占比为42.9%，落后于华南（48.6%）和东北（47.2%）。西南（39.1%）、西北（35.5%）和华中（20.0%）三大地区位列最后，特别是华中地区仅有1/5的教师接受过培训，远低于45.5%的平均值。因此，华中地区的汉语教学机构的教师培训工作有待加强。如图JZ－77所示。

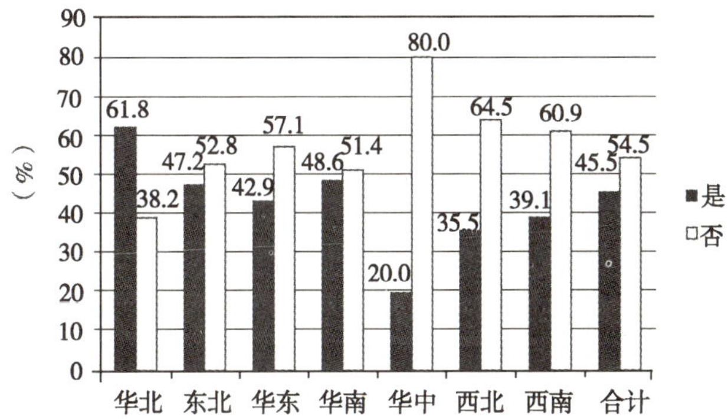

图JZ－77　兼职教师培训情况的地区差异

（五）培训与教师职业满意度、兴趣度、胜任度以及成功度的关系

我们用5度量表调查了兼职教师的职业满意度、兴趣度、胜任度以及成功度的自我认知，最低1分，最高5分。把结果与参加培训的情况作了对比，调查结果显示，参加过培训的教师职业满意度（4.4）、兴趣度（4.8）、胜任度（4.5）、成功度（4.2）均略高于未参加培训的教师的满意度（4.3）、兴趣度（4.7）、胜任度（4.4）、成功度（4.1）。可见，培训对于提高教师的教学水平和改善教师的自我评价有一定的作用。如图JZ－78所示。

二　现有职业培训基本状况（培训内容、培训时长、培训部门、培训环节与培训效果）

（一）教师职业培训内容

调查结果显示，我国现有的对兼职汉语教师的培训在内容上从多到少依次为：语言教学法类（86.6%）、语言本体类（48.5%）、跨文化交际类（40.8%）、语言习得类（39.5%）、文学文化类（29.8%）、中国国情与外事政策类（23.7%）、中华才艺类（22.9%）、外语类（19.5%）、其他

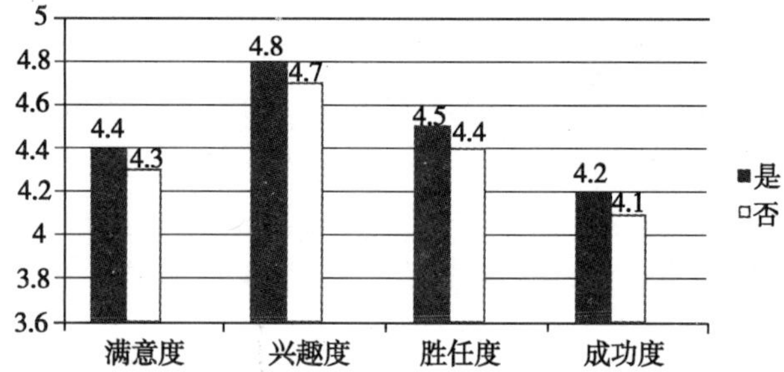

图 JZ－78　教学培训与否和工作满意度、教学兴趣度、胜任度与成功度

(1.6%)。如图 JZ－79 所示。要特别指出的是，除了其他培训以外，外语类培训在所有培训内容中位列最后，但提高外语能力却是兼职教师最迫切的要求，因为中文（37.3%）、泛文科（27.4%）以及理工科（36.0%）专业出身的教师将“外语水平的不足”列为工作困难之首，说明了现有培训内容和需求之间的矛盾，现有的教师职业培训内容应该充分考虑到受训教师工作困难和需求。

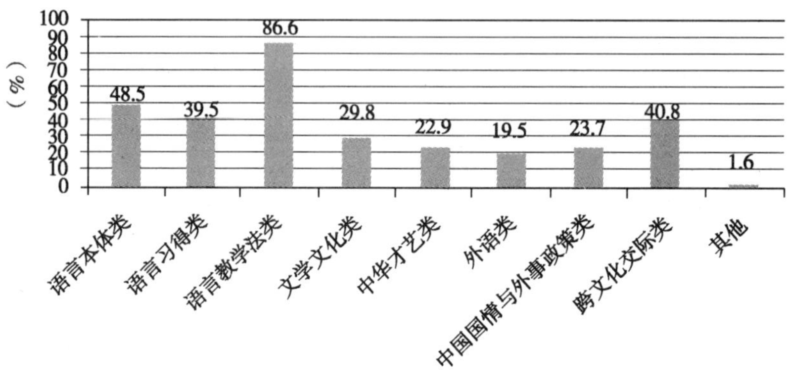

图 JZ－79　兼职教师的现有培训内容

（二）教师职业培训时长

调查显示，现有的培训时长绝大多数在 100 课时以内。其中 50 课时以下的培训占比最高，达到 50.7%，51—100 课时的占比为 22.0%，两者相加为 72.7%。接下来依次为 301 课时以上（9.7%）、101—150 课时（6.6%）、151—200 课时（6.6%）、201—300 课时（4.4%）。具体数据如图 JZ－80 所示。

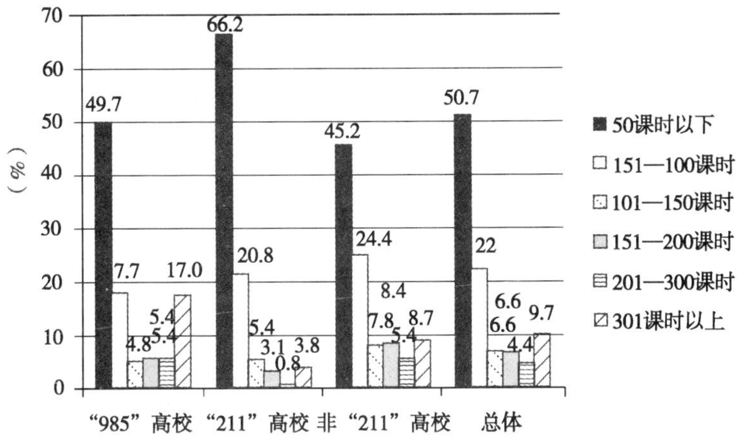

图 JZ－80 兼职教师的培训时长

（三）教师职业培训的组织结构

调查显示，目前组织兼职汉语教师培训的部门基本上是国内的机构，其中所兼职机构组织的培训占 56.9%，国内非兼职机构占 39.0%，海外机构仅占 4.1%。级别越高的学校组织的培训要多于级别低的学校，"985" 高校的兼职教师在所兼职机构参加培训的比例高达 68.7%，要远远高于非"211" 高校的 49.1%。如图 JZ－81 所示。

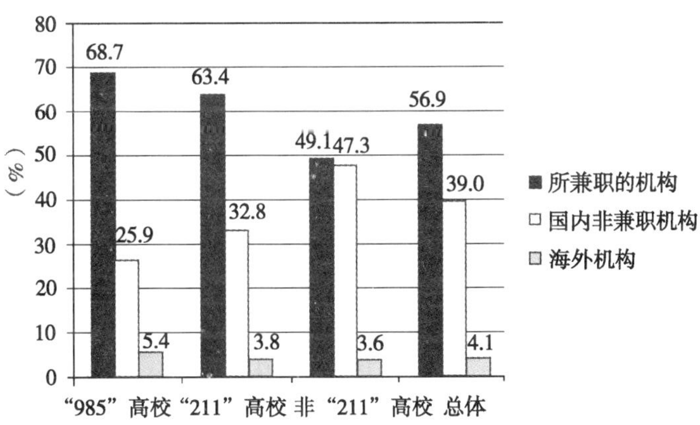

图 JZ－81 兼职教师接受培训的机构

（四）教学实践环节在培训内容中的比重

数据显示，总体看 69.5% 的培训有实践环节，说明现有的培训已经认识到实践环节的重要性并应用到实际培训中。各院校的具体数据如图 JZ－

82 所示。

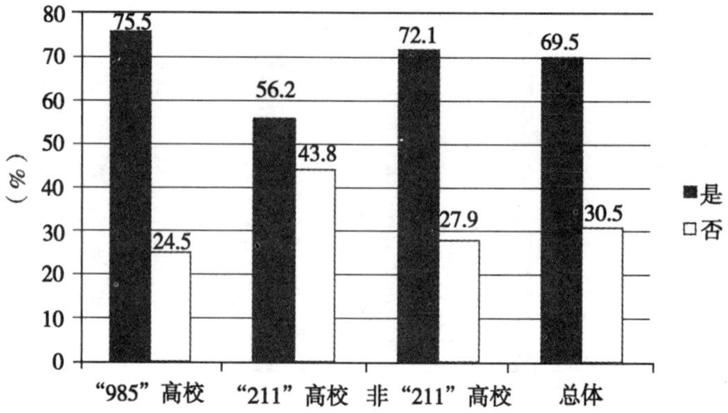

图 JZ－82 培训是否有实践环节

（五）兼职教师对培训效果的态度

兼职教师中认为培训很有收获的占受训教师的 51.8%，另有 37.1% 认为较有收获，一般和收获不大的分别为 10.3% 和 0.8%，无一人选择没有收获。上述数据说明现有培训得到了受训教师的普遍认同。如图 JZ－83 所示。

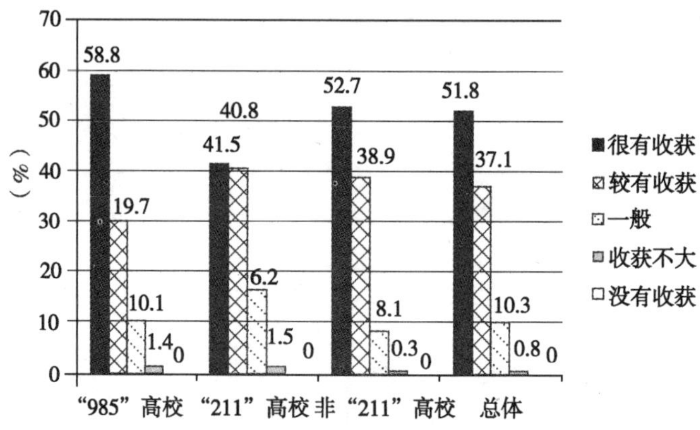

图 JZ－83 培训是否有收获

（六）培训时长、有无实践环节和教师的专业背景对培训效果有影响

我们使用五度量表对培训效果进行调查，很有效果分值设为 5 分，较有效果 4 分，一般 3 分，效果不大 2 分，无效果为 1 分。调查结果显示：培训时长不同，培训效果亦不同，但差距不大。基本上是正相关。50 课时以下的培训效果为 4.2，而 301 以上课时的则高达 4.9，而平均值为 4.4。如图 JZ－84 所示。

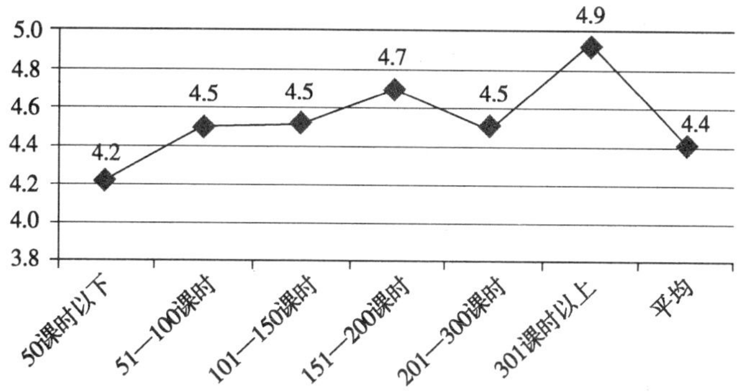

图 JZ－84　培训时长与培训效果

与此相同，有实践环节的培训效果为4.6，要高于无实践环节的4.0。如图JZ－85所示。

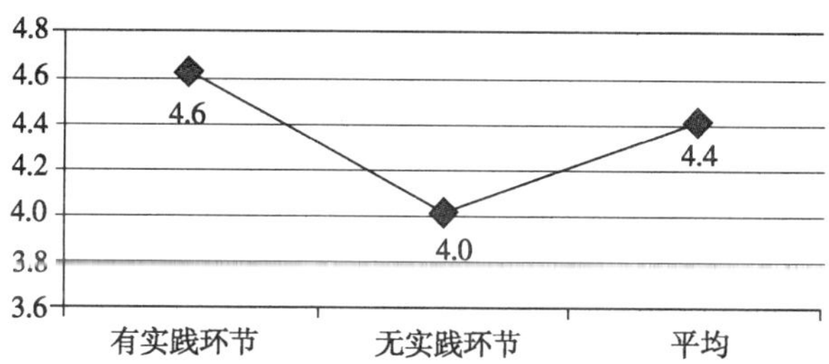

图 JZ－85　有无实践环节与培训效果

从专业来看，对外汉语（4.3）、中文（4.4）、外语（4.5）、泛文科（4.6）、理工科（4.7）专业的兼职教师对培训的满意度呈现递增趋势，说明了专业差异越大，培训效果越好。如图JZ－86所示。

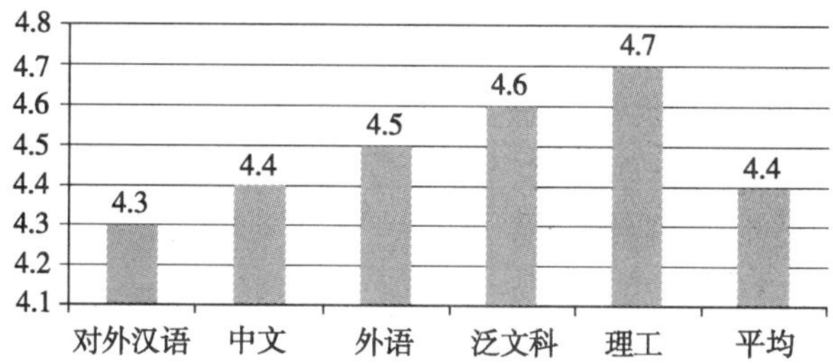

图 JZ－86　专业与培训效果

（七）关于培训证书

数据显示，现有培训缺乏权威性的培训证书，只有36.5%的教师认同其培训证书的权威性。各类学校区别不大。如图JZ－87所示。

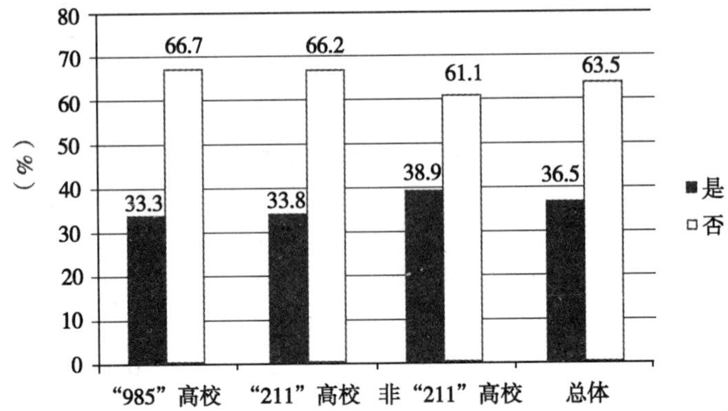

图JZ－87　培训有无权威证书

第四节　兼职教师的培训意愿、培训需求与其认可的培训途径

本节主要调查兼职教师个人的培训意愿、需求以及他们认同的培训方式等。

一　培训意愿

重点说明兼职教师的培训意愿以及与教师年龄、学历、身份与专业的关系。

（一）兼职教师接受相关汉语教学培训的意愿

高达92.6%的兼职教师都有参加培训的意愿，而兼职学校的类别在一定程度上对培训愿望有影响。如“985”高校为87.1%，“211”高校为93.4%，非“211”高校为94.2%。如图JZ－88所示。

（二）专业、年龄与培训意愿

调查数据显示，培训意愿与所学专业相关性不大。从年龄来看，50岁是区分培训意愿的分水岭。50岁以下的教师培训意愿要高于50岁以上的教师。而20—49岁的教师培训意愿相差不大。

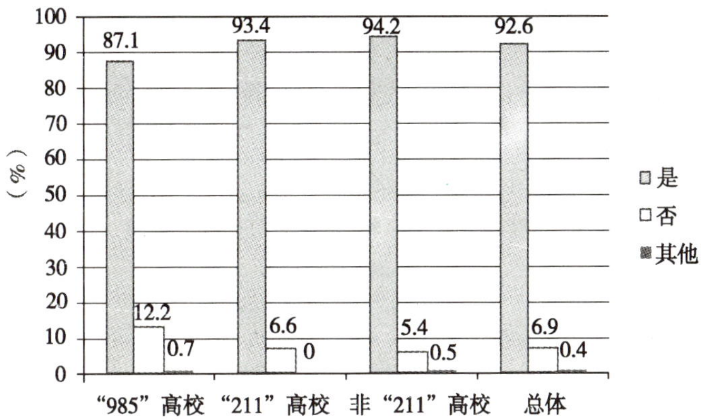

图 JZ－88　兼职教师的培训意愿

（三）从业时间与培训意愿

调查数据显示，兼职教师从业时间越短，培训意愿越强。而从业时间越长，培训意愿相对较弱。可以看出，从事汉语教学时间不长的新教师的培训需求要高于从教时间较长的老教师。因此，我们认为机构的职业培训应该以新教师为培训的主体。

（四）满意度、兴趣度、成功度和胜任力与培训意愿

总体来看，满意度、兴趣度与培训意愿正相关。而成功度、胜任度与培训意愿的关系不大。如图 JZ－89 所示。

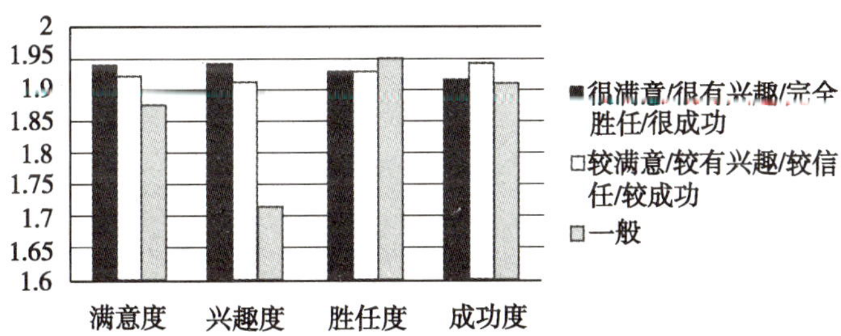

图 JZ－89　满意度、兴趣度、胜任度、成功度与培训意愿

二　普适性的汉语教学培训内容方面的需求

本部分具体调查兼职教师关于非特别针对海外汉语教学的培训内容方面的需求。

（一）兼职教师最需要的培训内容

调查显示：汉语课堂教学策略（73.7%）、汉语教学法（52.5%）和汉语课堂管理策略（34.6%）位列兼职教师最希望培训的内容前三。然后依次为：汉语教学理念（29.8%）、汉语语音、语法词汇等专业知识（29.2%）、汉语教学的研究方法（24.5%）、现代教育技术（20.8%）与其他（1.2%）。由此可见兼职教师对于与处理汉语课堂教学相关的各种具体的方法和策略需求迫切，如图 JZ－90 所示。

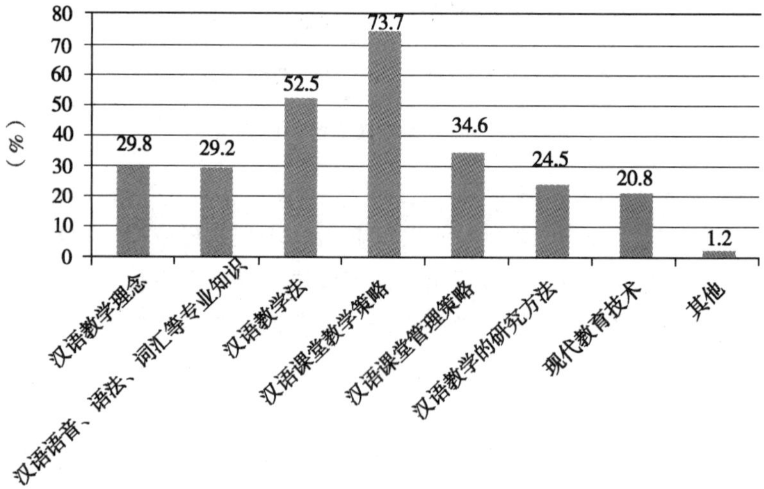

图 JZ－90　兼职教师的培训需求

（二）所学专业对培训内容的需求有所影响

专业的影响主要体现在第三位的内容需求上。对外汉语专业和中文专业出身的兼职教师第三位的培训需求为汉语课堂管理策略，而外语、泛文科以及理工科专业的则是汉语语音、语法等专业知识。这样的调查结果也提示我们，在组织教师培训时，按照教师的专业背景合理安排侧重点不同的培训内容能够取得更好的培训效果。如图 JZ－91 所示。

（三）培训内容的需求也呈现一定的地区差异

根据对培训内容的需求可以划分三大块地区：

（1）华北、华东、华南、华中地区：居这三大地区培训需求前三位的分别是汉语课堂教学策略、汉语教学法、汉语课堂管理策略；

（2）西北、西南地区：居这两大地区培训需求前三位的分别是汉语课堂教学策略、汉语教学法、汉语教学理念；

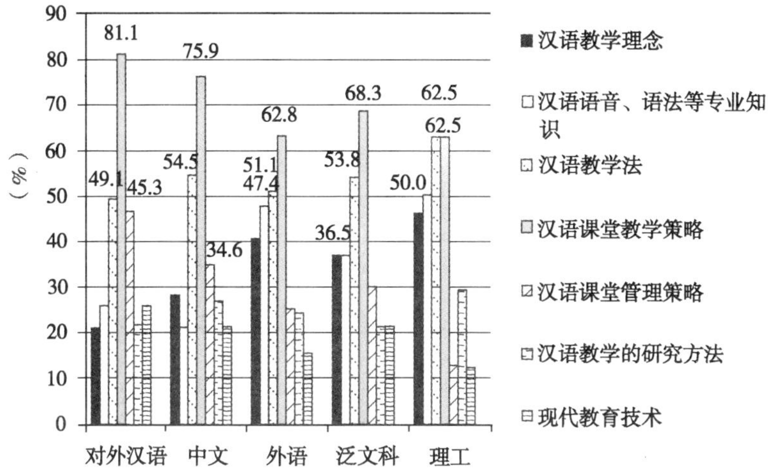

图 JZ－91　专业与培训意愿

（3）东北地区：居该地区培训需求前三位的分别是汉语课堂教学策略，汉语教学法，汉语语音、语法等专业知识。如图 JZ－92 所示。

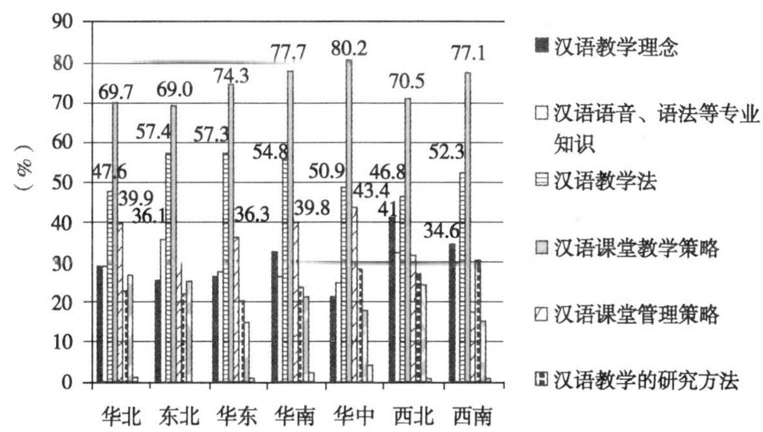

图 JZ－92　培训需求的地区差异

（四）从业时间、目前身份、年龄、教学对象等对培训内容均有一定的影响。

本次调查显示：对汉语教学理念、汉语教学的研究方法、现代教育技术的培训需求与从业时间成正比；相反，对汉语语音、语法等专业知识，汉语教学法，汉语课堂教学策略以及管理策略的培训需求则与从业时间成反比。如图 JZ－93 所示。

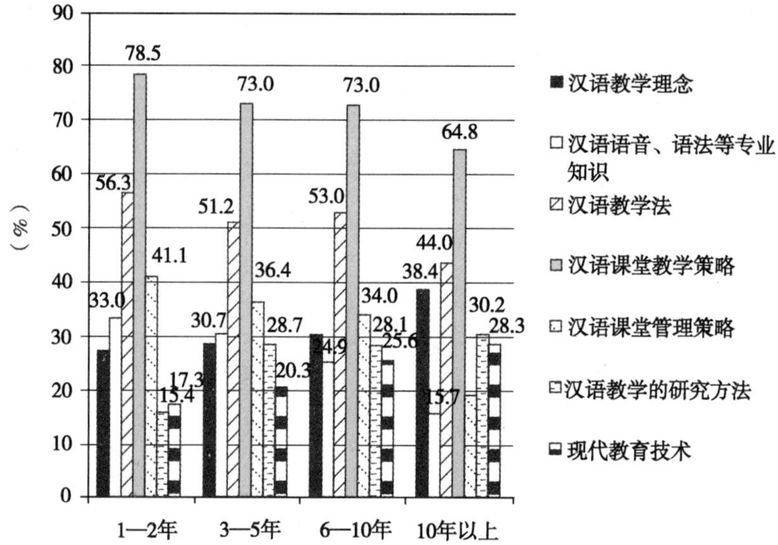

图 JZ－93　从业时间与培训需求

三　赴海外任教前的培训内容需求

（一）若赴海外教学，教师最需要的培训内容

调查结果显示，对赴海外任教前的培训，除了汉语教学以外，兼职教师的需求从多到少分别为：当地教育文化（78.0%）、跨文化交际能力（63.8%）、中华文化知识与传播能力（50.8%）、外事政策（36.9%）、公关管理能力（22.8%）、中国国情（4.2%）、其他（1.1%）。如图 JZ－94 所示。

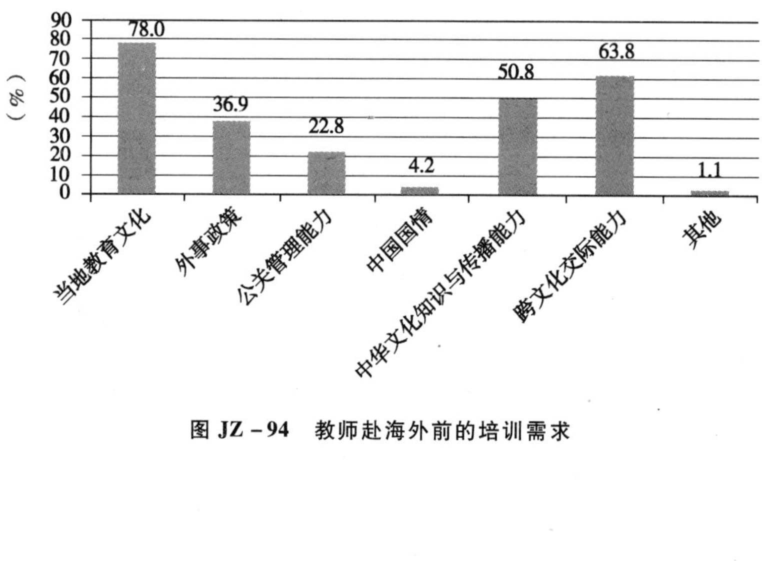

图 JZ－94　教师赴海外前的培训需求

（二）海外学习和任教经历以及专业、年龄、目前身份等对培训内容的影响

教师对培训内容的需求在中国国情和跨文化交际能力的具体比例上呈现相对明显的差异。有海外学习和教学经历的兼职教师对中国国情的需求是无该经历教师的两倍，而后者对跨文化交际能力的培训需求则比前者高十多个百分点。这也充分证明有海外学习和工作经历的教师跨文化交际能力要高于无海外经历的教师人群，而他们对中国国情的了解则相对较弱。如图 JZ－95 和图 JZ－96 所示。

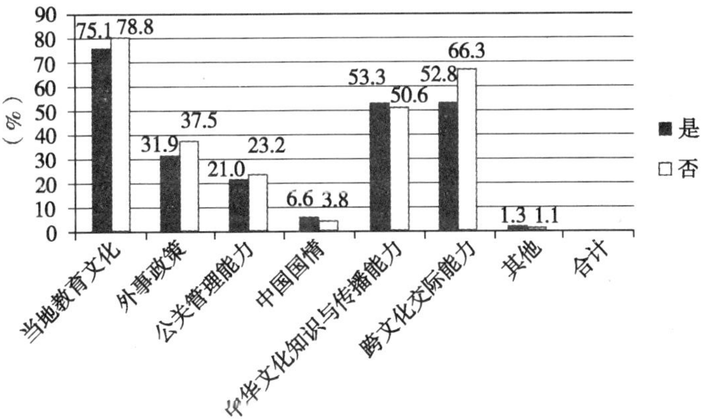

图 JZ－95　海外学习经历与培训需求

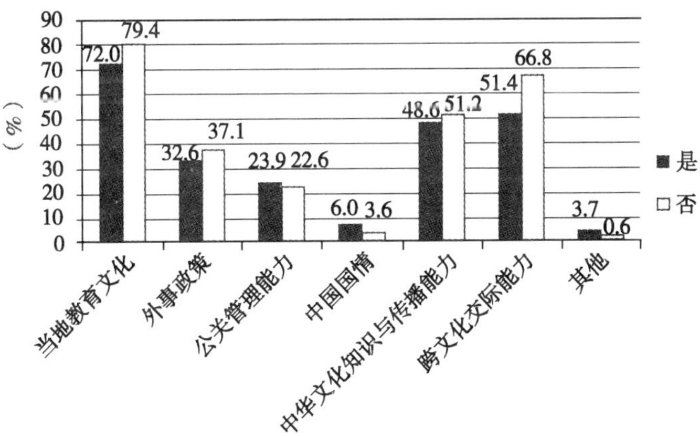

图 JZ－96　海外任教经历与培训内容

四　培训途径

本部分调查了兼职教师对培训地点、培训时段、培训时长以及培训方式

的要求。

（一）教师对培训地点的要求

调查数据显示，兼职教师对培训地点要求不高，本次调查所涉及的三大机构均普遍被接受。具体数据为：所兼职机构外的国内其他机构（77.1%）、所兼职的机构（69.4%）、海外（60.9%），说明兼职教师对地点的接受程度较大。

另外数据还显示学校级别不同，对在本机构的培训的认同度也不同，如在"985"高校兼职的教师对本机构的培训认同占比高达83.5%，远高于非"211"学校的65.1%。如图JZ－97所示。

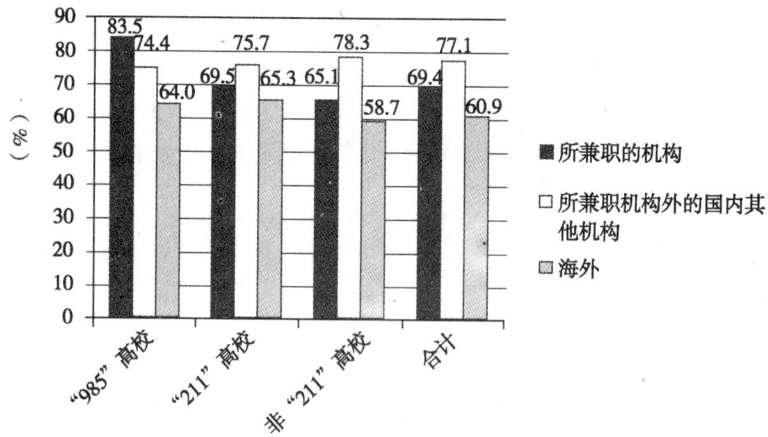

图JZ－97　培训地点的选择

同时调查结果表明，华北地区的兼职教师最认同在所兼职机构受训（75.9%），而西北（58.7%）和西南（57.0%）地区的教师则相对最不认同。如图JZ－98所示。

（二）教师对培训时间的要求

最为兼职教师接受的培训时间段为寒暑假期（84.5%），其次是平时周末（51.5%），而周一到周五集中培训则仅占20.2%。如图JZ－99所示。

（三）教师对培训时长的要求

兼职教师最为认可的培训时长分别是：51—100课时（50.8%）、50课时以下（35.9%）、101—150课时（28.2%）。如图JZ－100所示。

培训时长与所学专业、目前身份无相关性，但受到年龄的影响。40岁以下的兼职教师更青睐51—100课时的培训时长，50岁以上的教师更认同50课时以下的培训时长，而40—49岁的教师则差别无几。如图JZ－101

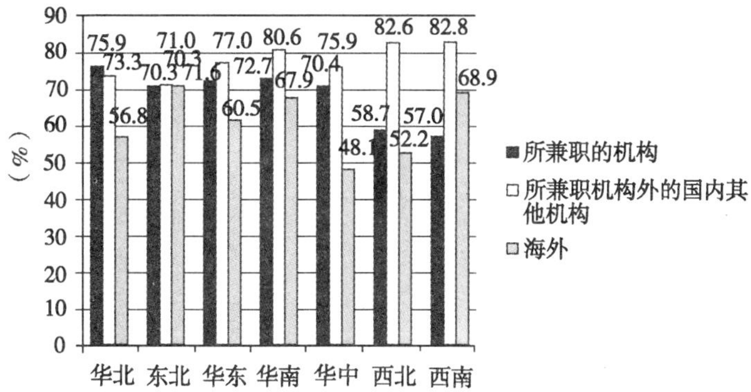

图 JZ－98　培训地点的地区差异

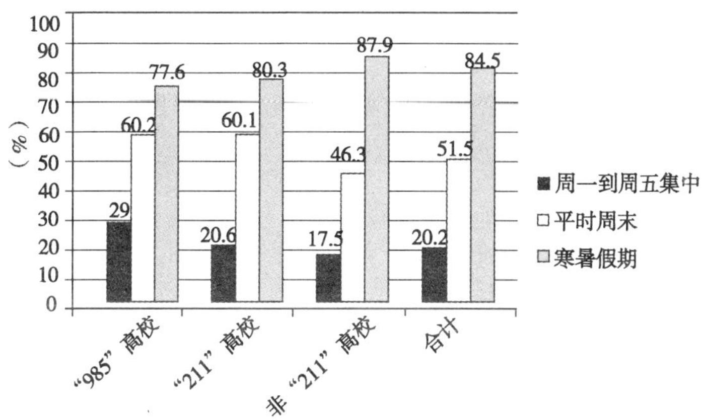

图 JZ－99　培训时间的选择

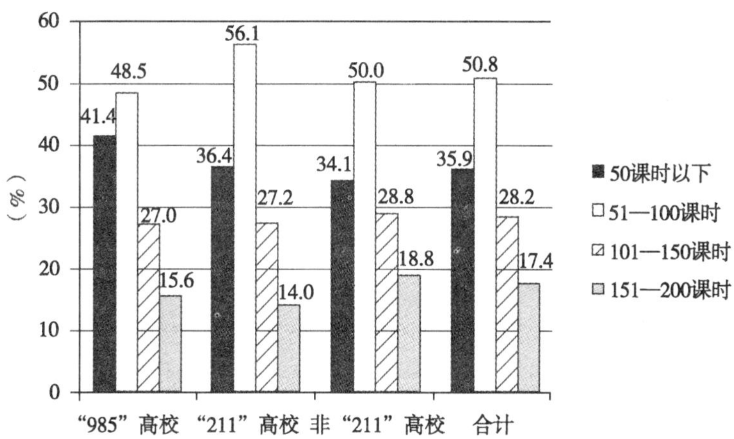

图 JZ－100　培训时长的选择

所示。

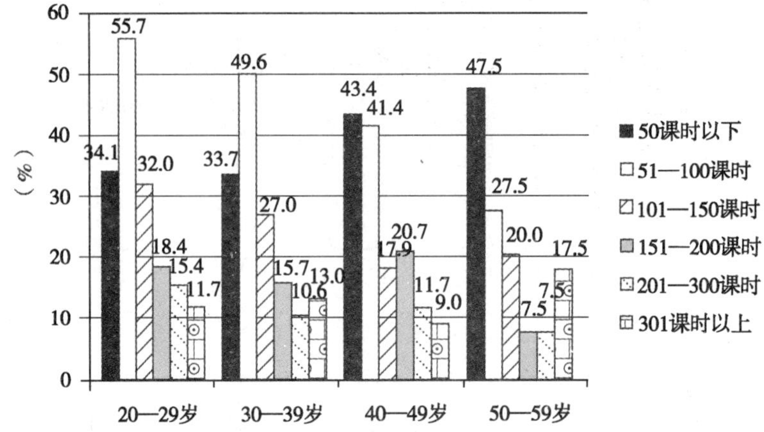

图 JZ－101 培训时长的年龄差异

（四）教师对培训方式的要求

总体来看，培训方式的接受程度从高到低分别为：观摩学习（68.4%）、课堂模拟教学等实践活动（62.8%）、案例分析（55.9%）、有指导的讨论（40.2%）、系统讲授（20.1%）、专题报告与讲座（17.0%）、其他（0.5%）。这些数据表明，兼职教师普遍认同观摩学习等注重互动、实践性的培训方式。如图 JZ－102 所示。

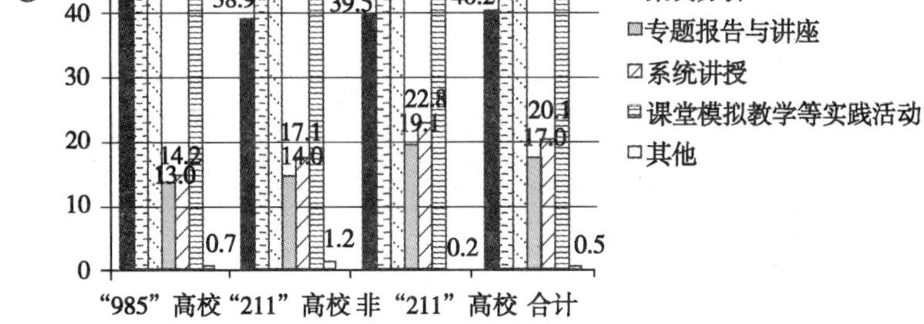

图 JZ－102 兼职教师认可的培训方式

所学专业、目前身份以及培训经历对培训方式无显著影响，但从业时间与年龄对其有一定的影响。从业时间越短，对观摩学习和课堂模拟教学培训方式等的接受度越高。相反，从业时间越长，对专题报告与讲座的接受度越高。如图 JZ－103 所示。与此类似，40 岁以下的教师和 40 岁以上的教师对课堂模拟教学等培训方式和专题报告与讲座等方式的接受度亦呈现相同趋势。如图 JZ－104 所示。

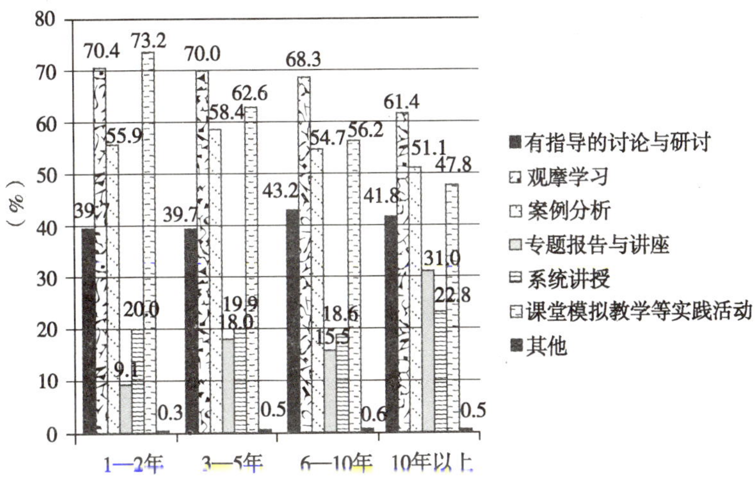

图 JZ－103　从业时间与培训方式

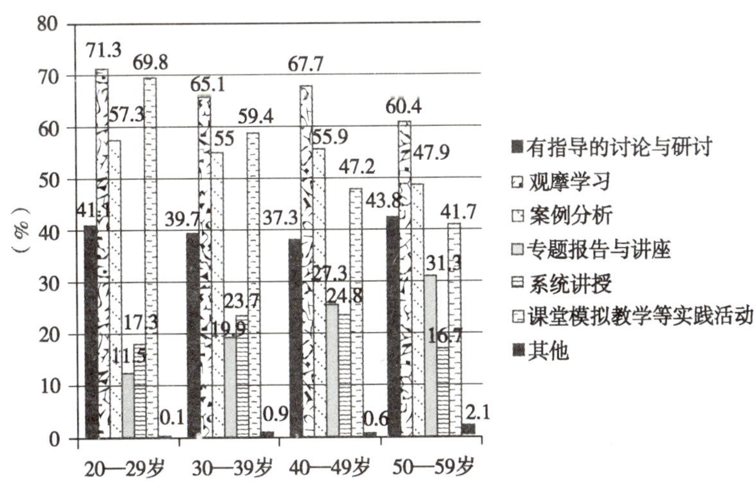

图 JZ－104　年龄与培训方式

第五节 培训困难与问题

本部分主要调查了兼职教师在培训中碰到的困难和问题。

一 参加培训遇到的困难

（一）各种培训困难所占的比例

从本次接受调查的兼职教师的调查结果来看，参加培训所遇到的困难占比从大到小依次为：缺乏适合自己需求的培训项目（28.3%）、缺少经费（28.0%）、培训内容缺乏实用性（27.2%）、培训时间不合适（25.8%）、无权威性的证书（22.6%）、培训地点太远（17.9%）、培训课程设置不合理（14.3%）、无困难（12.8%）、培训机构缺乏权威性（8.6%）、其他（3.4%）。由此可见，教师们遇到的各种培训困难相对比较平均，没有普遍存在的困难。如图 JZ－105 所示。

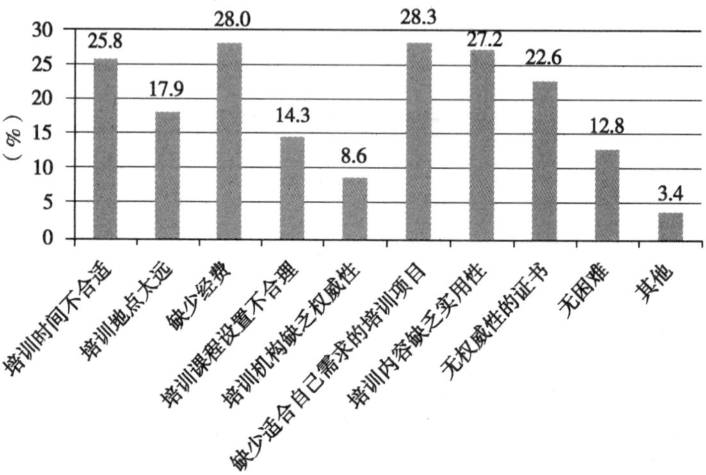

图 JZ－105 兼职教师的培训困难

（二）培训困难呈现一定的地区差异

在十大培训困难中，经费缺乏成为华东、华南和西北地区的首要困难，亦是东北、西南地区的第二大困难，同时还位列华中地区的第三大困难。缺少适合自己的培训项目这一选项是华北地区的首要困难，华南和西北地区的第二大困难，华东和西南地区的第三大困难。而培训时间的不合适也位列五大地区的前三大困难，且是西南地区的首要困难。由此可见，制约各地区兼职教师培训的三大普遍问题是经费的缺乏、缺少适合自己的项目以及时间的不合适。另外要指出的是东北地区将无权威性证书列为首要困难，一定程度上说明了东北地区的兼职教师对证书的重视。如图 JZ－106 所示。

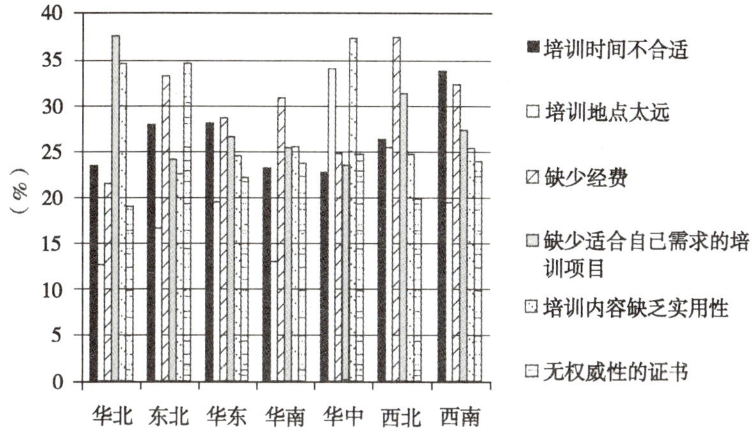

图 JZ－106　培训困难的地区差异

（三）所学专业与年龄对培训困难的排序有影响

所学专业与年龄对培训困难的排序有影响：对外汉语和中文专业的教师的困难主要在于培训缺乏实用性和针对性等培训内容方面的原因；外语和泛文科专业的教师困难主要在于缺少经费与时间不合适等客观原因；而理工科专业的教师遇到的困难则二者兼具。如图 JZ－107 所示。

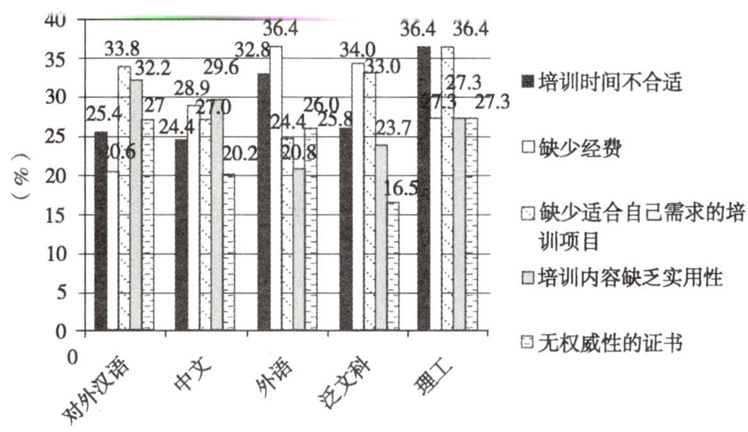

图 JZ－107　专业与培训困难

20—29 岁的教师首要困难是缺少适合自己需求的培训项目，30—49 岁的教师最大困难是缺少经费，而 50 岁以上的教师则无困难。如图 JZ－108 所示。

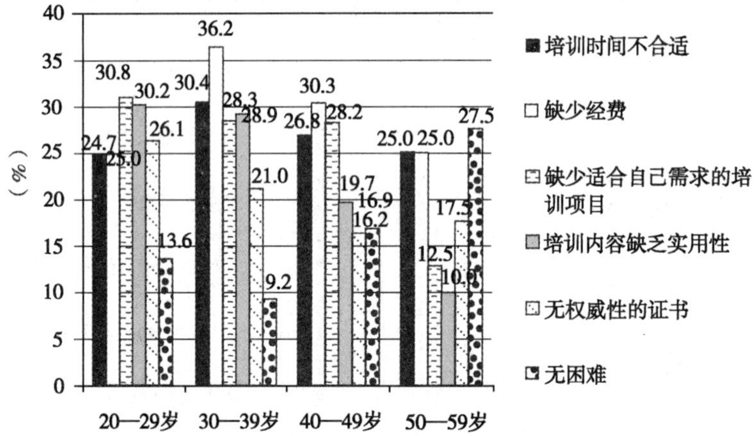

图 JZ－108 年龄与培训困难

二 目前培训工作存在的问题

（一）培训集中存在的问题

培训存在的问题占比从大到小依次为：培训计划缺乏针对性，对学员培训需求的多样性考虑不足（62.1%）；培训内容缺乏实用性，课程设置不够合理（46.1%）；培训师资队伍参差不齐（32.1%）；授课方法不够科学，课堂缺少互动（29.5%）；培训管理混乱，教室等硬件设施不够理想（6.8%）；其他（4.9%）。如图 JZ－109 所示。由此可见，培训集中存在的问题主要在培训内容和培训方式方面。除了上述问题以外，还存在培训机会少、培训地点不够多、培训机构不够权威、证书认可度差等问题。相对而言，兼职教师普遍对培训的管理和硬件设施的认可度较高。

（二）地区、所学专业、目前身份、培训经历等与培训存在的问题

调查数据显示，目前各地区针对兼职汉语教师的培训存在的问题较有共性，较为普遍，地区差异不大。培训存在的问题也与专业、身份以及培训经历等无必然相关性。这些统计数据说明了现有培训存在的是相对普遍的问题。

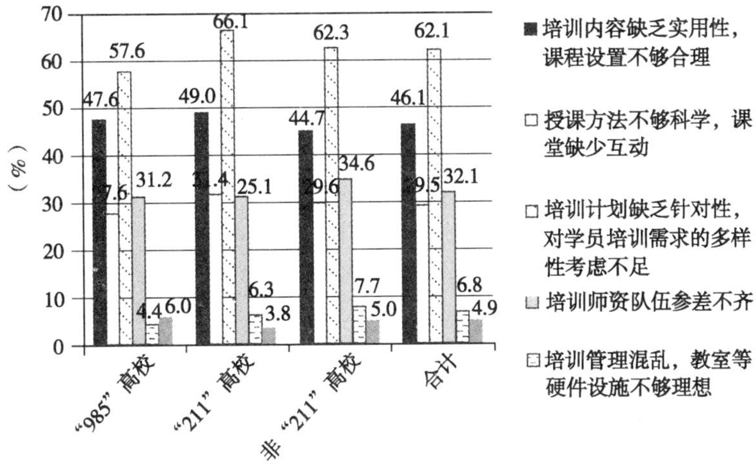

图 JZ－109　兼职教师培训中的问题

第五章

全国兼职对外汉语教师分析结果及相关建议

第一节　关于兼职教师的基本素质

（1）兼职教师队伍非常年轻，学历高，在读学生和各类教师占绝大多数。

（2）兼职教师以女性为主，英语和普通话水平均较高，绝大部分教师能熟练运用现代教育技术。

（3）将近1/5的兼职教师有海外学习或者教学经历。任教国家主要为亚洲，任教机构主要为大学和中学，任教时间多半在一年之内。

（4）兼职教师在海外学习和工作的最大困难是语言障碍和对教学对象缺乏了解。

第二节　关于兼职教师的教学状况

（1）兼职教师的授课类型比较多样，但语言技能课和语言知识类课程为最主要的两大授课类型。

（2）口语课是兼职教师最擅长的课型，教学策略和方法是兼职教师最为关注的问题。学生水平差异是影响其教学效果的最大因素。

（3）兼职教师对语言技能课教学兴趣度很高。

（4）兼职教师对自身的教学能力很有自信，九成以上认为自己上课很成功或较成功。

第三节　关于兼职教师的职业发展状况

（1）兼职教师有较高的职业认同度。

（2）大部分兼职教师认为汉语教学学科有较高的学术地位。

（3）自身兴趣是兼职教师选择汉语教学工作的最大因素，而外语能力不足是他们工作中遇到的最大困难。

（4）兼职教师在兼职机构的融入程度较高，且希望兼职机构能加强对他们教学能力的培训以及提高课时收入。

（5）只有不到半数的兼职教师上岗前后受过相关培训，而绝大多数兼职教师有强烈的培训意愿。互动实践性的培训方式最受兼职教师的欢迎。

（6）目前的培训较为有效，但也存在针对性不足等问题。

第四节　相关建议

（1）兼职教师有迫切提高自身教学水平的愿望，宜加强对兼职队伍的整体培训。（2）因兼职教师队伍呈现较为明显的地区差异，故可以考虑按地区进行培训。（3）外语能力薄弱是兼职教师的最大障碍，建议加强对兼职教师的外语培训。（4）培训需要更细化，区分层次、类别和需求等。如按地区、按专业、按从业时间、按有无海外经历等进行培训。（5）可以考虑给兼职教师提供更多的交流机会。

附　录

被调查院校名录

1	安徽大学
2	安徽理工大学
3	安徽农业大学
4	安徽师范大学
5	安庆师范学院
6	安阳师范学院
7	鞍山师范学院
8	北方民族大学
9	北华大学
10	北京第二外国语大学
11	北京工业大学
12	北京建筑工程学院
13	北京科技大学
14	北京联合大学
15	北京师范大学
16	北京体育大学
17	北京外国语大学
18	北京物资学院
19	北京信息职业技术学院
20	北京邮电大学
21	渤海大学
22	常州工学院
23	成都学院
24	成都中医药大学
25	承德医学院
26	滁州学院
27	大连东软信息学院
28	大连工业大学
29	大连海洋大学
30	大连交通大学
31	大连理工大学
32	大连民族学院
33	大连外国语学院
34	大连医科大学

续表

35	大庆石油学院
36	德州学院
37	电子科技大学
38	东北财经大学
39	东北大学
40	东北电力大学
41	东北林业大学
42	东北农业大学
43	东北师范大学
44	东华大学
45	东南大学
46	对外经济贸易大学
47	福建农林大学
48	福建泉州师范学院
49	福建师范大学
50	复旦大学
51	赣南师范学院
52	广东工业大学
53	广东技术师范学院
54	广东商学院
55	广东外语外贸大学
56	广西大学
57	广西工学院
58	广西民族大学
59	广西师范学院
60	广西医科大学
61	贵州凯里学院
62	贵州师范大学
63	桂林理工大学
64	哈尔滨工程大学
65	哈尔滨理工大学
66	哈尔滨商业大学
67	哈尔滨师范大学

续表

68	海南大学
69	海南省琼州学院
70	海南师范大学
71	海南外国语职业学院
72	海南医学院
73	邯郸学院
74	韩山师范学院
75	杭州电子科技大学
76	杭州师范大学
77	河北大学
78	河北工业大学
79	河北科技大学
80	河北科技师范学院
81	河北理工大学
82	河北师范大学
83	河北外国语职业学院
84	河北医科大学
85	河池学院
86	河海大学
87	河南财经政法大学
88	河南大学
89	河南科技大学
90	河南理工大学
91	河南师范大学
92	贺州学院
93	黑龙江大学
94	黑龙江科技学院
95	红河学院
96	呼伦贝尔学院
97	湖北大学
98	湖北第二师范学院
99	湖南吉首大学
100	湖南科技大学

续表

101	湖南农业大学
102	湖南商学院
103	华北电力大学
104	华北煤炭医学院
105	华北水利水电大学
106	华东交通大学
107	华东理工大学
108	华东师范大学
109	华东政法大学
110	华南理工大学
111	华南农业大学
112	华南师范大学
113	华侨大学
114	华中科技大学
115	华中师范大学
116	怀化学院
117	淮北煤炭师范学院
118	淮海工学院
119	淮阴师范学院
120	黄冈师范学院
121	黄河科技学院
122	黄淮学院
123	吉林财经大学
124	吉林师范大学
125	集美大学
126	暨南大学
127	佳木斯大学
128	嘉兴学院
129	江南大学
130	江苏大学
131	江西科技师范学院
132	江西理工大学
133	江西师范大学

续表

134	江西中医学院
135	焦作大学
136	金陵科技学院
137	井冈山大学
138	九江学院
139	昆明理工大学
140	昆明学院
141	昆明冶金高等专科学校
142	兰州城市学院
143	兰州大学
144	兰州交通大学
145	兰州理工大学
146	乐山师范学院
147	丽江师范高等专科学校
148	辽东学院
149	辽宁大学
150	辽宁工业大学
151	辽宁科技大学
152	辽宁石油化工大学
153	辽宁信息职业技术学院
154	辽宁中医药大学
155	聊城大学
156	临沂师范学院
157	龙岩学院
158	鲁东大学
159	绵阳师范学院
160	牡丹江大学
161	牡丹江师范大学
162	南昌大学
163	南昌航空大学
164	南京财经大学
165	南京大学
166	南京工业大学

续表

167	南京审计学院
168	南京师范大学
169	南京晓庄学院
170	南京信息工程大学
171	南京医科大学
172	南京艺术学院
173	南京中医药大学
174	南开大学
175	南通大学
176	内蒙古大学
177	内蒙古工业大学
178	宁波大学
179	宁波工程学院
180	宁夏大学
181	莆田学院
182	齐齐哈尔大学
183	齐齐哈尔医学院
184	钦州学院
185	青岛科技大学
186	青岛理工大学
187	青海民族大学
188	青海师范大学
189	曲阜师范大学
190	曲靖师范学院
191	三峡大学
192	厦门大学
193	山东财政学院
194	山东大学
195	山东工商学院
196	山东经济学院
197	山东科技大学
198	山东青岛农业大学
199	山东师范大学

续表

200	山西师范大学
201	陕西理工学院
202	陕西师范大学国际汉学院
203	陕西中医学院
204	汕头大学
205	商丘师范学院
206	上海财经大学
207	上海对外贸易学院
208	上海海事大学
209	上海海洋大学
210	上海交通大学
211	上海金融学院
212	上海商学院
213	上海师范大学
214	上海外国语大学
215	上海音乐学院
216	上海应用技术学院
217	深圳大学
218	沈阳工业大学
219	沈阳建筑大学
220	沈阳理工大学
221	沈阳师范大学
222	沈阳药科大学
223	首都经济贸易大学
224	首都师范大学
225	四川美术学院
226	四川农业大学
227	四川外语学院
228	四川文理学院
229	苏州大学
230	苏州科技学院
231	唐山学院
232	天津大学

续表

233	天津工业大学
234	天津理工大学
235	天津商业大学
236	天津天狮学院
237	天津外国语学院
238	天津中医药大学
239	同济大学
240	潍坊学院
241	潍坊医学院
242	温州大学
243	温州医学院
244	乌鲁木齐第八中学
245	乌鲁木齐职业大学
246	无锡商业职业技术学院
247	五邑大学
248	武汉大学
249	西安电子科技大学
250	西安翻译学院
251	西安工程大学
252	西安工业大学
253	西安交通大学
254	西安石油大学
255	西安外事学院
256	西安文理学院
257	西北大学
258	西北民族大学
259	西北农林科技大学
260	西北师范大学汉语国际教育中心
261	西昌学院
262	西华大学
263	西南财经大学
264	西南林业大学
265	咸阳师范学院

续表

266	襄樊学院
267	孝感学院
268	新疆大学
269	新疆工业高等专科学校
270	新疆教育学院
271	新疆轻工职业技术学院
272	新疆师范大学
273	烟台大学
274	延安大学
275	燕山大学
276	扬州大学
277	仰恩大学
278	宜宾学院
279	榆林学院
280	玉溪师范学院
281	云南大学
282	云南民族学院
283	云南农业大学
284	云南农业职业技术学院
285	云南师范大学
286	云南中医学院
287	湛江师范学院
288	长安大学
289	长春大学
290	长春工业大学
291	长春理工大学
292	长春师范学院
293	长江大学
294	肇庆学院
295	浙江财经学院
296	浙江传媒学院
297	浙江工业大学
298	浙江科技学院

续表

299	浙江理工大学
300	浙江旅游职业学院
301	浙江师范大学
302	浙江万里学院
303	浙江越秀外国语学院
304	郑州大学
305	郑州轻工业学院
306	中国计量学院
307	中国矿业大学（北京）
308	中国民航飞行学院
309	中国农业大学
310	中国人民大学
311	中国石油大学（北京）
312	中国药科大学
313	中国医科大学
314	中华女子学院
315	中南民族大学
316	中山大学
317	中央财经大学
318	中原工学院
319	重庆大学
320	重庆工商大学
321	重庆交通大学
322	重庆科技学院
323	重庆三峡学院
324	重庆师范大学
325	重庆文理学院
326	重庆邮电大学
327	周口师范学院